에듀윌과 함께 시작하면
당신도 합격할 수 있습니다

오랜 직장 생활을 마감하며 찾아온
에듀윌만 믿고 공부해 합격의 길에 올라선 50대 은퇴자

출석한지 얼마 안돼 독박 육아를 하며 시작한 도전!
새벽 2~3시까지 공부해 8개월 만에 동차 합격한 아기엄마

만년 가구기사 보조로 5년 넘게 일하다, 달리는 차 안에서도
포기하지 않고 공부해 이제는 새로운 일을 찾게 된 합격생

누구나 합격할 수 있습니다.
시작하겠다는 '다짐' 하나면 충분합니다.

마지막 페이지를 덮으면,

**에듀윌과 함께
공인중개사 합격이 시작됩니다.**

우리는 평생을 함께할 에듀윌 동문입니다

KRI 한국기록원 2016, 2017, 2019년 공인중개사 최다 합격자 배출 공식 인증
(2022년 현재까지 업계 최고 기록)

합격자 수가 많은 이유는 분명합니다

6년간 합격자 수
1위

에듀윌 합격생 10명 중 9명
1년 내 합격

베스트셀러 1위
12년간

합격률
4.5배

에듀윌 공인중개사를 선택하면 합격은 현실이 됩니다.

6년간 아무도 깨지 못한 기록
합격자 수 1위 에듀윌

업계최초, 업계유일!
KRI 한국기록원 공식 인증

합격자 수 최고 기록
KRI 한국기록원 공식 인증

12년간[*]
베스트셀러 1위

| 기초서 | 기본서 | 기출문제집 | 핵심요약집 | 문제집 | 실전모의고사 |

베스트셀러 1위 교재로
따라만 하면 합격하는 커리큘럼

STEP 1	STEP 2	STEP 3	STEP 4
기초 이론	기본 이론 심화 이론	기출 & 핵심정리 문제 풀이	동형 모의고사 마무리 특강
시작에 필요한 기초 개념 확립	합격에 필요한 필수 이론 공략	이론과 기출유형을 한 번에 정리	다양한 실전 연습으로 쉬운 합격 완성

합격 후 성공까지!
최대 규모의 동문회

그 해 합격자로 가득 찬 인맥북을
매년 발행합니다!

전담 부서가 1만 8천* 명 규모의
동문회를 운영합니다!

합격자 수 1위 에듀윌
4만[*] 건이 넘는 후기

부알못, 육아맘도 딱 1년 만에 합격했어요.

고○희 합격생

저는 부동산에 관심이 전혀 없는 '부알못'이었는데, 부동산에 관심이 많은 남편의 권유로 공부를 시작했습니다. 남편 지인들이 에듀윌을 통해 많이 합격했고, '합격자 수 1위'라는 광고가 좋아 에듀윌을 선택하게 되었습니다. 교수님들이 커리큘럼대로만 하면 된다고 해서 믿고 따라갔는데 정말 반복 학습이 되더라고요. 아이 둘을 키우다 보니 낮에는 시간을 낼 수 없어서 밤에만 공부하는 게 쉽지 않아 포기하고 싶을 때도 있었지만 '에듀윌 지식인'을 통해 합격하신 선배님들과 함께 공부하는 동기들의 위로가 큰 힘이 되었습니다.

유튜브 보듯 강의 보고 직장 생활하며 합격했어요.

박○훈 합격생

공부를 시작하려고 서점에 가서 공인중개사 섹션을 둘러보니 온통 에듀윌의 노란색 책이었습니다. 이렇게 에듀윌 책이 많이 놓여 있는 이유는 베스트셀러가 많기 때문일 거고, 그렇다면 믿을 수 있겠다 싶어 에듀윌을 선택하게 되었습니다. 저는 직장 생활로 바빠서 틈나는 대로 공부하였습니다. 교수님들이 워낙 재미있게 수업 하셔서 설거지할 때, 청소할 때, 점심시간에 유튜브를 보듯이 공부해서 지루하지 않았습니다.

5개월 만에 동차 합격, 낸 돈 그대로 돌려받았죠!

안○원 합격생

저는 야쿠르트 프레시매니저를 하다 60세에 도전하여 합격했습니다. 심화 과정부터 시작하다 보니 기본이 부족했는데, 교수님들이 하라는 대로 기본 과정과 책을 더 보면서 정리하며 따라갔던 게 주효했던 것 같습니다. 합격 후 100만 원 가까이 되는 큰 돈을 환급받아 남편이 주택관리사 공부를 한다고 해서 뒷받침해 줄 생각입니다. 저는 소공(소속 공인중개사)으로 활동을 하고 싶은 포부가 있어 최대 규모의 에듀윌 동문회 활동도 기대가 됩니다.

다음 합격의 주인공은 당신입니다!

더 많은
합격 비법

eduwill

회원 가입하고
100% 무료 혜택 받기

가입 즉시, 공인중개사 공부에 필요한 모든 걸 드립니다!

무료 혜택 1	무료 혜택 2	무료 혜택 3	무료 혜택 4	무료 혜택 5
공인중개사 초보 수험가이드	공인중개사 초보 필독서	전과목 기본강의 0원	테마별 핵심특강	파이널 학습자료

시험개요, 과목별 학습 포인트 등 합격생들의 진짜 공부 노하우	지금 나에게 꼭 필요한 필수교재 선착순 100% 무료	2022년 시험대비 전과목 기본강의 무료 수강(7일)	출제위원급 교수진의 합격에 꼭 필요한 필수 테마 무료 특강	시험 직전, 점수를 올려줄 핵심요약 자료와 파이널 모의고사 무료

* 조기 소진 시 다른 자료로 대체 제공될 수 있습니다.　* 서비스 개선을 위해 제공되는 자료의 세부 내용은 변경될 수 있습니다.

WELCOME COUPON
₩5,000
* 회원가입 즉시 지급합니다.

신규 회원 가입하면
5,000원 쿠폰 바로 지급

* 해당 이벤트는 예고 없이 변경되거나 종료될 수 있습니다.

무료 회원
가입

2022
에듀윌 공인중개사
출제예상문제집 + 필수기출
2차 부동산세법

부동산세법 16문항 완벽 정리!
제32회 기출분석집
2차 A형

2022
에듀윌 공인중개사
출제예상문제집 + 필수기출

2차 부동산세법

2022
에듀윌 공인중개사

출제예상문제집 + 필수기출

2차 부동산세법

부동산세법 16문항 완벽 정리!

제32회 기출분석집

2차 A형

25번   과세요건, 납세절차 종합

[영역] 지방세 > 취득세

✓ 기출분석   난이도 ⊕

> **지방세법상 취득세에 관한 설명으로 틀린 것은?**
>
> ① 「도시 및 주거환경정비법」에 따른 재건축조합이 재건축사업을 하면서 조합원으로부터 취득하는 토지 중 조합원에게 귀속되지 아니하는 토지를 취득하는 경우에는 같은 법에 따른 소유권이전 고시일의 다음 날에 그 토지를 취득한 것으로 본다. (O)
>
> ② 취득세 과세물건을 취득한 후에 그 과세물건이 중과세율의 적용대상이 되었을 때에는 취득한 날부터 60일 이내에 중과세율을 적용하여 산출한 세액에서 이미 납부한 세액 (가산세 포함)을 공제한 금액을 신고하고 납부하여야 한다. (X)
>
> → 중과세대상이 된 경우 추징세액을 구할 때에는 중과세율을 적용하여 산출한 세액에서 이미 납부한 세액을 공제한 금액으로 한다. 이 경우 기납부세액에 가산세가 있는 경우에는 가산세를 제외한 세액을 기납부세액으로 한다.
>
> ③ 대한민국 정부기관의 취득에 대하여 과세하는 외국정부의 취득에 대해서는 취득세를 부과한다. (O)
>
> ④ 상속으로 인한 취득의 경우에는 상속개시일에 취득한 것으로 본다. (O)
>
> ⑤ 부동산의 취득은 「민법」 등 관계 법령에 따른 등기·등록 등을 하지 아니한 경우라도 사실상 취득하면 취득한 것으로 본다. (O)
>
> 정답 ②

✓ 핵심개념   취득세 세율 적용방법

1. 취득한 후 5년 이내에 중과세대상이 된 경우 : 중과세율을 적용하여 부족세액 추징

    ➕ 추징세액 계산 : (과세표준 × 중과세율) − 기납부세액(가산세를 제외한 세액을 말한다)

2. 건축물을 증축·개축 또는 개수하여 중과세대상이 된 경우 : 증가되는 건축물의 가액에 대하여 중과세
3. 사업용 과세물건의 소유자와 공장을 신설·증설한 자가 다를 경우 : 소유자에게 중과세
4. 둘 이상의 세율이 해당되는 경우 : 그중 높은 세율을 적용

[영역] 국세 > 양도소득세

☑ 기출분석   난이도 下

소득세법상 미등기양도자산(미등기양도제외자산 아님)인 상가건물의 양도에 관한 내용으로 옳은 것을 모두 고른 것은?

> ㉠ 양도소득세율은 양도소득 과세표준의 100분의 70 (O)
> ㉡ 장기보유특별공제 적용 배제 (O)
> ㉢ 필요경비개산공제 ~~적용 배제~~ (X)
>   → 미등기자산을 양도한 경우에는 필요경비개산공제를 할 수 있다.
> ㉣ 양도소득기본공제 적용 배제 (O)

① ㉠, ㉡, ㉢   ② ㉠, ㉡, ㉣
③ ㉠, ㉢, ㉣   ④ ㉡, ㉢, ㉣
⑤ ㉠, ㉡, ㉢, ㉣

정답 ②

☑ 핵심개념   미등기자산 양도 시 불이익

1. 추계가액에 의한 양도차익 계산 시 필요경비개산공제를 저율공제한다.
2. 소득공제 시 장기보유특별공제와 양도소득기본공제를 적용하지 아니한다.
3. 세율 적용 시 최고세율인 70%를 적용한다.
4. 비과세와 감면규정을 적용하지 아니한다.
➕ 미등기자산을 양도한 경우에도 분할납부는 할 수 있다.

☑ **기출분석**　　난이도 ⬆

지방세법상 취득세 납세의무에 관한 설명으로 옳은 것은?

① 토지의 지목을 사실상 변경함으로써 그 가액이 증가한 경우에는 ~~취득으로 보지 아니한다.~~ (X)

　→ 증가한 경우에는 그 증가분을 간주 취득으로 본다.

② 상속회복청구의 소에 의한 법원의 확정판결에 의하여 특정 상속인이 당초 상속분을 초과하여 취득하게 되는 재산가액은 상속분이 감소한 상속인으로부터 ~~증여받아 취득한 것으로 본다.~~ (X)

　→ 상속회복청구의 소에 의한 법원의 확정판결에 의하여 지분 증가 취득은 증여취득으로 보지 아니한다.

③ 권리의 이전이나 행사에 등기 또는 등록이 필요한 부동산을 직계존속과 서로 교환한 경우에는 ~~무상으로~~ 취득한 것으로 본다. (X)

　→ 권리의 이전이나 행사에 등기 또는 등록이 필요한 부동산을 직계존속과 서로 교환에 의한 취득은 유상승계취득으로 본다.

④ 증여로 인한 승계취득의 경우 해당 취득물건을 ~~등기·등록하더라도~~ 취득일부터 60일 이내에 공증받은 공정증서에 의하여 계약이 해제된 사실이 입증되는 경우에는 취득한 것으로 보지 아니한다. (X)

　→ 계약이 해제된 사실이 입증되는 경우에도 등기·등록이 된 경우에는 증여취득으로 보아야 한다.

⑤ 증여자가 배우자 또는 직계존비속이 아닌 경우 증여자의 채무를 인수하는 부담부 증여의 경우에는 그 채무액에 상당하는 부분은 부동산등을 유상으로 취득하는 것으로 본다. (O)

정답 ⑤

1. 선박의 주문건조 및 차량 등의 제조·조립

선박의 주문건조 및 차량 등의 제조·조립은 취득으로 보지 아니한다(현행 취득세에서는 승계취득부터 과세대상 취득으로 본다).

2. 계약의 해제

「민법」제543조 ~ 제546조의 규정에 의한 해당 취득물건을 등기·등록하지 아니하고 계약의 해제 등의 원인으로 다음의 서류에 의하여 입증되는 계약의 해제 등은 취득으로 보지 아니한다.

> ㉠ 화해조서·인낙조서(해당 조서에서 취득일부터 60일 이내에 계약이 해제된 사실이 입증되는 경우만 해당한다)
> ㉡ 공정증서(공증인이 인증한 사서증서를 포함하되, 취득일부터 60일 이내에 공증받은 것만 해당한다)
> ㉢ 행정안전부령으로 정하는 계약해제신고서(취득일부터 60일 이내에 제출된 것만 해당한다)
> ㉣ 부동산 거래신고 관련 법령에 따른 부동산거래계약 해제 등 신고서(취득일부터 60일 이내에 등록관청에 제출한 경우만 해당한다)

3. 설립 시 과점주주

4. 증여취득 배제

다음에 해당하는 사유로 상속재산을 재분할한 경우 증여취득으로 보지 아니한다.
㉠ 취득세 신고기한 이내에 재분할에 의하여 당초 상속분을 초과하여 취득과 등기 등을 모두 마친 경우
㉡ 상속회복청구의 소에 의한 법원의 확정판결에 의하여 상속인 및 상속재산에 변동이 있는 경우 등

☑ **기출분석**　난이도 ⊕

> **지방세법상 다음에 적용되는 재산세의 표준세율이 가장 높은 것은?** (단, 재산세 도시지역분은 제외하고, 지방세관계법에 의한 특례는 고려하지 않음)
>
> ① 과세표준이 5천만원인 종합합산과세대상 토지
> ② 과세표준이 2억원인 별도합산과세대상 토지
> ③ 과세표준이 1억원인 광역시의 군지역에서 「농지법」에 따른 농업법인이 소유하는 농지로서 과세기준일 현재 실제 영농에 사용되고 있는 농지
> ④ 과세표준이 5억원인 「수도권정비계획법」에 따른 과밀억제권역 외의 읍·면 지역의 공장용 건축물 (O)
> 　　→ 읍·면 지역의 공장용 건축물에 대한 표준세율은 1천분의 2.5로 한다.
> ⑤ 과세표준이 1억 5천만원인 주택(별장 제외. 1세대 1주택에 해당되지 않음)
>
> 정답 ④

☑ **핵심개념**　**재산세 세율**

1. 종합합산과세 : 1천분의 2 ~ 1천분의 5 중 1천분의 2 대상
2. 별도합산과세 : 1천분의 2 ~ 1천분의 4 중 1천분의 2 대상
3. 분리과세대상 : 1천분의 0.7
4. 일반공장용 건축물 : 1천분의 2.5
5. 주택 : 1천분의 1 ~ 1천분의 4(6만원 + 6천만원을 초과한 금액의 1천분의 1.5)

☑ **기출분석**   난이도 ⬆

지방세법상 재산세에 관한 설명으로 틀린 것은? (단, 주어진 조건 외에는 고려하지 않음)

• 수정

① 토지에 대한 재산세의 과세표준은 시가표준액에 공정시장가액비율(100분의 70)을 곱하여 산정한 가액으로 한다. (O)

② 지방자치단체가 1년 이상 공용으로 사용하는 재산으로서 유료로 사용하는 경우에는 재산세를 부과한다. (O)

③ 재산세 물납신청을 받은 시장·군수·구청장이 물납을 허가하는 경우 물납을 허가하는 부동산의 가액은 ~~물납허가일~~ 현재의 시가로 한다. (X)

→ 과세기준일 현재의 시가로 한다.

④ 주택의 토지와 건물 소유자가 다를 경우 해당 주택에 대한 세율을 적용할 때 해당 주택의 토지와 건물의 가액을 합산한 과세표준에 주택의 세율을 적용한다. (O)

⑤ 개인소유 주택공시가격이 6억원인 주택에 대한 재산세의 산출세액이 직전 연도의 해당 주택에 대한 재산세액 상당액의 100분의 110을 초과하는 경우에는 100분의 110에 해당하는 금액을 해당 연도에 징수할 세액으로 한다. (O)

정답 ③

1. 요 건

관할 구역 내 납세의무자의 납기별 납부할 재산세액이 1천만원을 초과하는 경우

2. 신 청

납부기한 10일 전까지 지방자치단체의 장에게 신청

3. 허 가

신청일부터 5일 이내에 통지. 불허가통지를 받은 납세의무자는 통지받은 날부터 10일 이내에 다른 부동산으로 변경 신청한 경우 변경 허가 가능

4. 물납대상

관할 구역 내 소재한 부동산(토지와 건축물, 주택)

5. 물납허가 부동산의 평가

과세기준일 현재의 다음의 시가에 의한다.
- ㉠ 원 칙
  - ⓐ 토지와 주택 : 공시가격(시가표준액)
  - ⓑ 건축물 : 시가표준액
    - ➕ 지정지역 상업용 건축물 등 국세청 고시가액이 따로 있는 경우 그 고시가액은 시가로 본다.
- ㉡ 예외(시가로 인정되는 가액) : 과세기준일 전 6개월 이내에 이루어진 다음의 가액
  - ⓐ 공매가액, 수용보상가액
  - ⓑ 국가 등으로부터 취득한 가액
  - ⓒ 법인장부상 입증된 가액
  - ⓓ 판결문에 의하여 입증된 가액
  - ⓔ 감정평가가액의 평균액
    - ➕ 시가로 인정되는 가액이 2개 이상이 있는 경우 과세기준일부터 가장 가까운 날에 해당하는 가액에 의한다.

6. 납 부

물납 허가받은 부동산을 물납한 경우에는 납기 내에 납부한 것으로 본다.

☑ **기출분석**   난이도 ⊕

지방세법상 시가표준액에 관한 설명으로 옳은 것을 모두 고른 것은?

> ㉠ 토지의 시가표준액은 세목별 납세의무의 성립 시기 당시 「부동산 가격공시에 관한 법률」에 따른 개별공시지가가 공시된 경우 개별공시지가로 한다. (O)
> ㉡ 건축물의 시가표준액은 소득세법령에 따라 매년 1회 국세청장이 산정, 고시하는 건물신축가격기준액에 ~~행정안전부장관이 정한 기준을 적용하여~~ ~~국토교통부장관~~이 결정한 가액으로 한다. (X)
>   → 건물신축가격기준액에 건물의 구조별·용도별·위치별 지수, 건물의 경과연수별 잔존가치율, 건물의 규모·형태·특수한 부대설비 등의 유무 및 그 밖의 여건에 따른 가감산율을 적용하여 지방자치단체의 장이 결정한 가액으로 한다.
> ㉢ 공동주택의 시가표준액은 공동주택가격이 공시되지 아니한 경우에는 지역별·단지별·면적별·층별 특성 및 거래가격을 고려하여 행정안전부장관이 정하는 기준에 따라 ~~국토교통부장관~~이 산정한 가액으로 한다. (X)
>   → 지역별·단지별·면적별·층별 특성 및 거래가액 등을 고려하여 행정안전부장관이 정하는 기준에 따라 특별자치시장·특별자치도지사·시장·군수·구청장이 산정한 가액으로 한다.

① ㉠
② ㉠, ㉡
③ ㉠, ㉢
④ ㉡, ㉢
⑤ ㉠, ㉡, ㉢

정답 ①

부동산 관련 시가표준액

1. 토 지

	원 칙	개별공시지가
예 외	공시되지 않은 토지	토지가격비준표에 의하여 특별자치시장·특별자치도지사·시장·군수·구청장이 산정한 가액
	해당 연도 미공시	직전 연도에 적용된 개별공시지가

2. 주택(토지 + 건축물) : 통합평가

		원 칙	개별주택가격, 공동주택가격
예 외	공시되지 않은 주택	단독주택	주택가격비준표를 사용하여 특별자치시장·특별자치도지사·시장·군수·구청장이 산정한 가액
		공동주택	지역별·단지별·면적별·층별 특성 및 거래가액 등을 참작하여 특별자치시장·특별자치도지사·시장·군수·구청장이 산정한 가액
	해당 연도 미공시		직전 연도에 적용된 개별주택가격, 공동주택가격

3. **건축물**

　　㉠ 오피스텔 : 행정안전부장관이 고시하는 표준가격기준액에 다음의 사항을 적용한다.
　　　　ⓐ 오피스텔의 용도별·층별 지수
　　　　ⓑ 오피스텔의 규모·형태·특수한 부대설비 등의 유무 및 그 밖의 여건에 따른 가감산율(加減算率)
　　㉡ 위 ㉠ 이외의 건축물 : 「소득세법」 제99조 제1항 제1호 나목에 따라 산정·고시하는 건물신축가격기준액에 다음의 사항을 적용한다.
　　　　ⓐ 건물의 구조별·용도별·위치별 지수
　　　　ⓑ 건물의 경과연수별 잔존가치율
　　　　ⓒ 건물의 규모·형태·특수한 부대설비 등의 유무 및 그 밖의 여건에 따른 가감산율

[영역] 지방세 > 등기·등록에 대한 등록면허세

☑ **기출분석**　난이도 ⊕

거주자인 개인 乙은 甲이 소유한 부동산(시가 6억원)에 전세기간 2년, 전세보증금 3억원으로 하는 전세계약을 체결하고, 전세권 설정등기를 하였다. 지방세법상 등록면허세에 관한 설명으로 옳은 것은?

① 과세표준은 6억원이다. (X)
　→ 3억원이다.
② 표준세율은 전세보증금의 1천분의 8이다. (X)
　→ 1천분의 2이다.
③ 납부세액은 6천원이다. (X)
　→ 납부세액은 60만원이다.
④ 납세의무자는 乙이다. (O)
⑤ 납세지는 甲의 주소지이다. (X)
　→ 납세지는 부동산 소재지이다.

정답 ④

표준세율은 다음과 같으며, 표준세율의 50% 범위 안에서 가감 조정할 수 있다.

권리별	등기원인		과세표준	세 율
소유권	보존등기		부동산 가액	$\dfrac{8}{1,000}$
	이전등기	무상 이전	부동산 가액	$\dfrac{15}{1,000}$(비영리사업자 포함)
		상속 이전	부동산 가액	$\dfrac{8}{1,000}$(농지 포함)
		그 밖의 이전	부동산 가액	$\dfrac{20}{1,000}$(주택 이외의 부동산)
				주택을 유상거래한 경우, 취득세 표준세율(1천분의 10, 1천분의 차등, 1천분의 30) 적용 대상 주택의 경우에는 그 세율의 50%를 적용한다.
소유권 이외의 권리 등 설정 및 이전, 신청				$\dfrac{2}{1,000}$
그밖의 등기(변경·소멸·합필등기, 위의 세율을 적용하여 산출된 세액이 6천원 미만인 경우 등) 1건당				6,000원

➕ 세율 적용 시 유의사항

1. 세액이 6,000원 미만인 때에는 이를 6,000원으로 한다.
2. 부동산의 소유권을 유상 또는 무상으로 취득등기 시 그 부동산이 공유물인 때에는 그 취득지분의 가액을 부동산 가액으로 한다.
3. 담보가등기의 경우에는 저당권에 대한 세율을 적용한다.
4. 소유권등기는 취득세가 과세되는 취득을 전제로 하지 않는 등기에 한한다.

[영역] 지방세 > 취득세, 등록면허세, 재산세
국세 > 종합부동산세, 양도소득세

☑ **기출분석**   난이도 ⊕

거주자인 개인 甲이 乙로부터 부동산을 취득하여 보유하고 있다가 丙에게 양도하였다. 甲의 부동산 관련 조세의 납세의무에 관한 설명으로 **틀린** 것은? (단, 주어진 조건 외에는 고려하지 않음)

① 甲이 乙로부터 증여받은 것이라면 그 계약일에 취득세 납세의무가 성립한다. (O)
② 甲이 乙로부터 부동산을 취득 후 재산세 과세기준일까지 등기하지 않았다면 재산세와 관련하여 乙은 부동산 소재지 관할 지방자치단체의 장에게 소유권변동사실을 신고할 의무가 있다. (O)
③ 甲이 종합부동산세를 신고납부방식으로 납부하고자 하는 경우 과세표준과 세액을 해당 연도 12월 1일부터 12월 15일까지 관할 세무서장에게 신고하는 때에 종합부동산세 납세의무는 확정된다. (O)
④ 甲이 乙로부터 부동산을 40만원에 취득한 경우 등록면허세 납세의무가 있다. (O)
⑤ 양도소득세의 예정신고만으로 甲의 양도소득세 납세의무가 ~~확정되지 아니한다.~~ (X)
  → 예정신고만으로도 세액의 확정적 효력이 있다.

정답 ⑤

☑ **핵심개념**   **양도소득세 예정신고 및 납부기한**

과세대상 자산	예정신고 및 납부기한
토지 및 건물, 부동산에 관한 권리, 기타자산, 신탁 수익권	양도일이 속하는 달의 말일부터 2개월 이내
대금청산 이후 허가받은 토지거래허가구역 안의 토지	토지거래허가일, 허가구역의 지정이 해제된 경우에는 그 해제일이 속하는 달의 말일부터 2개월 이내
부담부증여한 경우 채무인수액	양도일이 속하는 달의 말일부터 3개월 이내
주식 및 출자지분(국외주식은 제외)	양도일이 속한 반기의 말일부터 2개월 이내

➕ 양도자는 예정신고와 함께 납부세액을 납부한 경우일지라도 예정신고납부세액 공제제도는 없다.

[영역] 지방세 > 재산세
국세 > 종합부동산세

☑ **기출분석** 난이도 ⬆

거주자인 개인 甲은 국내에 주택 2채(다가구주택 아님) 및 상가건물 1채를 각각 보유하고 있다. 甲의 2022년 귀속 재산세 및 종합부동산세에 관한 설명으로 **틀린** 것은? (단, 甲의 주택은 종합부동산세법상 합산배제주택에 해당하지 아니하며, 지방세관계법상 재산세 특례 및 감면은 없음) • 수정

① 甲의 주택에 대한 재산세는 주택별로 표준세율을 적용한다. (O)
② 甲의 상가건물에 대한 재산세는 시가표준액에 법령이 정하는 공정시장가액비율을 곱하여 산정한 가액을 과세표준으로 하여 비례세율로 과세한다. (O)
③ 甲의 주택분 종합부동산세액의 결정세액은 주택분 종합부동산세액에서 '(주택의 공시가격 합산액 − 6억원) × 종합부동산세 공정시장가액비율 × 재산세 표준세율'의 산식에 따라 산정한 재산세액을 공제하여 계산한다. (X)
 → 공제할 재산세는 재산세 표준세율의 산식에 따라 산정한 재산세액에서 가감적용이 된 경우에는 조정이 된 세액을, 상한이 적용된 경우에는 상한이 적용된 세액을 공제하여 계산한다.
④ 甲의 상가건물에 대해서는 종합부동산세를 과세하지 아니한다. (O)
⑤ 甲의 주택에 대한 종합부동산세는 甲이 보유한 주택의 공시가격을 합산한 금액에서 6억원을 공제한 금액에 공정시장가액비율(100분의 100)을 곱한 금액(영보다 작은 경우는 영)을 과세표준으로 하여 누진세율로 과세한다. (O)

정답 ③

☑ **핵심개념** 주택에 대한 종합부동산세 과세표준

1. **납세의무자가 개인인 경우**
 ㉠ 일반적인 경우 : (주택의 공시가격을 합한 금액 − 6억원) × 공정시장가액비율(현행 100%)
 ㉡ 1세대 1주택자의 경우 : [(주택의 공시가격을 합한 금액 − 5억원) − 6억원] × 공정시장가액비율(현행 100%)

2. **납세의무자가 법령이 정한 법인, 단체 등인 경우**
 주택에 대한 종합부동산세의 과세표준은 납세의무자별로 주택의 공시가격을 합산한 금액에서 법령이 정한 공정시장가액비율(현행 100%)을 곱한 금액으로 한다.

☑ **기출분석** 난이도 ⊕

종합부동산세법상 1세대 1주택자에 관한 설명으로 옳은 것은? • 수정

① 과세기준일 현재 세대원 중 1인과 그 배우자만이 공동으로 1주택을 소유하고 해당 세대원 및 다른 세대원이 다른 주택을 소유하지 아니한 경우 ~~신청하지 않더라도~~ 공동명의 1주택자를 해당 1주택에 대한 납세의무자로 한다. (X)
→ 1인 소유자로 신청을 한 경우에만 적용한다.

② 합산배제 신고한 「문화재보호법」에 따른 국가, 시, 도 등록문화재에 해당하는 주택은 1세대가 소유한 주택 수에서 제외한다. (O)

③ 1세대가 일반 주택과 합산배제 신고한 임대주택을 각각 1채씩 소유한 경우 해당 일반 주택에 그 주택소유자가 ~~실제 거주하지 않더라도~~ 1세대 1주택자에 해당한다. (X)
→ 1세대 1주택자 여부를 판단할 때 합산배제 임대사업용 주택을 소유하고 있는 자가 과세기준일 현재 그 주택에 주민등록이 되어 있고 실제로 거주하고 있는 경우에 한정하여 적용한다.

④ 1세대 1주택자는 주택의 공시가격을 합산한 금액에서 ~~6억원을 공제한 금액에서 다시 3억원을~~ 공제한 금액에 공정시장가액비율을 곱한 금액을 과세표준으로 한다. (X)
→ 주택의 공시가격을 합한 금액에서 5억원을 공제한 금액에 다시 6억원을 공제한 금액에서 부동산 시장의 동향과 재정 여건 등을 고려하여 법령이 정한 공정시장가액비율을 곱한 금액으로 한다.

⑤ 1세대 1주택자에 대하여는 주택분 종합부동산세 산출세액에서 소유자의 연령과 주택 보유기간에 따른 공제액을 공제율 합계 ~~100분의 70~~의 범위에서 중복하여 공제한다. (X)
→ 소유자 연령공제와 보유기간공제율 합계는 80%를 초과할 수 없다.

정답 ②

1. 법령 규정에 의하여 임대사업자가 임대사업용으로 등록한 장기임대사업용 주택
2. 법령 규정에 의해 종업원의 주거에 제공하기 위한 기숙사
3. 무상이나 저가로 제공하는 사용자 소유 사원용 주택(국민주택규모 이하이거나 공시가격이 3억원 이하인 주택)
4. 「노인복지법」에 따른 노인복지주택
5. 주택건설사업자가 건축하여 소유하고 있는 미분양주택 및 주택의 시공자가 주택건설사업자로부터 해당 주택의 공사대금으로 받은 미분양주택, 기업구조조정 부동산투자회사 미분양주택, 신탁업자가 직접 취득한 미분양주택
6. 어린이집으로 5년 이상 운용하는 주택
7. 정부출연연구기관이 해당 연구기관의 연구원에게 제공하는 주택으로서 2008년 12월 31일 현재 보유하고 있는 주택
8. 「문화재보호법」에 따른 국가, 시, 도 등록문화재에 해당하는 주택
9. 「향교재산법」에 따른 향교 또는 향교재단이 소유한 주택의 부속토지(주택의 건물과 부속토지의 소유자가 다른 경우의 그 부속토지를 말한다)
10. 송전설비 등 지역 매수 청구로 취득한 주택
11. 공공주택사업자, 혁신지구재생사업의 시행자, 주택건설사업자 등이 주택건설사업을 위하여 멸실시킬 목적으로 그 취득일부터 3년 이내에 멸실시키는 주택

[영역] 국세 > 종합부동산세

☑ **기출분석** 난이도 ⓛ

2022년 귀속 토지분 종합부동산세에 관한 설명으로 옳은 것은? (단, 감면과 비과세와 지방세특례제한법 또는 조세특례제한법은 고려하지 않음) • 수정

① 재산세 과세대상 중 분리과세대상 토지는 종합부동산세 ~~과세대상이다.~~ (X)
→ 분리과세대상 토지는 종합부동산세 과세대상이 아니다.

② 종합부동산세의 분납은 ~~허용되지 않는다.~~ (X)
→ 세액이 250만원을 초과하는 경우에는 그 세액의 일부를 6개월 내 분할납부할 수 있다.

③ 종합부동산세의 물납은 허용되지 않는다. (O)

④ 납세자에게 부정행위가 없으며 특례제척기간에 해당하지 않는 경우 원칙적으로 납세의무 성립일부터 ~~3년~~이 지나면 종합부동산세를 부과할 수 없다. (X)
→ 제척기간은 과세기준일로부터 5년이 경과하면 납세의무는 소멸된다.

⑤ 별도합산과세대상인 토지의 재산세로 부과된 세액이 세부담 상한을 적용받는 경우 ~~그 상한을 적용받기 전의 세액을~~ 별도합산과세대상 토지분 종합부동산세액에서 공제한다. (X)
→ 토지에 대한 재산세로 부과된 세액은 「지방세법」 규정에 의하여 가감 조정된 세율이 적용된 경우에는 그 세율이 적용된 세액, 세부담 상한을 적용받은 경우에는 그 상한을 적용받은 세액을 말한다.

[정답] ③

☑ **핵심개념** 종합부동산세 분할납부

1. 대 상

납부하여야 할 세액이 250만원을 초과하는 경우에는 그 세액의 일부를 납부기한이 경과한 날부터 6개월 이내에 분할납부

➕ 분할납부기간 : 재산세와 소방분 지역자원시설세, 양도소득세는 2개월

2. 분할납부 신청기한

납부 또는 신고기한까지

3. 분할납부할 금액

㉠ 납부하여야 할 세액이 250만원 초과 500만원 이하 : 250만원을 차감한 금액
㉡ 납부하여야 할 세액이 500만원 초과 : 해당 세액의 100분의 50 이하의 금액
➕ 종합부동산세 물납규정은 2016년부터 폐지되었다.

☑ **기출분석**　　난이도 🈘

다음은 거주자 甲의 상가건물 양도소득세 관련 자료이다. 이 경우 양도차익은? (단, 양도차익을 최소화하는 방향으로 필요경비를 선택하고, 부가가치세는 고려하지 않음)　• 수정

(1) 취득 및 양도 내역

	실지거래가액	기준시가	거래일자
양도 당시	5억원	4억원	2022. 4. 30.
취득 당시	확인 불가능	2억원	2020. 3. 7.

(2) 자본적 지출액 및 소개비 : 2억 6천만원(세금계산서 수취함)
(3) 주어진 자료 외에는 고려하지 않는다.

① 2억원
② 2억 4천만원 (O)
③ 2억 4천4백만원
④ 2억 5천만원
⑤ 2억 6천만원

풀이　환산취득가액과 개산공제금액에 의한 필요경비보다 확인된 자본적 지출액 및 양도비용이 크므로 환산법을 적용하지 아니하고 자본적 지출액 및 양도비용만을 필요경비로 한다.

1. 자본적 지출액 및 양도비용만을 필요경비로 적용하는 방법

　　양도가액　　　　　　　　　　　　　5억원
　　자본적 지출액 및 소개비　(-) 2억 6천만원
　　양도차익　　　　　　　　　　　　2억 4천만원

2. 환산법에 의해 필요경비로 적용하는 방법

　　양도가액　　　　　　　　　　　　　5억원
　　환산취득가액　　　(-)　　2억 5천만원*
　　개산공제액　　　　(-)　　　　6백만원**
　　양도차익　　　　　　　　2억 4천4백만원

　*환산취득가액 : 5억원 × $\dfrac{2억원(취득\ 당시\ 기준시가)}{4억원(양도\ 당시\ 기준시가)}$ = 2억 5천만원

　**개산공제액 : 2억원 × 3% = 6백만원

정답 ②

☑ 핵심개념 **양도자산별 필요경비개산공제율(추계경비)**

대 상		공제율
토 지		취득 당시 개별공시지가의 3%(미등기자산은 0.3%)
건 물	일반건물	취득 당시 국세청장의 산정·고시가액의 3% (미등기자산은 0.3%)
	주 택	취득 당시 개별주택가격 또는 공동주택가격의 3% (미등기자산은 0.3%)
	지정지역의 오피스텔, 상업용 건물	취득 당시 국세청장이 산정한 일괄 고시가액의 3% (미등기자산은 0.3%)
지상권, 전세권, 등기된 부동산임차권		취득 당시 기준시가의 7%(미등기 지상권 및 전세권은 1%)
부동산을 취득할 수 있는 권리, 기타자산, 주식 및 출자지분 등		취득 당시 기준시가의 1%

[영역] 국세 > 양도소득세

☑ 기출분석   난이도 ⊕

소득세법상 양도소득세 과세대상 자산의 양도 또는 취득의 시기로 틀린 것은?

① 「도시개발법」에 따라 교부받은 토지의 면적이 환지처분에 의한 권리면적보다 증가 또는 감소된 경우 : 환지처분의 공고가 있은 날 (X)

→ 「도시개발법」 또는 그 밖의 법률에 따른 환지처분으로 인하여 취득한 토지의 취득시기는 환지 전 토지의 취득일로 한다. 다만, 교부받은 토지의 면적이 환지처분에 의한 권리면적보다 증가 또는 감소된 경우에는 그 증가된 토지에 대한 취득시기와 감소된 면적의 양도시기는 환지처분의 공고가 있은 날의 다음 날로 한다.

② 기획재정부령이 정하는 장기할부조건의 경우 : 소유권이전등기(등록 및 명의개서를 포함) 접수일·인도일 또는 사용수익일 중 빠른 날 (O)

③ 건축허가를 받지 않고 자기가 건설한 건축물의 경우 : 그 사실상의 사용일 (O)

④ 「민법」 제245조 제1항의 규정에 의하여 부동산의 소유권을 취득하는 경우 : 당해 부동산의 점유를 개시한 날 (O)

⑤ 대금을 청산한 날이 분명하지 아니한 경우 : 등기부·등록부 또는 명부 등에 기재된 등기·등록접수일 또는 명의개서일 (O)

정답 ①

매 매	대금청산일, 대금청산일이 불분명하거나 먼저 등기한 경우에는 등기접수일
수 용	대금을 청산한 날, 수용의 개시일 또는 소유권 이전등기접수일 중 빠른 날
장기할부조건	인도일, 사용수익일, 등기접수일 중 빠른 날
건축물을 건축	사용승인서 교부일, 사용승인 전 사용하거나 임시사용승인을 얻은 경우 그 사실상 사용일 또는 임시사용승인일(무허가 건축물은 사실상 사용일)
상속자산, 증여자산	상속개시일, 증여받은 날
점유시효취득자산	점유개시일
환지처분받은 토지	환지받기 전 토지의 취득일, 면적의 증감부분은 환지처분공고일의 다음 날
취득시기가 불분명	먼저 취득한 자산을 먼저 양도한 것으로 간주
원인무효소에 따른 자산	그 자산의 당초 취득일

☑ 기출분석　난이도 ⊕

거주자 甲은 2015년에 국외에 1채의 주택을 미화 1십만 달러(취득자금 중 일부 외화 차입)에 취득하였고, 2022년에 동 주택을 미화 2십만 달러에 양도하였다. 이 경우 소득세법상 설명으로 <u>틀린</u> 것은? (단, 甲은 해당 자산의 양도일까지 계속 5년 이상 국내에 주소를 둠) • 수정

① 甲의 국외주택에 대한 양도차익은 양도가액에서 취득가액과 ~~필요경비개산공제를~~ ~~차감하여 계산한다.~~ (X)

　→ 국외자산은 필요경비개산공제 제도가 없다.

② 甲의 국외주택 양도로 발생하는 소득이 환율변동으로 인하여 외화차입금으로부터 발생하는 환차익을 포함하고 있는 경우에는 해당 환차익을 양도소득의 범위에서 제외한다. (O)

③ 甲의 국외주택 양도에 대해서는 해당 과세기간의 양도소득금액에서 연 250만원을 공제한다. (O)

④ 甲은 국외주택을 3년 이상 보유하였음에도 불구하고 장기보유특별공제액은 공제하지 아니한다. (O)

⑤ 甲은 국외주택의 양도에 대하여 양도소득세의 납세의무가 있다. (O)

정답 ①

1. 해당 자산의 양도일까지 계속하여 5년 이상 국내에 주소 또는 거소를 둔 자에 한한다.
2. 국외자산의 양도 및 취득가액은 해당 자산의 실지거래가액에 의한다.
3. 국외자산은 장기보유특별공제를 할 수 없으나, 기본공제는 할 수 있다.
4. 양도차익의 외화 환산은 양도일 및 필요경비를 수령하거나 지출한 날 현재 「외국환거래법」에 따른 기준환율 또는 재정환율에 의한다.
5. 국외 부동산을 미등기양도한 경우에 적용세율은 6%~45% 초과누진세율로 한다.
6. 국외 부동산을 양도한 경우 예정신고는 양도일이 속하는 달의 말일부터 2개월 이내로 한다.
7. 부동산과 부동산권리·기타자산을 1년 미만 보유하고 양도한 경우 해당 세율은 6%~45% 초과누진세율로 한다.
8. 국외자산소득이 국외에서 외화를 차입하여 취득한 자산을 양도하여 발생하는 소득으로서 환율 변동으로 인하여 외화차입금으로부터 발생하는 환차익을 포함하고 있는 경우에는 해당 환차익을 양도소득의 범위에서 제외한다.
9. 국외자산은 국내 자산과는 달리 필요경비개산공제 제도가 없다.

[영역] 국세 > 양도소득세

☑ **기출분석**   난이도 ⊕

소득세법상 미등기양도제외자산을 모두 고른 것은?

⊙ 양도소득세 비과세요건을 충족한 1세대 1주택으로서 「건축법」에 따른 건축허가를 받지 아니하여 등기가 불가능한 자산 (O)
  → 미등기로 보지 아니한다.
⊙ 법원의 결정에 의하여 양도 당시 그 자산의 취득에 관한 등기가 불가능한 자산 (O)
  → 미등기로 보지 아니한다.
⊙ 「도시개발법」에 따른 도시개발사업이 종료되지 아니하여 토지 취득등기를 하지 아니하고 양도하는 토지 (O)
  → 미등기로 보지 아니한다.

① ㉠
② ㉡
③ ㉠, ㉡
④ ㉡, ㉢
⑤ ㉠, ㉡, ㉢

정답 ⑤

다음에 해당하는 경우에는 미등기양도일지라도 미등기로 보지 아니한다.

1. 장기할부조건으로 취득한 자산으로서 그 계약조건에 의하여 양도 당시 그 자산의 취득에 관한 등기가 불가능한 자산
2. 법률의 규정 또는 법원의 결정에 의하여 양도 당시 그 자산의 취득에 관한 등기가 불가능한 자산
3. 비과세요건을 충족하는 농지의 교환·분합 및 「조세특례제한법」상 감면요건을 충족하는 8년 이상 자경농지와 대토한 농지 등
4. 비과세요건을 충족하는 1세대 1주택으로서 「건축법」에 따른 건축허가를 받지 아니하여 등기가 불가능한 자산
5. 도시개발사업이 종료되지 아니함으로써 토지 취득등기를 하지 못하고 양도한 토지
6. 건설업자가 「도시개발법」에 따라 공사용역 대가로 취득한 체비지를 토지구획환지처분공고 전에 양도한 토지

☑ **기출분석**   난이도 ●

소득세법상 배우자 간 증여재산의 이월과세에 관한 설명으로 옳은 것은?

① 이월과세를 적용하는 경우 거주자가 배우자로부터 증여받은 자산에 대하여 납부한 증여세를 필요경비에 산입하지 아니한다. (X)

→ 납부한 증여세를 필요경비에 산입한다.

② 이월과세를 적용받은 자산의 보유기간은 증여한 배우자가 그 자산을 증여한 날을 취득일로 본다. (X)

→ 증여한 배우자가 그 자산을 취득한 날을 취득일로 본다.

③ 거주자가 양도일부터 소급하여 5년 이내에 그 배우자(양도 당시 사망으로 혼인관계가 소멸된 경우 포함)로부터 증여받은 토지를 양도할 경우에 이월과세를 적용한다. (X)

→ 양도 당시 사망으로 혼인관계가 소멸된 경우에는 이월과세를 하지 아니한다.

④ 거주자가 사업인정고시일부터 소급하여 2년 이전에 배우자로부터 증여받은 경우로서 「공익사업을 위한 토지 등의 취득 및 보상에 관한 법률」에 따라 수용된 경우에는 이월과세를 적용하지 아니한다. (O)

⑤ 이월과세를 적용하여 계산한 양도소득 결정세액이 이월과세를 적용하지 않고 계산한 양도소득 결정세액보다 적은 경우에 이월과세를 적용한다. (X)

→ 많은 경우에 이월과세를 적용한다.

정답 ④

우회양도와 이월과세 차이점

구 분	우회양도	이월과세
증여원인	부당행위	부당행위와 관계없다.
증여대상	모든 특수관계인	직계존비속 및 배우자 간 증여
대상 자산	모든 자산	부동산, 시설물 이용권·회원권, 분양권·입주권 등 부동산을 취득할 수 있는 권리에 한한다.
양도시기	증여받은 날부터 5년 이내 양도	증여받은 날부터 5년 이내 양도
과세방법	증여한 자가 그 자산을 직접 양도한 것으로 본다.	양도가액에서 공제할 취득가액은 해당 증여한 자의 취득 당시 가액으로 한다.
납세의무자	증여한 자	증여받은 자
증여세	부과 취소	필요경비에 산입한다.
연대납세의무	수증자와 증여자 간 연대납부의무	연대납세의무는 없다.

memo

memo

memo

2022 공인중개사 2차 출제예상문제집 + 필수기출 부동산세법

발 행 일	2022년 4월 29일 초판
편 저 자	신성룡
펴 낸 이	권대호
펴 낸 곳	(주)에듀윌
등록번호	제25100-2002-000052호
주 소	08378 서울특별시 구로구 디지털로34길 55
	코오롱싸이언스밸리 2차 3층

* 이 책의 무단 인용 · 전재 · 복제를 금합니다.

ISBN 979-11-360-1738-3
979-11-360-1737-6 (2차 세트)

www.eduwill.net
대표전화 1600-6700

여러분의 작은 소리
에듀윌은 크게 듣겠습니다.

본 교재에 대한 여러분의 목소리를 들려주세요.
공부하시면서 어려웠던 점, 궁금한 점,
칭찬하고 싶은 점, 개선할 점, 어떤 것이라도 좋습니다.

에듀윌은 여러분께서 나누어 주신 의견을
통해 끊임없이 발전하고 있습니다.

에듀윌 도서몰 book.eduwill.net
• 부가학습자료 및 정오표: 에듀윌 도서몰 → 도서자료실
• 교재 문의: 에듀윌 도서몰 → 문의하기 → 교재(내용, 출간) / 주문 및 배송

제32회
기출분석집

제32회 기출분석집

고객의 꿈, 직원의 꿈, 지역사회의 꿈을 실현한다

펴낸곳 (주)에듀윌　**펴낸이** 권대호　**출판총괄** 김형석
개발책임 윤대권, 양은숙　**개발** 오세미, 박하영, 정명화, 김슬기
주소 서울시 구로구 디지털로34길 55 코오롱싸이언스밸리 2차 3층
대표번호 1600-6700　**등록번호** 제25100-2002-000052호
협의 없는 무단 복제는 법으로 금지되어 있습니다.

에듀윌 도서몰 book.eduwill.net
• 부가학습자료 및 정오표: 에듀윌 도서몰 → 도서자료실
• 교재 문의: 에듀윌 도서몰 → 문의하기 → 교재(내용, 출간) / 주문 및 배송

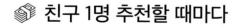

에듀윌 직영학원에서 합격을 수강하세요

서울	강남	02)6338-0600	강남역 1번 출구
서울	노량진	02)815-0600	대방역 2번 출구
서울	노원	02)3391-5600	노원역 9번 출구
서울	종로	02)6367-0600	동묘앞역 7번 출구
서울	천호	02)6314-0600	천호역 6번 출구
서울	신림	02)6269-0600	신림역 7번 출구
서울	홍대	02)6749-0600	홍대입구역 4번 출구
서울	발산	02)6091-0600	발산역 4번 출구
인천	부평	032)523-0500	부평역 지하상가 31번 출구
경기	부천	032)326-0100	상동역 3번 출구
경기	수원	031)813-0600	수원역 지하상가 13번 출구

경기	성남	031)602-0300	모란역 2번 출구
경기	평촌	031)346-0600	범계역 3번 출구
경기	일산	031)817-0600	마두역 1번 출구
경기	안산	031)505-0200	한대앞역 2번 출구
경기 김포LIVE	031)991-0600	사우역(골드라인) 3번 출구
대전	042)331-0700	서대전네거리역 4번 출구
광주	062)453-0600	상무역 5번 출구
대구	053)216-0600	반월당역 12번 출구
부산 서면	051)923-0600	전포역 7번 출구
부산 해운대	051)925-0600	장산역 4번 출구

에듀윌의 상징 노란색의 환한 학원 입구

언제나 전문 학습 매니저와 상담이 가능한 안내데스크

고품질 영상 및 음향 장비를 갖춘 최고의 강의실

재충전을 위한 카페 분위기의 아늑한 휴게실

넉넉한 수납 공간의 개인사물함

회독용 정답표

PART 1　조세총론
CHAPTER 01　조세의 기초

번호	오지선다	보기지문	체크	번호	오지선다	보기지문	체크
예시	① ② ③ ● ⑤	㉠ ㉡ ● ● ㉺	○	17	① ② ③ ④ ⑤		
01	① ② ③ ④ ⑤	㉠ ㉡ ㉢ ㉣ ㉤ ㉥		18	① ② ③ ④ ⑤	㉠ ㉡ ㉢ ㉣ ㉤	
02	① ② ③ ④ ⑤			19	① ② ③ ④ ⑤		
03	① ② ③ ④ ⑤	㉠ ㉡ ㉢ ㉣ ㉤ ㉥		20	① ② ③ ④ ⑤		
04	① ② ③ ④ ⑤	㉠ ㉡ ㉢ ㉣ ㉤		21	① ② ③ ④ ⑤		
05	① ② ③ ④ ⑤			22	① ② ③ ④ ⑤	㉠ ㉡ ㉢ ㉣ ㉤	
06	① ② ③ ④ ⑤	㉠ ㉡ ㉢ ㉣ ㉤ ㉥		23	① ② ③ ④ ⑤		
07	① ② ③ ④ ⑤			24	① ② ③ ④ ⑤		
08	① ② ③ ④ ⑤			25	① ② ③ ④ ⑤		
09	① ② ③ ④ ⑤			26	① ② ③ ④ ⑤		
10	① ② ③ ④ ⑤			27	① ② ③ ④ ⑤		
11	① ② ③ ④ ⑤	㉠ ㉡ ㉢ ㉣ ㉤ ㉥		28	① ② ③ ④ ⑤		
12	① ② ③ ④ ⑤			29	① ② ③ ④ ⑤		
13	① ② ③ ④ ⑤	㉠ ㉡ ㉢ ㉣ ㉤ ㉥		30	① ② ③ ④ ⑤		
14	① ② ③ ④ ⑤			31	① ② ③ ④ ⑤		
15	① ② ③ ④ ⑤			32	① ② ③ ④ ⑤		
16	① ② ③ ④ ⑤			33	① ② ③ ④ ⑤		

CHAPTER 02   납세의무의 성립 · 확정 · 소멸 · 확장

번 호	오지선다	보기지문	체 크	번 호	오지선다	보기지문	체 크
01	① ② ③ ④ ⑤			08	① ② ③ ④ ⑤		
02	① ② ③ ④ ⑤			09	① ② ③ ④ ⑤		
03	① ② ③ ④ ⑤	㉠ ㉡ ㉢ ㉣ ㉤		10	① ② ③ ④ ⑤		
04	① ② ③ ④ ⑤			11	① ② ③ ④ ⑤		
05	① ② ③ ④ ⑤	㉠ ㉡ ㉢ ㉣ ㉤		12	① ② ③ ④ ⑤		
06	① ② ③ ④ ⑤			13	① ② ③ ④ ⑤		
07	① ② ③ ④ ⑤	㉠ ㉡ ㉢ ㉣ ㉤ ㉥		14	① ② ③ ④ ⑤		

CHAPTER 03   조세우선권과 조세의 불복

번 호	오지선다	보기지문	체 크	번 호	오지선다	보기지문	체 크
01	① ② ③ ④ ⑤			05	① ② ③ ④ ⑤		
02	① ② ③ ④ ⑤	㉠ ㉡ ㉢ ㉣		06	① ② ③ ④ ⑤		
03	① ② ③ ④ ⑤			07	① ② ③ ④ ⑤		
04	① ② ③ ④ ⑤			08	① ② ③ ④ ⑤		

PART 1   실력점검표

CHAPTER	○ 문항 수	△ 문항 수	× 문항 수	총 문항 수
01 조세의 기초				/33
02 납세의무의 성립 · 확정 · 소멸 · 확장				/14
03 조세우선권과 조세의 불복				/ 8

나의 취약 단원 ▶

번호	오지선다	보기지문	체크	번호	오지선다	보기지문	체크
01	① ② ③ ④ ⑤			38	① ② ③ ④ ⑤		
02	① ② ③ ④ ⑤			39	① ② ③ ④ ⑤		
03	① ② ③ ④ ⑤			40	① ② ③ ④ ⑤	㉠ ㉡ ㉢ ㉣	
04	① ② ③ ④ ⑤			41	① ② ③ ④ ⑤		
05	① ② ③ ④ ⑤			42	① ② ③ ④ ⑤		
06	① ② ③ ④ ⑤			43	① ② ③ ④ ⑤		
07	① ② ③ ④ ⑤			44	① ② ③ ④ ⑤		
08	① ② ③ ④ ⑤			45	① ② ③ ④ ⑤		
09	① ② ③ ④ ⑤			46	① ② ③ ④ ⑤		
10	① ② ③ ④ ⑤			47	① ② ③ ④ ⑤		
11	① ② ③ ④ ⑤			48	① ② ③ ④ ⑤		
12	① ② ③ ④ ⑤			49	① ② ③ ④ ⑤		
13	① ② ③ ④ ⑤			50	① ② ③ ④ ⑤		
14	① ② ③ ④ ⑤			51	① ② ③ ④ ⑤	㉠ ㉡ ㉢ ㉣ ㉤	
15	① ② ③ ④ ⑤			52	① ② ③ ④ ⑤		
16	① ② ③ ④ ⑤	㉠ ㉡ ㉢ ㉣		53	① ② ③ ④ ⑤		
17	① ② ③ ④ ⑤			54	① ② ③ ④ ⑤		
18	① ② ③ ④ ⑤			55	① ② ③ ④ ⑤		
19	① ② ③ ④ ⑤			56	① ② ③ ④ ⑤		
20	① ② ③ ④ ⑤			57	① ② ③ ④ ⑤		
21	① ② ③ ④ ⑤			58	① ② ③ ④ ⑤		
22	① ② ③ ④ ⑤			59	① ② ③ ④ ⑤		
23	① ② ③ ④ ⑤			60	① ② ③ ④ ⑤		
24	① ② ③ ④ ⑤			61	① ② ③ ④ ⑤		
25	① ② ③ ④ ⑤			62	① ② ③ ④ ⑤		
26	① ② ③ ④ ⑤			63	① ② ③ ④ ⑤		
27	① ② ③ ④ ⑤			64	① ② ③ ④ ⑤		
28	① ② ③ ④ ⑤	㉠ ㉡ ㉢ ㉣ ㉤		65	① ② ③ ④ ⑤		
29	① ② ③ ④ ⑤			66	① ② ③ ④ ⑤		
30	① ② ③ ④ ⑤			67	① ② ③ ④ ⑤		
31	① ② ③ ④ ⑤			68	① ② ③ ④ ⑤	㉠ ㉡ ㉢ ㉣	
32	① ② ③ ④ ⑤			69	① ② ③ ④ ⑤		
33	① ② ③ ④ ⑤			70	① ② ③ ④ ⑤		
34	① ② ③ ④ ⑤			71	① ② ③ ④ ⑤		
35	① ② ③ ④ ⑤			72	① ② ③ ④ ⑤		
36	① ② ③ ④ ⑤			73	① ② ③ ④ ⑤		
37	① ② ③ ④ ⑤			74	① ② ③ ④ ⑤		

번호	오지선다		번호	오지선다	
75	① ② ③ ④ ⑤		78	① ② ③ ④ ⑤	
76	① ② ③ ④ ⑤		79	① ② ③ ④ ⑤	
77	① ② ③ ④ ⑤				

CHAPTER 02   등기 · 등록에 대한 등록면허세

번 호	오지선다	보기지문	체 크	번 호	오지선다	보기지문	체 크
01	① ② ③ ④ ⑤			14	① ② ③ ④ ⑤		
02	① ② ③ ④ ⑤			15	① ② ③ ④ ⑤		
03	① ② ③ ④ ⑤			16	① ② ③ ④ ⑤		
04	① ② ③ ④ ⑤			17	① ② ③ ④ ⑤		
05	① ② ③ ④ ⑤			18	① ② ③ ④ ⑤		
06	① ② ③ ④ ⑤			19	① ② ③ ④ ⑤		
07	① ② ③ ④ ⑤			20	① ② ③ ④ ⑤		
08	① ② ③ ④ ⑤			21	① ② ③ ④ ⑤		
09	① ② ③ ④ ⑤	㉠ ㉡ ㉢ ㉣		22	① ② ③ ④ ⑤		
10	① ② ③ ④ ⑤			23	① ② ③ ④ ⑤		
11	① ② ③ ④ ⑤			24	① ② ③ ④ ⑤		
12	① ② ③ ④ ⑤			25	① ② ③ ④ ⑤		
13	① ② ③ ④ ⑤						

CHAPTER 03   재산세

번 호	오지선다	보기지문	체 크	번 호	오지선다	보기지문	체 크
01	① ② ③ ④ ⑤			18	① ② ③ ④ ⑤		
02	① ② ③ ④ ⑤			19	① ② ③ ④ ⑤		
03	① ② ③ ④ ⑤			20	① ② ③ ④ ⑤		
04	① ② ③ ④ ⑤			21	① ② ③ ④ ⑤		
05	① ② ③ ④ ⑤			22	① ② ③ ④ ⑤		
06	① ② ③ ④ ⑤			23	① ② ③ ④ ⑤		
07	① ② ③ ④ ⑤			24	① ② ③ ④ ⑤		
08	① ② ③ ④ ⑤			25	① ② ③ ④ ⑤		
09	① ② ③ ④ ⑤			26	① ② ③ ④ ⑤		
10	① ② ③ ④ ⑤			27	① ② ③ ④ ⑤		
11	① ② ③ ④ ⑤			28	① ② ③ ④ ⑤		
12	① ② ③ ④ ⑤			29	① ② ③ ④ ⑤		
13	① ② ③ ④ ⑤			30	① ② ③ ④ ⑤		
14	① ② ③ ④ ⑤			31	① ② ③ ④ ⑤		
15	① ② ③ ④ ⑤			32	① ② ③ ④ ⑤		
16	① ② ③ ④ ⑤			33	① ② ③ ④ ⑤		
17	① ② ③ ④ ⑤	㉠ ㉡ ㉢ ㉣ ㉤		34	① ② ③ ④ ⑤		

35	① ② ③ ④ ⑤		**47**	① ② ③ ④ ⑤	
36	① ② ③ ④ ⑤		**48**	① ② ③ ④ ⑤	
37	① ② ③ ④ ⑤		**49**	① ② ③ ④ ⑤	
38	① ② ③ ④ ⑤		**50**	① ② ③ ④ ⑤	
39	① ② ③ ④ ⑤		**51**	① ② ③ ④ ⑤	
40	① ② ③ ④ ⑤		**52**	① ② ③ ④ ⑤	
41	① ② ③ ④ ⑤		**53**	① ② ③ ④ ⑤	
42	① ② ③ ④ ⑤		**54**	① ② ③ ④ ⑤	
43	① ② ③ ④ ⑤		**55**	① ② ③ ④ ⑤	
44	① ② ③ ④ ⑤		**56**	① ② ③ ④ ⑤	㉠ ㉡ ㉢ ㉣
45	① ② ③ ④ ⑤	㉠ ㉡ ㉢ ㉣	**57**	① ② ③ ④ ⑤	㉠ ㉡ ㉢ ㉣ ㉤ ㉥ ㉦ ㉧ ㉨
46	① ② ③ ④ ⑤		**58**	① ② ③ ④ ⑤	

PART 2 실력점검표

CHAPTER	○ 문항 수	△ 문항 수	× 문항 수	총 문항 수
01 취득세				/79
02 등기 · 등록에 대한 등록면허세				/25
03 재산세				/58

나의 취약 단원 ▶

CHAPTER 01   종합부동산세

번호	오지선다	보기지문	체크	번호	오지선다	보기지문	체크
01	① ② ③ ④ ⑤			16	① ② ③ ④ ⑤		
02	① ② ③ ④ ⑤	㉠ ㉡ ㉢ ㉣		17	① ② ③ ④ ⑤		
03	① ② ③ ④ ⑤	㉠ ㉡ ㉢ ㉣		18	① ② ③ ④ ⑤		
04	① ② ③ ④ ⑤			19	① ② ③ ④ ⑤		
05	① ② ③ ④ ⑤			20	① ② ③ ④ ⑤		
06	① ② ③ ④ ⑤			21	① ② ③ ④ ⑤		
07	① ② ③ ④ ⑤			22	① ② ③ ④ ⑤		
08	① ② ③ ④ ⑤			23	① ② ③ ④ ⑤		
09	① ② ③ ④ ⑤			24	① ② ③ ④ ⑤		
10	① ② ③ ④ ⑤			25	① ② ③ ④ ⑤		
11	① ② ③ ④ ⑤	㉠ ㉡ ㉢ ㉣ ㉤		26	① ② ③ ④ ⑤		
12	① ② ③ ④ ⑤			27	① ② ③ ④ ⑤		
13	① ② ③ ④ ⑤			28	① ② ③ ④ ⑤		
14	① ② ③ ④ ⑤			29	① ② ③ ④ ⑤		
15	① ② ③ ④ ⑤						

CHAPTER 02   종합소득세

번호	오지선다	보기지문	체크	번호	오지선다	보기지문	체크
01	① ② ③ ④ ⑤	㉠ ㉡ ㉢ ㉣ ㉤		08	① ② ③ ④ ⑤		
02	① ② ③ ④ ⑤			09	① ② ③ ④ ⑤		
03	① ② ③ ④ ⑤			10	① ② ③ ④ ⑤		
04	① ② ③ ④ ⑤			11	① ② ③ ④ ⑤		
05	① ② ③ ④ ⑤			12	① ② ③ ④ ⑤		
06	① ② ③ ④ ⑤			13	① ② ③ ④ ⑤		
07	① ② ③ ④ ⑤			14	① ② ③ ④ ⑤		

CHAPTER 03   양도소득세

번호	오지선다	보기지문	체크	번호	오지선다	보기지문	체크
01	① ② ③ ④ ⑤			09	① ② ③ ④ ⑤		
02	① ② ③ ④ ⑤	㉠ ㉡ ㉢ ㉣ ㉤ ㉥ ㉦ ㉧		10	① ② ③ ④ ⑤		
03	① ② ③ ④ ⑤			11	① ② ③ ④ ⑤		
04	① ② ③ ④ ⑤			12	① ② ③ ④ ⑤		
05	① ② ③ ④ ⑤			13	① ② ③ ④ ⑤		
06	① ② ③ ④ ⑤	㉠ ㉡ ㉢ ㉣ ㉤		14	① ② ③ ④ ⑤		
07	① ② ③ ④ ⑤			15	① ② ③ ④ ⑤		
08	① ② ③ ④ ⑤			16	① ② ③ ④ ⑤		

No.	Answer		No.	Answer	
17	① ② ③ ④ ⑤		57	① ② ③ ④ ⑤	
18	① ② ③ ④ ⑤		58	① ② ③ ④ ⑤	
19	① ② ③ ④ ⑤		59	① ② ③ ④ ⑤	
20	① ② ③ ④ ⑤		60	① ② ③ ④ ⑤	
21	① ② ③ ④ ⑤		61	① ② ③ ④ ⑤	
22	① ② ③ ④ ⑤		62	① ② ③ ④ ⑤	
23	① ② ③ ④ ⑤		63	① ② ③ ④ ⑤	
24	① ② ③ ④ ⑤		64	① ② ③ ④ ⑤	
25	① ② ③ ④ ⑤		65	① ② ③ ④ ⑤	
26	① ② ③ ④ ⑤		66	① ② ③ ④ ⑤	
27	① ② ③ ④ ⑤		67	① ② ③ ④ ⑤	
28	① ② ③ ④ ⑤		68	① ② ③ ④ ⑤	
29	① ② ③ ④ ⑤		69	① ② ③ ④ ⑤	
30	① ② ③ ④ ⑤		70	① ② ③ ④ ⑤	
31	① ② ③ ④ ⑤		71	① ② ③ ④ ⑤	
32	① ② ③ ④ ⑤		72	① ② ③ ④ ⑤	
33	① ② ③ ④ ⑤		73	① ② ③ ④ ⑤	
34	① ② ③ ④ ⑤		74	① ② ③ ④ ⑤	㉠ ㉡ ㉢ ㉣
35	① ② ③ ④ ⑤		75	① ② ③ ④ ⑤	
36	① ② ③ ④ ⑤		76	① ② ③ ④ ⑤	
37	① ② ③ ④ ⑤		77	① ② ③ ④ ⑤	
38	① ② ③ ④ ⑤		78	① ② ③ ④ ⑤	
39	① ② ③ ④ ⑤		79	① ② ③ ④ ⑤	
40	① ② ③ ④ ⑤		80	① ② ③ ④ ⑤	
41	① ② ③ ④ ⑤		81	① ② ③ ④ ⑤	
42	① ② ③ ④ ⑤		82	① ② ③ ④ ⑤	
43	① ② ③ ④ ⑤		83	① ② ③ ④ ⑤	
44	① ② ③ ④ ⑤		84	① ② ③ ④ ⑤	
45	① ② ③ ④ ⑤		85	① ② ③ ④ ⑤	
46	① ② ③ ④ ⑤		86	① ② ③ ④ ⑤	
47	① ② ③ ④ ⑤		87	① ② ③ ④ ⑤	
48	① ② ③ ④ ⑤		88	① ② ③ ④ ⑤	
49	① ② ③ ④ ⑤		89	① ② ③ ④ ⑤	
50	① ② ③ ④ ⑤		90	① ② ③ ④ ⑤	
51	① ② ③ ④ ⑤		91	① ② ③ ④ ⑤	
52	① ② ③ ④ ⑤		92	① ② ③ ④ ⑤	
53	① ② ③ ④ ⑤		93	① ② ③ ④ ⑤	
54	① ② ③ ④ ⑤		94	① ② ③ ④ ⑤	
55	① ② ③ ④ ⑤		95	① ② ③ ④ ⑤	
56	① ② ③ ④ ⑤		96	① ② ③ ④ ⑤	

97	① ② ③ ④ ⑤			108	① ② ③ ④ ⑤		
98	① ② ③ ④ ⑤			109	① ② ③ ④ ⑤		
99	① ② ③ ④ ⑤			110	① ② ③ ④ ⑤		
100	① ② ③ ④ ⑤			111	① ② ③ ④ ⑤		
101	① ② ③ ④ ⑤			112	① ② ③ ④ ⑤		
102	① ② ③ ④ ⑤			113	① ② ③ ④ ⑤		
103	① ② ③ ④ ⑤			114	① ② ③ ④ ⑤		
104	① ② ③ ④ ⑤			115	① ② ③ ④ ⑤		
105	① ② ③ ④ ⑤			116	① ② ③ ④ ⑤		
106	① ② ③ ④ ⑤			117	① ② ③ ④ ⑤		
107	① ② ③ ④ ⑤			118	① ② ③ ④ ⑤		

PART 3　실력점검표

CHAPTER	○ 문항 수	△ 문항 수	× 문항 수	총 문항 수
01 종합부동산세				/29
02 종합소득세				/14
03 양도소득세				/118

나의 취약 단원 ▶

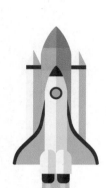

에듀윌이
너를
지할게

ENERGY

시작하라.

그 자체가 천재성이고,
힘이며, 마력이다.

– 요한 볼프강 폰 괴테(Johann Wolfgang von Goethe)

➕ 합격할 때까지 책임지는 개정법령 원스톱 서비스!

법령 개정이 잦은 공인중개사 시험. 일일이 찾아보지 마세요!
에듀윌에서는 필요한 개정법령만을 빠르게! 한번에! 제공해 드립니다.

에듀윌 도서몰 접속 (book.eduwill.net)	▶	우측 정오표 아이콘 클릭	▶	카테고리 공인중개사 설정 후 교재 검색

개정법령
확인하기

2022

에듀윌 공인중개사

출제예상문제집 + 필수기출

②차 부동산세법

왜 에듀윌 출제예상문제집일까요?

1 유형, 지문이 실제 시험과 유사한 문제집!

제32회 부동산세법 기출문제 A형

39 소득세법상 미등기양도제외자산을 모두 고른 것은?

> ㉠ 양도소득세 비과세요건을 충족한 1세대 1주택으로서 「건축법」에 따른 건축허가를 받지 아니하여 등기가 불가능한 자산
> ㉡ 법원의 결정에 의하여 양도 당시 그 자산의 취득에 관한 등기가 불가능한 자산
> ㉢ 「도시개발법」에 따른 도시개발사업이 종료되지 아니하여 토지 취득등기를 하지 아니하고 양도하는 토지

① ㉠ ② ㉡ ③ ㉠, ㉡
④ ㉡, ㉢ ⑤ ㉠, ㉡, ㉢

2021 에듀윌 출제예상문제집+필수기출 부동산세법 p.343

75 소득세법상 미등기양도로 보는 경우로 옳은 것은?

① 비과세요건을 충족하는 교환·분합하는 농지
② 건축물을 신축한 자가 매수자 명의로 보존등기하고 양도한 자산
③ 비과세요건을 충족하는 1세대 1주택으로서 「건축법」에 따른 건축허가를 받지 아니하여 양도 당시 등기가 불가능한 자산
④ 장기할부조건으로 취득한 자산으로서 그 계약조건에 의하여 양도 당시 그 자산의 취득에 관한 등기가 불가능한 자산
⑤ 법률의 규정 또는 법원의 결정에 의하여 양도 당시 그 자산의 취득에 관한 등기가 불가능한 자산

지문일치

2 | 예상문제부터 필수기출까지 한 권으로 끝!

예상문제로
약점 체크, 변형문제 대비!

필수기출로
출제경향 완벽 파악!

합격생A

문제집으로 내 약점을 찾아라!

예상문제를 풀고 나면 단원마다 정답을 맞힌 개수를 적었습니다. 이렇게 하면 내가 취약한 부분이 어느 부분인지 파악이 됩니다.

합격생C

과목별, 단원별 중요도 확인!

기출문제를 반복적으로 풀다보니 과목별, 단원별 중요도가 눈에 들어왔습니다.

합격생B

변형문제로 개념 완벽 정리!

기출지문에만 익숙해지면 안 됩니다. 개념을 정확하게 이해했는지 예상문제를 풀어보면서 점검해야 완전히 내 것이 됩니다.

합격생D

기출문제로 출제패턴 파악!

기출문제 분석을 통해 출제패턴을 확인했습니다. 긍정형과 부정형 문제의 패턴을 확인하고, 보기와 지문을 확실히 정리하였습니다.

출제될 문제만을 엄선한 합격 최적화 문제집
합격이 눈앞에 있습니다!

이 책의 활용법

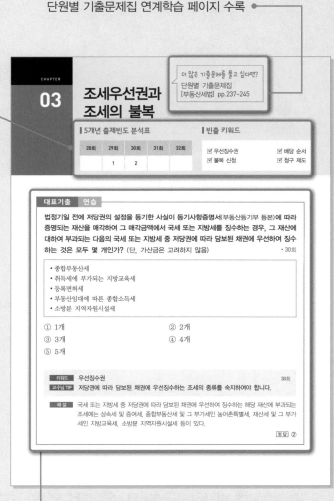

워밍업!

CHAPTER별 5개년 출제빈도와 빈출 키워드, 제33회 합격전략 확인!

본격적인 문제풀이 전 기출지문 OX문제로 실력점검!

➕ 더 많은 기출지문 OX문제를 풀고 싶다면 기출지문 OX 암기노트 PDF (모바일용)를 활용하세요!

대표기출로 문제 유형 파악!

단원별 기출문제집 연계학습 페이지 수록

- 대표기출 문제를 풀어보면서 해당 CHAPTER의 중요 이론과 키워드 파악
- 대표기출의 키워드를 통해 최근 5개년 출제빈도를 확인, 교수님 TIP을 통해 학습 세부전략 수립

함께 학습하면 좋은 이론을
추가하여 폭넓은 학습 가능

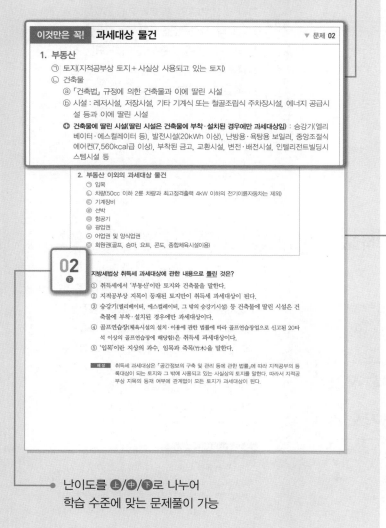

이것만은 꼭! | 과세대상 물건 ▼ 문제 02

1. 부동산

㉠ 토지(지적공부상 토지 + 사실상 사용되고 있는 토지)

㉡ 건축물

ⓐ 「건축법」 규정에 의한 건축물과 이에 딸린 시설

ⓑ 시설 : 레저시설, 저장시설, 기타 기계식 또는 철골조립식 주차장시설, 에너지 공급시설 등과 이에 딸린 시설

➕ 건축물에 딸린 시설(딸린 시설은 건축물에 부착·설치된 경우에만 과세대상임) : 승강기(엘리베이터·에스컬레이터 등), 발전시설(20kWh 이상), 난방용·욕탕용 보일러, 중앙조절식 에어컨(7,560kcal급 이상), 부착된 금고, 교환시설, 변전·배전시설, 인텔리전트빌딩시스템시설 등

2. 부동산 이외의 과세대상 물건

㉠ 입목

㉡ 차량(50cc 이하 2륜 차량과 최고정격출력 4kW 이하의 전기이륜자동차는 제외)

㉢ 기계장비

㉣ 선박

㉤ 항공기

㉥ 광업권

㉦ 어업권 및 양식업권

㉧ 회원권(골프, 승마, 요트, 콘도, 종합체육시설이용)

02 ⓣ
지방세법상 취득세 과세대상에 관한 내용으로 틀린 것은?

① 취득세에서 '부동산'이란 토지와 건축물을 말한다.

② 지적공부상 지목이 등재된 토지만이 취득세 과세대상이 된다.

③ 승강기(엘리베이터, 에스컬레이터, 그 밖의 승강기시설) 등 건축물에 딸린 시설은 건축물에 부착·설치된 경우에만 과세대상이다.

④ 골프연습장(체육시설의 설치·이용에 관한 법률에 따라 골프연습장업으로 신고된 20타석 이상의 골프연습장에 해당함)은 취득세 과세대상이다.

⑤ '입목'이란 지상의 과수, 임목과 죽목(竹木)을 말한다.

해설 취득세 과세대상은 「공간정보의 구축 및 관리 등에 관한 법률」에 따라 지적공부의 등록대상이 되는 토지와 그 밖에 사용되고 있는 사실상의 토지를 말한다. 따라서 지적공부상 지목의 등재 여부에 관계없이 모든 토지가 과세대상이 된다.

난이도를 ⓢ/ⓜ/ⓗ로 나누어
학습 수준에 맞는 문제풀이 가능

회독용 정답표

02 지방세법상 취득세 과세대상에 관한 내용으로 틀린 것은?

① 취득세에서 '부동산'이란 토지와 건축물을 말한다.
② 지적공부상 지목이 등재된 토지만이 취득세 과세대상이 된다.
③ 승강기(엘리베이터, 에스컬레이터, 그 밖의 승강기시설) 등 건축물에 딸린 시설은 건축물에 부착·설치된 경우에만 과세대상이다.
④ 골프연습장(체육시설의 설치·이용에 관한 법률에 따라 골프연습장업으로 신고된 20타석 이상의 골프연습장에 해당함)은 취득세 과세대상이다.
⑤ '입목'이란 지상의 과수, 임목과 죽목(竹木)을 말한다.

해설 취득세 과세대상은 「공간정보의 구축 및 관리 등에 관한 법률」에 따라 지적공부의 등록대상이 되는 토지와 그 밖에 사용되고 있는 사실상의 토지를 말한다. 따라서 지적공부상 지목의 등재 여부에 관계없이 모든 토지가 과세대상이 된다.

교재 뒤 오답노트 양식 추가 다운 경로
에듀윌 도서몰(book.eduwill.net) > 부가학습자료

➕ 특별제공

제32회 기출분석집

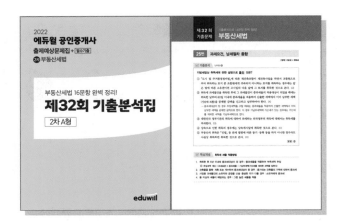

가장 최신 기출인 제32회 기출문제를 지문 하나하나 분석하였습니다. 각 지문별로 옳은 내용과 틀린 내용의 근거가 되는 첨삭 해설을 통해 최신 시험 출제 경향과 이론까지 확인할 수 있습니다.

기출지문 OX 암기노트 PDF(모바일용)

기출지문 OX문제를 더 풀어보고 싶은 수험생들을 위해 모바일에 최적화된 기출지문 OX 암기노트 PDF를 제공합니다. 스마트폰으로 다운로드 받은 후 언제 어디서나 편리하게 학습하세요(출력하여 수첩 형태로 들고 다니면서 학습하셔도 좋습니다).

(2022년 5월 중 오픈 예정)

PDF 다운로드 받기

스마트폰 카메라 어플 또는 QR코드 스캔 어플을 사용하여 QR코드 스캔(에듀윌 도서몰 부가학습자료 접속) > 카테고리 '공인중개사' 선택 후 교재명 입력하여 검색 > 해당 과목의 다운로드 아이콘 클릭하여 PDF 파일 다운로드 받기

머리말

제33회 시험의 합격자는 바로 당신입니다.

방대한 기본서 학습 과정을 마치고, 이제 합격이라는 목표에 좀 더 가까워지기 위한 실력을 다질 때입니다. 그 시작이 바로 문제집을 통한 예상문제 풀이입니다.

이를 고려하여 만들어진 본 교재는 수시로 개정되는 세법에 맞추어 출제가능성이 높은 종합적이고, 제33회 시험 지향적인 문제를 수록하여 수험생 여러분의 도전에 많은 도움을 드리고자 합니다.

본 교재는 먼저, 최신 출제경향을 반영하여 기출문제와 유사하면서도 시험에 나올 만한 문제들을 엄선해 수록하였습니다. 또한 체계적이고 효율적인 학습을 통해 고득점을 목표로 할 수 있도록 구성하였으며, 개정된 법령을 반영하여 효과적으로 시험에 대비할 수 있도록 하였습니다. 그리고 반드시 알아야 하는 필수 개념을 먼저 정리한 후 문제를 풀도록 구성하여 문제풀이의 효과를 극대화할 수 있도록 하였습니다.

여러분이 소망하는 합격이라는 목표에 본 교재가 든든한 동반자가 되어 주기를 간절히 염원합니다.

저자 신성룡

약력
- 現 에듀윌 부동산세법 전임 교수
- 現 한국 세무연구학회 이사
- 前 포스코 세무실무 교육 강사
- 前 건국대학교 강사
- 前 한국 생산성 본부 세법 강사
- 前 EBS 부동산세법 강사
- 前 주요 공인중개사 학원 부동산세법 강사

저서
에듀윌 공인중개사 부동산세법 기초서,
기본서, 단원별/회차별 기출문제집, 핵심요약집,
출제예상문제집+필수기출, 실전모의고사,
한손끝장, 부동산세법 체계도 집필

시험 안내

✅ **시험일정**   연 1회, 1·2차 동시 시행

구 분	인터넷 원서 접수기간		시험시행일
2022년도 제33회 제1, 2차 시험 (동시접수·시행)	정기(5일간)	매년 8월 2번째 월요일부터 금요일까지 (2022.8.8.~8.12. 예정)	매년 10월 마지막 주 토요일 (2022.10.29. 예정)
	빈자리(2일간)	매년 10월 2번째 목요일부터 금요일까지 (2022.10.13.~10.14. 예정)	

※ 정확한 시험 일정은 큐넷 홈페이지(www.Q-Net.or.kr)에서 확인이 가능합니다.

✅ **응시자격**   제한 없음

※ 단, ① 공인중개사법 제4조의3에 따라 공인중개사 시험 부정행위로 처분받은 날로부터 시험시행일 전일까지 5년이 경과되지 않은 자, ② 법 제6조에 따라 공인중개사 자격이 취소된 후 3년이 경과되지 않은 자, ③ 시행규칙 제2조에 따른 기자격취득자는 응시할 수 없음

✅ **시험과목 및 방법**

구 분	시험과목	문항 수	시험시간	시험방법
제1차 시험 1교시 (2과목)	1. 부동산학개론(부동산감정평가론 포함) 2. 민법 및 민사특별법 중 부동산 중개에 관련되는 규정	과목당 40문항 (1번~80번)	100분 (09:30~11:10)	객관식 5지선택형
제2차 시험 1교시 (2과목)	1. 공인중개사의 업무 및 부동산거래신고 등에 관한 법령 및 중개실무 2. 부동산공법 중 부동산 중개에 관련되는 규정	과목당 40문항 (1번~80번)	100분 (13:00~14:40)	
제2차 시험 2교시 (1과목)	1. 부동산공시에 관한 법령(부동산등기법, 공간정보의 구축 및 관리 등에 관한 법 률) 및 부동산 관련 세법	40문항 (1번~40번)	50분 (15:30~16:20)	

※ 답안은 시험시행일에 시행되고 있는 법령을 기준으로 작성

☑ 합격기준

구 분	합격결정기준
제1차 시험	매 과목 100점을 만점으로 하여 매 과목 40점 이상, 전 과목 평균 60점 이상 득점한 자
제2차 시험	매 과목 100점을 만점으로 하여 매 과목 40점 이상, 전 과목 평균 60점 이상 득점한 자

☑ 공인중개사 시험과목 및 출제비율

구 분	시험과목	시험범위	출제비율
제1차 시험 1교시 (2과목)	① 부동산학개론	1. 부동산학개론	85% 내외
		2. 부동산감정평가론	15% 내외
	② 민법 및 민사특별법 중 부동산 중개에 관련되는 규정	1. 민법	85% 내외
		2. 민사특별법	15% 내외
제2차 시험 1교시 (2과목)	① 공인중개사의 업무 및 부동산 거래신고 등에 관한 법령 및 중개실무	1. 공인중개사법 2. 부동산 거래신고 등에 관한 법률	70% 내외
		3. 중개실무	30% 내외
	② 부동산공법 중 부동산 중개에 관련되는 규정	1. 국토의 계획 및 이용에 관한 법률	30% 내외
		2. 도시개발법 3. 도시 및 주거환경정비법	30% 내외
		4. 주택법 5. 건축법 6. 농지법	40% 내외
제2차 시험 2교시 (1과목)	① 부동산공시에 관한 법령 (부동산등기법, 공간정보의 구축 및 관리 등에 관한 법률) 및 부동산 관련 세법	1. 부동산등기법	30% 내외
		2. 공간정보의 구축 및 관리 등에 관한 법률 제2장 제4절 및 제3장	30% 내외
		3. 부동산 관련 세법 (상속세, 증여세, 법인세, 부가가치세 제외)	40% 내외

차 례

PART 3   국 세

조세총론

최근 5개년 PART 1 출제비중

9.6%

PART 1 기출 REPORT

▌5개년 CHAPTER별 출제빈도 분석표 & 빈출 키워드

*복합문제이거나, 법률이 개정 및 제정된 경우 분류 기준에 따라 아래 수치와 달라질 수 있습니다.

CHAPTER	문항 수					비 중	빈출 키워드
	28회	29회	30회	31회	32회		
01 조세의 기초			1	1		28.6%	조세의 분류, 조세용어의 정의, 가산세
02 납세의무의 성립·확정·소멸·확장	1	1				28.6%	제2차 납세의무, 성립시기, 소멸사유, 제척기간
03 조세우선권과 조세의 불복		1	2			42.8%	우선징수권, 배당 순서, 불복 신청, 청구 제도

▌세줄요약 제33회 합격전략

☑ PART 1은 평균 약 1.5문제 출제!

☑ CHAPTER 03 조세우선권과 조세의 불복 위주로 학습!

☑ 조세용어 정리는 필수!

기출지문 OX 워밍업!

*본격적인 문제풀이에 앞서 기출지문 OX문제를 풀어 실력점검을 해보세요.

❶ 체납된 납세고지서별 지방세액이 30만원 미만인 때에는 중가산금을 징수하지 아니하며, 이 경우 같은 납세고지서에 둘 이상의 세목이 병기되어 있는 경우에는 세목별로 판단한다. •22회

(O I X)

❷ 농어촌특별세, 지방교육세, 인지세는 부동산을 취득하는 경우 취득단계에서 부담할 수 있는 세금이다. •25회

(O I X)

❸ 국내 소재 부동산의 보유단계에서 부담할 수 있는 세목은 농어촌특별세, 지방교육세, 개인지방소득세, 소방분 지역자원시설세 등이 있다. •30회

(O I X)

❹ 농어촌특별세는 본세의 납세의무가 성립하는 때 납세의무가 성립한다. •18회

(O I X)

❺ 「국세기본법」상 사기나 그 밖의 부정한 행위로 주택의 양도소득세를 포탈하는 경우 국세 부과의 제척기간은 15년으로 한다. •21회

(O I X)

❻ 납세의무자가 사망한 경우나 법인의 합병은 납세의무의 소멸 사유에 해당한다. •28회 (O I X)

❼ 납세담보물 매각 시 압류에 관계되는 조세채권은 담보 있는 조세채권보다 우선한다. •29회

(O I X)

❽ 취득세 신고서를 납세지 관할 지방자치단체장에게 제출한 날 전에 저당권 설정등기 사실이 증명되는 재산을 매각하여 그 매각금액에서 취득세를 징수하는 경우, 저당권에 따라 담보된 채권은 취득세에 우선한다. •29회

(O I X)

❾ 이의신청에 따른 결정기간 내에 이의신청에 대한 결정통지를 받지 못한 경우에는 결정통지를 받기 전이라도 그 결정기간이 지난 날부터 심판청구를 할 수 있다. •23회

(O I X)

❿ 지방세에 관한 불복 시 불복청구인은 이의신청을 거치지 않고 심판청구를 제기할 수 없다. •26회

(O I X)

정답 ❶ O ❷ O ❸ O ❹ O ❺ X ❻ X ❼ X ❽ O ❾ O ❿ X

01 조세의 기초

더 많은 기출문제를 풀고 싶다면?
단원별 기출문제집
[부동산세법] pp.222~229

▌5개년 출제빈도 분석표

28회	29회	30회	31회	32회
		1	1	

▌빈출 키워드

☑ 조세의 분류
☑ 조세용어의 정의
☑ 가산세

3회독으로 문풀 완성!

1회독 교재 맨 앞의 정답표에 답 체크 2회독 교재에 바로 답 체크 3회독 어려운 문제는 오답노트에 정리

대표기출   연습

01 지방세기본법 및 지방세법상 용어의 정의에 관한 설명으로 **틀린** 것은?

• 31회 수정

① '보통징수'란 지방세를 징수할 때 편의상 징수할 여건이 좋은 자로 하여금 징수하게 하고 그 징수한 세금을 납부하게 하는 것을 말한다.
② 취득세에서 사용하는 용어 중 '부동산'이란 토지 및 건축물을 말한다.
③ '세무공무원'이란 지방자치단체의 장 또는 지방세의 부과·징수 등에 관한 사무를 위임받은 공무원을 말한다.
④ '납세자'란 납세의무자(연대납세의무자와 제2차 납세의무자 및 보증인 포함)와 특별징수의무자를 말한다.
⑤ '지방자치단체의 징수금'이란 지방세와 체납처분비를 말한다.

키워드 용어의 정의   ▶ 5개년 기출 회차 | 31회
교수님 TIP 기본적인 조세용어의 정의를 파악하고 학습을 시작하는 것이 좋습니다.

해설 지방세를 징수할 때 편의상 징수할 여건이 좋은 자로 하여금 징수하게 하고 그 징수한 세금을 납부하게 하는 것은 '특별징수'라 한다. '보통징수'는 과세관청이 납세자에게 납세고지서를 교부하여 징수하게 하는 방법이다.

정답 ①

02 지방세기본법상 가산세에 관한 내용으로 옳은 것은?
• 27회 수정

① 무신고가산세(사기나 그 밖의 부정한 행위로 인하지 않은 경우) : 납부세액의 100분의 20에 상당하는 금액

② 무신고가산세(사기나 그 밖의 부정한 행위로 인한 경우) : 납부세액의 100분의 50에 상당하는 금액

③ 과소신고가산세(사기나 그 밖의 부정한 행위로 인하지 않은 경우) : 과소신고분 세액의 100분의 20에 상당하는 금액

④ 과소신고가산세(사기나 그 밖의 부정한 행위로 인한 경우) : 부정 과소신고분 세액의 100분의 50에 상당하는 금액

⑤ 신고에 따른 납부지연가산세 : 납부하지 아니한 세액의 100분의 20에 상당하는 금액

| 키워드 | 용어의 정의 | 27회 |

교수님 TIP 조세총론은 세법에 대한 국세와 지방세의 가산세 부분을 숙지하시기 바랍니다.

해설 ② 무신고가산세(사기나 그 밖의 부정한 행위로 인한 경우) : 납부세액의 100분의 40

③ 과소신고가산세(사기나 그 밖의 부정한 행위로 인하지 않은 경우) : 과소신고분 세액의 100분의 10

④ 과소신고가산세(사기나 그 밖의 부정한 행위로 인한 경우) : 부정 과소신고분 세액의 100분의 40

⑤ 신고에 따른 납부지연가산세 : (미납세액 × 1일 1십만분의 연체이자율) × 납부지연일수

정답 ①

이것만은 꼭! 조세원칙
▼ 문제 01~02

조세부과의 원칙	세법적용의 원칙
• 실질(사실)과세의 원칙 • 신의성실의 원칙 • 근거과세의 원칙 • 조세감면 사후관리의 원칙	• 세법해석의 기준(합리적 해석) • 소급과세의 금지 • 세무공무원 재량의 한계 • 기업회계의 존중

01 우리나라 조세원칙 중 조세부과의 원칙을 모두 고른 것은?

난이도
下

㉠ 실질과세의 원칙	㉡ 소급과세의 금지
㉢ 기업회계의 존중	㉣ 조세감면 사후관리의 원칙
㉤ 근거과세의 원칙	㉥ 신의성실의 원칙

① ㉠, ㉡, ㉢, ㉣
② ㉠, ㉡, ㉤, ㉥
③ ㉠, ㉢, ㉣, ㉥
④ ㉠, ㉣ ,㉤ ,㉥
⑤ ㉡, ㉣, ㉤, ㉥

해설 조세부과의 원칙에는 실질(사실)과세의 원칙, 조세감면 사후관리의 원칙, 근거과세의 원칙, 신의성실의 원칙이 있다.

02 다음의 내용에 부합하는 우리나라 조세원칙은?

下

- 명의신탁부동산을 매각 처분한 경우 양도의 주체 및 납세의무자는 명의수탁자가 아니고 명의신탁자이다.
- 공부상 등기·등록 등이 타인의 명의로 되어 있더라도 사실상 해당 사업자가 취득하여 사업에 공하였음이 확인되는 경우에는 이를 그 사실상 사업자의 사업용 자산으로 본다.
- 세법 중 과세표준의 계산에 관한 규정은 소득, 수익, 재산, 행위 또는 거래의 명칭이나 형식에 관계없이 그 실질 내용에 따라 적용한다.

① 소급과세의 금지
② 실질과세의 원칙
③ 신의성실의 원칙
④ 근거과세의 원칙
⑤ 세법해석의 기준

해설 명의신탁부동산을 매각 처분한 경우 양도의 주체 및 납세의무자는 명의수탁자가 아니고, 명의신탁자로 보는 규정과 사실상 사업자가 취득하여 사업에 공하였음이 확인되는 경우에는 이를 그 사실상 사업자의 사업용 자산으로 본다. 세법 중 과세표준의 계산에 관한 규정은 소득, 수익, 재산, 행위 또는 거래의 명칭이나 형식에 관계없이 그 실질 내용에 따라 적용한다는 내용은 실질과세의 원칙에 가장 부합된다.

이것만은 꼭!	**조세의 분류**(국세의 세목)		▼ 문제 03~05

내국세	보통세	직접세	• 법인세 • 소득세 • 종합부동산세 • 상속세 및 증여세
		간접세	• 부가가치세 • 개별소비세 • 주세 • 인지세 • 증권거래세
	목적세		• 교육세 • 교통·에너지·환경세 • 농어촌특별세
	관 세		• 관세

➕ **1. 소득세의 구분** : 종합소득세, 퇴직소득세, 양도소득세
   2. 종합부동산세 : 지방교부세

03 국세에 해당하는 세금을 모두 고른 것은?
（中）

㉠ 농어촌특별세	㉡ 양도소득세
㉢ 종합부동산세	㉣ 재산세
㉤ 인지세	㉥ 취득세

① ㉠, ㉢, ㉥

② ㉡, ㉣, ㉥

③ ㉢, ㉣, ㉤

④ ㉠, ㉡, ㉢, ㉤

⑤ ㉠, ㉡, ㉤, ㉥

해 설 ㉣㉥ 재산세와 취득세는 지방세에 속한다.

정답 **01** ④ **02** ② **03** ④

04 다음 중 국세의 목적세에 해당하는 조세는 모두 몇 개인가?

中

> ㉠ 농어촌특별세   ㉡ 지역자원시설세
> ㉢ 지방교육세   ㉣ 교통·에너지·환경세
> ㉤ 종합부동산세

① 1개   ② 2개   ③ 3개

④ 4개   ⑤ 5개

해설   지방세의 목적세에는 지역자원시설세, 지방교육세가 있고, 국세의 목적세에는 교육세, 교통·에너지·환경세, 농어촌특별세가 있다.

05 다음 조세 중 국세이나 지방교부세 성격을 갖는 조세는?

中

① 양도소득세   ② 종합소득세   ③ 종합부동산세

④ 상속증여세   ⑤ 법인세

해설   국세에 속하면서 지방자치단체에 교부하는 조세로는 종합부동산세가 이에 속한다.

이것만은 꼭!   **조세의 분류**(지방세의 세목)   ▼ 문제 06~08

구 분	도		특별시·광역시	
	도 세	시·군세 (광역시의 군을 포함)	특별(광역)시세	구 세
보통세	• 취득세 • 등록면허세 • 레저세 • 지방소비세	• 주민세 • 재산세 • 자동차세 • 지방소득세 • 담배소비세	• 취득세 • 주민세 • 자동차세 • 지방소득세 • 지방소비세 • 레저세 • 담배소비세	• 등록면허세 • 재산세
목적세	• 지역자원시설세 • 지방교육세	–	• 지역자원시설세 • 지방교육세	–

➕ **재산세 공동 과세**
1. 특별시의 경우 부동산에 대한 재산세는 특별시(50%)와 구(50%)가 공동 과세한다.
2. 특별자치시와 특별자치도는 지방세 11개 세목 모두 특별자치시세, 특별자치도세로 한다.
3. 도시지역 안 재산세는 도시지역분 재산세를 포함하여 재산세라 한다.

06 지방세 중 도세에 해당하는 세목을 모두 고른 것은?

㉠ 취득세	㉡ 지방소득세
㉢ 등록면허세	㉣ 지방소비세
㉤ 지방교육세	㉥ 재산세

① ㉠, ㉡, ㉤, ㉥   ② ㉠, ㉢, ㉣, ㉤

③ ㉠, ㉢, ㉣, ㉥   ④ ㉠, ㉣, ㉤, ㉥

⑤ ㉡, ㉢, ㉣, ㉤

해설 도세에는 보통세인 취득세, 등록면허세, 레저세, 지방소비세와 목적세인 지역자원시설세, 지방교육세가 있다.

07 지방세기본법상 특별시세 세목이 <u>아닌</u> 것은?

① 지역자원시설세   ② 취득세

③ 지방소득세   ④ 지방교육세

⑤ 등기·등록에 대한 등록면허세

해설 지방세 중 등록면허세와 재산세를 제외한 취득세 등 나머지 조세는 모두 특별시세에 해당한다. 다만, 특별시 안의 부동산 관련 재산세(도시지역분은 제외)는 특별시와 구가 공동 과세한다.

08 1세목을 공동 과세하는 지방세는?

① 광역시 안 재산세

② 특별시 안 등기·등록에 대한 등록면허세

③ 특별자치시 안 재산세

④ 특별시 안 취득세

⑤ 특별시 안 재산세

해설 특별시 안의 부동산 관련 재산세(도시지역분은 제외)는 특별시와 구가 공동 과세한다.

정답   04 ②   05 ③   06 ②   07 ⑤   08 ⑤

세 목		취득세	등기·등록에 대한 등록면허세	재산세	종합부동산세	양도소득세 등
농어촌 특별세	납부부분	○	−	−	○	−
	감면부분	○	○	−		○
지방 교육세	납부부분	○	○	○	−	−
	감면부분	−	−	−	−	−

09 본세(납부분 또는 감면분)와 부가세의 연결이 <u>틀린</u> 것은?
中

	본 세	농어촌특별세	지방교육세
①	취득세	○	○
②	등기·등록에 대한 등록면허세	○	○
③	재산세	○	×
④	종합부동산세	○	×
⑤	양도소득세	○	×

해설 재산세의 부가세는 지방교육세로 한다.

10 목적세이면서 부가세적 성격을 갖는 부동산 관련 조세 중 해당 조세의 감면 세액에 부
中 과되는 조세는?

① 교육세
② 지방교육세
③ 지역자원시설세
④ 농어촌특별세
⑤ 교통·에너지·환경세

해설 농어촌특별세는 국세의 목적세이면서 부가세적 성격을 갖는 조세이고, 해당 조세의 감면 세액에도 부과되는 부가세적 성격을 갖는 조세이다.

이것만은 꼭!	부동산 취득 관련 조세	▼ 문제 11~12

구 분	국 세	지방세
취득 관련	• 부가가치세(토지는 제외) • 인지세(증여취득은 제외) • 농어촌특별세 등	• 취득세 • 등록면허세 • 지방교육세 • 지방소비세 등

11 ⊕

2022년 10월 중 상가 건축물을 분양사업자로부터 취득하는 경우, 취득단계에서 취득자가 부담할 수 있는 세금은 모두 몇 개인가?

㉠ 취득세	㉡ 농어촌특별세
㉢ 등록면허세	㉣ 지방교육세
㉤ 소방분 지역자원시설세	㉥ 부가가치세

① 2개   ② 3개
③ 4개   ④ 5개
⑤ 6개

> **해설** 부동산 취득단계에서 부담할 수 있는 조세에는 취득세, 농어촌특별세, 등록면허세, 지방교육세, 인지세(증여취득은 제외), 부가가치세 등이 있다. ㉤ 소방분 지역자원시설세는 보유에 관련된 조세이다.

12 ⊕

甲 소유 토지를 乙이 취득한 경우 취득자에게 부담될 수 있는 조세항목으로 <u>틀린</u> 것은?

① 농어촌특별세   ② 취득세
③ 지방교육세   ④ 증여세
⑤ 부가가치세

> **해설** 부동산 취득단계에서 부담할 수 있는 조세에는 취득세, 농어촌특별세, 지방교육세, 인지세(증여취득은 제외), 부가가치세 등이 있다. 단, 토지를 취득한 경우 부가가치세는 과세되지 아니한다.

정답	09 ③	10 ④	11 ④	12 ⑤

구 분	국 세	지방세
단순보유	• 종합부동산세	• 재산세(도시지역분 재산세를 포함) • 소방분 지역자원시설세
위 이외 관련	• 종합소득세 • 법인세 • 부가가치세(주택임대사업은 면세) • 농어촌특별세 • 인지세	• 지방소비세(주택임대사업은 면세) • 지방소득세 • 지방교육세 등

13 상가건물을 보유한 경우 보유단계에서 과세될 수 있는 조세는 모두 몇 개인가?

中

㉠ 종합부동산세	㉡ 종합소득세
㉢ 양도소득세	㉣ 지방교육세
㉤ 소방분 지역자원시설세	㉥ 재산세 도시지역분

① 2개   ② 3개   ③ 4개
④ 5개   ⑤ 6개

해설 ㉠ 종합부동산세는 보유단계에서 과세되는 조세이나 상가건물은 과세되지 않으며, ㉢ 양도소득세는 양도에 관련된 조세이다. 나머지는 모두 보유에 관련되어 부과될 수 있는 조세이다.

14 국내 소재 부동산의 보유단계에서 부담할 수 있는 세목은 모두 몇 개인가? • 30회 수정

下

• 농어촌특별세	• 지방교육세
• 개인지방소득세	• 소방분 지역자원시설세

① 0개   ② 1개   ③ 2개
④ 3개   ⑤ 4개

해설

세 목	취 득	보 유	양 도
농어촌특별세	○	○	○
지방교육세	○	○	—
개인지방소득세	—	○	○
소방분 지역자원시설세	—	○	—

| 이것만은 꼭! | **부동산 양도 관련 조세** | ▼ 문제 15 |

구 분	국 세	지방세
양도 관련	• 양도소득세 • 종합소득세 • 부가가치세(토지는 제외) • 인지세 • 법인세 • 농어촌특별세	• 지방소득세 • 지방소비세(토지는 제외)

15 부동산을 양도한 경우 양도자가 부담할 수 있는 조세로 <u>틀린</u> 것은?

① 농어촌특별세

② 지방교육세

③ 종합소득세

④ 인지세

⑤ 지방소득세

해설 지방교육세는 취득세와 등록면허세, 재산세의 부가세로서 취득과 보유의 경우에만 과세된다. 따라서 양도와는 관련이 없다.

| 이것만은 꼭! | **부동산 관련 조세 종합** | ▼ 문제 16~18 |

구 분	취득단계	보유단계	양도단계
부가가치세(지방소비세)·인지세·농어촌특별세	○	○	○
지방교육세	○	○	×
법인세(지방소득세)·종합소득세(지방소득세)	×	○	○

정답 **13** ③ **14** ⑤ **15** ②

16 부동산을 취득하거나 보유단계에서만 부담할 수 있는 조세로 옳은 것은?

① 농어촌특별세 ② 지방교육세

③ 종합소득세 ④ 인지세

⑤ 지방소득세

> **해설** 지방교육세는 취득세, 등록면허세, 재산세의 부가세로서 취득과 보유의 경우에만 과세된다.

17 거주자 甲은 2022년 1월 1일부터 12월 31일까지 공시가격 12억원인 주택을 소유하고 있다. 이와 관련된 내용으로 **틀린** 것은?

① 거주자 甲에게 재산세가 과세될 수 있다.

② 거주자 甲에게 종합부동산세가 과세될 수 있다.

③ 해당 주택을 임대한 경우라면 종합소득세가 과세될 수 있다.

④ 해당 주택을 임대한 경우라면 부가가치세가 과세될 수 있다.

⑤ 거주자 甲에게 소방분 지역자원시설세가 과세될 수 있다.

> **해설** 해당 주택을 임대한 경우라면 부가가치세 면세 사업에 속하므로 부가가치세는 과세되지 않는다.

18 부동산 취득단계, 보유단계, 양도단계 모두에서 과세될 수 있는 조세를 고르면 모두 몇 개인가?

㉠ 취득세	㉡ 부가가치세(지방소비세)
㉢ 종합부동산세	㉣ 양도소득세
㉤ 농어촌특별세	

① 1개 ② 2개

③ 3개 ④ 4개

⑤ 5개

> **해설** 부가가치세(지방소비세), 농어촌특별세, 인지세는 부동산 취득단계, 보유단계, 양도단계 모두에서 과세될 수 있는 조세이다.

이것만은 꼭! 납부·징수방법 ▼ 문제 19

구 분	보통징수(고지징수)가 원칙인 조세	신고·납부가 원칙인 조세
국 세	• 종합부동산세	• 소득세 • 법인세 • 부가가치세 등
	➕ 종합부동산세는 신고·납부방법을 선택할 수 있다.	
지방세	• 재산세 • 소방분 지역자원시설세	• 취득세 • 등기·등록에 대한 등록면허세 • 지방소득세 • 지방소비세 등
부가세	부가세인 농어촌특별세와 지방교육세 등은 본세의 징수 예에 따라 납부한다.	

➕ **국세 원천징수와 지방세 특별징수** : 국세나 지방세를 징수함에 있어서 징수에 편의가 있는 자가 징수하여 납입하게 하는 방법이며 국세는 종합소득세(근로소득 등 일부), 양도소득세(비거주자 부동산 양도분), 지방세는 지방소득세 등이 있다.

19 ⓣ 현행 조세제도는 납세의무자가 과세표준과 세액을 신고하고, 신고한 세액을 납부하는 신고·납부방식을 인정하고 있다. 신고·납부가 원칙인 조세가 <u>아닌</u> 것은?

① 종합소득세

② 재산세

③ 취득세

④ 양도소득세

⑤ 부가가치세

> **해설** 재산세, 종합부동산세, 소방분 지역자원시설세는 원칙적으로 보통징수(고지징수)하는 조세이다. 단, 종합부동산세는 신고·납부방법을 선택할 수 있다.

지방세	취득세			개인, 법인 모두 부동산 소재지 관할 지방자치단체
	등기·등록에 대한 등록면허세			개인, 법인 모두 부동산 소재지 관할 지방자치단체
	재산세			개인, 법인 모두 부동산 소재지 관할 지방자치단체
	지방소득세	개인 소득	거주자	주소지 또는 거소지 관할 지방자치단체
			비거주자	사업장 또는 소득이 발생한 장소 관할 지방자치단체
국 세	종합부동산세	개 인		거주자는 주소지 또는 거소지 관할 세무서
		법 인		내국법인은 법인등기부 또는 정관상의 본점이나 주사무소의 소재지 관할 세무서
	양도소득세, 종합소득세	개 인	거주자	주소지 또는 거소지 관할 세무서
			비거주자	사업장, 사업장이 없는 경우에는 소득이 발생한 장소 관할 세무서
부가세				지방교육세, 농어촌특별세 납세지는 해당 본세의 납세지로 한다.

20 세법상 부동산 관련 조세의 납세지에 관한 설명으로 틀린 것은?

① 취득세는 개인, 법인 모두 부동산 소재지 관할 지방자치단체로 한다.

② 거주자의 양도소득에 대한 지방소득세는 양도한 부동산 소재지 관할 지방자치단체로 한다.

③ 종합부동산세 납세의무자가 국내 주소가 있는 거주자인 경우에는 주소지 관할 세무서로 한다.

④ 지방교육세, 농어촌특별세 납세지는 해당 본세의 납세지로 한다.

⑤ 거주자가 양도한 부동산에 대한 양도소득세 납세지는 부동산 소재지와 주소지가 다를 경우에는 주소지 관할 세무서로 한다.

해 설 거주자의 지방소득세 납세지는 주소지 또는 거소지 관할 지방자치단체로 한다.

이것만은 꼭!	분할납부와 물납	▼ 문제 21~22

세 목	분할납부기한	물납 여부
재산세	250만원 초과, 2개월	1,000만원 초과, 관할 구역 안 부동산
소방분 지역자원시설세	250만원 초과, 2개월	불가능
종합부동산세	250만원 초과, 6개월	불가능
농어촌특별세	본세 비율에 따라 준용하되, 본세에 관계없이 500만원 초과 시, 본세의 분할납부기간 준용	불가능
양도소득세	1,000만원 초과, 2개월	불가능
상속세	1,000만원 초과, 2개월	2,000만원 초과, 부동산과 유가증권
증여세	1,000만원 초과, 2개월	불가능

21 下 분할납부가 가능한 조세가 <u>아닌</u> 것은? (단, 분할납부의 법정요건은 전부 충족한 것으로 가정함)

① 재산세와 종합부동산세　② 농어촌특별세
③ 소방분 지역자원시설세　④ 양도소득세
⑤ 취득세

해설 취득세는 분할납부제도가 없다.

22 中 물납과 분할납부가 둘 다 가능한 조세를 모두 고른 것은? (단, 물납과 분할납부의 법정요건은 전부 충족한 것으로 가정함)

㉠ 양도소득세	㉡ 종합부동산세
㉢ 소방분 지역자원시설세	㉣ 재산세
㉤ 상속세	

① ㉠, ㉡　② ㉠, ㉢　③ ㉡, ㉣
④ ㉣, ㉤　⑤ ㉡, ㉢, ㉣

해설 조세 중 물납과 분할납부가 모두 가능한 세목은 재산세와 상속세이다.

1. 가산세

- ㉠ 정 의
  - ⓐ 국세의 '가산세'란 세법에 의하여 해당 세액에 가산하여 징수하는 세금이다.
  - ⓑ 지방세의 '가산세(가산금은 이에 포함하지 아니함)'란 세법에 의하여 산출된 세액에 가산하여 징수하는 세금이다.
- ㉡ 가산세는 가산세가 부과되는 해당 세액의 세목으로 한다.
- ㉢ 해당 조세를 감면하는 경우 가산세는 그 감면대상에 포함시키지 아니한다.
- ㉣ 지방세에 있어서 소유권에 대한 소송으로 상속재산으로 확정되지 아니하여 과소신고한 경우에는 가산세를 부과하지 아니한다.

2. 가산세율

국세 및 지방세 신고불성실 가산세	무신고가산세	일 반	무신고세액의 100분의 20
		부정행위	부정무신고세액의 100분의 40
	과소신고가산세	일 반	과소신고세액의 100분의 10
		부정행위	부정과소신고세액의 100분의 40
	초과환급신고가산세	일 반	초과환급세액의 100분의 10
		부정행위	부정초과환급세액의 100분의 40
국세 및 지방세 신고에 따른 납부지연가산세			(미납세액 × 1일 1십만분의 연체이자율) × 납부지연일수

➕ 부가세인 농어촌특별세, 지방교육세는 신고불성실(무신고, 과소신고)가산세를 적용하지 아니하되, 납부불성실에 대한 납부지연가산세는 적용된다.

➕ 「**지방세기본법**」**상 사기나 부정행위가산세 적용대상** : '사기나 그 밖의 부정한 행위'란 다음의 어느 하나에 해당하는 행위로서 지방세의 부과와 징수를 불가능하게 하거나 현저히 곤란하게 하는 적극적 행위를 말한다.
1. 이중장부의 작성 등 장부에 거짓으로 기록하는 행위
2. 거짓 증빙 또는 거짓으로 문서를 작성하거나 받는 행위
3. 장부 또는 기록의 파기
4. 재산의 은닉, 소득·수익·행위·거래의 조작 또는 은폐
5. 고의적으로 장부를 작성하지 아니하거나 갖추어 두지 아니하는 행위
6. 그 밖에 위계(僞計)에 의한 행위

3. 가산세 한도

- ㉠ 국세의 경우 : 국세의 경우에는 가산세에 대하여 그 의무위반의 종류별로 각각 5천만원(중소기업 이외는 1억원)을 한도로 한다. 단, 고의적인 경우는 제외한다.
- ㉡ 지방세의 경우 : 납부지연가산세는 납부하지 아니한 세액 또는 과소납부분 세액의 100분의 75에 해당하는 금액을 한도로 한다.

4. 기한 후 신고 및 수정신고자 가산세 경감

기한 후 신고	㉠ 법정신고기한이 지난 후 1개월 이내 신고 : 50%에 상당하는 금액
	㉡ 법정신고기한이 지난 후 1개월 초과 3개월 이내 신고 : 30%에 상당하는 금액
	㉢ 법정신고기한이 지난 후 3개월 초과 6개월 이내 신고 : 20%에 상당하는 금액
수정신고	㉠ 법정신고기한이 지난 후 1개월 이내 수정신고 : 해당 가산세액의 100분의 90에 상당하는 금액
	㉡ 법정신고기한이 지난 후 1개월 초과 3개월 이내 수정신고 : 75%에 상당하는 금액
	㉢ 법정신고기한이 지난 후 3개월 초과 6개월 이내 수정신고 : 50%에 상당하는 금액
	㉣ 법정신고기한이 지난 후 6개월 초과 1년 이내 수정신고 : 30%에 상당하는 금액
	㉤ 법정신고기한이 지난 후 1년 초과 1년 6개월 이내 수정신고 : 20%에 상당하는 금액
	㉥ 법정신고기한이 지난 후 1년 6개월 초과 2년 이내 수정신고 : 10%에 상당하는 금액

➕ 국세, 지방세 모두 수정신고서·기한 후 신고서의 제출과 동시에 세액을 납부하지 않고 신고서를 제출만 한 경우에도 무신고가산세 및 과소신고가산세를 경감받을 수 있다.

5. 고지에 따른 국세 가산세와 지방세 가산금

㉠	국세 고지지연가산세	해당 세액 × 100분의 3
	지방세 고지지연가산금	
㉡	국세 고지 후 납부지연가산세 (최대 5년간 적용)	(미납세액 × 1일 1십만분의 연체이자율) × 납부지연일수. 단, 고지서 세액이 세목별 150만원 미만인 경우에는 납세고지서에 따른 납부기한의 다음 날부터 납부지연가산세를 적용하지 아니한다.
	지방세 고지 후 납부지연중가산금 (최대 60개월간 적용)	(미납세액 × 1월 1만분의 75) × 납부지연월수. 단, 고지서 세액이 세목별 30만원 미만인 경우에는 납세고지서에 따른 납부기한의 다음 날부터 납부지연중가산금을 적용하지 아니한다.

➕ 국가나 지방자치단체, 지방자치단체조합은 고지에 따른 가산금 적용을 배제한다.

23 _下 가산세가 과세될 수 <u>없는</u> 조세는?

① 종합부동산세
② 지방교육세
③ 재산세 도시지역분
④ 양도소득세
⑤ 농어촌특별세

해설 보통징수가 원칙인 지방세인 재산세(도시지역분 포함)나 소방분 지역자원시설세는 가산금만 있고 가산세는 부과할 수 없다. 종합부동산세는 신고·납부방법으로 선택한 경우에는 과소신고 및 고지지연이나 납부지연 등에 대한 가산세가 부과될 수 있다.

정답 **23** ③

24 국세기본법 및 지방세기본법상 가산세에 관한 설명으로 옳지 <u>않은</u> 것은?

① 가산세는 가산세가 부과되는 해당 세액의 세목으로 한다. 다만, 해당 조세를 감면하는 경우 가산세는 그 감면대상에 포함하지 아니한다.

② 무신고가산세는 무신고 세액의 100분의 20으로 하고, 부정무신고가산세 및 부정과소신고가산세는 해당 세액의 100분의 40으로 한다.

③ 국세 고지 후 납부지연가산세는 5년을 초과할 수 없으며, 고지서 세액이 세목별 100만원 미만인 경우에는 납세고지서에 따른 납부기한의 다음 날부터 납부지연가산세를 적용하지 아니한다.

④ 국세의 경우에는 가산세에 대하여 그 의무위반의 종류별로 각각 법정금액을 한도로 한다. 다만, 고의적으로 위반한 경우에는 그러하지 아니하다.

⑤ 본세에 부가적으로 부과되는 부가세인 농어촌특별세, 지방교육세에 대해서는 신고에 따른 신고불성실가산세를 적용하지 아니한다.

> **해설** 국세 고지 후 납부지연가산세는 5년을 초과할 수 없으며, 고지서 세액이 세목별 100만원 미만이 아니라 150만원 미만인 경우에는 납세고지서에 따른 납부기한의 다음 날부터 납부지연가산세를 적용하지 아니한다.

25 국세 및 지방세에 대한 가산세와 해당 가산세 경감에 관한 설명으로 옳지 <u>않은</u> 것은?

① 지방세에 있어서 소유권에 대한 소송으로 상속재산으로 확정되지 아니하여 과소신고한 경우에는 가산세를 부과하지 아니한다.

② 부과고지 받기 전까지 신고기한 만료일부터 6개월 이내에 기한 후 신고를 한 경우 무신고가산세를 경감받을 수 있다.

③ 부과고지 받기 전까지 신고기한 2년 이내에 수정신고를 한 경우 과소 신고가산세를 경감받을 수 있다.

④ 부과고지 받기 전까지 신고기한 1개월 이내에 수정신고를 한 경우 과소 신고가산세의 100분의 90에 상당하는 금액을 경감한다.

⑤ 가산세를 경감받고자 하는 자는 수정신고서·기한 후 신고서의 제출과 동시에 해당 세액을 납부한 경우에 한하여 가산세를 경감받을 수 있다.

> **해설** 수정신고서·기한 후 신고서의 제출과 동시에 세액을 납부하지 않고 신고서를 제출만 한 경우에도 무신고가산세 및 과소신고가산세를 경감받을 수 있다.

26 지방세기본법상 부정무신고·부정과소신고가산세 부과대상인 '사기나 그 밖의 부정한 행위'로서 지방세의 부과와 징수를 불가능하게 하거나 현저히 곤란하게 하는 적극적 행위에 대한 가산세율 100분의 40 적용 기준에 관한 내용으로 **틀린** 것은?

① 고의적으로 장부를 작성하지 아니하거나 갖추어두지 아니하는 행위
② 이중장부의 작성 등 장부의 거짓으로 기록하는 행위, 장부 또는 기록의 파기
③ 거짓증빙 또는 거짓문서를 작성하거나 받는 행위
④ 부동산을 취득한 자가 취득세 신고 없이 취득한 재산을 매각한 경우
⑤ 위계(僞計)에 의한 행위

해설 부동산을 취득한 자가 취득세 신고 없이 취득한 재산을 매각한 경우 취득세 가산세율은 해당 세액의 100분의 80으로 한다.

27 가산세와 지방세 가산금에 관한 설명으로 **틀린** 것은? (단, 국가와 지방자치단체 및 지방
자치단체조합이 아니며, 징수유예는 없음)

① 국세를 납세고지서상 납부기한까지 완납하지 아니하였을 때에는 그 납부기한이
지난 날부터 체납된 국세의 100분의 3에 상당하는 고지지연가산세를 징수한다.

② 지방세를 납세고지서상 납부기한까지 완납하지 아니하였을 때에는 그 납부기한
이 지난 날부터 체납된 지방세의 100분의 3에 상당하는 가산금을 징수한다.

③ 체납된 지방세의 중가산금을 가산금에 더하여 징수하는 기간은 60개월을 초과하
지 못한다.

④ 체납된 납세고지서별 지방세액이 50만원 미만인 때에는 고지에 따른 중가산금을
징수하지 아니하며, 이 경우 같은 납세고지서에 둘 이상의 세목이 병기되어 있는
경우에는 세목별로 판단한다.

⑤ 국세의 고지에 따른 납부지연가산세는 납부기한이 경과한 날부터 지연 일수 1일
기준 해당 국세의 1십만분의 연체이자율(현행 1십만분의 22)을 적용하여 계산된
금액(고지세액이 납세고지서별·세목별 150만원 미만인 경우에는 적용하지 아니한다)을
가산하여 징수한다. 이 경우 가산하여 징수하는 기간은 5년을 초과하지 못한다.

> **해설** 체납된 납세고지서별 지방세액이 50만원 미만이 아니라 30만원 미만인 때에는 고지
> 에 따른 중가산금을 징수하지 아니하며, 이 경우 같은 납세고지서에 둘 이상의 세목이
> 병기되어 있는 경우에는 세목별로 판단한다.

28 2022년 10월 20일 재산세를 납부한 경우, 다음 자료만으로 산출한 고지에 따른 지방
세 가산금과 중가산금을 계산하면 각각 얼마인가? (단, 징수유예 등은 없음)

• 고지서상 재산세액 : 1,000,000원
• 고지서상 납부기한 : 2022년 9월 16일 ~ 2022년 9월 30일

	가산금	중가산금			가산금	중가산금
①	30,000원	0원		②	30,000원	7,500원
③	30,000원	12,000원		④	30,000원	30,000원
⑤	30,000원	36,000원				

> **해설** • 가산금 : 1,000,000원 × 3% = 30,000원
> • 중가산금 : 2022년 10월 20일에 재산세를 납부한 경우에는 가산금만 적용하며 중
> 가산금 없음

| 이것만은 꼭! | 기한연장, 지방세 징수유예 | ▼ 문제 29~30 |

구 분	국세, 지방세 기한연장	지방세 징수유예
사 유	1. 납세자가 화재·전화, 그 밖의 재해를 입거나 도난을 당한 경우 2. 납세자 또는 그 동거가족이 질병 등으로 6개월 이상의 치료가 필요하거나 사망하여 상중일 때 3. 정전, 프로그램의 오류나 그 밖의 부득이한 사유로 한국은행 및 체신관서의 정보통신망의 정상적인 가동이 불가능한 경우 4. 금융회사 등(한국은행 국고대리점 및 국고수납대리점인 금융회사 등만 해당) 또는 체신관서의 휴무나 그 밖의 부득이한 사유로 정상적인 세금납부가 곤란하다고 국세청장이 인정하는 경우 5. 권한이 있는 기관에 장부나 서류가 압수 또는 영치된 경우 6. 납세자의 장부 작성을 대행하는 세무사, 공인회계사가 화재, 전화, 그 밖의 재해를 입거나 도난을 당한 경우 등	1. 풍수해·벼락·화재·전쟁, 그 밖의 재해 또는 도난으로 재산에 심한 손실을 받은 때 2. 사업에 현저한 손실을 입은 경우 3. 사업이 중대한 위기에 처한 경우 4. 납세자 또는 동거가족이 질병이나 중상해로 장기치료를 받아야 하는 경우 5. 1.부터 4.까지의 경우에 준하는 사유가 있는 경우 6. 조세조약에 따라 외국의 권한 있는 당국과 상호 합의절차가 진행 중인 경우 등
혜 택	기한연장 사유에 해당하거나 납세자가 해당 의무를 이행하지 아니한 정당한 사유가 있을 때에는 신고 관련 해당 가산세를 부과하지 아니한다.	징수유예를 신청한 경우에는 유예기간 동안은 지방세 고지에 따른 가산금 적용을 배제한다.
기 간	1. 국세 : 기한의 연장은 3개월, 1개월의 범위 안에서 그 기한을 다시 연장할 수 있다. 다만, 신고 및 납부와 관련된 기한 연장은 9개월을 넘지 않는 범위에서 관할 세무서장이 연장할 수 있다. 2. 지방세 : 6개월 이내로 하고, 6개월을 넘지 아니하는 범위에서 한 차례에 한정하여 그 기한을 연장할 수 있다.	지방세 징수유예 등을 결정한 날의 다음 날부터 6개월 이내로 하고, 징수유예기간이 만료될 때까지 사유가 지속되는 경우에는 한 차례에 한정하여 6개월 이내의 기간을 정하여 다시 징수유예 등을 결정할 수 있다.

29 납세자가 조세의 납부기한을 연장할 수 있는 경우 등에 관한 내용으로 **틀린** 것은?

(中)

① 그 사업에 심한 손해를 입거나 그 사업에 중대한 위기가 처한 때 기한을 연장할 수 있다. 단, 납부의 경우에 한한다.

② 납세자 또는 그 동거가족이 질병이나 중상해로 6개월 이상의 치료가 필요하거나 사망하여 상중일 때에는 기한을 연장할 수 있다.

③ 납세자가 화재·전화, 그 밖의 재해를 입거나 도난을 당한 경우 기한을 연장할 수 있다.

④ 기한연장 사유에 해당한 자가 해당 의무를 이행하지 아니한 경우에도 해당 가산세를 부과하지 아니한다.

⑤ 지방세의 기한연장은 3개월 이내로 하고, 1개월의 범위 안에서 그 기한을 다시 연장할 수 있다.

> **해 설**   지방세의 기한연장은 6개월 이내로 하고, 6개월을 넘지 아니하는 범위에서 한 차례만 그 기한을 연장할 수 있다.

30 납세자가 지방세 징수금을 납부할 수 없다고 인정될 때에는 법령이 정하는 바에 따라 지방세 징수유예를 결정할 수 있다. 그 내용으로 **틀린** 것은?

(上)

① 납세자가 법령이 정한 사유로 인하여 징수금을 납부할 수 없다고 인정될 때에는 법령이 정하는 바에 따라 납세의 고지를 유예하거나 결정한 세액을 분할하여 고지하도록 하는 것을 말한다.

② 사업에 현저한 손실을 받은 때에는 징수유예를 결정할 수 있다.

③ 납세자 또는 동거가족의 질병이나 중상해로 장기치료를 요하는 때에는 징수유예를 결정할 수 있다.

④ 풍수해·벼락·화재·전쟁, 그 밖의 재해 또는 도난으로 재산에 심한 손실을 입은 경우 징수유예를 결정할 수 있다.

⑤ 징수유예를 신청한 경우, 유예기간 동안은 지방세 고지에 따른 가산금이 적용된다.

> **해 설**   징수유예를 신청한 경우, 유예기간 동안은 지방세 고지에 따른 가산금이 적용되지 않는다.

이것만은 꼭!	납기 전 징수	▼ 문제 31

구 분	내 용
사 유	1. 국세, 지방세, 그 밖의 공과금에 대하여 체납처분을 받을 때 2. 강제집행을 받을 때 3. 경매가 시작되었을 때 4. 법인이 해산하였을 때 5. 지방자치단체의 징수금을 포탈하려는 행위가 있다고 인정될 때 6. 「어음법」 및 「수표법」에 따른 어음교환소에서 거래정지처분을 받았을 때 7. 납세자가 납세관리인을 정하지 아니하고 국내에 주소 또는 거소를 두지 아니하게 되었을 때

31 납세자는 법령이 정하는 바에 따라 일정한 사유가 있는 경우 납기 전 징수를 할 수 있다. 다음 중 그 내용으로 <u>틀린</u> 것은?

① 국세, 지방세, 그 밖의 공과금에 대하여 체납처분을 받을 때

② 경매가 시작되었을 때

③ 권한 있는 기관에 장부나 서류가 압수 또는 영치된 경우

④ 지방자치단체의 징수금을 포탈하려는 행위가 있다고 인정될 때

⑤ 납세자가 납세관리인을 정하지 아니하고 국내에 주소 또는 거소를 두지 아니하게 되었을 때

해설 권한 있는 기관에 장부나 서류가 압수 또는 영치된 경우는 기한연장 사유이지, 납기 전 징수 사유에 해당하지 않는다.

1. 송달방법

서류의 송달은 교부·우편 또는 전자송달 등으로 하고, 교부로 서류를 송달하는 경우에는 송달할 장소에서 그 송달을 받아야 할 자에게 서류를 건네줌으로써 이루어진다. 다만, 송달을 받아야 할 자가 송달받기를 거부하지 아니하면 다른 장소에서 교부할 수 있다.

➕ 납세의무자가 구속, 송치 등이 된 경우에는 해당 교도소장·구치소장 또는 국가경찰관서의 장에게 송달한다.

2. 송달의 효력

송달하는 서류는 그 송달을 받아야 할 자에게 도달한 때부터 효력이 발생한다. 다만, 전자송달의 경우에는 송달받을 자가 지정한 전자우편주소에 저장된 때 또는 국세정보통신망이나 지방세정보통신망의 전자사서함 또는 연계정보통신망의 전자고지함에 저장된 때 그 송달을 받아야 할 자에게 도달된 것으로 본다.

3. 공시송달

서류의 송달을 받아야 할 자가 다음에 해당하는 경우에는 공시송달하여야 하며, 이 경우 서류의 요지를 공고한 날부터 14일이 지나면 서류의 송달이 된 것으로 본다.

㉠ 주소 또는 영업소가 국외에 있고 그 송달이 곤란한 경우
㉡ 주소 또는 영업소가 분명하지 아니한 경우
㉢ 서류를 우편으로 송달하였으나 받을 사람이 없는 것으로 확인되어 반송됨으로써 납부기한 내에 송달하기 곤란하다고 인정되는 경우
㉣ 세무공무원이 2회 이상 납세자를 방문하여 서류를 교부하려고 하였으나 받을 사람이 없는 것으로 확인되어 납부기한 내에 송달하기 곤란하다고 인정되는 경우

4. 송달지연으로 인한 납부기한의 연장

납세고지서, 납부통지서, 독촉장 또는 납부최고서를 송달하였더라도 서류가 납부기한이 지난 후에 도달한 경우에는 도달한 날부터 14일이 지난 날을 납부기한으로 한다.

32 서류의 송달 등에 관한 설명으로 틀린 것은?

① 서류가 납부기한이 지난 후에 도달한 경우에는 도달한 날부터 14일이 지난 날을 납부기한으로 한다.

② 교부로 서류를 송달하는 경우에는 송달할 장소에서 그 송달을 받아야 할 자에게 서류를 건네줌으로써 이루어진다. 다만, 송달을 받아야 할 자가 송달받기를 거부하지 아니하면 다른 장소에서 교부할 수 있다.

③ 송달할 장소에서 서류의 송달을 받아야 할 자를 만나지 못하였을 때에는 그 사용인, 그 밖의 종업원 또는 동거인으로서 사리를 판별할 수 있는 사람에게 서류를 송달할 수 있다.

④ 서류를 공시송달할 경우 서류의 요지를 공고한 날부터 30일이 지나면 서류의 송달이 된 것으로 본다.

⑤ 납세의무자가 구속·송치 등이 된 경우에는 교도소·구치소 또는 국가경찰관서의 유치장에 체포·구속 또는 유치(留置)된 자에게 할 송달은 해당 교도소장·구치소장 또는 국가경찰관서의 장에게 한다.

해설 공시송달할 경우 서류의 요지를 공고한 날부터 14일이 지나면 서류의 송달이 된 것으로 본다.

33 지방세기본법상 공시송달할 수 있는 경우가 <u>아닌</u> 것은?

① 서류를 우편으로 송달하였으나 받을 사람이 없는 것으로 확인되어 반송됨으로써 납부기한 내에 송달하기 곤란하다고 인정되는 경우

② 송달을 받아야 할 자의 주소 또는 영업소가 국외에 있고 그 송달이 곤란한 경우

③ 송달을 받아야 할 자의 주소 또는 영업소가 분명하지 아니한 경우

④ 서류의 송달을 받아야 할 자 또는 그 사용인, 그 밖의 종업원 또는 동거인으로서 사리를 판별할 수 있는 사람이 정당한 사유 없이 서류의 수령을 거부한 경우

⑤ 세무공무원이 2회 이상 납세자를 방문하여 서류를 교부하려고 하였으나 받을 사람이 없는 것으로 확인되어 납부기한 내에 송달하기 곤란하다고 인정되는 경우

해설 서류의 송달을 받아야 할 자 또는 그 사용인, 그 밖의 종업원 또는 동거인으로서 사리를 판별할 수 있는 사람이 정당한 사유 없이 서류의 수령을 거부하면 송달할 장소에 서류를 둘 수 있다. 이는 공시송달 사유와는 관계없다.

정답 **33** ④

납세의무의 성립·확정·소멸·확장

더 많은 기출문제를 풀고 싶다면?
단원별 기출문제집
[부동산세법] pp.230~236

┃ 5개년 출제빈도 분석표

28회	29회	30회	31회	32회
1	1			

┃ 빈출 키워드

☑ 제2차 납세의무 ☑ 성립시기
☑ 소멸사유 ☑ 제척기간

대표기출 **연습**

지방세기본법상 지방자치단체의 징수금을 납부할 의무가 소멸되는 것은 모두 몇 개인가?

• 28회

> ㉠ 납부·충당되었을 때
> ㉡ 지방세징수권의 소멸시효가 완성되었을 때
> ㉢ 법인이 합병한 때
> ㉣ 지방세부과의 제척기간이 만료되었을 때
> ㉤ 납세의무자의 사망으로 상속이 개시된 때

① 1개 ② 2개
③ 3개 ④ 4개
⑤ 5개

키워드	납세의무 소멸사유	28회
교수님 TIP	납세의무 소멸사유의 네 가지 사항을 숙지하여야 합니다.	

해설 ㉢㉤ 법인의 합병이나 납세의무자가 사망한 경우는 합병법인이나 상속인에게 납세의무가 승계되는 현상이므로, 납세의무의 소멸사유에 해당하지 않는다.

정답 ③

구 분	세 목	납세의무 성립시기
과세기간이 끝나는 때 성립하는 조세	법인세	해당 과세기간이 끝나는 때
	소득세 (양도소득세를 포함)	
	부가가치세	
	지방소비세	
	지방소득세	소득세·법인세의 납세의무가 성립하는 때
과세기준일에 성립하는 조세	종합부동산세	과세기준일(매년 6월 1일)
	재산세	
	소방분 지역자원시설세	
	주민세 개인분	과세기준일(매년 7월 1일)
	주민세 사업소분	
과세사실이 발생하는 때 성립하는 조세	상속세	상속을 개시하는 때
	증여세	증여에 의하여 재산을 취득하는 때
	인지세	과세문건을 작성하는 때
	취득세	취득세 과세대상 물건을 취득하는 때
	등록면허세	재산권 등 그 밖의 권리를 등기·등록하거나 면허를 받을 때
부가세	농어촌특별세	본세의 납세의무가 성립하는 때
	지방교육세	
가산세	1. 무신고가산세, 과소신고·초과환급신고가산세 : 법정신고기한이 경과하는 때 2. 납부지연가산세 : 법정납부기한 경과 후 1일마다 그날이 경과하는 때 3. 국세 고지지연가산세 : 납세고지서에 따른 납부기한이 경과하는 때 4. 그 밖의 국세 가산세 : 가산할 국세의 납세의무가 성립하는 때 5. 그 밖의 지방세 가산세 : 가산할 지방세의 납세의무가 성립하는 때	
수시부과하는 조세	수시부과하여야 할 사유가 발생하는 때	
납세의무 성립시기 특례	1. 원천징수하는 소득세와 법인세 : 소득금액 또는 수입금액을 지급하는 때 2. 예정신고 납부하는 양도소득세, 지방소득세 : 과세표준이 되는 금액이 발생한 달의 말일 3. 예정신고기간에 대한 부가가치세 : 예정신고기간이 끝나는 때 4. 중간예납하는 소득세, 법인세, 지방소득세 : 중간예납기간이 끝나는 때 5. 특별징수하는 지방소득세 : 과세표준이 되는 소득에 대하여 소득세·법인세를 원천징수하는 때	

➕ **양도소득세 납세의무 성립시기**
  1. 예정신고 부분 : 과세표준이 되는 금액이 발생한 달의 말일
  2. 확정신고 부분 : 과세기간이 끝나는 때

01 납세의무의 성립시기 연결이 <u>틀린</u> 것은?

① 종합부동산세 : 과세기준일
② 재산세의 부가세인 지방교육세 : 과세기준일
③ 소방분 지역자원시설세 : 과세기준일
④ 양도소득세(예정신고는 제외) : 과세기간이 끝나는 때
⑤ 국세 납부지연가산세 : 법정신고기한이 경과하는 때

해설 국세 납부지연가산세는 법정납부기한 경과 후 1일마다 그날이 경과하는 때 성립한다.

02 국세 및 지방세의 납세의무 성립시기에 관한 내용으로 <u>틀린</u> 것은? (단, 특별징수 및 수시부과와 무관함)

① 사업소분 주민세 : 과세기준일(매년 6월 1일)
② 거주자의 예정신고하는 양도소득세와 지방소득세 : 과세표준이 되는 금액이 발생한 달의 말일
③ 지방세 가산세 : 가산할 조세의 납세의무가 성립하는 때
④ 중간예납하는 소득세 : 중간예납기간이 끝나는 때
⑤ 인지세 : 과세문건을 작성하는 때

해설 사업소분 주민세는 과세기준일에 납세의무가 성립되며 그 기준일은 매년 7월 1일로 한다.

정답 01 ⑤ 02 ①

03 납세의무의 성립시기에 관한 설명으로 **틀린** 것을 모두 고른 것은?

> ㉠ 국세 고지지연가산세는 납세고지서에 따른 납부기한이 경과하는 때
> ㉡ 예정신고하는 양도소득세는 해당 부동산을 양도하는 때
> ㉢ 취득세에 따른 농어촌특별세는 해당 부동산을 취득할 때
> ㉣ 수시부과하는 조세는 수시부과하여야 할 사유가 발생하는 때
> ㉤ 지방교육세는 과세표준이 되는 세목의 납세의무가 성립하는 때

① ㉡　　　　　　　　② ㉣　　　　　　　　③ ㉡, ㉤

④ ㉢, ㉣　　　　　　⑤ ㉠, ㉤, ㉣

> **해 설**　㉡ 예정신고하는 양도소득세는 과세표준이 되는 금액이 발생한 달의 말일에 성립된다.
> 나머지는 모두 옳은 내용이다.

이것만은 꼭! **납세의무의 확정**　　　　　▼ 문제 04~06

구 분	세 목	납세의무 확정시기
부과주의	상속세 및 증여세, 종합부동산세, 재산세, 소방분 지역자원시설세 등	과세권자가 결정하는 때
신고주의	소득세, 법인세, 부가가치세, 취득세, 등록면허세, 지방소득세 등	신고서를 제출하는 때
자동확정	인지세, 국세 납부지연가산세, 원천징수 또는 특별징수하는 소득세 또는 지방소득세 등	특별한 절차 없이 확정
부가세 확정	본세의 확정방법에 의한다.	

➕ 1. **종합부동산세** : 부과주의가 원칙이며, 예외적으로 신고주의로 선택할 수 있다.
　2. **상속세 및 증여세** : 신고하더라도 세액의 확정은 부과주의이다.

---

04 과세표준과 세액을 정부가 결정하는 때 세액이 확정됨이 원칙이나, 납세의무자가 법정 신고기한 내에 이를 신고하는 때에는 정부의 결정이 없었던 것으로 하는 세목은?

① 종합부동산세　　　　　　　② 등기·등록에 대한 등록면허세

③ 재산세　　　　　　　　　　④ 소방분 지역자원시설세

⑤ 양도소득세

> **해 설**　종합부동산세는 부과주의가 원칙이지만, 신고·납부방법을 선택한 경우에는 부과징수 규정에 의한 세액은 없는 것으로 한다.

05 원칙적으로 과세권자의 결정에 의하여 납세의무가 확정되는 조세를 모두 고른 것은?
中

> ㉠ 등기·등록에 대한 등록면허세
> ㉡ 도시지역분 재산세
> ㉢ 종합부동산세
> ㉣ 양도소득세
> ㉤ 취득세의 부가세인 농어촌특별세

① ㉠, ㉢

② ㉠, ㉣

③ ㉡, ㉢

④ ㉡, ㉤

⑤ ㉢, ㉣

> 해설 과세권자의 결정에 의하여 납세의무가 확정되는 부동산 관련 지방세에는 재산세, 소 방분 지역자원시설세 등이 있고, 국세에는 상속세 및 증여세, 종합부동산세 등이 있다. 그리고 해당 조세의 부가세는 본세의 방법에 따라 확정된다.

06 부동산 관련 조세의 납세의무 성립·확정시기에 관한 설명으로 틀린 것은?
上
① 취득세는 과세대상 물건을 취득할 때 납세의무가 성립하고, 과세표준과 세액을 납세의무자가 신고하는 때 확정된다.
② 예정신고하는 양도소득세와 지방소득세는 해당 자산의 양도일에 납세의무가 성립된다.
③ 종합부동산세는 과세기준일에 납세의무가 성립하고, 과세표준과 세액을 과세관청이 결정하는 때에 확정된다.
④ 본세에 따른 부가세는 본세의 납세의무가 성립되는 때 성립하고, 본세의 확정방법에 따라 확정된다.
⑤ 취득세 과세표준과 세액의 신고를 하지 아니하거나 신고한 과세표준과 세액이 세법이 정하는 바에 따르지 아니한 경우에는 과세권자가 과세표준과 세액을 결정하거나 경정하는 때에 그 결정 또는 경정에 의하여 세액이 확정된다.

> 해설 예정신고하는 양도소득세와 지방소득세는 해당 자산의 양도일이 속하는 달 말일에 납세의무가 성립된다.

정답 03 ①   04 ①   05 ③   06 ②

구 분	내 용
납세의무의 실현으로 소멸하는 경우	납부 및 충당
납세의무가 미실현된 상태에서 소멸하는 경우	1. 부과의 취소 2. 제척기간 만료 ➕ **제척기간 기산일** : 신고하는 조세는 신고기한의 다음 날, 과세기준일에 납세의무가 성립되는 조세는 과세기준일로부터 기산한다. 3. 징수권 소멸시효의 완성 : 5년(가산세를 제외한 5억원 이상의 국세 채권, 5천만원 이상의 지방세 채권은 10년) ➕ ㉠ **소멸시효의 완성 기산일** : 신고에 의하여 확정되는 조세는 법정신고기한의 다음 날, 납세고지에 의한 조세는 납부기한의 다음 날 ㉡ 시효기간 계산 시 정지기간을 제외하며, 징수의사를 표시함으로써 진행된 시효는 중단된다.

■: 시효중단 · 정지

구 분	내 용	비 고
시효중단	납세(납부)고지, 독촉 또는 납부최고, 교부청구, 압류	진행된 시효는 소멸된다.
시효정지 기간	1. 분납기간, 연부연납기간 2. 징수유예기간, 체납처분유예기간 3. 사해행위취소 소송기간 4. 채권자대위 소송기간 5. 체납자가 국외에 6개월 이상 계속 체류하는 경우 해당 국외 체류기간 등 ➕ 사해행위취소 소송 또는 채권자대위 소송의 제기로 인한 시효정지는 소송이 각하·기각되거나 취하된 경우에는 효력이 없다.	정지기간에는 시효가 진행되지 아니한다.

■: 제척기간

구 분	내 용	제척기간
상속세 및 증여세	1. 사기 기타 부정한 행위로 조세를 포탈하거나 환급 또는 경감을 받은 경우, 무신고의 경우	15년
	2. 위 1. 외의 경우	10년
상속세 및 증여세 이외의 국세와 지방세	1. 사기 기타 부정한 행위로 조세를 포탈하거나 환급 또는 경감을 받은 경우	10년
	2. 무신고의 경우	7년
	3. 위 1.과 2. 외의 경우	5년
특 례	1. 부담부증여에 대한 양도소득세 : 사기, 부정, 무신고는 15년, 기타는 10년 (상속세 및 증여세 준용) 2. 상속과 증여, 명의신탁, 타인의 명의로 법인의 주식 또는 지분을 취득하여 과점주주가 된 경우 무신고한 취득 관련 지방세 : 10년	

07 납세의무 소멸사유에 해당하지 <u>않는</u> 것은 모두 몇 개인가?

中

> ㉠ 제척기간의 만료
> ㉡ 징수유예
> ㉢ 소멸시효 완성
> ㉣ 부과취소
> ㉤ 납세자가 사망
> ㉥ 법인의 합병

① 1개   ② 2개

③ 3개   ④ 4개

⑤ 5개

해설   납세의무자가 사망한 경우, 법인의 합병, 체납처분에 대한 결손처분, 부과철회, 징수유예 등은 납세의무의 소멸사유에 해당하지 않는다. 다만, 결손처분 중 제척기간의 만료나 시효완성으로 결손처분이 된 경우에는 납세의무가 소멸된다.

08 지방세기본법과 국세기본법상 납세의무 소멸 등에 관한 내용으로 <u>틀린</u> 것은? (단, 답지

中   항 이외의 사항은 고려하지 않음)

① 양도소득세 등 신고에 의하여 확정되는 조세는 법정신고기한의 다음 날이 시효완성일 기산일이 된다.

② 취득세는 신고기한의 다음 날부터 제척기간을 기산한다.

③ 재산세는 납부기한 다음 날이 제척기간 기산일이 된다.

④ 납세고지에 의한 조세는 납부기한의 다음 날이 시효완성일 기산일이 된다.

⑤ 체납처분에 대한 결손처분, 부과철회, 징수유예 등은 납세의무가 소멸되지 아니한다.

해설   과세기준일에 납세의무가 성립되는 조세는 과세기준일로부터 제척기간 기산일이 된다.

09 국세기본법상 부담부증여에 대한 양도소득세를 무신고한 경우 국세 부과의 제척기간은 이를 부과할 수 있는 날부터 몇 년간인가? (단, 결정·판결, 상호합의, 경정청구 등의 예외는 고려하지 않음)

① 3년

② 5년

③ 7년

④ 10년

⑤ 15년

> **해설** 양도소득세는 사기나 그 밖의 부정한 방법으로 조세를 포탈한 경우 국세 부과의 제척기간은 10년으로 한다. 다만, 부담부증여에 대한 양도소득세를 사기나 그 밖의 부정한 방법으로 포탈한 경우와 무신고한 경우에는 15년으로 한다.

10 지방세기본법과 국세기본법상 부과 제척기간이 <u>잘못</u> 연결된 것은? (단, 답지 항 이외의 사항은 고려하지 않음)

① 사기, 기타 부정한 행위로 조세를 포탈하거나 환급·공제받은 양도소득세 : 10년

② 부담부증여에 대한 양도소득세 무신고 : 15년

③ 매매한 양도소득에 대한 지방소득세 무신고 : 7년

④ 취득세를 사기, 기타 부정한 행위로 포탈 : 10년

⑤ 상속, 증여, 명의신탁을 원인으로 한 취득 관련 지방세 무신고 : 7년

> **해설** 상속, 증여, 명의신탁을 원인으로 한 취득 관련 지방세를 무신고한 경우 제척기간은 10년으로 한다.

11 다음 ( ) 안에 들어갈 내용으로 옳은 것은?
⊕

> 조세의 징수를 목적으로 하는 권리는 이를 행사할 수 있는 때(신고에 의하여 확정되는 조세
> 는 법정신고기한의 다음 날, 납세고지에 의한 조세는 납부기한의 다음 날)로부터 (㉠)년
> 간, 가산세를 제외한 (㉡)원 이상의 국세 채권과 (㉢)원 이상의 지방세 채권은 (㉣)
> 년간 행사하지 않으면 소멸시효가 완성된다.

	㉠	㉡	㉢	㉣
①	3	2억	3천만	5
②	3	4억	1천만	7
③	5	5억	2천만	10
④	5	5억	5천만	10
⑤	5	5억	3천만	15

> **해설** 조세의 징수를 목적으로 하는 권리는 이를 행사할 수 있는 때(신고에 의하여 확정되는
> 조세는 법정신고기한의 다음 날, 납세고지에 의한 조세는 납부기한의 다음 날)로부터
> '5'년간, 가산세를 제외한 '5억'원 이상의 국세 채권과 '5천만'원 이상의 지방세 채권은
> '10'년간 행사하지 않으면 소멸시효가 완성된다. 이 경우 기간 계산 시 시효정지기간은
> 제외한다.

12 국세 및 지방세기본법상 시효정지기간에 해당하는 내용으로 **틀린** 것은?
⊕

① 세법에 따른 징수유예기간

② 세법에 따른 분납기간, 연부연납기간

③ 세무공무원이 「국세징수법」 제30조에 따른 사해행위(詐害行爲) 취소소송이나 「민
법」 제404조에 따른 채권자대위 소송을 제기하여 그 소송이 진행 중인 기간

④ 체납처분(강제징수)유예기간

⑤ 체납자가 국외에 1년 이상 계속 체류하는 경우 해당 국외 체류기간

> **해설** 체납자가 국외에 6개월 이상 계속 체류하는 경우 해당 국외 체류기간은 소멸시효가
> 진행되지 아니한다.

1. 납세의무의 승계(承繼)

    ㉠ 법인의 합병으로 인한 납세의무의 승계

    ㉡ 상속으로 인한 납세의무의 승계

2. 연대(連帶)납세의무

공유물, 공동사업의 경우 공유자 또는 공동사업자가 연대하여 납부할 의무를 진다.

3. 납세보증인

국세 및 지방세·가산금 또는 체납처분비의 납부를 보증한 자를 말한다.

4. 제2차 납세의무

    ㉠ 사업 양수·양도에 관한 제2차 납세의무(사업의 양도인의 조세회피 등을 목적) : 사업의 양도인과 특수관계에 있는 자가 사업을 양수한 경우 사업 양수인의 의무는 양수·양도일 이전에 발생한 그 사업에 관련된 조세(부가가치세, 사업소득에 관련된 종합소득세 등)에 한하며, 사업 양도 이후에 발생한 양도소득세 등은 제2차 납세의무가 없는 조세이다.

    ㉡ 출자자의 제2차 납세의무 : 합자·합명회사의 무한책임사원, 법인의 과점주주(출자총액의 100분의 50을 초과하는 자를 말함)

        ➕ **과점주주 상호 제2차 납세의무 범위**

        과점주주란 주주 또는 유한책임사원 1명과 그의 특수관계인 중 법령으로 정하는 자로서 그들의 소유주식의 합계 또는 출자액의 합계가 해당 법인의 발행주식 총수 또는 출자총액의 100분의 50을 초과하는 자들을 말한다.

    ㉢ 법인의 제2차 납세의무 : 납부기간 만료일 현재 법인의 무한책임사원 또는 과점주주의 재산으로 부족한 경우에는 그 법인은 그 부족한 금액에 대하여 제2차 납세의무를 진다.

    ㉣ 청산인의 제2차 납세의무 : 청산인과 남은 재산을 분배받거나 인도받은 자는 그 부족한 징수금에 대하여 제2차 납세의무를 진다.

5. 물적납세의무

납세자가 조세 및 강제징수비 등을 체납한 경우에 그 납세자에게 양도담보재산이나 신탁재산이 있을 때에는 그 납세자의 다른 재산에 대하여 강제징수를 하여도 징수할 금액에 미치지 못하는 경우에만 그 양도담보재산이나 신탁재산으로써 납세자의 조세 및 강제징수비 등을 징수할 수 있다.

13 세법상 납세의무자가 <u>아닌</u> 자는?

① 연대납세의무자

② 승계납세의무자

③ 제2차 납세의무자

④ 납세보증인

⑤ 원천징수의무자

> **해설** 지방세 특별징수의무자와 국세 원천징수의무자는 납세자에 속하지만, 납세의무자에 속하지는 않는다.

14 국세기본법 및 지방세기본법상 납세의무에 관한 내용으로 <u>틀린</u> 것은?

① 상속인은 피상속인에게 부과되거나 그 피상속인이 납부할 징수금을 상속으로 인하여 얻은 재산을 한도로 하여 승계 납부할 의무를 진다.

② 과점주주는 법인의 재산으로 그 법인에 부과되거나 그 법인이 납부할 징수금에 충당하여도 부족한 경우에는 그 지방자치단체의 징수금의 과세기준일 또는 납세의무성립일 현재 그 부족액에 대하여 소유지분 비율을 한도로 제2차 납세의무를 진다.

③ 공유물, 공동사업의 경우 공유자 또는 공동사업자가 연대하여 납부할 의무를 진다.

④ 법인이 합병한 경우에 합병 후 존속하는 법인은 합병으로 인하여 소멸된 법인에 부과되거나 그 법인이 납부할 징수금을 승계 납부할 의무를 진다.

⑤ 양도인이 사업을 경영하던 장소에서 양도인이 경영하던 사업과 같거나 유사한 종목의 사업을 경영하는 특수관계자는 그 사업 양도에 대하여 발생한 양도소득세에 관해 양수인이 제2차 납세의무를 진다.

> **해설** 사업의 양도·양수가 있는 경우 그 사업에 관련된 징수금을 양도인의 재산으로 충당하여도 부족할 때에는 양수인은 양수받은 재산을 한도로 제2차 납세의무를 진다. 단, 사업의 양도에서 발생한 양도소득세는 사업 양도일 이후에 발생한 조세이므로 양수인에게 제2차 납세의무가 없다.

정답 **13** ⑤ **14** ⑤

03 조세우선권과 조세의 불복

더 많은 기출문제를 풀고 싶다면?
단원별 기출문제집
[부동산세법] pp.237~245

5개년 출제빈도 분석표

28회	29회	30회	31회	32회
	1	2		

빈출 키워드

- ☑ 우선징수권
- ☑ 불복 신청
- ☑ 배당 순서
- ☑ 청구 제도

대표기출   연습

법정기일 전에 저당권의 설정을 등기한 사실이 등기사항증명서(부동산등기부 등본)에 따라 증명되는 재산을 매각하여 그 매각금액에서 국세 또는 지방세를 징수하는 경우, 그 재산에 대하여 부과되는 다음의 국세 또는 지방세 중 저당권에 따라 담보된 채권에 우선하여 징수하는 것은 모두 몇 개인가? (단, 가산금은 고려하지 않음) • 30회

- 종합부동산세
- 취득세에 부가되는 지방교육세
- 등록면허세
- 부동산임대에 따른 종합소득세
- 소방분 지역자원시설세

① 1개   ② 2개
③ 3개   ④ 4개
⑤ 5개

키워드 우선징수권   30회

교수님 TIP 저당권에 따라 담보된 채권에 우선징수하는 조세의 종류를 숙지하여야 합니다.

해 설 국세 또는 지방세 중 저당권에 따라 담보된 채권에 우선하여 징수하는 해당 재산에 부과되는 조세에는 상속세 및 증여세, 종합부동산세 및 그 부가세인 농어촌특별세, 재산세 및 그 부가세인 지방교육세, 소방분 지역자원시설세 등이 있다.

정답 ②

이것만은 꼭! 압류, 납세담보 우선, 배당 순서 등 ▼ 문제 01~03

1. 압류, 납세담보 우선

㉠ 직접 체납처분비의 우선 : 징수금 체납으로 인하여 납세자의 재산에 대한 체납처분을 하였을 경우 그 체납처분비는 다른 지방자치단체의 징수금과 국세 및 그 밖의 채권에 우선하여 징수한다.

㉡ 담보가 있는 조세의 우선 : 납세담보가 되어 있는 재산을 매각하였을 때에는 담보에 해당한 징수금은 다른 지방세 징수금과 국세에 우선하여 징수한다.

㉢ 압류에 의한 우선 : 조세 체납처분에 의하여 납세자의 재산을 압류한 후 다른 지방자치단체의 징수금 또는 국세의 교부청구가 있으면 압류에 관계되는 지방자치단체의 징수금은 교부청구한 다른 지방자치단체의 징수금 또는 국세에 우선하여 징수한다.

2. 배당 순서

순 위	내 용
제1순위	• 「주택임대차보호법」 또는 「상가건물 임대차보호법」에 따른 소액보증금 • 「근로기준법」에 따라 우선하여 변제되는 최종 3개월분 임금 • 최종 3년간 퇴직금 • 재해보상금 전액
제2순위	해당 재산에 부과된 조세 : 상속세 및 증여세, 종합부동산세, 재산세, 소방분 지역자원시설세, 해당 재산에 부과된 조세의 부가세 등
제3순위	제1순위, 제2순위 이외의 저당권 등 일반채권과 일반조세는 법정기일을 기준으로 배당순위를 결정한다.

➕ **조세의 법정기일** : 확정일(결정일)

3. 징수금 충당 순서

㉠ 국세 : 강제징수비, 국세, 가산세

㉡ 지방세 : 체납처분비, 지방세, 가산금

01 체납된 조세의 법정기일 전에 채권담보를 위해 甲이 저당권 설정등기한 甲 소유 토지 A의 공매대금에 대하여 그 조세와 피담보채권이 경합되는 경우, 피담보채권보다 우선 징수하는 조세가 <u>아닌</u> 것은? (단, 토지 A에 다음의 조세가 부과됨)

① 취득세
② 종합부동산세
③ 재산세에 부가되는 지방교육세
④ 재산세
⑤ 소방분 지역자원시설세

> **해설** 조세와 피담보채권이 경합되는 경우 피담보채권보다 우선징수하는 조세에는 해당 재산에 부과되는 상속세 및 증여세, 종합부동산세, 재산세, 소방분 지역자원시설세, 해당 재산에 부과된 조세의 부가세 등이 있다. 취득세, 양도소득세, 부가가치세 등은 해당 재산에 부과되는 세금이 아니다.

02 압류에 관련된 재산을 체납처분할 경우 조세 및 일반채권의 관계에 있어서 그 배당의 우선순위가 바르게 연결된 것은? (단, 답지 항은 해당 재산에 관련된 것임)

> ㉠ 저당권 등 담보된 채권
> ㉡ 압류한 양도소득세
> ㉢ 법정기일이 저당권보다 늦은 해당 재산에 부과된 국세, 지방세 및 해당 부가세
> ㉣ 「상가건물 임대차보호법」상의 소액보증금액을 초과한 보증금
> ㉤ 「주택임대차보호법」 규정에 따른 최우선변제대상 금액

① ㉠ ⇨ ㉡ ⇨ ㉢ ⇨ ㉣ ⇨ ㉤
② ㉠ ⇨ ㉡ ⇨ ㉣ ⇨ ㉢ = ㉤
③ ㉠ ⇨ ㉢ ⇨ ㉡ = ㉣ = ㉤
④ ㉡ ⇨ ㉠ ⇨ ㉢ = ㉣ ⇨ ㉤
⑤ ㉤ ⇨ ㉢ ⇨ ㉡ = ㉣ = ㉠

> **해설** 조세 및 일반채권의 관계에 있어서 그 우선순위는 ㉤ ⇨ ㉢ ⇨ ㉡ = ㉣ = ㉠이 된다.

03 **국세기본법 및 지방세기본법상 조세채권과 일반채권의 관계에 관한 설명으로 틀린 것은?**
(上)

① 취득세 법정기일 전에 저당권 설정등기 사실이 증명되는 재산을 매각하여 그 매각금액에서 취득세를 징수하는 경우, 저당권에 따라 담보된 채권은 취득세에 우선한다.

② 재산의 매각대금 배분 시 해당 재산에 부과된 종합부동산세는 해당 재산에 관계된 「주택임대차보호법」에 따른 소액보증금 채권보다 우선한다.

③ 납세담보물 매각 시 압류에 관계되는 조세채권은 담보 있는 조세채권보다 우선할 수 없다.

④ 강제집행으로 부동산을 매각할 때 그 매각금액 중에 국세를 징수하는 경우, 강제집행비용은 국세에 우선한다.

⑤ 국세 강제징수에 의하여 납세자의 재산을 압류한 경우에 다른 국세 및 체납처분비 또는 지방세의 교부청구가 있으면 압류에 관계되는 국세 및 강제징수비는 교부청구된 다른 국세 및 강제징수비와 지방세에 우선하여 징수한다.

> **해설** 재산의 매각대금 배분 시 해당 재산에 부과된 종합부동산세는 해당 재산에 관계된 「주택임대차보호법」에 따른 소액보증금 채권보다 우선할 수 없다. 따라서 「주택임대차보호법」에 따른 소액보증금이 종합부동산세에 우선한다.

■: 불복절차

구 분	불복절차
국 세	1. 납세자 : 이의신청 ⇨ 심사청구 ⇨ 행정소송 2. 납세자 : 이의신청 ⇨ 심판청구 ⇨ 행정소송 3. 납세자 : 심사청구 ⇨ 행정소송 4. 납세자 : 심판청구 ⇨ 행정소송 5. 납세자 : 감사원 심사청구 ⇨ 행정소송
지방세	1. 납세자 : 이의신청 ⇨ 심판청구 ⇨ 행정소송 2. 납세자 : 심판청구 ⇨ 행정소송 3. 납세자 : 감사원 심사청구 ⇨ 행정소송
행정소송	위법한 처분에 대한 행정소송은 심사 및 심판청구와 그에 대한 결정 등을 거치지 아니하면 제기할 수 없다.

■: 국세 구제절차의 담당기관 및 해당 기간

구 분		이의신청(임의절차)	심사청구(필수절차)	심판청구(필수절차)
청구기관		세무서장 또는 지방국세청장	국세청장	조세심판원장
불복청구서의 제출기관		소관 세무서장 또는 소관 지방국세청장에게 제출	소관 세무서장을 거쳐 국세청장에게 제출	소관 세무서장을 거쳐 조세심판원장에게 제출
청구기간		90일 이내	90일 이내	90일 이내
보정기간		20일 이내	20일 이내	상당한 기간
결 정	기 간	• 국세 : 그 신청을 받은 날부터 30일(항변이 있는 경우에는 60일) 이내	• 국세 : 그 청구를 받은 날부터 90일 이내	• 국세 : 그 청구를 받은 날부터 90일 이내
		• 지방세 : 90일 이내	• 지방세 : 동일	• 지방세 : 동일
	방 법	국세심사위원회의 심의를 거쳐 세무서장 또는 지방국세청장이 결정	국세심사위원회의 심의를 거쳐 국세청장이 결정	조세심판관회의의 심리를 거쳐 결정

➕ **불복절차상 유의사항**

1. **이의신청 및 심사·심판청구 기간** : 각 단계별 90일 이내에 신청, 청구. 단, 천재지변 등의 사유 가 있는 경우 그 사유가 소멸된 후 14일 이내에 신청, 청구할 수 있다.
2. **압류재산 공매처분 보류기간** : 결정처분이 있는 날로부터 30일로 한다.
3. 이의신청은 선택사항이다.
4. 국세 심사청구 결정에 대하여 심판청구를 할 수 없다.
5. 「지방세기본법」에 따른 과태료 처분을 받은 경우에는 이의신청 및 심판청구를 할 수 없다.
6. **대리인 신청** : 이의신청인, 심사청구인은 신청 또는 청구 금액이 1천만원(국세는 3천만원) 미 만인 경우에는 그의 배우자, 4촌 이내의 혈족 또는 그의 배우자의 4촌 이내의 혈족을 대리인 으로 선임할 수 있다.
7. **행정소송** : 심사청구와 심판청구에 대한 결정 등을 거치지 아니하면 제기할 수 없다.
8. **각하** : 이의신청 및 심사, 심판청구 기간이 경과하여 신청이나 청구를 한 경우에는 각하한다.
9. **기각** : 기각은 요건 심사는 끝났지만 내용이나 확인의 절차에서 이유가 없어 탈락되는 것을 의미한다.
10. **지방자치단체 선정 대리인** : 청구 또는 신청 금액이 1천만원 이하(법인이나 고액·상습 체납자 등 제외)인 경우 다음에 해당하는 자는 법령으로 정하는 바에 따라 변호사, 세무사 또는 등록 한 공인회계사를 대리인으로 선정하여 줄 것을 신청할 수 있다.
    ㉠ 종합소득금액의 경우 : 5천만원(배우자의 종합소득금액을 포함한다)
    ㉡ 부동산, 회원권, 승용자동차 소유 재산의 가액(배우자 소유 재산의 가액을 포함한다) 평가 가액 합계액이 5억원 이하인 경우. 다만, 지역 실정을 고려하여 필요한 경우에는 5억원을 초과하지 않는 범위에서 조례로 다르게 정할 수 있다.

04 국세기본법상 국세의 불복단계를 나열한 것으로 **틀린** 것은?
下

① 심사청구 ⇨ 심판청구 ⇨ 행정소송
② 이의신청 ⇨ 심판청구 ⇨ 행정소송
③ 심판청구 ⇨ 행정소송
④ 이의신청 ⇨ 심사청구 ⇨ 행정소송
⑤ 감사원 심사청구 ⇨ 행정소송

해설 심사청구 결정에 대한 심판청구는 할 수 없다.

05 지방세기본법상 이의신청 또는 심판청구 등에 관한 설명으로 **틀린** 것은?

① 위법 또는 부당한 처분을 받았거나 필요한 처분을 받지 못하여 권리 또는 이익을 침해당한 자는 법령에 따른 이의신청 또는 심판청구를 할 수 있다.

② 이의신청을 거친 후에 심판청구를 할 때에는 이의신청에 대한 결정 통지를 받은 날부터 90일 이내에 시장·군수의 결정에 대하여는 조세심판원장에게 심판청구를 할 수 있다.

③ 시·군·구 재산세에 대한 이의신청을 거치지 아니하고 바로 심판청구를 할 때에는 그 처분이 있은 것을 안 날(처분의 통지를 받았을 때에는 그 통지를 받은 날)부터 90일 이내에 조세심판원장에게 심판청구를 하여야 한다.

④ 이의신청을 거치지 아니하고 지방세 심사청구를 하는 경우에는 그 처분이 있은 것을 안 날(처분의 통지를 받았을 때에는 그 통지를 받은 날)부터 90일 이내에 도지사에게 심사청구를 할 수 있다.

⑤ 재산세에 부가되는 지방교육세는 시장·군수·구청장에게 이의신청을 하여야 한다.

▄▄ 해설 ▄▄ 현행 지방세는 시·도 심사청구제도는 없다. 단, 감사원 심사청구만 가능하다.

06 지방세기본법상 이의신청 또는 심판청구에 관한 설명으로 **틀린** 것은?

① 이의신청인이 재해 등을 입어 이의신청기간 내에 이의신청을 할 수 없을 때에는 그 사유가 소멸한 날부터 14일 이내에 이의신청을 할 수 있다.

② 이의신청을 거친 후에 심판청구를 할 때에는 이의신청에 대한 결정 통지를 받은 날부터 90일 이내에 심판청구를 하여야 한다.

③ 이의신청에 따른 결정기간 내에 이의신청에 대한 결정 통지를 받지 못한 경우에는 결정 통지를 받기 전이라도 그 결정기간이 지난 날부터 심판청구를 할 수 있다.

④ 이의신청 및 감사원 심사, 심판청구 기간이 경과하여 신청이나 청구를 한 경우에는 신청이나 청구를 기각한다.

⑤ 이의신청은 처분이 있은 것을 안 날(처분의 통지를 받았을 때에는 그 통지를 받은 날)부터 90일 이내에 하여야 한다.

▄▄ 해설 ▄▄ 이의신청 및 감사원 심사, 심판청구 기간이 경과하여 신청이나 청구를 한 경우는 기각 사유가 아니라 각하사유에 해당한다.

07 지방세기본법상 이의신청·심판청구에 관한 설명으로 <u>틀린</u> 것은?   •30회 수정

(上)

① 「지방세기본법」에 따른 과태료의 부과처분을 받은 자는 이의신청 또는 심판청구를 할 수 없다.

② 심판청구는 그 처분의 집행에 효력이 미치지 아니하지만 압류한 재산에 대하여는 심판청구의 결정이 있는 날부터 60일까지 그 공매처분을 보류할 수 있다.

③ 지방세에 관한 불복 시 불복청구인은 심판청구나 감사원 심사청구를 거치지 아니하면 행정소송을 제기할 수 없다.

④ 이의신청인은 신청금액이 1천만원 미만인 경우에는 그의 배우자, 4촌 이내의 혈족 또는 그의 배우자의 4촌 이내의 혈족을 대리인으로 선임할 수 있다.

⑤ 요건 심사는 끝났지만 심사청구가 이유 없다고 인정될 때에는 청구를 기각하는 결정을 한다.

> **해설** 심판청구는 그 처분의 집행에 효력이 미치지 아니하지만 압류한 재산에 대하여는 심판청구의 결정이 있는 날부터 30일까지 그 공매처분을 보류할 수 있다.

08 국세 및 지방세기본법상 부과 및 징수, 불복에 관한 설명으로 <u>틀린</u> 것은?

(上)

① 납세자가 법정신고기한까지 과세표준신고서를 제출하지 아니하여 해당 지방소득세를 부과할 수 없는 경우에 지방세 부과 제척기간은 7년이다.

② 지방세에 관한 불복 시 불복청구인은 이의신청을 거치지 않고 심판청구를 제기할 수 있다.

③ 청구 또는 신청 금액이 1천만원 이하(법인이나 고액·상습 체납자 등 제외)인 경우에는 법령에 따라 변호사, 세무사 등을 대리인으로 선정하여 줄 것을 신청할 수 있다.

④ 납세의무자가 지방세관계법에 따른 고지서 납부기한까지 지방세를 납부하지 않은 경우 가산세가 부과된다.

⑤ 국세의 징수금 징수순위는 강제집행비용, 국세, 가산세의 순서로 한다.

> **해설** 납세의무자가 지방세관계법에 따른 고지서 납부기한까지 지방세를 납부하지 않은 경우 가산세가 아니라 가산금이 부과된다.

시작하는 데 있어서
나쁜 시기란 없다.

– 프란츠 카프카(Franz Kafka)

지방세

최근 5개년 PART 2 출제비중

46.5%

5개년 CHAPTER별 출제빈도 분석표 & 빈출 키워드

* 복합문제이거나, 법률이 개정 및 제정된 경우 분류 기준에 따라 아래 수치와 달라질 수 있습니다.

CHAPTER	문항 수					비 중	빈출 키워드
	28회	29회	30회	31회	32회		
01 취득세	3	3	3	1.5	3	**37%**	과세대상·과세표준, 일반세율·중과세율, 간주취득의 형태
02 등기·등록에 대한 등록면허세	2	2	1	2.5	1	**23.3%**	과세대상·과세표준, 세율, 납세의무자, 납세절차
03 재산세	3	2.5	3	3	2	**37%**	과세표준, 납세의무자, 납세절차, 물납·분할납부
[기타] 지역자원시설세				1		**2.7%**	－

세줄요약 제33회 합격전략

☑ PART 2는 평균 약 7.5문제 출제!

☑ CHAPTER 01 취득세, CHAPTER 03 재산세 위주로 학습!

☑ 여러 세목이 하나의 문제로 묶여 출제되므로 종합형 문제에 철저히 대비!

기출지문 OX 워밍업!

❶ 부담부증여(負擔附贈與)에 있어서 증여자의 채무를 수증자(受贈者)가 인수하는 경우에는 그 채무액에 상당하는 부분을 제외한 부분은 그 자산을 증여취득한 것으로 본다. • 25회 • 32회　　　（ O I X ）

❷ 법인설립 시에 발행하는 주식을 취득함으로써 과점주주가 된 때에는 당해 법인의 부동산 등을 취득한 것으로 본다. • 19회　　　（ O I X ）

❸ 「주택법」에 따른 공동주택의 개수(건축법에 따른 대수선 제외)로 인한 취득 중 개수로 인한 취득 당시 주택의 시가표준액이 9억원 이하인 경우 「지방세법」상 취득세가 부과되지 않는다. • 30회 （ O I X ）

❹ 증여로 인한 승계취득의 경우 해당 취득물건을 등기·등록하더라도 취득일부터 60일 이내에 공증받은 공정증서에 의하여 계약이 해제된 사실이 입증되는 경우에는 취득한 것으로 보지 아니한다. • 32회　　　（ O I X ）

❺ 등기일 현재의 법인장부 또는 결산서 등으로 증명되는 가액이 있는 경우 그 사실상 취득가액을 과세표준으로 한다. • 21회　　　（ O I X ）

❻ 지방세의 체납으로 인하여 압류의 등기를 한 재산에 대하여 압류해제의 등기를 할 경우 등기·등록에 대한 등록면허세가 과세되지 않는다. • 24회　　　（ O I X ）

❼ 「신탁법」에 따라 수탁자 명의로 등기·등록된 신탁재산의 경우로서 위탁자별로 구분된 재산은 그 수탁자가 납세의무자이다. • 25회　　　（ O I X ）

❽ 지방자치단체의 장은 재산세의 납부세액이 250만원을 초과하는 경우 법령에 따라 납부할 세액의 일부를 납부기한이 지난 날부터 2개월 이내에 분납하게 할 수 있다. • 27회 • 31회　　　（ O I X ）

❾ 주택의 연세액이 50만원인 경우 세액의 2분의 1은 7월 16일부터 7월 31일까지, 나머지는 9월 16일부터 9월 30일까지를 납기로 할 수 있다. • 27회　　　（ O I X ）

❿ 개인 소유 주택공시가격이 6억원인 주택에 대한 재산세의 산출세액이 직전 연도의 해당 주택에 대한 재산세액 상당액의 100분의 110을 초과하는 경우에는 100분의 110에 해당하는 금액을 해당 연도에 징수할 세액으로 한다. • 32회　　　（ O I X ）

⓫ 甲이 乙로부터 부동산을 취득 후 재산세 과세기준일까지 등기하지 않았다면 재산세와 관련하여 乙은 부동산 소재지 관할 지방자치단체의 장에게 소유권변동사실을 신고할 의무가 있다. • 32회
　　　（ O I X ）

정답　　❶ O　　❷ X　　❸ O　　❹ X　　❺ O　　❻ O　　❼ X　　❽ O　　❾ O　　❿ O　　⓫ O

01 취득세

더 많은 기출문제를 풀고 싶다면?
단원별 기출문제집
[부동산세법] pp.248~282

┃ 5개년 출제빈도 분석표

28회	29회	30회	31회	32회
3	3	3	1.5	3

┃ 빈출 키워드

☑ 과세대상·과세표준
☑ 일반세율·중과세율
☑ 간주취득의 형태

대표기출 연습

01 지방세법상 취득세에 관한 설명으로 틀린 것은? • 28회

① 지방자치단체에 기부채납을 조건으로 부동산을 취득하는 경우라도 그 반대급부로 기부채납 대상물의 무상사용권을 제공받는 때에는 그 해당 부분에 대해서는 취득세를 부과한다.

② 상속(피상속인이 상속인에게 한 유증 및 포괄유증과 신탁재산의 상속 포함)으로 인하여 취득하는 경우에는 상속인 각자가 상속받는 취득물건(지분을 취득하는 경우에는 그 지분에 해당하는 취득물건을 말함)을 취득한 것으로 본다.

③ 국가로부터 유상취득하는 경우에는 신고 또는 신고가액의 표시가 없거나 그 신고가액이 시가표준액보다 적을 때에도 사실상의 취득가격 또는 연부금액을 과세표준으로 한다.

④ 무상승계취득한 취득물건을 취득일에 등기·등록한 후 화해조서·인낙조서에 의하여 취득일부터 60일 이내에 계약이 해제된 사실을 입증하는 경우에는 취득한 것으로 보지 아니한다.

⑤ 「주택법」 제2조 제3호에 따른 공동주택의 개수(건축법 제2조 제1항 제9호에 따른 대수선을 제외함)로 인한 취득 중 개수로 인한 취득 당시 「지방세법」 제4조에 따른 주택의 시가표준액이 9억원 이하인 주택과 관련된 개수로 인한 취득에 대해서는 취득세를 부과하지 아니한다.

키워드 취득세 종합 문제   27회, 28회, 29회
교수님 TIP 취득으로 인정이 되는 취득의 범위를 확실하게 파악하고, 취득세 세율과 관련된 개념을 이해하여야 합니다.

해설 「민법」 제543조 ~ 제546조의 규정에 의한 원인으로 취득물건을 등기·등록하지 아니하고 화해조서·인낙조서에 의하여 취득일부터 60일 이내에 계약이 해제된 사실이 입증되는 경우이어야 한다. 단, 등기된 경우에는 취득으로 본다.

정답 ④

02 **지방세법상 취득세 납세의무에 관한 설명으로 옳은 것은?** • 32회

① 토지의 지목을 사실상 변경함으로써 그 가액이 증가한 경우에는 취득으로 보지 아니한다.

② 상속회복청구의 소에 의한 법원의 확정판결에 의하여 특정 상속인이 당초 상속분을 초과하여 취득하게 되는 재산가액은 상속분이 감소한 상속인으로부터 증여받아 취득한 것으로 본다.

③ 권리의 이전이나 행사에 등기 또는 등록이 필요한 부동산을 직계존속과 서로 교환한 경우에는 무상으로 취득한 것으로 본다.

④ 증여로 인한 승계취득의 경우 해당 취득물건을 등기·등록하더라도 취득일부터 60일 이내에 공증받은 공정증서에 의하여 계약이 해제된 사실이 입증되는 경우에는 취득한 것으로 보지 아니한다.

⑤ 증여자가 배우자 또는 직계존비속이 아닌 경우 증여자의 채무를 인수하는 부담부증여의 경우에는 그 채무액에 상당하는 부분은 부동산 등을 유상으로 취득하는 것으로 본다.

키워드 취득세 납세의무자 32회
교수님 TIP 거래의 형태에 따른 취득세 납세의무자를 이해하여야 합니다.

해설 ① 토지의 지목을 사실상 변경함으로써 그 가액이 증가한 경우에는 취득으로 본다.
② 상속회복청구의 소에 의한 법원의 확정판결에 의하여 특정 상속인이 당초 상속분을 초과하여 취득하게 되는 재산가액은 취득한 것으로 보지 아니한다.
③ 권리의 이전이나 행사에 등기 또는 등록이 필요한 부동산을 직계존속과 서로 교환한 경우에는 유상으로 취득한 것으로 본다.
④ 증여로 인한 승계취득의 경우 취득일부터 60일 이내에 공증받은 공정증서에 의하여 계약이 해제된 사실이 입증되는 경우라도 등기가 된 경우에는 취득으로 본다.

정답 ⑤

이것만은 꼭!	취득세의 의의 및 특징
과세권자	지방세(특별시세 · 광역시세 · 도세 · 특별자치시세 · 특별자치도세)
특 징	보통세, 물세, 유통세
부과기준 및 원칙	소유권 취득사실(현황부과)을 전제로 한 실질과세 원칙
납세의무 성립일	과세대상 물건을 취득한 때
세 율	일반세율(표준세율, 특례세율), 중과세율
세액의 확정	납세의무자가 과세관청에 과세표준과 세액을 신고함으로써 확정
현황부과	취득세는 사실상의 현황에 따라 부과한다. 다만, 사실상 현황이 분명하지 아니한 경우에는 공부(公簿)상의 등재현황에 따라 부과한다.

01 지방세법상 취득세에 관한 설명으로 **틀린** 것은?

① 취득세는 지방자치단체가 과세하는 지방세로서 특별시세 · 광역시세 · 도세 · 특별자치시세 · 특별자치도세이다.

② 취득세는 공부상 등기 · 등록이라는 법률행위의 형식에 따른 요건과 관계없이 취득사실을 전제로 과세된다.

③ 취득세는 취득한 재화의 취득행위사실에 내재하는 과세물건의 외형의 가치를 조세부담능력으로 하는 조세이다.

④ 부동산 등은 특별한 규정이 있는 경우를 제외하고는 해당 물건을 취득하였을 때 공부상의 현황에 따라 부과한다.

⑤ 취득세는 납세자가 해당 세액을 신고함으로써 확정된다.

해설 부동산 등은 특별한 규정이 있는 경우를 제외하고는 해당 물건을 취득하였을 때 사실상의 현황에 따라 부과한다. 다만, 취득하였을 때의 사실상 현황이 분명하지 아니한 경우에는 공부(公簿)상의 등재현황에 따라 부과한다.

이것만은 꼭! 과세대상 물건 ▼ 문제 02

1. 부동산

㉠ 토지(지적공부상 토지 + 사실상 사용되고 있는 토지)

㉡ 건축물

    ⓐ 「건축법」 규정에 의한 건축물과 이에 딸린 시설

    ⓑ 시설 : 레저시설, 저장시설, 기타 기계식 또는 철골조립식 주차장시설, 에너지 공급시
       설 등과 이에 딸린 시설

    ➕ **건축물에 딸린 시설(딸린 시설은 건축물에 부착·설치된 경우에만 과세대상임)** : 승강기(엘리
       베이터·에스컬레이터 등), 발전시설(20kWh 이상), 난방용·욕탕용 보일러, 중앙조절식
       에어컨(7,560kcal급 이상), 부착된 금고, 교환시설, 변전·배전시설, 인텔리전트빌딩시
       스템시설 등

2. 부동산 이외의 과세대상 물건

㉠ 입목

㉡ 차량(50cc 이하 2륜 차량과 최고정격출력 4kW 이하의 전기이륜자동차는 제외)

㉢ 기계장비

㉣ 선박

㉤ 항공기

㉥ 광업권

㉦ 어업권 및 양식업권

㉧ 회원권(골프, 승마, 요트, 콘도, 종합체육시설이용)

---

02 지방세법상 취득세 과세대상에 관한 내용으로 <u>틀린</u> 것은?

① 취득세에서 '부동산'이란 토지와 건축물을 말한다.

② 지적공부상 지목이 등재된 토지만이 취득세 과세대상이 된다.

③ 승강기(엘리베이터, 에스컬레이터, 그 밖의 승강기시설) 등 건축물에 딸린 시설은 건
축물에 부착·설치된 경우에만 과세대상이다.

④ 골프연습장(체육시설의 설치·이용에 관한 법률에 따라 골프연습장업으로 신고된 20타
석 이상의 골프연습장에 해당함)은 취득세 과세대상이다.

⑤ '입목'이란 지상의 과수, 임목과 죽목(竹木)을 말한다.

    해설 취득세 과세대상은 「공간정보의 구축 및 관리 등에 관한 법률」에 따라 지적공부의 등
    록대상이 되는 토지와 그 밖에 사용되고 있는 사실상의 토지를 말한다. 따라서 지적공
    부상 지목의 등재 여부에 관계없이 모든 토지가 과세대상이 된다.

정답 01 ④ 02 ②

승계취득	**유상승계 및 기타승계**	매매(경매나 공매를 포함), 교환, 현물출자, 대물변제, 연부취득, 부담부증여 시 채무인수액(채무인수액을 제외한 부분은 증여취득임) 등 ➕ '연부(年賦)'란 매매계약서상 연부계약 형식을 갖추고 일시에 완납할 수 없는 대금을 2년 이상에 걸쳐 일정액씩 분할하여 지급하는 것을 말한다.

	무상승계	상속, 유증
		 1. 증여, 법인의 합병, 이혼 시 재산분할 취득 등
		 2. 배우자 또는 직계존비속의 부동산 등을 취득한 경우 증여취득으로 본다.
		   ➕ **제외(유상거래로 보는 경우)**
		     ㉠ 공매(公賣)를 통하여 부동산 등을 취득한 경우
		     ㉡ 파산선고로 인하여 처분되는 부동산 등을 취득한 경우
		     ㉢ 등기 또는 등록이 필요한 부동산 등을 서로 교환한 경우
		     ㉣ 해당 부동산 등의 취득을 위하여 그 대가를 지급한 사실을 증명한 경우
		 3. 배우자 또는 직계존비속으로부터 부동산 등을 부담부증여한 경우 채무인수액은 증여취득 규정을 적용한다.
		 4. 등기·등록이 된 상속재산을 공동상속인 간 협의에 의해 재분할하여 증가된 지분취득은 증여취득으로 본다.

원시취득		공유수면매립·간척, 건축(신축·재축·개축·증축·이전), 점유시효취득 ➕ 수용재결로 취득한 경우 등 과세대상이 이미 존재하는 상태에서 취득하는 경우에는 원시취득이 아니다.
간주취득 (의제취득)		토지의 지목변경·선박 등 종류변경, 건축물의 개수, 비상장법인 설립 후 과점주주
기타의 취득		명의신탁, 양도담보, 공유권 분할취득 등

03 지방세법상 취득세에서 취득에 관한 설명으로 <u>틀린</u> 것은?

(上)

① 부동산의 취득자가 실질적으로 완전한 내용의 소유권을 취득하는가 여부에 관계 없이 소유권 이전의 형식에 의한 부동산 취득의 모든 경우를 취득에 포함한다.

② 직계존비속, 배우자 간이 아닌 경우, 부담부증여(負擔附贈與)에 있어서 증여자의 채무를 수증자(受贈者)가 인수하는 경우에는 그 채무액에 상당하는 부분은 그 자산을 유상승계취득한 것으로, 이외의 부분은 증여취득한 것으로 본다.

③ 부부 간 이혼위자료로 부동산을 받은 경우나, 재산분할청구에 의하여 부동산을 취득한 경우 과세대상 취득이다.

④ 과세대상이 이미 존재하는 상태에서 수용재결로 취득한 경우 원시취득으로 본다.

⑤ '개수'란 「건축법」 규정에 따른 대수선과 건축물에 딸린 시설을 한 종류 이상 설치하거나 수선하는 것과 레저·저장시설 및 도크시설 등의 시설물을 수선하는 것을 말한다.

> **해설** 과세대상이 이미 존재하는 상태에서 수용재결로 취득한 경우 승계취득으로 본다.

04 배우자 또는 직계존비속의 부동산을 취득한 경우 지방세법상 취득세에 관한 내용으로

(中) <u>틀린</u> 것은?

① 공매를 통하여 배우자의 부동산을 취득한 경우에는 유상취득으로 본다.

② 권리의 이전이나 행사에 등기가 필요한 부동산을 직계존속과 서로 교환한 경우에는 상호 간 유상취득으로 본다.

③ 소유재산을 처분 또는 담보한 금액으로 해당 부동산을 취득한 경우, 그 대가를 지급하기 위한 취득자의 소득이 증명되는 경우에는 유상취득으로 본다.

④ 배우자 또는 직계존비속의 부동산을 부담부증여한 경우 채무인수액은 유상취득으로 본다.

⑤ 상속세 또는 증여세를 과세받았거나 신고한 경우로서 그 상속 또는 수증재산의 가액으로 그 대가를 지급하고 취득한 경우에는 유상취득으로 본다.

> **해설** 배우자 또는 직계존비속의 부동산을 부담부증여한 경우 채무인수액은 원칙상 증여취득으로 본다.

05 지방세법상 취득세 과세대상이 될 수 있는 취득은 모두 몇 개인가?

（下）

- 건축물의 대수선이나 딸린 시설물을 1개 이상 설치하거나 대수선한 경우 그 증가한 금액
- 등기·등록이 된 상속재산을 공동상속인 간 협의에 의해 재분할하여 증가된 지분
- 법인의 합병으로 인한 부동산 취득
- 사실상 지목을 변경하여 가액이 증가한 경우
- 부동산 연부매수약정에 의한 계약보증금 지급액
- 공유수면을 매립하여 대지를 조성한 경우

① 2개   ② 3개

③ 4개   ④ 5개

⑤ 6개

██ 해설 ██   제시된 내용은 모두 취득세가 과세될 수 있는 취득이다.

06 지방세법상 부동산 취득에 대한 취득세 과세대상이 될 수 있는 취득은 모두 몇 개인가?

（中）

- 공유자 간 공유물을 지분 분할하여 취득한 경우
- 설립 시 비상장법인의 과점주주가 된 경우
- 부동산 연부매수약정에 의한 연부금 지급액
- 명의신탁이나 양도담보를 원인으로 취득한 경우
- 택지공사가 완료된 토지의 지목을 건축물과 그 건축물에 접속된 정원 및 부속시설물의 부지로 사실상 변경함으로써 그 가액이 증가한 경우
- 부동산을 점유시효취득한 경우

① 1개   ② 2개

③ 3개   ④ 4개

⑤ 5개

██ 해설 ██   설립 시 비상장법인의 과점주주가 된 경우에는 취득으로 보지 아니한다. 제시된 다른 나머지의 내용은 모두 취득세가 과세되는 취득이다.

| 이것만은 꼭! | **취득의 시기** | ▼ 문제 07~11 |

1. 유상승계취득

다음 ㉠·㉡·㉢·㉣에 해당한 날과 등기·등록일 중 빠른 날

㉠ 사실상 잔금지급일	ⓐ 국가 등 ⓑ 수입 ⓒ 공매 ⓓ 판결문(화해, 인낙 등은 제외) ⓔ 법인장부상 입증
㉡ ㉠ 이외의 개인 간 유상승계취득	그 계약상 잔금지급일
	계약상 잔금지급일을 알 수 없는 경우에는 계약일부터 60일이 경과한 날
㉢ 연부취득	사실상 연부금 지급일(계약보증금을 포함)
㉣ 허가대상 토지를 허가 없이 취득	그 허가일이나 허가구역의 지정 해제일 또는 축소일
㉤ 기 타	대물변제 : 상계처리일 등

2. 무상승계취득

증여·기부	계약일과 등기·등록일 중 빠른 날
상속·유증	상속개시일, 유증개시일
이혼으로 재산분할	취득물건의 등기일 또는 등록일

3. 기타의 취득시기

건축물 건축, 개수	사용승인서를 내주는 날(사용승인서를 내주기 전에 임시사용승인을 받은 경우에는 그 임시사용승인일을 말하고, 사용승인서 또는 임시사용승인서를 받을 수 없는 건축물의 경우에는 사실상 사용이 가능한 날을 말한다)과 사실상 사용일 중 빠른 날	
토지의 수면매립·간척	공사 준공인가일. 먼저 사용승낙이나 허가를 받았거나 사실상 사용한 경우에는 사용승낙일·허가일 또는 사실상 사용일 중 빠른 날	
도시개발사업 대상, 정비사업 대상	「도시개발법」에 따른 준공검사 증명서, 「도시 및 주거환경정비법 시행령」에 따른 준공인가증 및 그 밖에 건축 관계 법령에 따른 사용승인서에 준하는 서류를 내주는 날, 임시사용승인을 받은 경우에는 그 임시사용승인일과 사실상의 사용일 중 빠른 날을 취득일로 본다.	
조합이 조합원으로부터 취득한 일반 분양분 토지	「주택법」	사용검사를 받은 날
	「도시 및 주거환경정비법」에 따른 재건축조합과 「빈집 및 소규모주택 정비에 관한 특례법」에 따른 소규모재건축조합(재건축)	소유권이전 고시일 다음 날
지목변경	사실상 변경일과 공부상 변경일 중 빠른 날, 지목변경일 이전에 사용하는 부분에 대해서는 그 사실상의 사용일	
종류변경	차량·기계장비·선박의 종류변경은 사실상 변경일과 공부상 변경일 중 빠른 날	

| 정답 | **05** ⑤   **06** ⑤ |

07 다음 자료에 의하여 甲, 乙, 丙이 부동산을 유상승계취득한 경우 취득자별 취득시기로
中 옳은 것은?

구 분	취득자 甲	취득자 乙	취득자 丙
거래당사자	개인 간 거래	법인으로부터 취득	개인 간 거래
계약일	6월 20일	5월 10일	4월 25일
계약상 잔금지급일	7월 1일	6월 1일	(불분명)
사실상 잔금지급일	8월 5일	7월 1일	5월 15일
등기일	8월 16일	6월 25일	5월 20일

	甲	乙	丙
①	8월 5일	6월 25일	5월 15일
②	7월 1일	6월 25일	5월 20일
③	8월 16일	6월 25일	5월 20일
④	8월 16일	7월 1일	5월 15일
⑤	7월 1일	5월 25일	6월 24일

▇ 해 설 ▇ 甲의 경우 계약상 잔금지급일과 등기일 중 빠른 날인 7월 1일이고, 乙의 경우 사실상
잔금지급일과 등기일 중 빠른 날인 6월 25일, 丙의 경우 계약상 잔금지급일이 불분명
하므로 계약일로부터 60일이 경과된 날과 등기일 중 빠른 날인 5월 20일이 각각 취
득일이 된다.

08 지방세법상 취득세에서 부동산 등을 취득한 경우 사실상 잔금지급일이 취득시기가 되
上 는 경우가 아닌 것은?

① 민사소송 및 행정소송에 의하여 확정된 판결문에 의하여 객관적으로 입증되는 경
우의 취득. 다만, 화해·포기·인낙·자백간주는 제외한다.
② 국가·지방자치단체·지방자치단체조합으로부터의 취득
③ 「부동산 거래신고 등에 관한 법률」 규정에 따라 신고서를 제출하여 거래신고필증
에 의한 검증이 이루어진 취득. 단, 개인 간의 거래이다.
④ 신뢰할 수 있는 객관적 자료와 증거에 의해 법인이 작성한 원장·보조장·출납전
표·결산서 등에 의하여 그 취득가액을 확인할 수 있는 취득
⑤ 공매방법에 의한 취득

「부동산 거래신고 등에 관한 법률」 규정에 따라 신고서를 제출하여 거래신고필증에 의한 검증이 이루어진 취득은 개인 간 거래라면, 그 계약상 잔금지급일을 원칙상 취득시기로 한다.

09 지방세법상 취득세 납세의무 성립시기가 되는 부동산 취득의 시기에 관한 설명으로
中 **틀린** 것은?

① 지목변경에 따른 취득은 토지의 지목이 사실상 변경된 날과 공부상 변경된 날 중 **빠른** 날을 취득일로 본다. 다만, 토지의 지목변경일 이전에 사용한 부분에 대해서는 그 사실상의 사용일을 취득일로 본다.

② 부동산을 증여받은 경우 그 계약일과 등기일 중 빠른 날을 취득일로 한다.

③ 사용승인서 또는 임시사용승인서를 받을 수 없는 건축물을 건축한 경우에는 사용이 가능한 날과 사실상의 사용일 중 **빠른** 날을 취득일로 본다.

④ 연부로 취득하는 경우 사실상의 연부금(취득금액에 포함되는 계약보증금을 포함) 지급일을 취득일로 본다.

⑤ 「민법」 제839조의2 및 제843조에 따른 재산분할로 인한 취득의 경우에는 취득분할 계약일과 등기·등록일 중 **빠른** 날로 한다.

「민법」 제839조의2 및 제843조에 따른 재산분할로 인한 취득의 경우에는 취득물건의 등기·등록일을 취득일로 본다.

10 지방세법상 취득세 납세의무 성립시기가 되는 부동산 등의 취득의 시기에 관한 설명으로 옳은 것은?

① 개인 간 유상승계취득의 경우 그 계약상의 잔금지급일이 명시되지 아니한 경우에는 그 등기일이 취득일이 된다.

② 상속 또는 유증으로 부동산을 취득한 경우에는 상속개시일, 유증개시일이 취득의 시기가 된다.

③ 관계 법령에 따라 매립·간척 등으로 토지를 원시취득하는 경우에는 공사준공인가일과 그 등기일 중 빠른 날을 취득일로 본다.

④ 「도시 및 주거환경정비법」에 따른 재건축조합이 재건축사업을 하면서 조합원에게 귀속되지 않은 토지를 취득하는 경우에는 소유권이전 고시일에 그 토지를 취득한 것으로 본다.

⑤ 법인장부에 의해 입증된 매매에 의한 부동산 취득의 경우 사실상 잔금지급일이 계약상 잔금지급일보다 늦은 경우에는 계약상 잔금지급일을 취득일로 본다.

> **해 설**
> ① 개인 간 유상승계취득의 경우 그 계약상의 잔금지급일이 명시되지 아니한 경우에는 계약일로부터 60일이 경과한 날이 취득일이 된다.
> ③ 관계 법령에 따라 매립·간척 등으로 토지를 원시취득하는 경우에는 공사준공인가일을 취득일로 본다. 다만, 공사준공인가일 전에 사용승낙·허가를 받거나 사실상 사용하는 경우에는 사용승낙일·허가일 또는 사실상 사용일 중 빠른 날을 취득일로 본다.
> ④ 「도시 및 주거환경정비법」에 따른 재건축조합과 「빈집 및 소규모주택 정비에 관한 특례법」에 따른 소규모재건축조합이 재건축사업을 하면서 조합원에게 귀속되지 않은 토지를 취득하는 경우에는 소유권이전 고시일의 다음 날에 그 토지를 취득한 것으로 본다.
> ⑤ 법인장부에 의해 입증된 경우 사실상 잔금지급일과 등기일 중 빠른 날을 취득일로 본다. 따라서 계약상 잔금지급일과 관계없다.

11

中

다음의 ㉠과 ㉡에 들어갈 알맞은 내용은?

「주택법」 제11조에 따른 주택조합이 주택건설사업을 하면서 조합원에게 귀속되지 않은 토지를 취득하는 경우 「주택법」 제49조에 따른 (㉠)에 그 토지를 취득한 것으로 보고, 「도시 및 주거환경정비법」 규정에 따른 재건축조합이 재건축사업을 하면서 조합원에게 귀속되지 않은 토지를 취득하는 경우에는 (㉡)에 그 토지를 취득한 것으로 본다.

	㉠	㉡
①	사용검사필증교부일	준공인가일
②	사용승인일	소유권이전 고시일
③	사실상 사용일	사용승인일
④	사용검사를 받은 날	소유권이전 고시일
⑤	사용검사를 받은 날	소유권이전 고시일 다음 날

해설

	「주택법」	사용검사를 받은 날
조합이 조합원으로부터 취득한 일반 분양분 토지	「도시 및 주거환경정비법」(재건축), 「빈집 및 소규모주택 정비에 관한 특례법」(재건축)	소유권이전 고시일 다음 날

➕ 관계 법령에 따른 등기·등록 등을 하지 아니한 경우라도 사실상 취득하면 각각 취득한 것으로 보고 해당 취득물건의 소유자 또는 양수인을 각각 취득자로 한다.

주체구조부 취득자 이외의 자가 가설한 부대설비		주체구조부 취득자
건축물의 신축·증축·개축		건축주
정원 또는 부속시설물 등을 조성·설치하는 경우	토지소유자	택지공사가 준공된 토지에 정원 또는 부속시설물을 조성·설치하는 경우
	건축물 소유자	건축물을 건축하면서 그 건축물에 부수되는 정원 또는 부속시설물 등을 조성·설치하는 경우
토지의 지목변경		지목변경 당시의 소유자
상속받은 경우		상속인(공동상속의 경우 각각의 지분)
법률 규정에 의한 조합주택	조합원분	조합원
	조합원 이외의 부분	조합
법인의 과점주주가 된 경우		과점주주가 된 자
취득한 재산이 공유재산인 경우		각자 지분에 따라 납세의무가 있으며, 해당 공유자는 연대납세의무
신탁재산의 위탁자 지위 이전 취득		새로운 위탁자가 해당 신탁재산을 취득한 것으로 본다.
시설대여업자		명의 여부에 불구하고 시설대여업자

➕ **납세의무가 없는 취득**
1. 선박의 주문건조 및 차량 등의 제조·조립
2. **계약의 해제** : 「민법」제543조 ~ 제546조의 규정에 의한 원인으로 해당 취득물건을 등기·등록하지 아니한 다음에 해당하는 계약의 해제 등은 취득으로 보지 아니한다.
   ㉠ 화해조서·인낙조서에 의해 취득일부터 60일 이내에 계약이 해제된 사실이 입증되는 경우
   ㉡ 취득일부터 60일 이내에 공증받은 공정증서(공증인이 인증한 사서증서를 포함)에 의해 계약이 해제된 사실이 입증되는 경우
   ㉢ 취득일부터 60일 이내에 행정안전부령으로 정하는 계약해제신고서를 제출한 경우
   ㉣ 부동산 거래신고 등에 관한 법령에 따른 부동산거래계약 해제등(무상승계는 제외) 신고서를 취득일부터 60일 이내에 등록관청에 제출한 경우
3. 설립 시 과점주주
4. **증여취득 배제** : 다음에 해당하는 사유로 상속재산을 재분할한 경우 지분증가분은 증여취득으로 보지 아니한다.
   ㉠ 취득세 신고기한 이내에 재분할에 의한 취득과 등기 등을 모두 마친 경우
   ㉡ 상속회복청구의 소에 의한 법원의 확정판결에 의하여 상속인 및 상속재산에 변동이 있는 경우
   ㉢ 채권자대위권의 행사에 의하여 공동상속인들의 법정상속분대로 등기·등록이 된 상속재산을 상속인 사이의 협의에 의하여 재분할하는 경우
5. 이혼 시 취득한 재산을 다시 반환한 경우(사실혼 입증이 된 경우를 포함)

12 지방세법상 취득세의 납세의무에 관한 설명으로 틀린 것은?

① 부동산 등의 취득은 관계 법령에 따른 등기·등록 등을 하지 아니한 경우라도 사실상 취득하면 취득한 것으로 보고 해당 취득물건의 소유자 또는 양수인을 각각 취득자로 한다.

② 건축물 중 조작설비로서 그 주체구조부와 하나가 되어 건축물로서의 효용가치를 이루고 있는 것에 대하여는 주체구조부 취득자 외의 자가 가설한 경우에도 주체구조부의 취득자가 함께 취득한 것으로 본다.

③ 법인설립 시 발행하는 주식을 취득함으로써 「지방세기본법」에 따른 과점주주가 되었을 때에는 취득으로 보지 아니한다.

④ 직계비속이 직계존속의 부동산을 매매로 취득하는 때 해당 직계비속의 다른 재산으로 그 대가를 지급한 사실이 입증되는 경우 유상으로 취득한 것으로 본다.

⑤ 「도시 및 주거환경정비법」 제35조 제3항에 따른 재건축조합 및 「빈집 및 소규모주택 정비에 관한 특례법」 제23조에 따른 소규모재건축조합이 해당 조합원용으로 취득하는 조합주택용 부동산은 그 조합이 원시취득한 것으로 본다.

> **해설** 「도시 및 주거환경정비법」 제35조 제3항에 따른 재건축조합 및 「빈집 및 소규모주택 정비에 관한 특례법」 제23조에 따른 소규모재건축조합이 해당 조합원용으로 취득한 경우 그 조합원이 취득한 것으로 본다. 다만, 조합원에게 귀속되지 아니하는 부동산은 조합이 취득한 것으로 본다.

13 甲 소유 토지에 임차인 乙이 기계식 또는 철골조립식 주차장 시설을 설치·사용한 경우, 시설 설치에 대한 지방세법상 취득세 납세의무자는?

① 토지 소유자인 甲에게 취득세 납세의무가 있다.

② 甲과 乙의 합의에 의하여 정해진 자가 납세의무자가 된다.

③ 과세관청이 정한 자에게 납세의무가 있다.

④ 기계식 또는 철골조립식 주차장 시설 건축물 설치자인 乙에게 취득세 납세의무가 있다.

⑤ 甲이 납세의무자가 되며, 乙은 연대납세의무가 있다.

> **해설** 기계식 또는 철골조립식 주차장 시설은 독립된 시설 건축물로서 별개의 과세대상에 속한다. 따라서 시설 설치 사용자인 乙의 소유이므로 乙에게 취득세 납세의무가 있다.

> **정답** **12** ⑤   **13** ④

14 지방세법상 취득세 납세의무자 등에 관한 설명으로 틀린 것은?

① 토지를 취득한 후 그 현상을 전혀 변경시키지 아니한 채 그대로 보유하고 있다가 그 공부상의 지목을 실질에 맞게 공부상만 변경한 경우 취득세 납세의무가 없다.

② 이혼으로 인한 재산분할에 따라 소유권 이전을 하였다가 재협의 과정을 거쳐 소유권을 다시 가져올 경우 취득세가 과세되지 않는다.

③ 상가의 대수선공사를 상가 관리단에서 시행하였을 경우 그에 대한 취득세의 납세의무자는 그 부동산 소유자이다.

④ 「신탁법」 제10조에 따라 신탁재산의 위탁자 지위의 이전이 있는 경우에는 새로운 위탁자가 해당 신탁재산을 취득한 것으로 보지 않는다.

⑤ 건축물을 건축하면서 그 건축물에 부수되는 정원 또는 부속시설물 등을 조성·설치하는 경우 그 건축물 소유자가 취득한 것으로 본다.

> **해설** 「신탁법」 제10조에 따라 신탁재산의 위탁자 지위의 이전이 있는 경우에는 새로운 위탁자가 해당 신탁재산을 취득한 것으로 본다. 다만, 위탁자 지위의 이전에도 불구하고 신탁재산에 대한 실질적인 소유권 변동이 없는 경우에는 과세 배제한다(지방세법 제7조 제15항).

15 지방세법상 부동산을 유상·무상승계취득(상속은 제외)한 경우 민법 제543조 ~ 제546조에 따른 원인으로 취득세 납세의무가 없는 계약해제에 관한 내용으로 틀린 것은?

① 「민법」 제543조 ~ 제546조의 규정에 의한 원인으로 취득물건의 등기·등록 여부에 관계없이 계약이 해제된 경우여야 한다.

② 화해조서·인낙조서에 의해 취득일부터 60일 이내에 계약이 해제된 사실이 입증되는 경우 취득으로 보지 아니한다.

③ 행정안전부령으로 정하는 계약해제신고서가 취득일부터 60일 이내에 제출된 경우여야 한다.

④ 취득일부터 60일 이내에 계약이 해제된 사실을 공정증서(공증인이 인증한 사서증서를 포함)로써 공증받은 경우 취득으로 보지 아니한다.

⑤ 「부동산 거래신고 등에 관한 법률」에 따라 시장·군수·구청장이 교부한 거래계약 해제를 확인할 수 있는 서류를 취득일부터 60일 이내에 등록관청에 제출한 경우 취득으로 보지 아니한다.

> **해설** 당사자 간 과세대상 물건의 취득 후 계약을 해제한 경우에는 재취득이 되어 취득세가 과세된다. 다만, 「민법」 제543조 ~ 제546조의 규정에 따른 원인으로 해당 취득물건을 등기·등록하지 아니하고 화해조서, 인낙조사, 공정조서 등의 해당 서류에 의하여 입증되는 계약의 해제 등을 한 경우 취득으로 보지 아니한다.

16 지방세법상 취득세 납세의무자에 관한 설명으로 옳은 것은 모두 몇 개인가?

上

> ㉠ 취득한 재산이 공유재산인 경우 공유자는 연대납세의무가 있다.
> ㉡ 취득세 신고기한 이내에 재분할에 의하여 당초 상속분을 초과·재분할에 의한 취득과 등기 등을 모두 마친 경우 증여취득으로 보지 아니한다.
> ㉢ 甲이 잔금을 지급하고 취득한 부동산을 乙의 명의로 등기한 경우 취득세 납세의무는 甲과 乙 모두에게 있다.
> ㉣ 근저당이 설정된 부동산을 경매로 저당권자가 양수받은 경우 그 양수자는 취득세 납세의무가 있다.

① 0개   ② 1개   ③ 2개
④ 3개   ⑤ 4개

해설 제시된 지문은 모두 옳다.

17 지방세법상 상속 등에 의하여 부동산을 취득한 경우 취득세 납세의무자에 관한 설명으로 틀린 것은?

上

① 상속(피상속인이 상속인에게 한 유증 및 포괄유증과 신탁재산의 상속을 포함한다)으로 인하여 취득하는 경우에는 상속인 각자가 상속받는 취득물건을 취득한 것으로 본다.

② 상속받는 취득물건을 지분으로 취득하는 경우에는 그 지분에 해당하는 물건을 취득한 것으로 본다. 이 경우 공유물에 속하는 재산의 취득세는 공유자가 연대하여 납부할 의무를 진다.

③ 상속개시 후 각 상속인의 상속분이 확정되어 등기된 후, 그 상속재산에 대하여 공동상속인이 협의하여 재분할한 결과 특정 상속인이 당초 상속분을 초과하여 취득하게 되는 재산가액은 증여받아 취득한 것으로 본다.

④ 상속회복청구의 소에 의한 법원의 확정판결에 의하여 상속인 및 상속재산에 변동이 있는 경우 증여취득으로 보지 아니한다.

⑤ 신고기한 내에 상속재산 재분할에 의한 취득은 등기·등록에 관계없이 증여취득으로 보지 아니한다.

해설 신고기한 내에 재분할에 의한 취득과 등기 등을 모두 마친 경우에는 증여취득으로 보지 아니한다.

➕ **과점주주** : 비상장법인의 주주 및 사원 1인과 특수관계자의 소유주식 금액 또는 출자액의 합계액이 해당 법인의 발행주식총액 또는 출자총액의 100분의 50을 초과한 경우

1. 최초과점주주 ⇨ 전체 지분(최초로 과점주주가 된 때)

구 분	설립 시 소유지분	설립 후 추가취득	합 계	과세 여부
설립 시 과점주주	55%	5%	60%	5% 과세
추가취득 과점주주	40%	20%	60%	60% 과세

2. 과점주주의 지분 증가 ⇨ 증가된 부분

구 분	과세된 과점주주	주식처분	추가취득	합 계	과세 여부
과점주주 지분 증가 시	60%	5%	15%	70%	10% 과세

3. 다시 과점주주가 된 경우

구 분	과세된 과점주주	주식처분	추가취득	최종지분	과세 여부
다시 과점주주	60%	50%	60%	70%	10% 과세
	60%	60%	60%	60%	60% 과세

➕ 1. 과점주주 간은 상호 간 연대납세의무가 있고, 과점주주는 해당 법인에 부과된 조세에 대하여 지분비율에 따른 제2차 납세의무가 있다.
2. 과점주주 집단 내부에서 주식이 이전되었으나 과점주주 집단이 소유한 총주식의 비율에 변동이 없는 경우에는 과점주주에 대한 납세의무는 없다.
3. 법인의 부동산 등에는 법인이 「신탁법」에 따라 신탁한 재산으로서 수탁자 명의로 등기·등록이 되어 있는 부동산이 포함된다.

18 지방세법상 취득세에서 과점주주의 납세의무에 관한 설명으로 틀린 것은?

① 비상장법인의 주식 또는 지분을, 주주 또는 유한책임사원 1인과 친족 또는 기타 특수관계인이 50% 초과 취득한 경우여야 한다. 이 경우 법인설립 시에 발행하는 주식 또는 지분을 취득함으로써 과점주주가 된 경우에는 제외한다.

② 과점주주 집단 내부에서 주식이 이전되었으나 과점주주 집단이 소유한 총주식의 비율에 변동이 없는 경우에는 취득세가 과세되지 아니한다.

③ 과점주주에게 과세되는 해당 법인의 부동산 등에는 법인이 「신탁법」에 따라 신탁한 재산으로서 수탁자 명의로 등기·등록이 되어 있는 부동산이 포함된다.

④ 과점주주가 된 자가 과세 이후 주식 또는 지분을 일부 처분하고 그 이후 다시 과점주주가 된 경우에는 종전 과세받은 지분에 관계없이 전체지분에 대한 취득세를 부과한다.

⑤ 수인이 과점주주가 된 경우에는 각자의 지분에 대하여 납세의무를 지고, 이들은 상호 연대납세의무가 있다.

> **해설** 과점주주가 된 자가 과세 이후 주식 또는 지분을 일부 처분하고 그 이후 다시 과점주주가 된 경우에는 종전 과세받은 과점주주 지분보다 증가한 경우 증가된 부분에 대한 취득세를 부과한다.

정답 **18** ④

19 거주자 甲의 A비상장법인에 대한 주식보유 현황은 다음과 같다. 2022년 9월 15일 주식 취득 후 지방세법상 A법인 보유 부동산 등에 대한 甲의 취득세 과세표준을 계산하는 경우, 취득으로 간주되는 지분비율은? (단, A법인 보유 자산 중 취득세가 비과세·감면되는 부분은 없으며, 甲과 특수관계에 있는 다른 주주는 없음)

구 분	발행주식 수	보유주식 수
2017년 1월 1일 설립 시	10,000주	5,000주
2018년 4월 29일 주식 취득 후	10,000주	6,000주
2019년 7월 18일 주식 양도 후	10,000주	3,000주
2022년 9월 15일 주식 취득 후	10,000주	8,000주

① 10%
② 20%
③ 40%
④ 60%
⑤ 70%

해설 과점주주가 주식처분으로 일반주주로 변경된 후 다시 과점주주가 된 경우에는 당초 과세받은 최고지분의 초과부분 비율만큼을 과세범위로 본다. 따라서 10,000주 중 8,000주 − 6,000주(이미 과세된 지분율) = 2,000주이므로 20%가 된다.

이것만은 꼭!	취득세 과세표준	▼ 문제 20~24

일반적인 취득	1. 원칙 : 취득 당시 취득가액 또는 연부금액 ⇨ 신고가액 ➕ **과점주주 취득가액** : 부동산 등의 총가액 × 과점주주 지분비율 2. 예외 : 시가표준액 ⇨ 신고가 없거나, 신고가액의 표시가 없거나, 신고가액이 시가표준액에 미달한 경우 3. 사실상 취득가액(유상취득에 한함, 5% 또는 3억원 이상에 속하는 부당거래는 제외) : 국, 수, 공, 판, 장, 검(검 : 사실상의 취득가격이 세무서장이나 지방국세청장으로부터 확인된 금액보다 적은 경우에는 그 확인된 금액을 과세표준으로 함)
증축, 개축, 개수, 지목변경	1. 원칙 : 증가한 가액 ⇨ 신고가액 2. 예외 : 시가표준액 ⇨ 신고가 없거나, 신고가액의 표시가 없거나, 신고가액이 시가표준액에 미달한 경우 3. 사실상 취득가액 : 판결문 또는 법인장부에 토지의 지목변경에 든 비용이 입증되는 경우
개인이 건축, 대수선한 경우	과세표준 ⇨ 취득가격 중 100분의 90을 넘는 가격이 법인장부에 따라 입증되는 경우 : 입증된 금액 + 세금계산서 금액 + 채권매각차손
일괄취득	한꺼번에 취득한 가격을 토지와 건축물 등의 시가표준액 비율로 나눈 각각의 가액
주택과 이외 건축물을 한꺼번에 취득	주택과 건축물 및 그 부속토지를 한꺼번에 취득한 경우에는 시가표준액에 의하여 주택과 그 이외 부분의 취득가격을 구분한다.
공유물 분할취득	공유물을 분할한 후 분할된 부동산에 대한 단독 소유권을 취득하는 경우의 과세표준은 단독 소유권을 취득한 그 분할된 부동산 전체의 부동산 가액(시가표준액)으로 한다.
같은 취득물건이 둘 이상의 시·군·구에 걸쳐 있는 경우	취득물건의 소재지별 시가표준액 비율로 나누어 계산한다.
면세점	취득가액 50만원(연부취득 시 총연부금액 기준으로 판단) 이하는 면세한다. ➕ 토지나 건축물을 취득한 자가 그 취득한 날부터 1년 이내에 그에 인접한 토지나 건축물을 취득한 경우에는 각각 그 전후의 취득에 관한 토지나 건축물의 취득을 1건의 토지 취득 또는 1구의 건축물 취득으로 보아 면세점을 적용한다.

정답 **19** ②

20 지방세법상 취득가액의 범위 등에 관한 설명으로 <u>틀린</u> 것은?

① 토지와 건축물 등을 한꺼번에 취득하여 토지 또는 건축물 등의 취득가격이 구분 되지 아니하는 경우에는 취득한 가격을 토지와 건축물 등의 시가표준액으로 안분 한 가액을 취득가격으로 한다.

② 건축물을 건축(신축과 재축은 제외) 또는 개수한 경우에는 그 증가한 가액을 취득 가액으로 한다.

③ 공유물을 분할한 후 분할된 부동산에 대한 단독 소유권을 취득하는 경우의 과세 표준은 단독 소유권을 취득한 그 분할된 부동산 전체의 부동산 가액(시가표준액) 으로 한다.

④ 과점주주가 취득한 것으로 보는 해당 법인의 부동산 등에 대한 과세표준은 그 부 동산 등의 총가액을 그 법인의 주식 또는 출자의 총수로 나눈 가액에 과점주주가 취득한 주식 또는 출자의 수를 곱한 금액으로 한다.

⑤ 같은 취득물건이 둘 이상의 시·군·구에 걸쳐 있는 경우에는 각 시·군·구에 납 부할 취득세를 산출할 때 그 과세표준은 취득자가 선택한 시·군·구에서 계산 한다.

해설 같은 취득물건이 둘 이상의 시·군·구에 걸쳐 있는 경우에는 각 시·군·구에 납부할 취득세를 산출할 때 그 과세표준은 취득 당시의 가액을 취득물건의 소재지별 시가표 준액 비율로 나누어 계산한다.

21 지방세법상 부동산 취득에 따른 취득세 과세표준 적용에 관한 설명으로 옳지 <u>않은</u> 것은? (단, 주어진 조건 이외의 다른 사항은 고려하지 않음)

① 취득세의 과세표준은 취득 당시의 가액으로 한다.

② 위 ①의 경우에 취득 당시의 가액은 취득자가 신고한 가액으로 한다. 다만, 신고 또는 신고가액의 표시가 없거나 그 신고가액이 시가표준액보다 적을 때에는 그 시가표준액으로 한다.

③ 연부(年賦)로 취득하는 경우에는 연부금액으로 한다(매회 사실상 지급되는 금액을 말하며, 취득금액에 포함되는 계약보증금을 포함한다).

④ 토지의 지목을 사실상 변경한 경우에는 그로 인하여 증가한 가액을 과세표준으로 한다. 이 경우 신고 또는 신고가액의 표시가 없거나 신고가액이 시가표준액보다 적을 때에는 그 증가한 시가표준액으로 한다.

⑤ 법인으로부터 무상취득한 부동산은 법인장부에 기재된 과세물건의 가격을 취득 가액으로 보아 그 가액을 과세표준으로 한다.

해설 증여 등 무상승계취득의 경우에는 개인과 법인을 불문하고 취득자의 신고가액에 의하며, 그 신고가액이 시가표준액에 미달하는 경우에는 시가표준액으로 한다.

22 부동산 유상거래 중 취득 당시 시가표준액과 비교 과세하지 않고 사실상 취득가액 또는 연부금액이 과세표준이 되는 것으로 옳지 <u>않은</u> 것은? (단, 특수관계인 간 부당행위계산 부인대상은 아님)

① 국가, 지방자치단체, 지방자치단체조합으로부터 유상취득한 경우
② 공매방법에 의한 유상취득
③ 「부동산 거래신고 등에 관한 법률」 제3조에 따른 신고서를 제출하여 같은 법 제5조에 따라 검증이 이루어진 취득으로 그 사실상의 취득가격이 세무서장으로부터 확인된 금액보다 적은 경우 그 검증된 가액
④ 법원의 확정판결문에 의하여 그 가격이 입증되는 유상취득(화해·포기·인낙·자백 간주는 제외한다)
⑤ 금융회사의 금융거래 내역 또는 「감정평가 및 감정평가사에 관한 법률」 제6조에 따른 감정평가서 등 객관적 증거서류에 의하여 법인이 작성한 원장 등 법인장부상 입증된 취득

> **해설** 「부동산 거래신고 등에 관한 법률」 규정에 따른 거래신고대상 중 검증이 이루어진 유상취득은 사실상 취득가액에 의한다. 다만, 그 사실상의 취득가격이 조사결과나, 세무서장·지방국세청장으로부터 확인된 금액보다 적은 경우에는 그 확인된 금액을 과세표준으로 한다.

23 지방세법상 취득세 과세표준으로서 사실상 취득가액에 의하여 과세하는 것 중 특수관계인 간 거래상 부당행위계산은 제외한다. 이 경우 특수관계인 간 부당행위에 속하는 기준 범위로 가장 옳은 것은?

① 시가와 거래가액의 차액이 5억원 이상인 경우
② 시가와 거래가액의 차액이 100분의 3에 상당하는 금액 이상인 경우
③ 시가와 거래가액의 차액이 3억원을 초과하거나 시가의 100분의 5에 상당하는 금액을 초과한 경우
④ 시가와 거래가액의 차액이 3억원 이상이거나 시가의 100분의 5에 상당하는 금액 이상인 경우
⑤ 시가와 거래가액의 차액이 5억원 이상이거나 시가의 100분의 3에 상당하는 금액 이상인 경우

> **해설** 기준 범위는 시가와 거래가액의 차액이 3억원 이상이거나 시가의 100분의 5에 상당하는 금액 이상인 경우 거래상 부당행위로 본다.

24
(上)

지방세법상 취득세 시가표준액 및 과세표준 등에 관한 설명으로 옳지 <u>않은</u> 것은?

① 토지 및 주택에 대한 시가표준액은 「부동산 가격공시에 관한 법률」에 따라 공시된 가액(價額)으로 한다.

② 개별공시지가 또는 개별주택가격이 공시되지 아니한 경우에는 관할 지방자치단체장이 국토교통부장관이 제공한 토지가격비준표 또는 주택가격비준표를 사용하여 산정한 가액으로 한다.

③ 증축한 경우 취득세 납세의무자나 그 취득물건에 관하여 그와 거래관계가 있었던 자가 관련 장부나 그 밖의 증명서류를 갖추고 있는 경우에는 이에 따라 계산한 가액을 시가표준액으로 한다.

④ 토지의 지목변경의 경우 법인의 장부·확정판결문 등에 의하여 지목변경에 소요된 비용이 입증되는 경우에는 그 비용을 과세표준으로 한다.

⑤ 법인이 아닌 자가 건축물을 건축하거나 대수선하여 취득하는 경우로서 취득가격 중 100분의 80을 넘는 가격이 상대방 법인장부에 따라 입증되는 경우에는 그 가액을 과세표준으로 한다.

해설 법인이 아닌 자가 건축물을 건축하거나 대수선하여 취득하는 경우로서 취득가격 중 100분의 90을 넘는 가격이 법인장부에 따라 입증되는 경우에는 법인장부로 입증된 가액, 법인장부로 증명되지 아니하는 금액 중 세금계산서로 증명된 금액과 매입한 국민주택채권을 해당 부동산의 취득 이전에 양도함으로써 발생하는 매각차손을 합한 가액을 과세표준으로 한다.

정답 **22** ③ **23** ④ **24** ⑤

취득가액 또는 연부금액은 취득시기를 기준으로 그 이전에 해당 물건을 취득하기 위하여 거래상 대방 또는 제3자에게 지급하였거나 지급하여야 할 직접비용과 다음의 어느 하나에 해당하는 간접비용의 합계액으로 한다. 다만, 취득대금을 일시금 등으로 지급하여 일정액을 할인받은 경우에는 그 할인된 금액을 취득가액으로 한다.

포함되는 비용	포함되지 않는 비용
1. 건설자금에 충당한 차입금의 이자 또는 금융비용 2. 할부 또는 연불조건부 계약에 따른 이자상당액 및 연체료. 다만, 법인이 아닌 자가 취득하는 경우는 취득가액에서 제외한다. 3. 농지보전부담금, 「문화예술진흥법」 제9조 제3항에 따른 미술작품의 설치 또는 문화예술진흥기금에 출연하는 금액, 대체산림자원조성비 등 관계 법령에 따라 의무적으로 부담하는 비용 4. 취득에 필요한 용역비·수수료 5. 취득자 조건 부담액과 채무인수액 6. 국민주택채권을 해당 부동산의 취득 이전에 양도함으로써 발생하는 매각차손 7. 공인중개사에게 지급한 중개보수. 다만, 법인이 아닌 자가 취득하는 경우는 취득가격에서 제외한다. 8. 붙박이 가구·가전제품 등 건축물에 부착되거나 일체를 이루면서 건축물의 효용을 유지 또는 증대시키기 위한 설비·시설 등의 설치비용 9. 정원 또는 부속시설물 등을 조성·설치하는 비용 10. 위 1.~9.의 비용에 준하는 비용	1. 취득하는 물건의 판매를 위한 광고선전비 등의 판매비용과 그와 관련한 부대비용 2. 「전기사업법」, 「도시가스사업법」, 「집단에너지사업법」, 그 밖의 법률에 따라 전기·가스·열 등을 이용하는 자가 부담하는 분담비용 3. 이주비, 지장물 보상금 등 취득물건과는 별개의 권리에 관한 보상 성격으로 지급되는 비용 4. 부가가치세 5. 위 1.~4.의 비용에 준하는 비용

25 甲은 특수관계 없는 乙로부터 다음과 같이 주택을 취득하였다. 취득세 과세표준 금액으로 옳은 것은?

- 다음의 계약내용은 「부동산 거래신고 등에 관한 법률」 제3조에 따른 신고서를 제출하여 같은 법 제5조에 따라 검증이 이루어진 것이다(세무서장 등 확인된 금액과 같음).
- 계약내용
  - 총매매대금   500,000,000원
    2022년 7월 2일 계약금   50,000,000원
    2022년 8월 2일 중도금   150,000,000원
    2022년 9월 3일 잔금   300,000,000원
- 甲이 주택 취득과 관련하여 지출한 비용
  - 총매매대금 외에 당사자 약정에 의하여 乙의 은행채무를 甲이 대신 변제한 금액 : 10,000,000원
  - 법령에 따라 매입한 국민주택채권을 해당 주택의 취득 이전에 금융회사에 양도함으로써 발생하는 매각차손 : 1,000,000원
  - 약정대금 선지급으로 인한 할인액 : 1,000,000원

① 500,000,000원   ② 501,000,000원
③ 509,000,000원   ④ 510,000,000원
⑤ 511,000,000원

해설 5억원 + 채무인수액 1천만원 + 국민주택채권 매각차손 1백만원 − 할인액 1백만원
= 5억 1천만원

정답 **25** ④

26 지방세법상 취득가액 계산 시 개인, 법인 관계없이 사실상 취득가액에 포함될 수 <u>없는</u>
것은? (단, 취득에 따른 관련 사항은 취득한 부동산에서 발생한 것임)

① 건설자금에 충당한 차입금의 이자 또는 이와 유사한 금융비용

② 부동산 매매계약의 내용으로서 그 양도로 인하여 매도인이 부담하여야 할 양도소
득세 등을 매수인이 부담하기로 특약하여 그대로 이행된 경우 취득자 조건 부담
액과 채무인수액

③ 취득 당시 부과받은 부가가치세

④ 부동산을 취득하는 경우 「주택도시기금법」 제8조에 따라 매입한 국민주택채권을
해당 부동산의 취득 이전에 양도함으로써 발생하는 매각차손

⑤ 「농지법」에 따른 농지보전부담금, 「산지관리법」에 따른 대체산림자원조성비

해설 부가가치세는 취득가액에 포함되지 아니한다.

27 법인이 아닌 자가 취득한 경우 지방세법상 취득가액 계산 시 사실상 취득가액에 포함될
수 있는 것은? (단, 취득에 따른 관련 사항은 취득한 해당 부동산에서 발생한 것임)

① 할부 또는 연불조건부 계약에 따른 이자상당액 및 연체료

② 법률에 따라 전기·가스·열 등을 이용하는 자가 분담하는 비용

③ 취득하는 물건의 판매를 위한 광고선전비 등의 판매비용과 그와 관련한 부대비용

④ 이주비, 지장물 보상금 등 취득물건과는 별개의 권리에 관한 보상 성격으로 지급
되는 비용

⑤ 취득에 필요한 용역을 제공받은 대가로 지급하는 용역비·수수료

해설 취득에 필요한 용역을 제공받은 대가로 지급하는 용역비·수수료는 사실상 취득가액
에 포함된다. 그 이외의 개인의 경우 ①(법인에 한하여 포함)②③④는 취득가액에 포
함되지 않는 사항이다.

28 다음은 부동산의 취득세 과세표준을 사실상의 취득가액으로 하는 경우 이에 포함될 수 있는 항목이다. 법인이 취득한 경우에는 포함되나, 개인이 취득한 경우에 취득가액에 포함되지 <u>않는</u> 사항을 모두 고른 것은? (단, 취득에 따른 관련 사항은 취득한 해당 부동산에서 발생한 것임)

ㄱ 취득대금 외에 당사자 약정에 의한 취득자 채무인수액
ㄴ 붙박이 가구·가전제품 등 건축물에 부착되거나 일체를 이루면서 건축물의 효용을 유지 또는 증대시키기 위한 설비·시설 등의 설치비용
ㄷ 「공인중개사법」에 따른 공인중개사에게 지급한 중개보수
ㄹ 할부 또는 연불조건부 계약에 따른 이자상당액 및 연체료
ㅁ 「문화예술진흥법」 제9조 제3항에 따른 미술작품의 설치 또는 문화예술진흥기금에 출연하는 금액 등 관계 법령에 따라 의무적으로 부담하는 비용

① ㄱ, ㄴ   ② ㄱ, ㄷ   ③ ㄴ, ㄷ
④ ㄷ, ㄹ   ⑤ ㄹ, ㅁ

해설 「공인중개사법」에 따른 공인중개사에게 지급한 중개보수, 할부 또는 연불조건부 계약에 따른 이자상당액 및 연체료는 법인이 취득한 경우에는 취득가액에 포함되나, 개인이 취득한 경우에는 취득가액에 포함되지 아니한다.

29 지방세법상 사실상의 취득가액 또는 연부금액을 취득세의 과세표준으로 하는 경우 취득가액 또는 연부금액에 포함될 수 있는 것은? (단, 특수관계인과의 거래가 아니며, 비용 등은 취득시기 이전에 지급되었음)

① 취득하는 물건의 판매를 위한 광고선전비 등의 판매비용과 그와 관련한 부대비용
② 「전기사업법」, 「도시가스사업법」, 「집단에너지사업법」, 그 밖의 법률에 따라 전기·가스·열 등을 이용하는 자가 분담하는 비용
③ 건축 및 토지조성공사로 수탁자가 취득하는 경우 위탁자가 수탁자에게 지급하는 신탁수수료
④ 이주비, 지장물 보상금 등 취득물건과는 별개의 권리에 관한 보상 성격으로 지급되는 비용
⑤ 부가가치세

해설 취득에 필요한 용역을 제공받은 대가로 지급하는 용역비·수수료(건축 및 토지조성공사로 수탁자가 취득하는 경우 위탁자가 수탁자에게 지급하는 신탁수수료를 포함한다)는 사실상 취득가액에 포함된다.

정답 26 ③ 27 ⑤ 28 ④ 29 ③

부동산 취득 권리를 타인으로부터 양도받아
부동산을 취득한 경우 과세표준 계산   ▼ 문제 30~32

1. 분양가격 또는 공급가격보다 높은 경우

부동산 취득자의 실제 지출금액을 기준으로 한 취득가액을 과세표준으로 한다.

2. 분양가격 또는 공급가격보다 낮은 경우

해당 부동산 취득을 위하여 지출하였거나 지출할 금액을 기준으로 한 취득가액을 과세표준으로 한다. 다만, 「소득세법」 또는 「법인세법」에 따른 특수관계인과의 거래로 인한 취득인 경우에는 그러하지 아니하다.

---

30 부동산을 취득할 수 있는 권리를 타인으로부터 이전받은 자가 부동산을 취득하는 경우
上 로서 다음 자료를 바탕으로 지방세법상 취득자 乙의 취득세 과세표준액은? (단, 甲과 乙은 법률이 정한 특수관계인은 아님)

> • 2019년 5월 1일 : 甲이 A건설법인과 분양계약을 체결(분양공급가액 5억원)하고 계약금 5천만원 지급
> • 2020년 2월 15일 : 중도금 1억 5천만원 지급
> • 2021년 5월 15일 : 甲이 乙에게 분양권을 2억 5천만원에 양도
> • 2022년 4월 15일 : 乙이 잔금 3억원 지급
> • 2022년 4월 17일 : 입주일

① 1억 5천만원   ② 3억원
③ 4억 5천만원   ④ 5억원
⑤ 5억 5천만원

해설 │ 乙이 분양권 매수 과정에서 프리미엄 5천만원을 지급하여 인수한 것이므로 乙은 분양권 매수가액 2억 5천만원 + 잔금 3억원을 지급하였다. 따라서 실제 지출금액 합계인 5억 5천만원이 취득가액이 된다.

31 다음 자료를 바탕으로 제조업을 영위하고 있는 비상장 A법인의 주주인 甲이 과점주주
가 됨으로써 과세되는 취득세(비과세 또는 감면은 고려하지 않음)의 과세표준은?

> 1. A법인의 증자 전 법인장부상 자산가액 및 주식발행 현황
>   ㉠ 2022.10.5. 기준 증자 전 자산가액(지방세법상 취득세 과세표준임)
>   • 건축물 : 2억원   • 토지 : 3억원
>   • 골프회원권 : 1억원   • 신탁을 준 토지 : 4억원
>   • 신탁받은 건축물 : 5억원
>   ㉡ 주식발행 현황
>   • 2018.3.10. 설립 시 발행주식 총수 : 50,000주
>   • 2022.10.5. 증자 후 발행주식 총수 : 100,000주
> 2. 甲의 A법인 주식취득 현황
>   ㉠ 2018.3.10. A법인 설립 시 10,000주 취득
>   ㉡ 2022.10.5. 증자로 50,000주 추가 취득

① 2억원   ② 5억 1천만원   ③ 6억원

④ 9억원   ⑤ 15억원

> **해설**　비상장법인 과점주주의 과세표준 = 법인의 취득세 과세대상 총자산가액 × 지분율(60%)
> • 10억원 × $\dfrac{60,000주}{100,000주}$ = 6억원
> • 10억원 = 건축물 2억원 + 토지 3억원 + 골프회원권 1억원 + 신탁을 준 토지 4억원
>   ※ 신탁을 받은 건축물은 법인 소유 재산이 아니다.

32 지방세법상 취득세 과세표준에 관련된 면세점에 관한 설명으로 **틀린** 것은?

① 취득가액이 50만원 이하인 때에는 취득세를 부과하지 아니한다.

② 면세점 판단은 원시취득, 승계취득 등 일체의 모든 취득에 적용된다.

③ 연부취득의 경우에는 매회 불입한 연부금액을 기준으로 면세점을 적용한다.

④ 토지 또는 건축물을 취득한 자가 그 취득한 날로부터 1년 이내에 그에 인접한 토
지 또는 건축물을 취득한 경우에는 각각 그 전후의 취득에 관한 토지 또는 건축물
의 취득을 1건의 취득으로 간주하여 면세점을 적용한다.

⑤ 지목변경으로 증가한 취득가액이 50만원인 경우라면 취득세를 면세한다.

> **해설**　연부취득의 경우에는 총연부금액이 50만원 이하인 경우 면세점을 적용한다.

정답　**30** ⑤　　**31** ③　　**32** ③

관할 지방자치단체의 장은 조례로 정하는 바에 따라 취득세 표준세율을 100분의 50의 범위 안에서 가감할 수 있다.

구 분	취득원인 및 구분		세 율
㉠	상속으로 인한 취득	농 지	1천분의 23
		농지 이외의 것	1천분의 28
㉡	증여, 기부 등 그 밖의 무상승계취득	비영리사업자	1천분의 28
		비영리사업자 이외의 자	1천분의 35
㉢	위 ㉠과 ㉡ 이외의 승계취득(매매, 교환, 대물변제, 부담부증여의 경우 채무인수액) 등	ⓐ 농 지	1천분의 30
		ⓑ ⓐ, ⓒ 이외의 토지, 건축물	1천분의 40
		ⓒ 주택(딸린 토지를 포함)을 유상 거래한 경우	6억원 이하 : 1천분의 10
			6억원 초과 9억원 이하 : 1천분의 차등
			9억원 초과 : 1천분의 30

➕ ⓒ의 주택 세율 적용 시 유의사항

1. 건축물대장(건축법 일부개정법률 부칙 제3조에 따라 건축허가를 받거나 건축신고가 있는 것으로 보는 경우를 포함) 사용승인서·임시사용승인서 또는 「부동산등기법」에 따른 등기부에 주택으로 기재된 주거용 주택에 한하여 주택세율을 적용한다.
2. 법인과, 개인의 경우 1세대 다주택자로서 주택 취득에 대한 중과세대상은 해당 세율을 적용하지 아니한다.
3. 주택을 신축 또는 증축한 이후 해당 주거용 건축물의 소유자(배우자 및 직계존비속을 포함)가 해당 주택의 부속토지를 취득하는 경우에는 주택에 대한 세율을 적용하지 아니한다.

㉣	원시취득	매립, 건축(신축, 개축, 증축)	1천분의 28

➕ 개수로 인하여 건축물 면적이 증가할 때에는 그 증가된 부분에 대하여 원시취득으로 보아 1천분의 28을 적용한다.

㉤	합유물 및 총유물의 분할	1천분의 23
㉥	공유물의 분할 또는 부동산의 공유권 해소를 위한 지분이전	1천분의 23

➕ 등기부상 본인지분을 초과하는 부분은 승계취득에 의한 세율을 적용한다.

➕ **법정 계산한 주택에 대한 차등세율**(단위 : %) : 소수점 이하 다섯째 자리에서 반올림

(해당 주택의 취득당시가액 $\times \dfrac{2}{3억원} - 3) \times \dfrac{1}{100}$

㉐ 과세표준이 7억 5천만원인 경우 주택 취득세율 계산

(7억 5천만원 $\times \dfrac{2}{3억원} - 3) \times \dfrac{1}{100} = 2\%$

➕ **세율 적용 시 농지의 범위** : 취득 당시 공부상 지목이 논, 밭 또는 과수원인 토지로서 실제 농작물의 경작이나 다년생식물의 재배지 또는 실제 축산용으로 사용되는 목장용지인 토지

➕ 취득한 부동산이 공유물일 때에는 그 취득지분의 가액을 과세표준으로 하여 해당 세율을 적용한다.

33 지방세법상 부동산 취득세 표준세율에 관한 설명으로 <u>틀린</u> 것은?

中

① 관할 지방자치단체의 장은 조례로 정하는 바에 따라 취득세 표준세율을 100분의 50의 범위 안에서 가감할 수 있다.

② 유상승계취득 또는 이와 유사한 원인으로 인한 취득 시 공장용 토지와 건축물은 1천분의 40을 표준세율로 한다.

③ 상속으로 취득한 부동산은 1천분의 28, 농지의 경우에는 1천분의 23으로 한다.

④ 부동산을 증여취득한 경우 1천분의 35(비영리사업자는 아님)를 표준세율로 한다.

⑤ 취득세 표준세율에서 농지란, 취득 당시 공부상 지목이 논, 밭 또는 과수원인 토지로서 실제 농작물의 경작이나 다년생식물의 재배지로 이용되는 토지를 말하며 목장용지는 제외한다.

해설 취득세 표준세율에서 농지의 범위는 다음과 같다.

> 1. 취득 당시 공부상 지목이 논, 밭 또는 과수원인 토지로서 실제 농작물의 경작이나 다년생식물의 재배지로 이용되는 토지. 이 경우 농지 경영에 직접 필요한 농막(農幕)·두엄간·양수장·못·늪·농도(農道)·수로 등이 차지하는 토지 부분을 포함한다.
> 2. 취득 당시 공부상 지목이 논, 밭, 과수원 또는 목장용지인 토지로서 실제 축산용으로 사용되는 축사와 그 부대시설로 사용되는 토지, 초지 및 사료밭

34 지방세법상 부동산 취득세 표준세율 등에 관한 설명으로 옳지 <u>않은</u> 것은?

① 취득한 부동산이 공유물일 때에는 그 취득지분의 가액을 과세표준으로 하여 해당 세율을 적용한다.

② 부동산의 공유권 해소를 위한 지분이전으로 등기사항증명서상 자기지분을 초과하는 부분의 경우에는 1천분의 23을 표준세율로 한다.

③ 합유물 및 총유물의 분할로 인한 취득은 1천분의 23으로 한다.

④ 공유수면매립이나 건축물의 신축과 재축 등 원시취득은 1천분의 28을 표준세율로 한다.

⑤ 신축과 재축은 제외하고, 건축 또는 개수로 인하여 건축물 면적이 증가할 때에는 그 증가된 부분에 대하여 원시취득으로 보아 1천분의 28로 한다.

> **해설** 공유물의 분할 또는 「부동산 실권리자명의 등기에 관한 법률」 제2조 제1호 나목에서 규정하고 있는 부동산의 공유권 해소를 위한 지분이전으로 인한 취득은 1천분의 23으로 한다. 단, 등기사항증명서상 자기지분을 초과하는 부분은 승계취득에 의한 세율을 적용한다.

35 주택을 신축 또는 증축한 이후 해당 주거용 건축물의 소유자(배우자 및 직계존비속을 포함)가 해당 주거용 주택의 부속토지를 유상승계취득한 경우 주거용 토지에 대한 취득세 표준세율은? (단, 지방세법상 중과세대상은 아님)

① 1천분의 23   ② 1천분의 28
③ 1천분의 30   ④ 1천분의 35
⑤ 1천분의 40

> **해설** 주택을 신축 또는 증축한 이후 해당 주거용 건축물의 소유자가 해당 주거용 주택의 부속토지를 유상승계취득한 경우에는 주택에 대한 세율을 적용하지 아니하고 일반 토지의 취득으로 보아 1천분의 40을 표준세율로 한다.

36
_(下)

甲과 乙은 丙 소유의 과세표준액이 20억원(토지 15억원 + 건축물 5억원)인 주거용 주택을 매매로 취득하였다. 甲은 토지를, 乙은 건축물을 취득한 경우 취득에 대한 취득세 표준세율은? (단, 직계존비속 및 배우자 간 거래는 아니며, 1세대 1주택에 해당함)

① 甲은 1천분의 30, 乙은 1천분의 10으로 한다.

② 甲과 乙 모두 1천분의 10으로 한다.

③ 甲과 乙 모두 1천분의 20으로 한다.

④ 甲과 乙 모두 1천분의 30으로 한다.

⑤ 甲과 乙 모두 1천분의 40으로 한다.

> **해설** 주택에 대한 세율 적용 시 전체 주택의 가액에 따라 세율을 적용하는 것이고, 1주택을 공유로 취득하거나 구분 취득한 경우라 하였다 하여 지분가액에 해당하는 가액에 상당한 표준세율을 적용하는 것은 아니다. 따라서 甲과 乙 모두 각자의 취득가액을 기준으로 전체 주택의 가액인 20억원에 해당하는 1천분의 30을 표준세율로 하여야 한다.

37
_(中)

개인인 甲이 乙법인 소유의 과세표준액이 7억 5천만원인 주거용 주택과 딸린 토지를 유상승계취득한 경우 취득세 표준세율은? (단, 1세대 1주택에 해당함)

① 1천분의 10으로 한다.

② 1천분의 20으로 한다.

③ 1천분의 28로 한다.

④ 1천분의 30으로 한다.

⑤ 1천분의 40으로 한다.

> **해설** 1천분의 20으로 한다. 과세표준이 7억 5천만원인 경우의 주택 취득세율 계산은
> $$(7억 5천만원 \times \frac{2}{3억원} - 3) \times \frac{1}{100} = 2\%이다.$$

38 지방세법상 부동산 취득세 표준세율 1천분의 28을 적용할 수 있는 대상 취득으로 옳지
ⓣ 않은 것은?

① 1세대 3주택 소유자가 조정지역 안 주거용 주택 2채를 상속받은 경우
② 건축물을 개수하여 면적이 증가한 경우
③ 법령이 정한 비영리사업자가 유상승계취득한 상가건축물
④ 공유수면매립·간척사업으로 조성한 토지
⑤ 1세대 2주택 소유자가 조정지역 안에서 주거용 주택을 신축한 경우

해설 법령이 정한 비영리사업자가 유상승계취득한 상가건축물의 경우는 1천분의 40을 표
준세율로 한다. 나머지 모두 1천분의 28을 표준세율로 한다.

이것만은 꼭!	중과기준세율인 1천분의 20 특례세율 적용대상 ▼ 문제 39~40	
1.	건축물의 개수로 인하여 증가한 가액(면적이 증가한 부분은 원시취득으로 보아 1천분의 28의 표준세율 적용)	
2.	선박·차량과 기계장비 종류변경, 지목변경한 경우 토지의 가액 증가	
3.	과점주주의 간주취득	
4.	독립된 시설물인 레저시설 등의 취득	
5.	1년을 초과하는 임시건축물의 취득	
6.	건축물에 대하여 소유권의 보존등기 또는 소유권의 이전등기에 대한 등록면허세 납세의무가 성립한 후에 취득시기가 도래하는 건축물의 취득 등	
7.	무덤과 이에 접속된 부속시설물의 부지로 사용되는 토지로 지적공부상 지목이 묘지인 토지의 취득	
8.	기 타 ㉠ 외국인 소유의 차량, 기계장비, 항공기 및 선박을 임차하여 수입하는 경우의 취득(연부로 취득하는 경우로 한정한다) ㉡ 시설대여업자의 건설기계 또는 차량 취득, 기계장비대여업체 또는 운수업체의 명의로 등록한 경우 취득대금을 지급한 자의 기계장비 또는 차량	

39 ⊕ 부동산 취득세 특례세율인 중과기준세율 1천분의 20 적용대상 취득에 관한 내용으로 옳지 <u>않은</u> 것은? (단, 중과세대상은 아님)

① 시설물인 골프연습장인 레저시설 등의 취득
② 토지의 지목을 사실상 변경한 경우에는 그로 인하여 증가한 가액
③ 건축물의 개수로 인한 그 증가한 가액
④ 환매등기를 병행하는 농지의 매매로서 환매기간 내에 매도자가 환매한 경우의 그 매도자와 매수자의 취득
⑤ 건축물에 대하여 소유권의 보존등기에 대한 등록면허세 납세의무가 성립한 후에 취득시기가 도래하는 건축물의 취득

> **해설** 환매등기를 병행하는 부동산의 매매로서 환매기간 내에 매도자가 환매한 경우의 그 매도자와 매수자의 취득은 표준세율(1천분의 30)에서 중과기준세율(1천분의 20)을 뺀 세율 대상이다.

40 ⊕ 지방세법상 취득세액을 계산할 때 중과기준세율(1천분의 20)만을 적용하는 대상 취득으로 옳은 것을 모두 고른 것은? (단, 취득세 중과대상 물건이 아님)

> ㉠ 건축물의 개수로 인한 면적 증가 시 그 증가한 가액
> ㉡ 비상장법인 설립 후 주식을 취득하여 최초로 과점주주가 된 경우
> ㉢ 무덤과 이에 접속된 부속시설물의 부지로 사용되는 토지로서 지적공부상 지목이 묘지인 토지의 취득
> ㉣ 1년을 초과하는 임시용 건축물의 취득

① ㉠, ㉣
② ㉡, ㉣
③ ㉢, ㉣
④ ㉠, ㉡, ㉢
⑤ ㉡, ㉢, ㉣

> **해설** ㉠ 증축으로 보아 1천분의 28 적용대상이다.
> ㉡㉢㉣ 1천분의 20 적용대상이다.

표준세율에서 중과기준세율을 뺀 세율 적용대상

(주택을 유상거래를 원인으로 취득하는 경우에는 해당 표준세율이 1천분의 10, 1천분의 차등, 1천분의 30이 적용된 경우에는 그 해당 세율에 100분의 50을 곱한 세율로 한다)

▼ 문제 41~45

1.	「민법」 규정에 따른 이혼 시 재산분할로 인한 취득(사실혼 관계는 제외하되 객관적으로 입증이 된 경우에는 특례 적용 가능)
2.	건축물의 이전으로 인한 취득 ➕ 이전한 건축물의 가액이 종전 건축물의 가액을 초과하는 경우에 그 초과하는 가액에 대하여는 원시취득으로 보아 표준세율(1천분의 28)을 적용한다.
3.	공유물의 분할 또는 「부동산 실권리자명의 등기에 관한 법률」에서 규정하고 있는 부동산의 공유권 해소를 위한 지분이전등기로 인한 취득 ➕ 지분 증가분은 승계취득으로 보아 표준세율 적용대상이다.
4.	합유한 부동산을 합유자 간에 분할하여 취득한 경우
5.	법인의 합병으로 인한 과세대상 물건의 취득 ➕ 취득세가 중과세되는 사치성 재산 등은 제외한다.
6.	환매등기를 병행하는 부동산의 매매로서, 환매기간 내에 매도자가 환매한 경우의 그 매도자와 매수자의 취득
7.	상속으로 인한 취득 중 ㉠ 1가구 1주택 및 그 부속토지의 취득(고급주택은 제외) ㉡ 취득세의 감면대상 자경농민이 상속받은 농지
8.	기타 : 벌채하여 원목을 생산하기 위한 입목의 취득

41
(上)

지방세법상 취득세 표준세율에서 중과기준세율(1천분의 20)을 뺀 세율로 산출한 금액을 취득세액으로 하는 경우로 옳은 것은? (단, 취득물건은 취득세 중과대상이 아님)

① 건축물의 이전으로 인한 종전 건축물의 가액을 초과한 취득
② 총유물 분할 취득
③ 상속으로 인한 1가구 1주택인 고급주택의 취득
④ 객관적 자료에 의해 이를 증명한 사실혼 해소로 인한 이혼 시 재산분할로 부동산을 취득
⑤ 공유물의 분할 또는 부동산의 공유권 해소를 위한 지분이전으로 인한 본인지분을 초과하는 취득

해설 ① 건축물의 이전으로 인한 종전 건축물의 가액을 초과한 부분은 표준세율 대상이다.
② 총유물을 분할 취득한 경우에는 1천분의 23의 표준세율 대상이다.
③ 상속으로 인한 1가구 1주택인 고급주택의 취득은 사치성 중과세율 대상이다.
④

> **판례 해설** : 법률혼과 사실혼이 혼재된 경우 재산분할은 특별한 사정이 없는 한 전체 기간 중에 쌍방의 협력에 의하여 이룬 재산을 모두 청산대상으로 하는 점, 실질적으로 부부의 생활공동체로 인정되는 경우에는 혼인신고의 유무와 상관 없이 재산분할에 관하여 단일한 법리가 적용됨에도 세법을 적용할 때 혼인신고의 유무에 따라 다르게 과세하는 것은 합리적이라고 보기 어려운 점, 사실혼 여부에 관하여 과세관청으로서는 이를 쉽게 파악하기 어렵더라도 객관적 자료에 의해 이를 증명한 사람에 대해서는 그에 따른 법률효과를 부여함이 상당한 점 등을 더하여 보면, 법률조항은 사실혼 해소 시 재산분할로 인한 취득에 대해서도 적용된다(대판 2016.8.30, 2016두36864).

⑤ 공유물의 분할 또는 부동산의 공유권 해소를 위한 지분이전으로 인한 경우 본인 지분 초과부분은 표준세율 대상이다.

42 부동산 취득세 특례세율 중 표준세율에서 중과기준세율(1천분의 20)을 뺀 세율 적용대
中 상 취득에 관한 내용으로 **틀린** 것은? (단, 중과세대상은 아님)

① 법령으로 정하는 자경농민이 상속받은 농지
② 법인의 합병으로 인한 부동산 취득
③ 환매등기를 병행하는 상가용 토지 매매로서 환매기간 경과 후에 매도자가 환매한
경우의 그 매도자와 매수자의 취득
④ 합유물 분할취득
⑤ 벌채하여 원목을 생산하기 위한 입목의 취득

해설 환매등기를 병행하는 부동산의 매매로서 환매기간 내에 매도자가 환매한 경우의 그
매도자와 매수자의 취득이 특례대상이다. 따라서 환매기간 경과 후에 매도자가 환매
한 경우의 그 매도자와 매수자의 취득은 특례적용 대상이 아니다.

43 환매등기를 병행하는 과세표준이 10억원인 주거용 주택의 매매로서 환매기간 내에 매
下 도자가 환매한 경우의 그 매도자와 매수자의 지방세법상 취득세 세율은? (단, 취득물건
은 취득세 중과대상이 아니며, 1세대 1주택에 해당함)

① 1천분의 5   ② 1천분의 10
③ 1천분의 15   ④ 1천분의 30
⑤ 1천분의 40

해설 1세대 1주택에 해당하는 10억원인 주거용 주택을 매매한 경우 표준세율은 1천분의 30
에 해당하나, 환매조건부 매매로 환매한 경우 해당 표준세율의 50%에 해당하는 1천
분의 15를 적용한다.

44 甲이 남편 소유 과세표준이 10억원인 상가 건축물을 이혼 시 재산분할에 의하여 취득
下 한 경우 적용될 취득세 세율은?

① 1천분의 15   ② 1천분의 20
③ 1천분의 30   ④ 1천분의 35
⑤ 1천분의 40

해설 이혼 시 재산분할한 경우는 특례세율 적용대상이므로, 기타 무상승계취득에 해당하는
표준세율 1천분의 35에서 1천분의 20을 뺀 1천분의 15가 적용된다.

45 1필지의 대지(주택의 부속토지가 아님)를 甲·乙이 동일한 지분을 가지고 공유하다가 그
中 공유물을 분할 취득하였다. 분할 이후 지분이 변경된 경우에 지분이 증가한 부분에 대
한 지방세법상 취득세 세율은? (단, 증가한 부분에 대한 차이는 현금 지급함)

① 1천분의 23   ② 1천분의 28
③ 1천분의 30   ④ 1천분의 35
⑤ 1천분의 40

> 해설 공유물 분할에 의해 지분이 변경된 경우 지분 증가부분에 대한 취득세 표준세율은 소
> 유권 이전 취득에 대한 세율을 적용하며, 증가분에 대한 대가가 있는 유상취득의 경우
> 1천분의 40을, 증가분에 대한 대가가 없는 개인 간 증여취득의 경우 1천분의 35를 표
> 준세율로 한다.

이것만은 꼭! 취득세 중과세율

구 분		내 용
사치성 재산		별장, 골프장, 고급오락장, 고급선박, 고급주택
과밀 억제권역 안	1. 공장 신설·증설	토지, 건축물, 기계장비, 공장용 차량
	2. 법인의 본점, 주사무소용	토지, 건축물
대도시 안	1. 공장 신설·증설	토지, 건축물
	2. 대도시 내에서 법인 설립, 전입, 지점설치 등	토지, 건축물
주택 취득	법 인	1주택 이상
	개 인	1세대 2주택 이상
	법인·개인	조정대상지역 안 주택의 무상(상속은 제외)취득

사치성 재산 중과세율 ▼ 문제 46

대 상	별장(농어촌주택은 제외), 골프장, 고급오락장, 고급선박, 고급주택을 취득한 경우
중과세율	• 표준세율 대상 취득인 경우 : 표준세율 + (1천분의 20의 4배) • 중과기준세율(1천분의 20) 대상 취득인 경우 : 1천분의 20의 5배 ⇨ 1천분의 100
세율 적용	취득일로부터 5년 이내에 사치성 재산이 된 경우 중과세율을 적용하여 추징

46 지방세법상 취득세에서 사치성 재산에 대한 중과세에 관한 설명으로 <u>틀린</u> 것은?
中
① 사치성 재산에는 별장, 고급오락장, 고급주택, 고급선박, 회원제골프장이 해당한다.
② 사치성 재산을 증여나 상속받은 경우에는 표준세율 대상이다.
③ 사치성 재산에 속할 경우 2인 이상이 구분하여 취득한 경우도 중과세한다.
④ 사치성 재산을 수인이 시차를 두고 구분하여 취득한 경우에도 중과세한다.
⑤ 표준세율 1천분의 40 대상에 해당하는 부동산이 사치성인 경우 1천분의 120에 해당하는 중과세율로 한다.

해설   취득의 방법에 관계없이 사치성 재산을 취득한 경우 중과세한다. 따라서 유상·무상·원시·간주취득을 불문하고 일체의 모든 취득이 중과세율 대상이다.

사치성 재산인 별장 중과세율 ▼ 문제 47

용 도	소유자의 직접 사용 여부에 관계없이 휴양·피서·놀이 용도인 주택 또는 오피스텔
중과세대상	건축물과 그 딸린 토지
부속토지 경계가 불분명한 경우	건축물 바닥면적의 10배 이내
별장 중과세 배제	대통령령으로 정한 농어촌주택 : 대지면적이 660m² 이내로서 건축물의 연면적이 150m² 이내이고, 그 건축물의 가액(시가표준액)이 6,500만원 이내인 주택으로서 다음의 해당 지역을 제외한 읍·면에 소재한 주택을 말한다. 1. 광역시에 소속된 군지역 또는 수도권지역 2. 도시지역 및 허가구역 3. 「소득세법」에 따라 기획재정부장관이 지정하는 지역 4. 「조세특례제한법」에 따라 정하는 지역 등

47 지방세법상 취득세에서 사치성 재산인 별장을 취득한 경우 중과세에 관한 설명으로
(上) 틀린 것은?

① 주택을 휴양·피서·놀이 등의 용도로 사용하는 건축물과 그에 딸린 토지는 별장
으로 본다.

② 별장에 딸린 토지의 경계가 명확하지 아니한 때에는 그 건축물 바닥면적의 10배
에 해당하는 토지를 그 부속토지로 한다.

③ 임차인이 별장으로 사용하는 주택의 경우에는 중과세하지 않는다.

④ 주거와 주거 외의 용도로 겸용할 수 있도록 건축된 오피스텔도 사업자등록증 등
에 의하여 사업장으로 사용하고 있음이 확인되지 아니하는 것은 이를 별장으로
본다.

⑤ 법령으로 정한 농어촌주택은 휴양·피서·놀이 등의 용도로 사용하더라도 중과세
하지 아니한다.

───

해 설 별장용 건축물에 해당하기 위해서는 그 건축물이 사실상의 현황에 의하여 별장용으로
사용되고 있으면 족하고, 그 사용주체가 반드시 그 건축물의 소유자임을 요하는 것은
아니며, 그 건축물의 임차인이라도 소유자에게 중과세한다.

사치성 재산인 골프장 중과세율 ▼ 문제 48

대상범위	구분등록대상 회원제 골프장
중과세대상	골프장용 토지와 건축물 및 토지상의 입목
중과세시기	신규 등록하는 때 또는 사실상 사용하는 때(증설 변경등록을 포함)
중과세 배제	회원제가 아닌 일반골프장과 골프회원권은 중과세 적용대상이 아니다.

48 지방세법상 골프장에 대한 취득세 중과세에 관한 설명으로 **틀린** 것은?

① 회원제 골프장 중과세대상은 그 시설을 갖추어 등록하는 때(시설을 증설하여 변경·등록하는 때를 포함) 중과세가 된다.

② 회원제가 아닌 일반골프장과 골프회원권은 중과세 적용대상이 아니다.

③ 중과세대상은 토지, 건축물, 토지상(上)의 입목이다.

④ 회원제 골프장 건설을 위하여 취득한 토지를 그 토지취득일로부터 5년 이내에 골프장으로 등록하면 중과세율을 적용하여 추징한다.

⑤ 임야를 취득한 후 골프장 조성으로 지목이 변경된 경우에는 중과세하지 아니한다.

해설 골프장 건설을 위해 취득한 토지가 공사기간이 장기간이 되어 골프장 조성이 토지 취득한 날로부터 5년이 경과하여 골프장으로 등록된 경우 그 토지에 대해서는 중과세율에 의한 추징이 되지 아니하고, 골프장 조성으로 지목이 변경(간주취득 부분)된 데 대하여만 중과세하게 된다.

이것만은 꼭!	**사치성 재산인 고급오락장 중과세율**	▼ 문제 49

중과세대상 및 용도	도박장 등의 용도에 사용하는 건축물과 딸린 토지
부속토지의 경계가 불분명한 경우	건축물 바닥면적의 10배
건축물 일부에 시설된 경우	고급오락장 용도로 사용하는 면적만 중과세
임차인이 오락장을 설치·사용	소유주에게 중과세
중과세 배제	취득일부터 60일. 상속의 경우는 상속개시일이 속하는 달 말일부터 6개월(국외주소를 둔 상속인이 있는 경우 9개월) 이내에 다른 용도로 사용하거나 다른 용도로 사용하기 위하여 용도변경공사를 착공하는 경우

49 지방세법상 취득세 중과세대상인 고급오락장에 관한 설명으로 **틀린** 것은?
上

① 고급오락장 용도에 사용하는 건축물과 딸린 토지가 중과세된다.

② 고급오락장이 건축물의 일부에 시설되었을 때에는 전체 면적 중 오락장 면적이 크면 그 전부를 중과세한다.

③ 취득 당시에는 고급오락장용이 아니었으나 토지나 건축물을 취득한 후 5년 이내에 해당 토지나 건축물이 고급오락장이 되면 취득세 중과세율을 적용하여 추징한다.

④ 고급오락장을 취득한 날부터 60일 이내에 고급오락장이 아닌 용도로 사용하거나 고급오락장이 아닌 용도로 사용하기 위하여 용도변경공사를 착공하는 경우에는 중과세하지 아니한다.

⑤ 고급오락장 건축물의 딸린 토지의 경계가 명확하지 아니한 때에는 그 건축물 바닥면적의 10배에 해당하는 토지를 그 부속토지로 본다.

해설 고급오락장이 건축물의 일부에 시설되었을 때에는 고급오락장으로 사용하는 부분만 중과세하며, 해당 건축물에 부속된 토지 중 그 건축물의 연면적에 대한 고급오락장용 건축물의 연면적 비율에 해당하는 토지를 고급오락장에 딸린 토지로 본다.

정답 **48** ⑤ **49** ②

취득세 중과세대상인 고급주택과 범위 ▼ 문제 50~52

단독 주택	건물연면적	주택의 시가표준액이 9억원을 초과하고, 1구의 건물의 연면적(주차장면적은 제외)이 331m²를 초과하는 주거용 건물과 그 부속토지
	대지면적	주택의 시가표준액이 9억원을 초과하고, 1구의 건물의 대지면적이 662m²를 초과하는 주거용 건물과 그 부속토지
	시설기준	1. 주택의 시가표준액이 9억원을 초과하고, 1구의 건물에 엘리베이터(200kg 이하 소형 엘리베이터는 제외)가 설치된 주거용 건물과 그 부속토지(공동주택과 그 부속토지는 제외)
		2. 주택의 시가표준액이 9억원 초과 여부에 관계없이 에스컬레이터 또는 67m² 이상의 수영장 중 1개 이상의 시설이 설치된 주거용 건물과 그 부속토지(공동주택과 그 부속토지는 제외)
공동 주택	단층구조	주택의 시가표준액이 9억원을 초과하고, 1구의 공동주택의 연면적(공용면적은 제외)이 245m²를 초과하는 공동주택과 그 부속토지
	복층구조	주택의 시가표준액이 9억원을 초과하고, 1구의 공동주택의 연면적(공용면적은 제외)이 274m²를 초과하는 공동주택과 그 부속토지. 이 경우 복층의 경우에는 1개 층이 245m²를 초과하는 경우에는 고급주택으로 본다.

➕ 1. 주택의 시가표준액 9억원이란 개별주택가액 및 공동주택가격으로서「부동산 가격공시에 관한 법률」규정에 의해 공시된 주택가격 등을 말한다.

2. **다가구주택** : 공동주택 기준을 적용하여 1구(構)별로 고급주택 규정을 적용한다.

3. **중과세 배제** : 취득일부터 60일. 상속(유증)의 경우는 상속(유증)개시일이 속하는 달의 말일부터 6개월(국외 주소를 둔 상속인이 있는 경우에는 9개월) 이내에 주거 이외의 용도로 사용하거나 용도변경에 착수한 경우

50

지방세법상 취득세 중과세대상인 고급주택에 관한 법령 규정으로 틀린 것은?

① 주택의 시가표준액이 9억원을 초과하고 주택의 연면적(주차장면적은 제외)이 331m²를 초과하는 단독주택인 주거용 건축물과 그 부속토지

② 주택의 시가표준액이 9억원을 초과하고 주택의 대지면적이 662m²를 초과하는 단독주택인 주거용 건축물과 그 부속토지

③ 1구의 건축물에 에스컬레이터 또는 67m² 이상의 수영장 중 1개 이상의 시설이 설치된 주거용 건축물과 그 부속토지(공동주택과 그 부속토지는 제외)

④ 주택의 시가표준액이 9억원을 초과하고, 1구의 공동주택(다가구주택 포함)의 연면적(공용면적 제외)이 245m²를 초과하는 공동주택과 그 부속토지

⑤ 주택의 시가표준액이 9억원을 초과하고, 1구의 공동주택(다가구주택 포함)의 연면적(공용면적 제외)이 264m²를 초과하는 복층인 공동주택과 그 부속토지

해설 복층구조의 공동주택은 주택의 시가표준액이 9억원을 초과하고, 1구의 공동주택(다가구주택 포함)의 연면적(공용면적 제외)이 274m²를 초과하는 공동주택과 그 부속토지. 이 경우 복층 구조의 경우에는 한 개 층이라도 245m²를 초과하는 경우에는 고급주택으로 본다.

51

지방세법상 취득세 표준세율에 중과기준세율(1천분의 20)의 100분의 400을 합한 세율이 적용될 수 있는 취득세 과세대상으로 옳은 것은? (단, 지방세법상 중과세율의 적용요건을 모두 충족하는 것으로 가정함)

> ㉠ 법인 소유의 별장용 토지와 건축물
> ㉡ 고급주택
> ㉢ 임차인이 고급오락장용으로 사용하는 토지와 건축물
> ㉣ 회원제 골프장용 토지와 건축물, 토지상(上)의 입목
> ㉤ 대도시 안에서 법인설립에 따른 부동산 취득

① ㉠, ㉡, ㉢

② ㉠, ㉡, ㉢, ㉣

③ ㉠, ㉡, ㉢, ㉤

④ ㉡, ㉢, ㉣, ㉤

⑤ ㉠, ㉡, ㉢, ㉣, ㉤

해설 ㉤ 대도시 안에서 법인설립에 따른 부동산 취득은 표준세율의 100분의 300에 중과기준세율(1천분의 20)의 100분의 200을 뺀 세율을 적용할 수 있는 대상이다.

정답 **50** ⑤ **51** ②

52 지방세법상 취득세 중과기준세율(1천분의 20)의 100분의 500의 세율이 적용되는 취
득세 과세대상이 <u>아닌</u> 것은? (단, 지방세법상 중과세율의 적용요건을 모두 충족하는 것으
로 가정함)

① 고급오락장 용도인 철골조립식 주차시설 설치
② 과점주주 간주취득이 된 법인 소유의 별장
③ 별장 용도인 1년을 초과하는 임시용 건축물
④ 고급주택을 개수한 경우(면적 증가는 없다)
⑤ 고급주택을 증축한 경우

해설 고급주택을 증축한 경우에는 원시취득으로 보아 표준세율대상 취득에 해당하므로, 표
준세율인 1천분의 28에 1천분의 20의 4배를 더한 세율이 적용된다. 나머지는 중과기
준세율(1천분의 20)의 100분의 500의 세율이 적용되는 대상이다.

이것만은 꼭! **과밀억제권역 안 공장 중과세**   ▼ 문제 53

구 분	내 용		중과세 배제
중과세지역	과밀억제권역		1. 산업단지, 공장유치지역, 공업지역 2. 도시형 공장 및 500m² 미만 공장 3. 기숙사·식당·의료실 등 4. 공장의 포괄적 승계취득 5. 공장의 업종변경(승계 후 업종변경을 포함) 6. 과밀억제권역 내에서 내로 이전(매각 이전 은 제외). 단, 다음은 중과세한다. 　㉠ 서울특별시 이외의 과밀억제권역에서 　　서울특별시 내로 이전 　㉡ 임차경영자의 2년 이내 과밀억제권역 안 　　다른 지역으로 이전 7. 행정구역 변경으로 새로 편입 전 허가 등을 받은 경우 8. 철거 후 1년 이내에 재축, 공사착공을 한 경우 9. 부동산 취득일부터 5년이 경과한 후 공장을 신설·증설한 경우 등
중과세대상 공장	생산설비를 갖춘 건축물의 연면적이 500m² 이상인 사업장		
중과세행위	1. 공장 신설	㉠ 새로 설치 ㉡ 과밀억제권 내로의 전입	
	2. 공장 증설		
중과세대상 물건	1. 공장용 건축물 2. 공장용 토지 3. 공장용 차량 및 기계장비(신설·증 설일부터 5년 이내에 취득한 부분을 포함)		
중과세율	1. 표준세율 적용대상 취득인 경우 : 표준세율 + (중과기준세율 1천분의 20의 2배) 2. 1천분의 20 특례세율 적용대상 취득인 경우 : 1천분의 20의 3배 또는 1천분의 20 　+ (중과기준세율 1천분의 20의 2배) ⇨ 1천분의 60		

53 표준세율에 중과기준세율 1천분의 20의 2배를 합한 세율로 중과세되는 과밀억제권역 안 공장의 신설·증설에 관한 내용으로 **틀린** 것은?

① '중과세대상이 되는 공장'이란 생산설비를 갖춘 공장용 건축물의 연면적이 $500m^2$ 이상인 공장을 말한다. 다만, 도시형 업종과 산업단지·유치지역 및 공업지역은 중과세 제외한다.

② 과밀억제권역 이외 지역의 기존 공장이 과밀억제권역 안으로 전입한 경우 신설로 보아 중과세한다.

③ 기존 공장의 모든 생산설비를 포괄적으로 승계취득한 경우나 기존 공장의 업종을 변경한 경우에는 중과세하지 아니한다.

④ 부동산을 취득한 날부터 5년 이상 경과한 후 공장을 신설하거나 증설하는 경우 중과세하지 아니한다.

⑤ 과밀억제권역 안의 기존 공장을 매각하고 과밀억제권역 안에서 공장을 신설한 경우 일반과세한다.

해설 과밀억제권역 안의 기존 공장을 매각하고 과밀억제권역 안에서 공장을 신설한 경우 신설로 보아 중과세한다.

정답 **52** ⑤   **53** ⑤

중과세대상 지역	과밀억제권역 안
중과세대상 물건	본점·주사무소 사무용 건축물과 토지(신탁부동산을 포함)
중과세 행위	신축과 증축
중과세율	1. 표준세율 적용대상 취득인 경우 : 표준세율 + (중과기준세율 1천분의 20의 2배) 2. 1천분의 20 특례세율 적용대상 취득인 경우 : 1천분의 20의 3배
중과세 배제	1. 지점·분사무소 사무용 건축물 신축과 증축 2. 본점·주사무소 사무용 건축물 재축과 개축

54
⚈
표준세율에 중과기준세율 1천분의 20의 2배를 합한 세율 또는 1천분의 20의 3배로 중과세되는 과밀억제권역 안에서의 법인의 본점, 주사무소용 부동산 취득에 관한 설명으로 **틀린** 것은?

① 과밀억제권역 안이라 함은 「수도권정비계획법」 제6조에 따른 지역을 말한다.

② 본점 또는 주사무소용 건축물을 신축 또는 증축하는 경우 해당 건축물과 그 딸린 토지에 한하여 중과세한다.

③ 지점 또는 분사무소용 건축물을 신축 또는 증축하는 경우 중과세대상이 아니다.

④ 신축·증축한 날로부터 5년 이내에 해당 건축물이 본점·주사무소용 부동산이 된 경우에는 중과세율을 적용하여 부족세액을 추징하여야 한다.

⑤ 「신탁법」에 따른 수탁자가 취득한 신탁재산 중 위탁자가 신탁기간 중 또는 신탁 종료 후 위탁자의 본점이나 주사무소의 사업용으로 사용하는 부동산은 중과세 제외 대상이다.

해설 「신탁법」에 따른 수탁자가 취득한 신탁재산 중 위탁자가 신탁기간 중 또는 신탁종료 후 위탁자의 본점이나 주사무소의 사업용으로 사용하는 부동산도 중과세 대상이다.

이것만은 꼭!	**대도시 내 중과세**　　　　　　　　　　▼ 문제 55~56

1.	공장 신설·증설용 : 토지, 건축물 ➕ **중과세 배제** : 과밀억제권역 중과세 배제 규정 준용
2.	법인의 설립, 전입, 지점(분사무소) 설치에 따른 부동산 취득(설립·전입·설치일부터 5년 이내에 취득한 업무용·비업무용을 불문한 일체의 모든 부동산) ➕ 법인에 대한 중과세대상 부동산에는 「신탁법」에 따른 수탁자가 취득한 신탁재산을 포함한다. ➕ **중과세 배제** 　• 산업단지 　• 도시형 법인(2년 이내에 업종변경 등은 중과세 추징) 　• 채권보전 목적으로 취득한 부동산
3.	대도시의 범위 : 대도시란 「수도권정비계획법」 제6조에 따른 과밀억제권역만을 말한다.
4.	중과세율은 다음과 같다. ㉠ 표준세율 적용대상 취득인 경우 : 표준세율의 3배 − (1천분의 20의 2배) ㉡ (표준세율 − 1천분의 20) 적용대상 취득인 경우 : 해당 세율의 3배

55 (표준세율의 3배) − (중과기준세율 1천분의 20의 2배)에 해당하는 세율로 중과세될
中 수 있는 지방세법상 대도시 내 법인설립 등에 대한 중과세 적용 규정에 관한 내용으로
틀린 것은?

① 법령이 정한 도시형 법인은 중과세대상에서 제외한다.

② 법인에 대한 중과세대상 부동산에는 「신탁법」에 따른 수탁자가 취득한 신탁재산이 포함된다.

③ 중과세대상 부동산 취득은 업무용 부동산 취득에 한하여 중과세한다.

④ 대도시 내 법인설립 이후 5년 이내에 취득한 부동산도 중과세대상에 포함한다.

⑤ 법령으로 정한 채권보전 목적으로 취득한 부동산은 중과세대상에서 제외한다.

> **해설**　법인의 설립, 전입, 지점(분사무소) 설치에 따른 부동산 취득과 설립·전입·설치일로부터 5년 이내에 취득한 업무용·비업무용을 불문한 일체의 모든 부동산이 중과세 대상이다.

정답	**54** ⑤　　**55** ③

56 대도시 내 법인의 설립, 전입, 지점 등 설치에 따라 부동산을 취득하는 경우 취득세 중과세율 적용대상에 관한 내용으로 틀린 것은?

① 서울특별시 이외의 대도시 내에서 서울특별시로의 전입은 중과세한다.
② 대도시 이외의 지역에서 대도시 내로의 전입은 중과세한다.
③ 대도시 밖에서 대도시 내 산업단지 내로 전입한 경우 중과세하지 않는다.
④ 대도시 내 산업단지 이외의 지역에서 대도시 내 산업단지 이외의 지역으로의 전입은 일반과세한다.
⑤ 대도시 내 산업단지에서 대도시 내 산업단지 이외의 지역으로의 전입은 중과세하지 않는다.

해설 　대도시 내 산업단지에서 대도시 내 산업단지 이외의 지역으로의 전입은 중과세한다.

이것만은 꼭!　취득세제상 1세대 기준　▼ 문제 57

➕ **1세대의 범위**

1세대란 주택을 취득하는 사람과 「주민등록법」에 따른 세대별 주민등록표 또는 「출입국관리법」에 따른 등록외국인기록표 및 외국인등록표에 함께 기재되어 있는 가족(동거인은 제외한다)으로 구성된 세대를 말하며 주택을 취득하는 사람의 배우자(사실혼은 제외하며, 법률상 이혼을 했으나 생계를 같이 하는 등 사실상 이혼한 것으로 보기 어려운 관계에 있는 사람을 포함한다), 취득일 현재 미혼인 30세 미만의 자녀 또는 부모(주택을 취득하는 사람이 미혼이고 30세 미만인 경우로 한정한다)는 주택을 취득하는 사람과 같은 세대별 주민등록표 또는 등록외국인기록표 등에 기재되어 있지 않더라도 1세대에 속한 것으로 본다. 다만, 다음의 어느 하나에 해당하는 경우에는 각각 별도의 세대로 본다.

1. 부모와 같은 세대별 주민등록표에 기재되어 있지 않은 30세 미만의 자녀로서 주택 취득일이 속하는 달의 직전 12개월 동안 발생한 소득으로서 행정안전부장관이 정하는 소득이 「국민기초생활보장법」에 따른 기준 중위소득을 환산한 금액의 100분의 40 이상이고, 소유하고 있는 주택을 관리·유지하면서 독립된 생계를 유지할 수 있는 경우. 다만, 미성년자인 경우는 제외한다.
2. 취득일 현재 65세 이상의 부모(부모 중 어느 한 사람이 65세 미만인 경우를 포함한다)를 동거봉양(同居奉養)하기 위하여 30세 이상의 자녀, 혼인한 자녀 또는 소득요건을 충족하는 성년인 자녀가 합가(合家)한 경우
3. 취학 또는 근무상의 형편 등으로 세대전원이 90일 이상 출국하는 경우로서 「주민등록법」에 따라 해당 세대가 출국 후에 속할 거주지를 다른 가족의 주소로 신고한 경우
4. 주택 취득일 현재 위 1.과 2.에 따라 별도의 세대를 구성할 수 있는 사람이 주택을 취득한 날부터 60일 이내에 세대를 분리하기 위하여 그 취득한 주택으로 주소지를 이전하는 경우 그 주택 취득일에 세대가 분리된 것으로 본다.

57 지방세법상 취득세에서 1세대의 범위에 관한 설명으로 **틀린** 것은?

(中)

① 1세대란 주택을 취득하는 사람과 세대별 주민등록표 또는 외국인등록표에 함께 기재되어 있는 가족(동거인은 제외)으로 구성된 세대를 말한다.

② 주택을 취득하는 사람의 배우자는 사실혼은 제외하며, 법률상 이혼을 했으나 생계를 같이 하는 등 사실상 이혼한 것으로 보기 어려운 관계에 있는 사람을 포함한다.

③ 미혼인 30세 미만의 자녀 또는 부모(주택을 취득하는 사람이 미혼이고 30세 미만인 경우로 한정한다)는 주택을 취득하는 사람과 같은 세대별 주민등록표 또는 등록외국인기록표 등에 기재되어 있지 않더라도 1세대에 속한 것으로 본다.

④ 주택 취득일 현재 법령에 따라 별도의 세대를 구성할 수 있는 사람이 주택을 취득한 날부터 60일 이내에 세대를 분리하기 위하여 그 취득한 주택으로 주소지를 이전하는 경우 그 주택 취득일에 세대가 분리된 것으로 본다.

⑤ 취득일 현재 60세 이상의 부모(부모 중 어느 한 사람이 60세 미만인 경우를 포함)를 동거봉양(同居奉養)하기 위하여 30세 이상의 자녀, 혼인한 자녀 또는 소득요건을 충족하는 성년인 자녀가 합가(合家)한 경우 별도의 세대로 본다.

해설 취득일 현재 65세 이상의 부모(부모 중 어느 한 사람이 65세 미만인 경우를 포함)를 동거봉양(同居奉養)하기 위하여 30세 이상의 자녀, 혼인한 자녀 또는 소득요건을 충족하는 성년인 자녀가 합가(合家)한 경우 별도의 세대로 본다.

정답 **56** ⑤ **57** ⑤

1. 주택의 유상거래(2020년 7월 10일 이후에 계약을 체결하고 계약금을 지급하고 취득한 주택에 한한다)

　㉠ 법인(국세기본법 제13조에 따른 법인으로 보는 단체, 부동산등기법 제49조 제1항 제3호에 따른 법인 아닌 사단·재단 등 개인이 아닌 자를 포함)이 주택을 취득하는 경우 : 1천분의 40 + 중과기준세율(1천분의 20)의 100분의 400 = 1천분의 120

　㉡ 1세대 2주택(대통령령으로 정하는 일시적 2주택은 제외)에 해당하는 주택으로서 「주택법」 제63조의2 제1항 제1호에 따른 조정대상지역에 있는 주택을 취득하는 경우

구 분	중과세율
1주택 소유한 세대가 조정대상지역 안 주택 취득으로 2주택이 된 경우	1천분의 40 + 중과기준세율(1천분의 20)의 100분의 200 = 1천분의 80
1주택 소유한 세대가 조정대상지역 안 주택 취득으로 일시적 2주택이 된 경우	1천분의 10, 1천분의 차등, 1천분의 30
1주택 소유한 세대가 조정대상지역 밖 주택 취득으로 2주택이 된 경우	1천분의 10, 1천분의 차등, 1천분의 30

　㉢ 1세대 3주택 이상에 해당하는 주택을 취득하는 경우

구 분	중과세율
2주택 소유한 세대가 조정대상지역 안 주택 취득으로 3주택이 된 경우	1천분의 40 + 중과기준세율(1천분의 20)의 100분의 400 = 1천분의 120
2주택 소유한 세대가 조정대상지역 밖 주택 취득으로 3주택이 된 경우	1천분의 40 + 중과기준세율(1천분의 20)의 100분의 200 = 1천분의 80
3주택 소유한 세대가 조정대상지역 밖 주택 취득으로 4주택이 된 경우	1천분의 40 + 중과기준세율(1천분의 20)의 100분의 400 = 1천분의 120

2. 주택의 무상(상속은 제외)취득 중과세

조정대상지역에 있는 주택으로서 시가표준액 3억원 이상의 주택을 무상취득을 원인으로 취득하는 경우

구 분	중과세율
조정대상지역의 주택을 증여취득한 경우	1천분의 40 + 중과기준세율(1천분의 20)의 100분의 400 = 1천분의 120

➕ 1세대 1주택을 소유한 사람으로부터 해당 주택을 배우자 또는 직계존비속이 무상취득을 원인으로 취득하는 경우, 법인의 합병으로 인한 취득, 이혼에 따른 재산분할로 인한 취득 등은 중과세하지 않는다.

58 지방세법상 주택을 취득한 경우 취득세가 중과세되는 내용으로 틀린 것은?

① 법인(국세기본법 제13조에 따른 법인으로 보는 단체, 부동산등기법 제49조 제1항 제3호에 따른 법인 아닌 사단·재단 등 개인이 아닌 자를 포함)이 주택을 취득하는 경우 : 1천분의 40 + 중과기준세율(1천분의 20)의 100분의 400

② 1세대 2주택(대통령령으로 정하는 일시적 2주택은 제외)에 해당하는 주택으로서 「주택법」 제63조의2 제1항 제1호에 따른 조정대상지역에 있는 주택을 취득하는 경우 : 1천분의 40 + 중과기준세율(1천분의 20)의 100분의 200

③ 2주택 소유한 세대가 조정대상지역 안 주택 취득으로 3주택이 된 경우 : 1천분의 40 + 중과기준세율(1천분의 20)의 100분의 400

④ 2주택 소유한 세대가 조정대상지역 밖 주택 취득으로 3주택이 된 경우 : 1천분의 40 + 중과기준세율(1천분의 20)의 100분의 400

⑤ 3주택 소유한 세대가 조정대상지역 밖 주택 취득으로 4주택이 된 경우 : 1천분의 40 + 중과기준세율(1천분의 20)의 100분의 400

> **해설** 2주택 소유한 세대가 조정대상지역 밖 주택 취득으로 3주택이 된 경우에는 1천분의 40 + 중과기준세율(1천분의 20)의 100분의 200, 즉 1천분의 80에 해당하는 세율로 한다.

59 지방세법상 주택을 무상(상속은 제외)취득한 경우 취득세 중과세와 관련된 내용으로 틀린 것은? (단, 답지 항 이외의 사항은 고려하지 않음)

① 해당 중과세율은 1천분의 35에 중과기준세율(1천분의 20)의 100분의 400을 합한 세율이 적용된다.

② 대통령령으로 정하는 시가표준액 3억원 이상의 조정대상지역 안의 주택을 무상취득을 원인으로 취득하는 경우에 중과세된다.

③ 1세대 1주택을 소유한 사람으로부터 해당 주택을 배우자 또는 직계존비속이 무상취득을 원인으로 취득하는 경우에는 중과세하지 아니한다.

④ 이혼에 따른 재산분할로 인한 취득과 법인의 합병으로 인한 취득은 중과세하지 아니한다.

⑤ 조정대상지역 이외 지역의 주택을 증여취득한 경우에는 중과세하지 아니한다.

> **해설** 해당 중과세율은 1천분의 40에 중과기준세율(1천분의 20)의 100분의 400을 합한 세율이 적용된다.

정답 **58** ④   **59** ①

1. 주택 수의 판단

주택 취득에 대한 중과세 적용 시 다음의 어느 하나에 해당하는 경우에는 다음에서 정하는 바에 따라 세대별 소유 주택 수에 가산한다. 이 경우 주택의 공유지분이나 부속토지만을 소유하거나 취득하는 경우에도 주택을 소유하거나 취득한 것으로 본다.

㉠ 「신탁법」에 따라 신탁된 주택은 위탁자의 주택 수에 가산한다.

㉡ 조합원입주권(2020년 8월 12일 이후에 취득한 것에 한함)은 소유자의 주택 수에 가산한다.

㉢ 주택분양권(2020년 8월 12일 이후에 계약한 것에 한함)은 소유한 자의 주택 수에 가산한다.

㉣ 주택으로 과세하는 오피스텔은 해당 오피스텔(2020년 8월 12일 이후에 취득한 것에 한함)을 소유한 자의 주택 수에 가산한다.

2. 주택 수의 산정기준 등

㉠ 주택 취득일 현재 취득하는 주택을 포함하여 1세대가 국내에 소유하는 주택, 조합원입주권, 주택분양권 및 오피스텔의 수를 말한다.

㉡ 주택, 조합원입주권, 주택분양권 또는 오피스텔을 동시에 2개 이상 취득하는 경우에는 납세의무자가 정하는 바에 따라 순차적으로 취득하는 것으로 본다.

㉢ 1세대 내에서 1개의 주택, 조합원입주권, 주택분양권 또는 오피스텔을 세대원이 공동으로 소유하는 경우에는 1개의 주택, 조합원입주권, 주택분양권 또는 오피스텔을 소유한 것으로 본다.

㉣ 상속으로 여러 사람이 공동으로 소유하는 경우 지분이 가장 큰 상속인을 소유자로 보고, 지분이 가장 큰 상속인이 두 명 이상인 경우에는 그중 다음의 순서에 따라 소유자를 판정한다.

　ⓐ 그 주택 또는 오피스텔에 거주하는 사람

　ⓑ 나이가 가장 많은 사람

60
上

지방세법상 주택을 취득한 경우 취득세 중과세 규정을 적용할 때 주택의 수 판단이나 산정기준에 관한 내용으로 **틀린** 것은? (단, 답지 항의 자산은 2022년도에 계약을 하고 취득한 것으로 가정함)

① 「신탁법」에 따라 신탁된 주택은 위탁자의 주택 수에 가산한다.

② 주택의 공유지분이나 부속토지만을 소유하거나 취득하는 경우에도 주택을 소유하거나 취득한 것으로 본다.

③ 주택의 수 산정 시 주택 취득일 현재 취득하는 주택을 포함하여 1세대가 국내에 소유하는 주택, 조합원입주권, 주택분양권 및 오피스텔의 수를 말한다.

④ 주택, 조합원입주권, 주택분양권 또는 오피스텔을 동시에 2개 이상 취득하는 경우에는 시가표준액이 큰 순서로 취득하는 것으로 본다.

⑤ 1세대 내에서 1개의 주택, 조합원입주권, 주택분양권 또는 오피스텔을 세대원이 공동으로 소유하는 경우에는 1개의 주택, 조합원입주권, 주택분양권 또는 오피스텔을 소유한 것으로 본다.

> **해설** 주택, 조합원입주권, 주택분양권 또는 오피스텔을 동시에 2개 이상 취득하는 경우에는 납세의무자가 정하는 바에 따라 순차적으로 취득하는 것으로 본다.

정답 **60** ④

1. 다음의 어느 하나에 해당하는 주택
   ㉠ 주택 수 산정일 현재 해당 주택의 시가표준액이 1억원(지분이나 부속토지만을 취득한 경우에는 전체 주택의 시가표준액을 말한다) 이하인 기준을 충족하는 주택. 다만, 「도시 및 주거환경정비법」에 따른 정비구역으로 지정·고시된 지역 또는 「빈집 및 소규모주택 정비에 관한 특례법」에 따른 사업시행구역에 소재하는 주택은 제외한다.
   ㉡ 노인복지주택, 공공지원민간임대주택·가정어린이집으로 운영하기 위하여 취득하는 주택, 사원에 대한 임대용으로 직접 사용할 목적으로 취득하는 주택, 국가등록문화재에 해당하는 주택, 법령이 정한 농어촌주택
   ㉢ 법령에 의해 멸실시킬 목적으로 취득하는 주택(정당한 사유 없이 그 취득일부터 3년이 경과할 때까지 해당 주택을 멸실시키지 않은 경우는 제외)과 주택의 시공자가 주택의 공사대금으로 취득한 미분양주택(주택의 취득일부터 3년 이내의 기간으로 한정한다)
2. 주거용 건물 건설업을 영위하는 자가 신축하여 보유하는 주택
3. 상속을 원인으로 취득한 주택 등(상속개시일부터 5년이 지나지 않은 주택 등)
4. 주택 수 산정일 현재 시가표준액(지분이나 부속토지만을 취득한 경우에는 전체 건축물과 그 부속토지의 시가표준액을 말한다)이 1억원 이하인 오피스텔

61 지방세법상 주택을 취득한 경우 취득세 중과세 규정을 적용할 때 법령이 정한 주택의 수 산정 시 제외되는 주택으로 **틀린** 것은? (단, 답지 항의 자산은 2022년도에 계약을 하고 취득한 것으로 가정함)

① 주택 수 산정일 현재 해당 주택의 시가표준액이 1억원(지분이나 부속토지만을 취득한 경우에는 전체 주택의 시가표준액을 말한다)인 주택. 다만, 정비구역으로 지정·고시된 지역 또는 사업시행구역에 소재하는 주택은 제외한다.

② 국가등록문화재에 해당하는 주택과 법령이 정한 농어촌주택

③ 주택 수 산정일 현재 시가표준액(지분이나 부속토지만을 취득한 경우에는 전체 건축물과 그 부속토지의 시가표준액을 말한다)이 1억원 이하인 오피스텔

④ 가정어린이집으로 운영하기 위하여 취득하는 주택

⑤ 상속을 원인으로 취득한 주택은 상속개시일부터 3년이 지나지 않은 주택 등에 한한다.

해설 상속을 원인으로 취득한 주택(상속개시일부터 5년이 지나지 않은 주택), 조합원입주권이나 주택분양권, 주택으로 과세하는 오피스텔은 주택 수 산정에서 제외된다.

이것만은 꼭! **주택 중과세 제외대상** ▼ 문제 62

1. 시가표준액(지분이나 부속토지만을 취득한 경우에는 전체 주택의 시가표준액을 말한다)이 1억원 이하인 주택. 다만, 법령이 정한 정비구역 및 사업시행구역에 소재하는 주택은 제외한다.

2. 공공주택사업자가 공공매입임대주택으로 공급하기 위하여 취득하는 주택 등

3. 「노인복지법」에 따른 노인복지주택(3년 미만인 상태에서 매각·증여하거나 다른 용도로 사용하는 경우는 제외)

4. 국가등록문화재에 해당하는 주택, 공공지원민간임대주택으로 공급하기 위하여 취득한 주택

5. 법령이 정한 가정어린이집으로 운영하기 위하여 취득한 주택

6. 한국토지주택공사가 공동으로 출자하여 설립한 부동산투자회사 또는 한국자산관리공사가 출자하여 설립한 부동산투자회사가 취득하는 주택

7. 공익사업을 위하여 취득하는 주택, 「도시 및 주거환경정비법」 등에 따른 사업시행자, 주택건설사업자가 주택건설사업을 위하여 취득하는 주택으로서 멸실시킬 목적으로 취득하는 주택. 다만, 정당한 사유 없이 그 취득일부터 3년이 경과할 때까지 해당 주택을 멸실시키지 않은 경우는 제외한다.

8. 주택의 시공자가 공사대금으로 취득한 미분양주택

9. 법령이 정한 조합, 은행 등이 저당권의 실행 또는 채권변제로 취득하는 주택

10. 법령이 정한 농어촌주택

11. 사원에 대한 임대용으로 직접 사용할 목적으로 취득하는 주택으로서 1구의 건축물의 연면적(전용면적을 말한다)이 60m² 이하인 공동주택

12. 법령에 따른 리모델링주택조합이 매수청구에 따라 취득하는 주택 등

정답 **61** ⑤

62 지방세법상 주택을 취득한 경우 법정요건을 갖춘 주택 중과세가 제외되는 주택으로 **틀린** 것은? (단, 답지 항의 자산은 2022년도에 계약을 하고 취득한 것으로 가정함)

① 「도시 및 주거환경정비법」에 따른 정비구역 및 「빈집 및 소규모주택 정비에 관한 특례법」에 따른 사업시행구역에 소재하는 주택으로서 시가표준액(지분이나 부속토지만을 취득한 경우에는 전체 주택의 시가표준액을 말한다)이 1억원 이하인 주택

② 「도시 및 주거환경정비법」 등에 따른 사업시행자가 멸실시킬 목적으로 취득하는 주택. 다만, 정당한 사유 없이 그 취득일부터 3년이 경과할 때까지 해당 주택을 멸실시키지 않은 경우는 제외한다.

③ 「은행법」에 따른 은행 등이 저당권의 실행 또는 채권변제로 취득하는 주택

④ 사원에 대한 임대용으로 직접 사용할 목적으로 취득하는 주택으로서 1구의 건축물의 연면적(전용면적을 말한다)이 60m² 이하인 공동주택

⑤ 주택의 시공자가 공사대금으로 취득한 미분양주택

해설 시가표준액(지분이나 부속토지만을 취득한 경우에는 전체 주택의 시가표준액을 말한다)이 1억원 이하인 주택. 다만, 「도시 및 주거환경정비법」에 따른 정비구역으로 지정·고시된 지역 또는 「빈집 및 소규모주택 정비에 관한 특례법」에 따른 사업시행구역에 소재하는 주택은 제외한다.

| 이것만은 꼭! | 취득세 세율 적용방법 등 | ▼ 문제 63~65 |

1.	토지나 건축물을 취득한 후 5년 이내에 해당 토지나 건축물이 취득세 중과세 규정에 해당하게 된 경우	해당 중과세율을 적용하여 취득세를 추징한다.
	✚ **추징세액 계산** : (과세표준 × 중과세율) − 기납부세액(가산세를 제외한 세액)	
2.	건축물을 증축·개축 또는 개수하여 중과세대상이 된 경우	증가되는 건축물의 가액에 대하여 중과세한다.
3.	사업용 과세물건의 소유자와 공장을 신설·증설한 자가 다를 경우	소유자에게 중과세한다.
4.	둘 이상의 세율이 해당되는 경우	그중 높은 세율을 적용한다.
5.	과밀억제권역과 대도시 내 중과세가 동시에 해당한 경우	표준세율의 100분의 300 세율을 적용한다.
6.	사치성 재산과 대도시 내 중과세가 동시에 해당한 경우	표준세율의 100분의 300에 중과기준세율의 100분의 200을 합한 세율로 한다.
7.	사치성 재산과 주택 유상취득 중과세 또는 조정대상지역 안 증여취득한 주택 중과세가 동시적용되는 경우	주택에 대한 중과세율에 다시 중과기준세율의 100분의 400을 합한 세율을 적용한다.

63 (上) **지방세법상 취득세에서 취득세 세율 적용에 관한 내용으로 틀린 것은?**

① 토지나 건축물을 취득한 후 5년 이내에 해당 토지나 건축물이 취득세 중과세 규정에 해당하게 된 경우에는 해당 중과세율을 적용하여 취득세를 추징한다.

② 일반 건축물을 증축·개축 또는 개수하여 고급주택 또는 고급오락장이 된 경우 그 증가되는 건축물의 가액에 대하여 중과세율이 적용된다.

③ 같은 취득물건에 대하여 둘 이상의 세율이 해당되는 경우에는 그중 높은 세율을 적용한다.

④ 취득한 부동산이 과밀억제권역 중과세와 대도시 내 부동산 취득 중과세가 동시에 적용되는 경우에는 표준세율의 100분의 300을 세율로 한다.

⑤ 공장 사업용 과세물건의 소유자와 공장을 신설하거나 증설한 자가 다를 때에는 공장을 신설하거나 증설한 자가 공장을 신설하거나 증설한 것으로 보아 중과세한다.

해설 공장 신설 또는 증설의 경우에 사업용 과세물건의 소유자와 공장을 신설하거나 증설한 자가 다를 때에는 그 사업용 과세물건의 소유자가 공장을 신설하거나 증설한 것으로 보아 그 소유자에게 중과세한다.

정답 62 ① 63 ⑤

64 지방세법상 취득세 표준세율의 100분의 300에 중과기준세율(1천분의 20)의 100분의 200을 합한 세율을 적용할 수 있는 대상 취득으로 옳은 것은?

① 과밀억제권역과 대도시 내 중과세가 동시에 해당하는 경우
② 대도시에서 공장을 신설하거나 증설함에 따라 공장용 토지, 건축물을 취득하는 경우
③ 대도시 내에서 법인설립 후 5년 이내에 고급오락장용 부동산을 취득한 경우
④ 과밀억제권역 안에서 법인이 본점 또는 주사무소의 사업용 건축물을 신축 또는 증축한 경우
⑤ 사치성 재산을 신축이나 증축한 경우

해설 고급오락장인 사치성 재산과 대도시 내 법인 중과세가 동시에 적용되는 과세물건에 대한 취득세율은 표준세율의 100분의 300에 중과기준세율(1천분의 20)의 100분의 200을 합한 세율을 적용한다.

65 법인에 대한 주택 중과세와 사치성 재산(고급주택) 중과세가 동시에 해당한 경우에 적용되는 취득세 중과세율은? (단, 해당 주택은 2022년도에 계약을 하고 계약금을 지급한 자가 취득한 주택이며 해당 주택의 과세표준은 20억원임)

① 1천분의 80
② 1천분의 100
③ 1천분의 150
④ 1천분의 160
⑤ 1천분의 200

해설 표준세율 1천분의 40에 중과기준세율(1천분의 20)의 100분의 400을 합한 주택 중과세율(1천분의 120)에 다시 사치성 재산에 해당하는 중과기준세율의 1천분의 20의 100분의 400(1천분의 80)에 해당하는 세율을 합한 세율(1천분의 200)로 한다.

이것만은 꼭!	취득세 비과세대상	▼ 문제 66~68

1.	국가, 지방자치단체, 지방자치단체조합, 외국정부, 주한국제기구 등의 취득 ➕ 다른 법률에서 국가 또는 지방자치단체로 의제하는 법인은 제외한다.
2.	국가, 지방자치단체, 지방자치단체조합에 귀속 또는 기부채납조건으로 취득하는 부동산 및 사회 기반시설(이행하지 않거나 무상양여, 조건변경 등은 제외)
3.	1년 이하인 임시건축물의 취득(사치성 재산은 제외)
4.	「징발재산 정리에 관한 특별조치법」 등 법률 규정에 따른 환매권 행사로 취득
5.	신탁등기된 신탁재산의 위탁자와 수탁자 간의 취득(주택조합과 조합원 간 신탁은 제외)
6.	시가표준이 9억원 이하인 공동주택의 개수로 인한 취득(건축법에 따른 대수선은 제외)
7.	상속개시 이전에 천재지변·화재·교통사고·폐차·차령초과(車齡超過) 등으로 사용할 수 없는 법령으로 정하는 차량, 상속개시일로부터 3개월 이내에 대통령령으로 정하는 사유로 상속 이전 등록하지 않은 상태에서 폐차 말소된 차량

66
中

지방세법상 취득세에서 국가 등의 비과세에 관한 내용으로 옳지 <u>않은</u> 것은? (단, 답지 항 이외의 사항은 고려하지 않음)

① 국가·지방자치단체·지방자치단체조합·외국정부 및 주한국제기구의 취득에 대하여는 취득세를 부과하지 아니한다. 단, 대한민국 정부기관의 취득에 대하여 과세하는 외국정부의 취득에 대하여는 제외한다.

② 국가·지방자치단체 또는 지방자치단체조합에 귀속 또는 기부채납을 조건으로 취득하여 기부한 부동산에 대하여는 취득세를 부과하지 아니한다.

③ 반대급부로 무상으로 양여받거나 기부채납 대상물의 무상사용권을 제공받는 경우에는 기부채납을 조건으로 취득하는 부동산에 대하여 취득세가 과세된다.

④ 기부채납을 조건으로 취득하는 부동산에 대하여 국가 등에 귀속 등의 조건을 이행하지 아니하고 타인에게 매각·증여하거나 귀속 등을 이행하지 아니하는 것으로 조건이 변경된 경우에는 취득세가 과세된다.

⑤ 다른 법률 규정에 의하여 국가, 지방자치단체, 지방자치단체조합으로 의제하는 한국토지주택공사 등의 부동산 취득은 비과세대상이다.

해설 국가, 지방자치단체, 지방자치단체조합으로 의제하는 단체의 취득은 과세대상이다.

67 **지방세법상 취득세에서 취득세가 비과세되는 규정 등에 관한 내용으로 틀린 것은?**
上

① 환매등기를 병행하는 부동산의 매매로서, 환매기간 내에 매도자가 환매한 경우의 그 매도자와 매수자의 취득은 취득세를 비과세한다.

② 「신탁법」에 따른 신탁으로서 신탁등기가 병행되는 것으로 위탁자로부터 수탁자에게 신탁재산을 이전하는 경우 비과세한다.

③ 신탁재산의 취득 중 법령에 따른 주택조합 등과 조합원 간의 부동산 취득 및 주택조합 등의 비조합원용 부동산 취득은 취득세를 과세한다.

④ 임시흥행장, 공사현장사무소 등 사치성 재산이 아닌 임시건축물의 취득은 취득세를 비과세한다. 다만, 존속기간이 1년을 초과하는 경우에는 취득세를 부과한다.

⑤ 「주택법」에 따른 공동주택의 개수(건축법에 따른 대수선은 제외)로 인한 취득 중 개수 당시 시가표준액이 9억원 이하인 주택은 취득세를 비과세한다.

해설 환매등기를 병행하는 부동산의 매매로서, 환매기간 내에 매도자가 환매한 경우의 그 매도자와 매수자의 취득은 취득세 특례 과세대상이고, 「징발재산 정리에 관한 특별조치법」 등 법률 규정에 따른 환매권 행사로 취득한 경우에는 취득세가 비과세된다.

이론플러스 **환매권 행사로 인한 취득세 과세 여부**

구 분		취득세
환매등기를 병행하는 부동산 취득		과세(특례세율)
법률상 환매	「징발재산 정리에 관한 특별조치법」 등	비과세

68

(上)

지방세법상 신탁(신탁법에 따른 신탁으로서 신탁등기가 병행되는 것임)**으로 인한 신탁재산의 취득으로서 취득세를 부과하는 경우는 모두 몇 개인가?**

• 29회

⊙ 위탁자로부터 수탁자에게 신탁재산을 이전하는 경우
© 신탁의 종료로 인하여 수탁자로부터 위탁자에게 신탁재산을 이전하는 경우
© 수탁자가 변경되어 신수탁자에게 신탁재산을 이전하는 경우
② 「주택법」에 따른 주택조합이 비조합원용 부동산을 취득하는 경우

① 0개
② 1개
③ 2개
④ 3개
⑤ 4개

해설　신탁방식으로 건축한 「주택법」에 따른 주택조합이 조합원분 및 비조합원용 부동산을 취득하는 경우에는 과세대상 취득에 속한다.

납세지	부동산 소재지 관할 지방자치단체		
신고 및 납부	1. 신 고	물건 소재지 시·군·구에 신고하고 납부	
	2. 일반적인 경우	취득일부터 60일 이내	
	3. 상 속	상속(유증)개시일이 속하는 달 말일부터 6개월(외국에 주소를 둔 상속인이 있는 경우에는 9개월) 이내	
	4. 허가대상 토지를 허가 없이 대금 완납	토지거래계약허가를 받기 전에 대금을 완납한 경우에는 그 허가일 또는 허가구역 해제일 또는 축소일부터 60일 이내	
	5. 등기·등록을 할 경우	신고·납부기한 이내에 재산권과 그 밖의 권리의 취득·이전에 관한 사항을 공부(公簿)에 등기하거나 등록, 등재(登載)를 하려는 경우에는 등기·등록 신청서를 접수하는 날까지	
	6. 취득 후 과세 변경	일반과세가 중과세로 변경	중과세대상이 된 날 또는 변경일부터 60일 이내
		비과세·감면대상이 과세대상으로 변경	
	7. 채권자 대위 납부	채권자는 납세의무자를 대위하여 부동산의 취득에 대한 취득세를 신고·납부할 수 있다.	
불성실자 보통징수	신고불성실 및 신고에 따른 납부지연가산세를 해당 세액에 가산하여 납세고지서를 발송하여 징수한다.		
일시적 2주택자 보통징수	일시적 2주택으로 신고하였으나 그 취득일로부터 대통령령으로 정하는 기간 내에 대통령령으로 정하는 종전주택을 처분하지 못하여 1주택으로 되지 아니한 경우 ※ 표 아래의 ➕ 참고 : '일시적 2주택에 해당하는 기간 등' 확인		
불성실자 가산세	1. 일반 가산세 : 신고(무신고, 과소신고)불성실가산세, 납부지연가산세 2. 중가산세 : 사실상 취득한 후 신고하지 아니하고 매각한 경우 그 세액의 80%로 한다. 다만, 다음의 경우는 제외한다. ㉠ 등기·등록을 요하지 아니하는 물건(골프회원권, 승마회원권, 콘도미니엄회원권, 종합체육시설이용회원권, 요트회원권은 중가산세를 적용함) ㉡ 간주취득(지목변경, 종류변경, 과점주주의 주식취득 등)의 경우 3. 장부 등의 작성과 보존의무 불이행 가산세(법인에 한함) : 해당 세액의 10%		
등기관 통보	등기·등록관서의 장은 등기 또는 등록 후에 취득세가 납부되지 아니하였거나 납부부족액을 발견하였을 때에는 다음 달 10일까지 납세지를 관할하는 시장·군수·구청장에게 통보해야 한다.		

매각자료 통보	국가, 지방자치단체 또는 지방자치단체조합, 국가 또는 지방자치단체의 투자기관은 취득세 과세물건을 매각(연부로 매각한 것을 포함)하면 매각일부터 30일 이내에 그 물건 소재지를 관할하는 지방자치단체의 장에게 통보하거나 매각 신고하여야 한다.	
세액 안분	취득물건이 둘 이상의 시·군에 걸쳐 있는 경우 각 시·군에 납부할 취득세를 산출할 때 그 과세표준은 취득 당시의 가액을 취득물건의 소재지별 시가표준액 비율로 나누어 계산한다.	
부가세	1. 취득세 납부분	농어촌특별세 : 과세표준 × 100분의 2로 계산한 세액의 10%
		지방교육세 : 과세표준 × (표준세율 − 1천분의 20)으로 계산한 세액의 20%
	2. 취득세 감면분	농어촌특별세 : 취득세 감면세액의 20%

➕ 참고 : 일시적 2주택에 해당하는 기간 등

1. **대통령령으로 정하는 기간** : 신규주택(종전주택 등이 조합원입주권 또는 주택분양권인 경우에는 해당 입주권 또는 주택분양권에 의한 주택)을 취득한 날부터 3년(종전주택 등과 신규주택이 모두 법령에 따른 조정대상지역에 있는 경우에는 1년)을 말한다.

2. 조합원입주권 또는 주택분양권을 1개 소유한 1세대가 그 조합원입주권 또는 주택분양권을 소유한 상태에서 신규주택을 취득한 경우에는 해당 조합원입주권 또는 주택분양권에 의한 주택을 취득한 날부터 일시적 2주택 기간을 기산한다.

3. 종전주택 등이 「도시 및 주거환경정비법」에 따른 관리처분계획의 인가 또는 「빈집 및 소규모 주택 정비에 관한 특례법」에 따른 사업시행계획인가를 받은 주택인 경우로서 관리처분계획인가 또는 사업시행계획인가 당시 해당 사업구역에 거주하는 세대가 신규주택을 취득하여 그 신규주택으로 이주한 경우에는 그 이주한 날에 종전주택 등을 처분한 것으로 본다.

69 지방세법상 취득세에서 취득세 신고·납부에 관한 설명으로 옳은 것은?

① 부동산을 증여로 취득세 과세물건을 취득한 자는 그 취득한 날부터 3개월 이내에 취득세를 신고하고 납부하여야 한다.

② 상속으로 인한 경우는 상속개시일로부터 6개월 이내에, 외국에 주소를 둔 상속인이 있는 경우에는 상속개시일로부터 9개월 이내에 신고하고 납부하여야 한다.

③ 신고·납부기한 이내에 재산권과 그 밖의 권리의 취득·이전에 관한 사항을 공부(公簿)에 등기하거나 등록하려는 경우에는 등기 또는 등록 신청서를 등기·등록관서에 접수하는 날까지 취득세를 신고·납부하여야 한다.

④ 「부동산 거래신고 등에 관한 법률」 제10조 제1항에 따른 토지거래계약에 관한 허가구역에 있는 토지를 취득할 때 대금을 완납한 후에 허가를 받은 경우에 그 대금 지급일로부터 60일 이내에 신고하고 납부하여야 한다.

⑤ 취득세 과세물건을 취득한 후에 그 과세물건이 중과세 세율의 적용대상이 되었을 때에는 중과세대상이 된 날로부터 60일 이내에 중과세율을 적용하여 산출한 세액에서 이미 납부한 세액(가산세를 포함)을 공제한 금액을 세액으로 하여 신고하고 납부하여야 한다.

해설 ① 부동산을 증여로 취득세 과세물건을 취득한 자는 그 취득한 날부터 60일 이내에 취득세를 신고하고 납부하여야 한다.

② 상속으로 인한 경우는 상속개시일이 속하는 달의 말일(유증의 경우에는 유증개시일이 속하는 달의 말일)부터 6개월 이내에, 외국에 주소를 둔 상속인이 있는 경우에는 상속개시일이 속하는 달의 말일로부터 9개월 이내에 신고하고 납부하여야 한다.

④ 「부동산 거래신고 등에 관한 법률」 제10조 제1항에 따른 토지거래계약에 관한 허가구역에 있는 토지를 취득할 때 대금을 완납한 후에 허가를 받은 경우에는 그 허가일 또는 허가구역 해제일, 축소일로부터 60일 이내에 신고하고 납부하여야 한다.

⑤ 취득세 과세물건을 취득한 후에 그 과세물건이 중과세 세율의 적용대상이 되었을 때에는 대통령령으로 정하는 날부터 60일 이내에 중과세율을 적용하여 산출한 세액에서 이미 납부한 세액(가산세를 제외)을 공제한 금액을 세액으로 하여 신고하고 납부하여야 한다.

70
⊥

다음 자료를 바탕으로 乙(개인)이 소유한 건축물을 유상승계받은 甲(개인)이 지방세법상 가산세 부담 없이 취득세를 납부하려고 할 때, 가산세를 부과받는 경우는? (단, 기한연장사유는 없음)

1. 계약일 : 7월 1일(계약서상 잔금지급일은 10월 1일)
2. 사실상 대금지급일
   • 중도금 1차 : 6월 7일
   • 중도금 2차 : 7월 9일
   • 잔금지급일 : 10월 20일
3. 등기접수일 : 12월 5일

① 11월 10일까지 신고하고 납부한 경우
② 11월 20일까지 신고하고 납부한 경우
③ 11월 25일까지 신고하고 납부한 경우
④ 11월 30일까지 신고하고 납부한 경우
⑤ 12월 5일까지 신고하고 납부한 경우

해설 개인 간 유상승계취득의 경우 계약서상 잔금지급일(10월 1일)이 취득의 시기이므로 11월 30일까지 신고하고 납부하면 가산세는 부과되지 않는다.

71
⊥

지방세법상 취득세 과세물건을 취득한 후에 해당 과세물건이 중과세대상이 된 때에는 중과세율 적용대상이 된 날로부터 60일 이내에 중과세율을 적용하여 산출한 세액에서 이미 납부한 세액(가산세는 제외)을 공제한 금액을 세액으로 하여 신고·납부하여야 한다. 이때 중과세대상이 되는 날에 관한 내용으로 틀린 것은?

① 공장의 신설 또는 증설에 따른 부동산 취득 : 그 생산설비를 설치한 날
② 법인설립 등에 따른 부동산 취득 : 사무소 또는 사업장을 사실상 설치한 날
③ 골프장 : 체육시설업으로 등록(변경등록을 포함)한 날
④ 본점 또는 주사무소 사업용 부동산 : 사용승인서를 내주는 날
⑤ 허가받아 건축물을 증축하거나 개축하여 별장 또는 고급주택이 된 경우 : 사용승인서를 내주는 날

해설 본점 또는 주사무소 사업용 부동산은 사무소로 최초로 사용한 날이 중과세대상이 되는 날이 된다.

72 지방세법상 부동산 취득자의 취득세 부과·징수에 관한 설명으로 틀린 것은?

① 취득세의 징수는 신고납부의 방법으로 한다. 이 경우 취득세는 부동산 소재지를 관할하는 지방자치단체에서 그 취득자에게 부과한다.

② 취득세의 기한 후 신고나 수정신고는 신고기한 경과 후 부과고지하기 전까지 기한 후 신고나 수정신고서를 제출할 수 있다.

③ 「지방세법」 또는 다른 법령에 따라 취득세를 경감받은 후에 해당 과세물건이 취득세 부과대상 또는 추징대상이 되었을 때에는 그 사유발생일부터 60일 이내에 해당 과세표준에 해당 세율을 적용하여 산출한 세액에서 이미 납부한 세액(가산세는 제외한다)을 공제한 세액을 신고하고 납부하여야 한다.

④ 일시적 2주택 적용 기간은 신규주택(종전주택 등이 조합원입주권 또는 주택분양권인 경우에는 해당 입주권 또는 주택분양권에 의한 주택)을 취득한 날부터 3년(종전주택 등과 신규주택이 모두 법령에 의한 조정대상지역에 있는 경우에는 1년)을 말한다.

⑤ 지방자치단체의 장은 취득세 납세의무가 있는 법인이 장부작성 보존 의무를 이행하지 아니하는 경우에는 해당 자산의 과세표준액의 100분의 10에 상당하는 금액을 징수하여야 할 세액에 가산한다.

> **해설**   취득세 납세의무가 있는 법인은 취득 당시의 가액을 증명할 수 있는 장부와 관련 증거서류를 작성하여 갖춰 두어야 한다. 지방자치단체의 장은 취득세 납세의무가 있는 법인이 장부작성 보존 의무를 이행하지 아니하는 경우에는 산출된 세액 또는 부족세액의 100분의 10에 상당하는 금액을 징수하여야 할 세액에 가산한다.

73 지방세법상 취득세에서 부동산 등 취득세의 신고 및 납부 등에 관한 설명으로 **틀린** 것은?
⊥

① 취득세 납세의무자가 취득세 신고를 하지 아니하고 해당 부동산을 매각하는 경우 산출세액에 100분의 80을 가산한 금액을 세액으로 하여 보통징수의 방법에 의하여 징수한다.

② 토지의 지목변경에 따라 사실상 그 가액이 증가된 경우, 그 지목변경 취득세의 신고·납부를 하지 않고 매각한 경우 취득세 중가산세 규정이 적용되지 아니한다.

③ 취득세 과세물건 중 등기 또는 등록을 필요로 하지 아니하는 과세물건인 골프회원권을 신고 없이 매각한 경우 중가산세가 적용되지 아니한다.

④ 차량·기계장비 또는 선박의 종류변경, 과점주주 주식 등의 취득 등은 중가산세 규정이 적용되지 아니한다.

⑤ 건설회사가 농지가 대부분인 토지를 공동으로 매수한 후 농지취득자격이 없어 소유권 이전등기를 하지 아니하고 취득신고 없이 매각한 경우 중가산세가 적용된다.

해설 취득세 과세물건 중 등기 또는 등록을 필요로 하지 아니하는 과세물건은 신고 없이 매각한 경우 중가산세 80%를 적용하지 아니한다. 다만, 골프 및 승마회원권, 콘도미니엄회원권, 종합체육시설이용회원권, 요트회원권은 등기 또는 등록이 필요하지 아니한 과세물건일지라도 중가산세가 적용된다.

74 지방세법상 취득세의 부과·징수에 관한 설명으로 **틀린** 것은?

① 취득세 납세의무자가 신고의무나 납부의무를 이행하지 아니하면 산출세액 또는 그 부족세액에 가산세를 합한 금액을 세액으로 하여 보통징수의 방법으로 징수한다.

② 취득세의 부가세인 농어촌특별세 납세지는 취득자가 국내에 주소가 있는 경우 주소지 관할 세무서로 한다.

③ 국가, 지방자치단체 또는 지방자치단체조합, 국가 또는 지방자치단체의 투자기관이 취득세 과세물건을 매각하면 매각일부터 30일 이내에 그 물건 소재지를 관할하는 지방자치단체의 장에게 통보하거나 신고하여야 한다.

④ 취득물건이 둘 이상의 시·군에 걸쳐 있는 경우 각 시·군에 납부할 취득세를 산출할 때 그 과세표준은 취득 당시의 가액을 취득물건의 소재지별 시가표준액 비율로 나누어 계산한다.

⑤ 등기·등록관서의 장은 취득세가 납부되지 아니하였거나 납부부족액을 발견하였을 때에는 다음 달 10일까지 납세지를 관할하는 시장·군수·구청장에게 통보하여야 한다.

■■■ 해 설 ■■■ 취득세의 부가세인 농어촌특별세 납세지는 본세인 취득세 납세지로 한다.

75 지방세법상 취득세의 신고·납부 등에 관한 설명으로 **틀린** 것은?

① 취득세를 신고하려는 자는 행정안전부령으로 정하는 신고서에 취득물건, 취득일 및 용도 등을 적어 납세지를 관할하는 시장·군수·구청장에게 신고하여야 한다.

② 일시적 2주택으로 신고하였으나 그 취득일로부터 대통령령으로 정하는 기간 내에 대통령령으로 정하는 종전주택을 처분하지 못한 경우에는 해당기간이 경과한 날부터 60일 내에 신고하고 납부하여야 한다.

③ 조합원입주권 또는 주택분양권을 1개 소유한 1세대가 그 조합원입주권 또는 주택분양권을 소유한 상태에서 신규주택을 취득한 경우에는 해당 조합원입주권 또는 주택분양권이 주택이 된 날부터 일시적 2주택 기간을 기산한다.

④ 채권자는 납세의무자를 대위하여 부동산의 취득에 대한 취득세를 신고납부할 수 있다. 이 경우 채권자대위자의 신고납부가 있는 경우 납세의무자에게 그 사실을 즉시 통보하여야 한다.

⑤ 甲 소유의 미등기 건물에 대하여 乙이 채권확보를 위하여 법원의 판결에 의한 소유권 보존등기를 甲의 명의로 할 경우 취득세 납세의무는 甲에게 있다.

일시적 2주택으로 신고하였으나 그 취득일로부터 대통령령으로 정하는 기간 내에 대통령령으로 정하는 종전주택을 처분하지 못하여 1주택으로 되지 아니한 경우에 납세자가 신고하는 것이 아니라 그 부족세액에 가산세를 합한 금액을 세액으로 하여 보통징수의 방법으로 징수한다.

76 中 지방세법상 취득세에 관한 설명으로 틀린 것은? • 32회

① 「도시 및 주거환경정비법」에 따른 재건축조합이 재건축사업을 하면서 조합원으로부터 취득하는 토지 중 조합원에게 귀속되지 아니하는 토지를 취득하는 경우에는 같은 법에 따른 소유권이전 고시일의 다음 날에 그 토지를 취득한 것으로 본다.

② 취득세 과세물건을 취득한 후에 그 과세물건이 중과세율의 적용대상이 되었을 때에는 취득한 날부터 60일 이내에 중과세율을 적용하여 산출한 세액에서 이미 납부한 세액(가산세 포함)을 공제한 금액을 신고하고 납부하여야 한다.

③ 대한민국 정부기관의 취득에 대하여 과세하는 외국정부의 취득에 대해서는 취득세를 부과한다.

④ 상속으로 인한 취득의 경우에는 상속개시일에 취득한 것으로 본다.

⑤ 부동산의 취득은 「민법」 등 관계 법령에 따른 등기·등록 등을 하지 아니한 경우라도 사실상 취득하면 취득한 것으로 본다.

취득세 과세물건을 취득한 후에 그 과세물건이 중과세율의 적용대상이 되었을 때에는 취득한 날부터 60일 이내에 중과세율을 적용하여 산출한 세액에서 이미 납부한 세액(가산세 포함이 아니라 제외)을 공제한 금액을 신고하고 납부하여야 한다.

정답 **74** ② **75** ② **76** ②

이것만은 꼭! 취득세의 부가세 계산　　　　▼ 문제 77~79

표준세율 적용대상 취득	(과세표준 × 100분의 2) × 100분의 10 = 농어촌특별세
	• 과세표준 × (표준세율 − 1천분의 20) × 100분의 20 = 지방교육세
	• 주택을 유상승계취득한 경우 1천분의 10, 차등, 30 적용대상 주택 취득세액의 50% 금액 × 100분의 20 = 지방교육세
1천분의 20 적용대상 취득	• (과세표준 × 100분의 2) × 100분의 10 = 농어촌특별세
	• 지방교육세 없음
표준세율 − 1천분의 20 적용대상 취득	• 농어촌특별세 없음
	• 과세표준 × (표준세율 − 1천분의 20) × 100분의 20 = 지방교육세
취득세 감면세액	취득세 감면세액의 100분의 20 = 농어촌특별세

➕ **농어촌특별세 비과세대상**

다음에 해당하는 취득세에 대해서는 농어촌특별세를 비과세한다.

1. 1세대당 85m²(다가구는 1가구당 기준) 이하인 국민주택(수도권정비계획법 제2조 제1호에 따른 수도권을 제외한 도시지역이 아닌 읍 또는 면 지역은 1호 또는 1세대당 주거전용면적이 100m² 이하인 주택을 말함)
2. 농가주택(소득세법에서 규정한 고가주택은 제외)
3. 2년 이상 영농에 종사하는 자 또는 후계자가 경작을 위하여 취득한 농지·농지조성용 임야
4. 한국토지주택공사가 서민주택을 건설하기 위하여 취득한 토지
5. 서민주택(국민주택규모 이하의 주택)에 대한 취득세 감면세액 등

---

77 ㊤ 다음 자료를 바탕으로 상가용 토지를 유상승계취득한 경우 지방세법상 취득세의 부가세인 농어촌특별세와 지방교육세의 합계액은?

> • 취득세 과세표준 : 10억원
> • 법정신고기한 : 2022년 6월 30일
> • 표준세율을 적용한다(일반과세대상이고, 감면대상은 아님).
> • 신고·납부일 : 2022년 6월 25일

① 200만원　　　　　　　　② 400만원
③ 500만원　　　　　　　　④ 600만원
⑤ 2,000만원

해설　• 농어촌특별세 : (10억원 × 100분의 2) × 100분의 10 = 200만원
　　　　　• 지방교육세 : [10억원 × (1천분의 40 − 1천분의 20)] × 100분의 20 = 400만원

78 ⊕ 다음 자료를 바탕으로 1세대 1주택자인 아버지로부터 주택(고급주택은 아님)을 증여취득한 경우 지방세법상 부가세인 지방교육세와 농어촌특별세 산출세액의 합계액은?

- 취득세 과세표준 : 10억원
- 법정신고기한 : 2022년 6월 30일
- 표준세율을 적용한다(일반과세대상이고, 감면대상은 아니며, 부가세가 과세된다는 조건임).
- 신고 · 납부일 : 2022년 6월 25일

① 200만원   ② 300만원
③ 400만원   ④ 500만원
⑤ 600만원

해설 • 취득세액 : 10억원 × 1천분의 35 = 3,500만원
    • 농어촌특별세 : (10억원 × 100분의 2) × 100분의 10 = 200만원
    • 지방교육세 : 10억원 × (1천분의 35 − 1천분의 20) × 100분의 20 = 300만원

79 ⊕ 다음 자료를 바탕으로 주거용 주택(고급주택은 아님)을 유상승계취득한 경우 지방세법상 취득세의 부가세인 농어촌특별세와 지방교육세의 합계액은? (단, 1세대 1주택에 속함)

- 취득세 과세표준 : 10억원
- 법정신고기한 : 2022년 7월 25일
- 표준세율을 적용한다(일반과세대상이고, 감면대상은 아님).
- 신고 · 납부일 : 2022년 7월 20일
- 해당 조세에 부가세가 부과된다는 조건이다.

① 100만원   ② 200만원
③ 250만원   ④ 300만원
⑤ 500만원

해설 • 농어촌특별세 : (10억원 × 100분의 2) × 100분의 10 = 200만원
    • 지방교육세 : 주택 유상승계취득의 경우 취득세액의 50% 금액의 100분의 20으로 하므로, [10억원 × (1천분의 30의 50%)] × 100분의 20 = 300만원

02

등기·등록에 대한 등록면허세

더 많은 기출문제를 풀고 싶다면?
단원별 기출문제집
[부동산세법] pp.283~299

▌5개년 출제빈도 분석표

28회	29회	30회	31회	32회
2	2	1	2.5	1

▌빈출 키워드

☑ 과세대상·과세표준   ☑ 세율
☑ 납세의무자   ☑ 납세절차

대표기출 **연습**

01 甲이 乙 소유 부동산에 관해 전세권 설정등기를 하는 경우 지방세법상 등록에 대한 등록면허세에 관한 설명으로 <u>틀린</u> 것은?   • 29회

① 등록면허세의 납세의무자는 전세권자인 甲이다.

② 부동산 소재지와 乙의 주소지가 다른 경우 등록면허세의 납세지는 乙의 주소지로 한다.

③ 전세권 설정등기에 대한 등록면허세의 표준세율은 전세금액의 1,000분의 2이다.

④ 전세권 설정등기에 대한 등록면허세의 산출세액이 건당 6천원보다 적을 때에는 등록면허세의 세액은 6천원으로 한다.

⑤ 만약 丙이 甲으로부터 전세권을 이전받아 등기하는 경우라면 등록면허세의 납세의무자는 丙이다.

키워드 과세표준과 세율, 납세지   27회, 28회, 29회, 31회
교수님 TIP 권리의 설정이나 이전, 납세지 등을 숙지하여야 합니다.

해설 부동산 소재지와 乙의 주소지가 다른 경우에도 등록면허세의 납세지는 해당 부동산 소재지로 한다.

정답 ②

02 거주자인 개인 乙은 甲이 소유한 부동산(시가 6억원)에 전세기간 2년, 전세보증금 3억원으로 하는 전세계약을 체결하고, 전세권 설정등기를 하였다. 지방세법상 등록면허세에 관한 설명으로 옳은 것은? · 32회

① 과세표준은 6억원이다.

② 표준세율은 전세보증금의 1천분의 8이다.

③ 납부세액은 6천원이다.

④ 납세의무자는 乙이다.

⑤ 납세지는 甲의 주소지이다.

키워드	등기·등록에 대한 등록면허세 과세표준과 세율	30회, 32회
교수님 TIP	등록면허세 과세표준과 세율(표준세율), 납세절차를 숙지하여야 합니다.	

해설 ① 과세표준은 3억원이다.
② 표준세율은 전세보증금의 1천분의 2이다.
③ 납부세액은 60만원이다.
⑤ 납세지는 부동산 소재지이다.

정답 ④

➕ **과세대상** : 권리대상 목적물 등에 대한 재산의 소유권 및 소유권 이외의 권리의 취득·이전·변경 또는 소멸에 관한 사항을 등기·등록부에 등기·등록(등재를 포함)하는 경우 그 등기·등록행위를 과세대상으로 한다.

1. 취득세에 대한 「지방세기본법」에 따른 부과제척기간이 경과한 후 해당 물건에 대한 등기·등록은 과세대상에 포함된다.

2. 취득세 면세점에 해당하는 물건의 등기·등록은 과세대상에 포함된다.

➕ 과세 사례(상가를 유상승계취득한 경우)

구 분	취득세	등록면허세 세율
면세점 대상	과세 없음	1천분의 20
제척기간만료	과세 없음	1천분의 20

3. **취득세와 등록면허세가 구분되는 과세대상**

구 분		취득세 세율	등록면허세 세율
㉠	입 목	1천분의 20	건당 12,000원
	광업권	1천분의 20	건당 135,000원 등
	어업권	1천분의 20	건당 6,000원 등
㉡	외국인 소유의 취득세 과세대상 선박, 차량, 기계장비 또는 차량, 항공기 연부취득	1천분의 20	1천분의 0.2 등
㉢	건설기계 또는 차량을 취득하여 시설대여를 하는 경우로서 대여시설이용자의 명의로 등록하는 경우	1천분의 20	1천분의 10 등
㉣	취득대금을 지급한 자가 기계장비 또는 차량을 취득하고 운수업체로 등록하는 경우	1천분의 20	1천분의 20 등

4. **납세의무자**

납세의무자		공부에 등기·등록을 받은 자
권리의 창설(취득)·이전	일반적인 경우	해당 권리자
	대위등기	해당 권리자
	공유권 등기	지분에 따라 납세의무 해당 권리자 간 연대납세
	법원촉탁등기	해당 권리자
권리의 변경		변경권자
권리의 말소		말소권자

➕ 1. **등기무효 또는 취소** : 등기 후 권리의 원인이 무효 또는 취소가 되어도 기부과된 등기·등록에 대한 등록면허세는 환급되지 않는다.
2. **등기신청이 각하** : 기납부한 등기·등록에 대한 등록면허세는 과·오납으로 환급된다.
3. **상속인에 의한 등기** : 피상속인이 납부한 등록면허세는 상속인이 납부한 것으로 본다.

01 지방세법상 부동산 등기·등록에 대한 등록면허세의 성격에 관한 설명으로 **틀린** 것은?

① '등록'이란 재산권과 그 밖의 권리의 설정·변경 또는 소멸에 관한 사항을 공부에 등기하거나 등록하는 것을 말한다.

② 등기·등록에 관련된 권리원인의 합법성·적법성에 관계없이 외형적인 요건만 갖추면 등록면허세 납세의무가 성립되는 형식주의 성격의 조세이다.

③ 취득세에 대한 「지방세기본법」에 따른 부과제척기간이 경과한 후 해당 물건에 대한 등기 또는 등록이나 취득세 면세점에 해당하는 물건의 등기 또는 등록이 과세대상에 포함된다.

④ 납세의무자가 과세관청에 과세표준과 세액을 신고함으로써 확정되는 신고주의 조세이다.

⑤ 어떤 사유에 의하여 등기 또는 등록이 된 이후에 그 등기 또는 등록이 무효 또는 취소가 되어 등기·등록이 말소된 경우에는 이미 납부한 등기·등록에 대한 등록면허세는 과오납으로 환급할 수 있다.

> **해설** 어떤 사유에 의하여 등기 또는 등록이 된 이후에 그 등기 또는 등록이 무효 또는 취소가 되어 등기·등록이 말소된다 하더라도 이미 납부한 등기·등록에 대한 등록면허세는 과오납으로 환급할 수 없다.

02 지방세법상 부동산 등기에 있어서 등기·등록에 대한 등록면허세 납세의무자를 연결한 것으로 **틀린** 것은?

① 소유권 이전등기 − 등기권리자
② 부동산 전세권 설정등기 − 전세권자
③ 부동산 지역권 설정등기 − 지역권설정자
④ 부동산 지상권 이전등기 − 지상권자
⑤ 수인이 공동명의로 등기·등록한 경우 − 연대납세의무

> **해설** 부동산 지역권 설정등기에 대한 납세의무자는 지역권설정자가 아니라 지역권자이다.

정답 **01** ⑤ **02** ③

03 甲은 丙은행에서 10억원을 융자받기 위하여 乙 소유의 부동산을 담보로 제공하였다.
⑤ 이후 저당권 말소등기에 따른 지방세법상 등기·등록에 대한 등록면허세 납세의무
자는?

① 甲   ② 乙
③ 甲과 乙이 공동부담   ④ 丙은행
⑤ 丙은행과 乙이 공동부담

> **해설** 등기·등록에 대한 등록면허세의 납세의무자는 재산권, 기타 권리의 취득·이전·변
> 경·소멸에 관한 사항을 공부에 등기·등록하는 경우에 그 등기·등록을 받는 자(등기
> 권리자)가 된다. 따라서 저당권 설정등기에 대한 등록면허세 납세의무자는 저당권자
> 인 丙은행이 된다. 이후 해당 저당권 말소를 할 경우 말소등기에 대한 납세의무자는
> 말소권리자인 乙이다.

04 지방세법상 등기·등록에 대한 등록면허세 납세의무자에 관한 설명으로 <u>틀린</u> 것은?
⑤
① 채권자대위등기에 대해서는 해당 권리자가 등기·등록에 대한 등록면허세 납세의
무자이다.
② 甲 소유의 미등기 건물에 대해서 乙이 채권확보를 위하여 甲의 명의로 대위등기
할 경우 등기·등록에 대한 등록면허세 납세의무는 甲에게 있다.
③ 지방자치단체로 소유권이 이전되는 경우에 있어 그 전제가 되는 전세권, 가등기
등의 해제는 물론 성명의 복구나 소유권의 보존 등 일체의 채권자대위적 등기에
대해서는 그 권리의 소유자가 등록면허세를 납부하여야 한다.
④ 법원의 가압류결정에 의한 가압류등기의 촉탁에 의하여 그 전제로 소유권 보존등
기가 대위로 선행된 경우 등기·등록에 대한 등록면허세 미납부에 대한 가산세 납
세의무자는 대위권자이다.
⑤ 처분제한등기의 법원 촉탁에 의하여 가처분 등기를 한 경우 납세의무자는 가처분
권리자이다.

> **해설** 법원의 가압류결정에 의한 가압류등기의 촉탁에 의하여 그 전제로 소유권 보존등기가
> 선행된 경우 등기·등록에 대한 등록면허세 미납부에 대한 가산세 납세의무자는 소유
> 권 보존등기에 대한 그 권리자이다.

이것만은 꼭! 부동산 등기 과세표준

▼ 문제 05~09

1. 부동산 가액

소유권, 지상권, 지역권(요역지 가액), 소유권과 지상권 및 지역권의 가등기

ⓒ 원칙 : 신고가액

ⓒ 예외 : 시가표준액

  ⓐ 신고가액의 표시가 없는 경우

  ⓑ 무신고의 경우

  ⓒ 신고는 하였으나 신고가액이 시가표준액에 미달하는 경우

ⓒ 사실상 취득가액(특수관계인 간 부당행위는 제외)

  ⓐ 국가 등

  ⓑ 수입

  ⓒ 공매

  ⓓ 판결문(화해·포기·인낙·자백간주에 의한 취득은 제외)

  ⓔ 법인장부

  ⓕ 부동산거래신고 검증(지방국세청장 등으로부터 통보받은 금액보다 적은 경우에는 그 확인된 금액으로 한다)

➕ 1. 등기·등록 당시에 자산재평가 또는 감가상각 등의 사유로 그 가액이 달라진 경우에는 변경된 가액을 과세표준으로 한다.

  2. 주택의 토지와 건축물을 한꺼번에 평가하여 토지나 건축물에 대한 과세표준이 구분되지 아니하는 경우에는 한꺼번에 평가한 개별주택가격을 토지나 건축물의 가액 비율로 나눈 금액을 각각 토지와 건축물의 과세표준으로 한다.

2. 채권금액

저당권(채권금액과 채권최고액이 있는 경우에는 채권최고액), 가압류(채권의 목적이 된 금액), 가처분(처분제한 목적이 된 금액), 경매신청, 저당권에 대한 가등기

3. 기타 금액

ⓒ 전세금액 : 전세권, 전세권 가등기

ⓒ 월 임대차금액(보증금은 제외) : 부동산임차권, 부동산임차권 가등기

4. 건 수

권리의 변경·소멸, 합필 및 합병등기, 공동저당에 대한 담보물 추가 등기

05 지방세법상 부동산 등기·등록에 대한 등록면허세 과세표준을 부동산 가액에 의할 수
中 있는 권리로서 옳은 것은?

① 부동산에 관한 권리를 목적으로 하는 가압류등기
② 지역권설정 및 이전
③ 부동산에 관한 권리를 목적으로 하는 가처분등기
④ 매매계약 가등기
⑤ 지상권·전세권을 목적으로 저당권 등기

> 해설 ① 부동산에 관한 권리를 목적으로 하는 가압류등기 : 채권의 목적이 된 채권금액
> ② 지역권설정 및 이전 : 요역지 부동산 가액
> ③ 부동산에 관한 권리를 목적으로 하는 가처분등기 : 처분제한 목적이 된 채권금액
> ④ 매매계약 가등기 : 해당 부동산 가액
> ⑤ 지상권·전세권을 목적으로 저당권 등기 : 채권금액

06 지방세법상 부동산 등기·등록에 대한 등록면허세 과세표준에 관한 내용으로 **틀린**
上 것은?

① 등록면허세 과세표준이 되는 부동산 가액은 취득자 신고가액으로 하되, 그 신고
가액이 시가표준액에 미달하는 경우에는 시가표준액으로 한다.
② 부동산 소유권 등기 시 법인장부 등에 의하여 사실상의 취득가액을 과세표준으로
할 경우 등기·등록 당시에 자산재평가 또는 감가상각 등의 사유로 그 가액이 달
라진 경우에도 변경 전 취득가액을 과세표준으로 한다.
③ 주택의 토지와 건축물을 한꺼번에 평가하여 토지나 건축물에 대한 과세표준이 구
분되지 아니하는 경우에는 한꺼번에 평가한 개별주택가격을 토지나 건축물의 가
액 비율로 나눈 금액을 각각 토지와 건축물의 과세표준으로 한다.
④ 채권금액으로 과세액을 정하는 경우에 일정한 채권금액이 없을 때에는 채권의 목
적이 된 것의 가액 또는 처분의 제한의 목적이 된 금액을 그 채권금액으로 본다.
⑤ 토지의 합필 및 건축물의 합병등기를 할 경우에는 매 1건을 과세표준으로 한다.

> 해설 부동산 소유권 등기 시 법인장부 등에 의하여 사실상의 취득가액을 과세표준으로 할
> 경우 등기·등록 당시에 자산재평가 또는 감가상각 등의 사유로 그 가액이 달라진 경
> 우에는 변경된 가액을 과세표준으로 한다.

07 부동산 등기·등록에 대한 등록면허세 과세표준에 관한 내용으로 틀린 것은?

① 전세권을 목적으로 하는 근저당 설정등기는 채권최고액이 과세표준이 된다.

② 지역권 말소등기 기타 등기로서 매 1건을 과세표준으로 한다.

③ 임차권 설정 및 이전등기에 있어서 과세표준은 임차보증금액으로 한다.

④ 구분지상권의 경우 토지의 공중이나 지하 공간 일부분에 설정하는 구분지상권은 이용저해율(利用沮害率) 상당 가액을 등록면허세 과세표준으로 한다.

⑤ 부동산에 소유권에 대한 처분금지 가처분 등기를 할 경우 해당 부동산 가액을 처분제한 목적인 채권금액으로 보아 그 금액이 과세표준이 된다.

> **해설** 임차권 설정 및 이전등기에 있어서 과세표준은 월 임대차금액으로 한다.

08 지방세법상 부동산 등기·등록에 대한 등록면허세 과세표준에 관련된 내용 중 사실상 취득가액 적용기준에 관한 설명으로 틀린 것은?

① 증여·기부, 기타 무상취득과 특수관계인 간 부당행위계산은 이에 해당하지 아니한다.

② 「부동산 거래신고 등에 관한 법률」 규정에 의하여 신고서를 제출하여 검증이 이루어진 취득이 이에 해당한다. 다만, 「부동산 거래신고 등에 관한 법률」 제6조에 따른 조사 결과 또는 지방국세청장 등으로부터 통보받는 자료에 의하여 확인된 금액보다 적은 경우에는 그 확인된 금액을 과세표준으로 한다.

③ 민사소송 및 행정소송에 의한 판결문에 의하여 입증된 취득은 이에 화해·포기·인낙 또는 자백간주에 의한 것이 포함된다.

④ 법령이 정한 신뢰할 수 있는 법인이 작성한 원장·보조장·출납전표·결산서 등에 의하여 입증된 것이 이에 해당한다.

⑤ 부동산을 공매방법으로 취득한 경우가 이에 해당한다.

> **해설** 민사소송 및 행정소송에 의하여 확정된 판결문에 의하여 입증된 취득은 사실상 취득가액으로 하되, 화해·포기·인낙 또는 자백간주에 의한 것은 제외한다.

09 지방세법상 건수를 과세표준으로 하여 등기·등록에 대한 등록면허세를 과세하는 경우
를 모두 고른 것은?

> ㉠ 합필등기
> ㉡ 저당권의 채권금액의 증가로 인한 변경등기
> ㉢ 전세보증금 증가로 인한 변경등기
> ㉣ 저당권 말소등기

① ㉣   ② ㉠, ㉢   ③ ㉠, ㉣
④ ㉠, ㉢, ㉣   ⑤ ㉡, ㉢, ㉣

<hr>

해설 ㉠ 합필등기 : 건당
㉡ 저당권의 채권금액의 증가로 인한 변경등기 : 권리의 변경등기 시 건축물의 면적
증가는 소유권 보존등기로 보며, 저당권 등 당초 과세표준 증가로 인한 변경은 설
정으로 보아 증가한 가액을 과세표준액으로 하여야 한다.
㉢ 전세보증금 증가로 인한 변경등기 : 증가된 전세보증금
㉣ 저당권 말소등기 : 건당

이것만은 꼭! 부동산등기 표준세율

▼ 문제 10~14

표준세율은 다음과 같으며, 표준세율의 50% 범위 안에서 가감 조정할 수 있다.

권리별	등기원인		과세표준	세 율
소유권	보존등기		부동산 가액	$\dfrac{8}{1,000}$
	이전등기	무상 이전	부동산 가액	$\dfrac{15}{1,000}$(비영리사업자 포함)
		상속 이전	부동산 가액	$\dfrac{8}{1,000}$(농지 포함)
		그 밖의 이전	부동산 가액	$\dfrac{20}{1,000}$(주택 이외의 부동산)
				주택을 유상거래한 경우, 취득세 표준세율(1천분의 10, 1천분의 차등, 1천분의 30) 적용 대상 주택의 경우에는 그 세율의 50%를 적용한다.
소유권 이외의 권리 등 설정 및 이전, 신청				$\dfrac{2}{1,000}$
그밖의 등기(변경·소멸·합필등기, 위의 세율을 적용하여 산출된 세액이 6천원 미만인 경우 등) 1건당				6,000원

➕ **세율 적용 시 유의사항**
1. 세액이 6,000원 미만인 때에는 이를 6,000원으로 한다.
2. 부동산의 소유권을 유상 또는 무상으로 취득등기 시 그 부동산이 공유물인 때에는 그 취득지분의 가액을 부동산 가액으로 한다.
3. 담보가등기의 경우에는 저당권에 대한 세율을 적용한다.
4. 소유권등기는 취득세가 과세되는 취득을 전제로 하지 않는 등기에 한한다.

10 부동산 등기·등록에 대한 등록면허세의 표준세율에 관한 내용으로 **틀린** 것은? (단, 소유권 등기는 취득세가 과세되는 취득을 전제로 하지 않는 등기이고, 표준세율을 적용하여 산출한 세액이 부동산 등기에 대한 그 밖의 등기 또는 등록세율보다 크다고 가정함)

① 상속과 무상취득을 제외한 유상 등 그 밖의 원인으로 인한 소유권 상가건물의 이전등기는 부동산 가액의 1천분의 20이다.
② 상속 이외의 무상취득인 경우 소유권 이전등기는 부동산 가액의 1천분의 35이다.
③ 상속을 원인으로 한 농지의 소유권 이전등기는 부동산 가액의 1천분의 8이다.
④ 소유권 보존등기는 부동산 가액의 1천분의 8이다.
⑤ 가압류(부동산에 관한 권리를 목적으로 등기하는 경우를 포함)는 채권의 목적이 된 금액의 1천분의 2이다.

해설 상속 이외의 무상취득인 경우 소유권 이전등기는 부동산 가액의 1천분의 15이다.

11 지방세법상 부동산의 등기·등록에 대한 등록면허세 표준세율에 관한 설명으로 **틀린** 것
은? (단, 소유권 등기는 취득세가 과세되는 취득을 전제로 하지 않는 등기이고, 표준세율
을 적용하여 산출한 세액이 부동산 등기에 대한 그 밖의 등기 또는 등록세율보다 크다고
가정함)

① 등기·등록에 대한 등록면허세의 세율에 있어서 탄력세율은 표준세율의 50% 범
위 안에서 가감 조정할 수 있다.

② 부동산의 소유권 등기 시 그 부동산이 공유물인 때에는 그 취득지분의 가액을 부
동산 가액으로 하여 해당 세율을 적용한다.

③ 취득세 제척기간이 경과된 상가건물에 대한 유상이전에 따른 소유권 이전등기 시
1천분의 10을 표준세율로 한다.

④ 과세표준에 세율을 적용하여 산출한 세액이 2,000원인 경우라면 이를 6,000원
으로 한다.

⑤ 담보가등기를 신청할 경우 등기·등록에 대한 등록면허세 세율은 저당권의 세율
을 적용하여야 한다.

해설 취득세 제척기간이 경과된 상가건물에 대한 유상이전에 따른 소유권 이전등기 시 1천
분의 20을 표준세율로 한다.

12 지방세법상 부동산 등기에 대한 등록면허세의 과세표준과 표준세율로 **틀린** 것은? (단,
표준세율을 적용하여 산출한 세액이 부동산 등기에 대한 그 밖의 등기 또는 등록세액보다
크다고 가정함)

① 전세권 이전등기 : 전세금액의 1천분의 2

② 상속으로 인한 소유권 이전등기 : 부동산 가액의 1천분의 8

③ 지역권 설정 및 이전등기 : 승역지 가액의 1천분의 2

④ 임차권 설정 및 이전등기 : 월 임대차금액의 1천분의 2

⑤ 저당권 설정 및 이전등기 : 채권금액의 1천분의 2

해설 지역권 설정 및 이전등기는 요역지 가액의 1천분의 2로 한다.

13 지방세법상 부동산등기에 대한 등록면허세의 과세표준과 표준세율로서 **틀린** 것은? (단, 부동산등기에 대한 표준세율을 적용하여 산출한 세액이 그 밖의 등기 또는 등록세율보다 크다고 가정하며, 중과세 및 비과세와 지방세특례제한법은 고려하지 않음) ·31회 수정

① 소유권 보존 : 부동산 가액의 1천분의 8
② 가처분 : 부동산 가액의 1천분의 2
③ 지역권 설정 : 요역지 가액의 1천분의 2
④ 전세권 이전 : 전세금액의 1천분의 2
⑤ 상속으로 인한 소유권 이전 : 부동산 가액의 1천분의 8

해 설 부동산 가처분등기에 대한 과세표준은 해당 권리의 처분제한 목적인 금액을 채권금액으로 보아 채권금액의 1천분의 2에 해당하는 세율로 한다.

14 지방세법상 부동산 등기 시 과세표준에 세율을 곱하여 계산한 등록면허세 산출세액이 2,000원일 경우 납부할 등기·등록에 대한 등록면허세액은 얼마인가?

① 소액징수 면제한다.
② 2,000원
③ 3,000원
④ 6,000원
⑤ 10,000원

해 설 부동산 등기에 대한 등록면허세액이 6,000원 미만인 때에는 그 세액을 6,000원으로 한다.

정답   **11** ③   **12** ③   **13** ②   **14** ④

중과세대상 지역	대도시(과밀억제권역에 한함)		
중과세대상 법인	일체의 모든 법인(영리·비영리법인, 민법상·상법상 법인 등)		
중과세행위	대도시 내에서 법인의 설립, 휴면법인 인수, 대도시 내로 전입, 지점 및 분사무소 설치		
중과세등기	1. 법인등기		㉠ 설립등기(휴면법인을 인수)
			㉡ 본점(주사무소) 전입(설립으로 봄)
			➕ 5년 이내에 자본 또는 출자액을 증가하는 경우를 포함한다.
			㉢ 지점(분사무소) 설치
	2. 부동산 등기	부동산 소유권등기(5년 이내에 취득한 부동산을 포함)	
중과세율	1. 법인등기 : 일반세율의 100분의 300 2. 부동산 소유권등기 : 표준세율의 100분의 300 ➕ 부동산 등기세율을 적용하여 산정된 세액이 6천원 미만일 때에는 6천원의 100분의 300으로 한다.		
중과세 배제	1. 산업단지 2. 도시형 법인 등 중과세 제외 업종 ➕ 중과 제외 업종으로 법인등기를 한 법인이 정당한 사유 없이 그 등기일부터 2년 이내에 대도시 중과 제외 업종 외의 업종으로 변경하거나 대도시 중과 제외 업종 외의 업종을 추가하는 경우 그 해당 부분에 대하여는 중과세를 한다.		

15 지방세법상 대도시 내 법인의 등기·등록에 대한 등록면허세 중과세 적용에 관한 내용
으로 틀린 것은?

① '법인'이라 함은 일체의 모든 법인을 말하고, 중과세 제외대상 도시형 법인은 제
외한다.

② 중과세대상 대도시란 「수도권정비계획법」에 따른 과밀억제권역을 말한다. 다만,
산업단지는 제외한다.

③ 법인이 대도시 내에서 행하는 부동산 소유권 등기에 대해서는 표준세율의 3배로
중과세한다. 이 경우 부동산 등기세율을 적용하여 산정된 세액이 6천원 미만일
때에는 6천원의 100분의 300으로 한다.

④ 대도시 외 법인의 대도시 내로의 본점 또는 주사무소의 전입에 따른 부동산 취득
등기는 표준세율의 100분의 300으로 한다.

⑤ 설립 이후에 중과 제외 업종 외의 업종으로 변경하거나 대도시 중과세 업종을 추
가하는 경우에는 중과세하지 아니한다.

> **해설** 대도시 중과 제외 업종으로 법인등기를 한 법인이 정당한 사유 없이 그 등기일부터
> 2년 이내에 대도시 중과 제외 업종 외의 업종으로 변경하거나 대도시 중과 제외 업종
> 외의 업종을 추가하는 경우 그 해당 부분에 대하여는 중과세를 적용한다.

정답 **15** ⑤

1. 비과세대상

㉠ 국가, 지방자치단체, 지방자치단체조합, 외국정부, 주한국제기구의 등기·등록

➕ 국가 등의 자기를 위한 등기·등록에는 압류등기나 압류해제등기 등이 포함된다.

㉡ 회사의 정리 또는 특별청산에 관한 법원의 촉탁으로 인한 등기·등록

㉢ 행정구역의 변경, 주민등록번호의 변경, 지적소관청의 지번변경, 계량단위의 변경, 등기·등록 담당 공무원의 착오 및 이와 유사한 사유로 인한 등록으로서 주소·성명·주민등록번호·지번·계량단위 등의 단순한 표시변경·회복 또는 경정등기·등록

㉣ 지적공부상 지목이 묘지인 토지에 관한 등기·등록

2. 납세절차

㉠ 납세지 : 등기·등록에 대한 등록면허세 납세지는 다음의 물건 소재지 지방자치단체로 한다.

ⓐ 부동산 등기 : 부동산 소재지

ⓑ 입목 : 등기관청 소재지

ⓒ 공동저당 : 수개의 부동산에 하나의 채권을 공동담보로 하는 저당권등기는 하나의 등기로 보아 처음 등기·등록하는 관청 소재지로 한다. 단, 종류가 다를 때에는 물건지별로 각각 부과한다.

ⓓ 재산이 2개 이상의 지방자치단체에 걸쳐 소재하고 있어 등기·등록에 대한 등록면허세를 지방자치단체별로 부과할 수 없을 때 : 등기소 또는 등록관청 소재지

ⓔ 납세지가 불분명한 경우 : 등기·등록관청 소재지

㉡ 납부방법 등

구 분	납부방법		납부기한 등	
원칙	신고 및 납부	등기·등록하고자 하는 경우	등기 또는 등록의 신청서를 등기·등록관서에 접수하는 날까지	
		등기 후 변경	일반과세가 중과세로 변경	중과세대상이 된 날 또는 변경된 날부터 60일 이내
			비과세·감면대상이 과세대상으로 변경	
	➕ 1. 신고를 하지 아니한 경우에도 등록면허세 산출세액을 등기 또는 등록의 신청서를 등기·등록관서에 접수하는 날까지 또는 신고기한까지 납부한 때에는 신고를 하고 납부한 것으로 본다. 이 경우 해당 가산세를 부과하지 아니한다. 2. **채권자대위자 납부** : 채권자대위자는 납세의무자를 대위하여 부동산의 등기에 대한 등록면허세를 신고·납부할 수 있다.			
예외	보통 징수	무신고자, 과소신고자	가산세를 해당 세액에 가산하여 납세고지서를 발송하여 징수	
기타	등기관 통보, 기한 후 신고, 수정신고, 가산세 감면 등은 취득세 규정을 준용한다. ➕ 법인장부 관련 가산세(10%)와 신고 없이 매각한 경우 80% 중가산세 규정은 등록면허세에는 없다.			

16 ⓐ 지방세법상 부동산 등기를 할 경우 등기·등록에 대한 등록면허세가 비과세 등이 되는 것으로 틀린 것은?

① 국가·지방자치단체(다른 법률에서 국가 또는 지방자치단체로 의제되는 법인은 제외)·지방자치단체조합·외국정부 및 주한국제기구가 자기를 위하여 하는 등기·등록
② 지방세의 체납으로 인한 압류의 등기 또는 등록 및 그 등록 해제의 등기
③ 법정요건을 갖춘 회사정리 및 특별청산에 관한 법원촉탁등기
④ 무덤과 이에 접속된 부속시설물의 부지로 사용되는 토지로서 지적공부상 지목이 묘지인 토지에 관한 등기
⑤ 지방자치단체로 소유권이 이전한 경우의 지방자치단체가 행하는 전세권 등 말소를 위한 채권자대위적 등기

> **해설** 지방자치단체로 소유권이 이전되는 경우에 있어 그 전제가 되는 전세권, 가등기 등의 해제는 물론 성명의 복구나 소유권의 보존 등 일체의 채권자대위적 등기에 대해서는 그 권리의 소유자가 등기·등록에 대한 등록면허세를 납부하여야 한다.

17 ⓑ 지방세법상 등기·등록에 대한 등록면허세 비과세대상으로 틀린 것은?

① 지방세 체납으로 인한 압류의 등기
② 등록 담당 공무원의 착오 및 이와 유사한 사유로 인한 등록으로서 주소·성명·주민등록번호·지번·계량단위 등의 단순한 표시변경·회복 또는 경정등록
③ 권리자 주민등록번호 변경등기
④ 행정구역의 변경, 지적(地籍)소관청의 지번 변경, 계량단위의 변경 등의 등기
⑤ 권리의 소유자 성명 및 주소 변경등기

> **해설** 권리의 소유자 성명 변경등기는 매 1건당 6천원의 등록면허세가 과세된다.

정답 **16** ⑤ **17** ⑤

18 甲이 은행에서 10억원의 융자를 받아 乙 소유 부동산에 저당권 설정등기를 하는 경우 지방세법상 등록에 대한 등록면허세에 관한 설명으로 <u>틀린</u> 것은? (단, 표준세율을 적용하고, 저당권에 대한 채권최고액은 12억원임)

① 등록면허세의 납세의무자는 저당권자인 은행이다.

② 부동산 소재지와 저당권자 주소지가 다른 경우 등록면허세의 납세지는 부동산 소재지로 한다.

③ 저당권 설정등기에 대한 등록면허세의 표준세율은 채권금액인 12억원의 1천분의 2이다.

④ 만약 丙이 저당권자로부터 저당권을 이전받아 등기하는 경우라면 등록면허세의 납세의무자는 丙이다.

⑤ 만약 丙이 저당권자로부터 저당권 가등기를 한다면 1건의 등기로 보아 6,000원으로 등록면허세를 납부하여야 한다.

> **해설** 만약 丙이 저당권자로부터 저당권 가등기를 한다면 표준세율을 적용한 경우 산출세액은 12억원에 1천분의 2를 적용하면 240만원이 된다.

19 지방세법상 등기·등록에 대한 등록면허세에 관한 설명으로 <u>틀린</u> 것은?

① 부동산 등기에 대한 등록면허세의 납세지는 부동산 소재지이나, 그 납세지가 분명하지 아니한 경우에는 등기·등록관청 소재지로 한다.

② 지방세의 체납으로 인하여 압류의 등기를 한 재산에 대해서 압류해제의 등기를 할 경우 등기·등록에 대한 등록면허세가 과세되지 않는다.

③ 부동산을 등기하려는 자는 과세표준에 세율을 적용하여 산출한 세액을 등기신청서를 제출하기 전까지 납세지를 관할하는 지방자치단체의 장에게 신고·납부하여야 한다.

④ 등기·등록에 대한 등록면허세 신고가액이 공부상 금액과 다를 경우에는 공부상 금액을 과세표준으로 한다.

⑤ 같은 채권을 위하여 종류를 달리하는 둘 이상의 저당권에 관한 등기 또는 등록을 받을 경우에 등록면허세의 부과방법은 하나의 등기로 보아 등록면허세를 부과한다.

> **해설** 같은 채권을 위하여 종류를 달리하는 둘 이상의 저당권에 관한 등기 또는 등록을 받을 경우에 등록면허세의 부과방법은 채권금액 전액에서 이미 납부한 등록면허세의 산출 기준이 된 금액을 뺀 잔액을 그 채권금액으로 보고 등록면허세를 부과한다.

20 지방세법상 등록면허세가 과세되는 등록 또는 등기가 <u>아닌</u> 것은? (단, 2022년 1월 1일
上 이후 등록 또는 등기한 것으로 가정함) • 29회 수정

① 광업권의 취득에 따른 등록
② 외국인 소유의 선박을 직접 사용하기 위하여 연부취득조건으로 수입하는 선박의
  등록
③ 취득세 부과제척기간이 경과한 주택의 등기
④ 취득가액이 50만원 이하인 차량의 등록
⑤ 계약상의 잔금지급일을 2022년 10월 1일로 하는 부동산(취득가액 1억원)의 소유
  권 이전등기

해설 2011년 이후에 취득한 부동산은 소유권 취득(취득세 부과제척기간이 경과한 등기와
면세점 대상은 제외)에 대한 등기분을 포함하여 취득세로 부과된다.

21 지방세법상 등기·등록에 대한 등록면허세에 관한 설명으로 <u>틀린</u> 것은?
中

① 부동산 등기에 대한 등록면허세 납세지는 부동산 소재지이다.
② 등기·등록에 대한 등록면허세의 납세의무자가 신고를 하지 아니하고 등록신청
  접수일까지 등록면허세를 납부한 경우에는 해당 무신고가산세를 부과한다.
③ 등기·등록에 대한 등록면허세 과세물건을 등기 또는 등록한 후에 해당 과세물건
  이 중과세대상이 된 때에는 중과세대상이 된 날부터 60일 이내에 중과세율을 적
  용하여 산출한 세액에서 이미 납부한 세액(가산세를 제외한다)을 공제한 금액을 세
  액으로 하여 신고하고 납부하여야 한다.
④ 피상속인이 납부한 등록면허세는 상속인이 납부한 것으로 납세의 효력이 있다.
⑤ 자산재평가 또는 감가상각 등의 사유로 변경된 가액을 과세표준으로 할 경우에는
  등기일 또는 등록일 현재의 법인장부 또는 결산서 등으로 증명되는 가액을 과세
  표준으로 한다.

해설 등기·등록에 대한 등록면허세의 납세의무자가 신고를 하지 아니하고 등록신청 접수
일까지 등록면허세를 납부한 경우에는 신고한 것으로 보아 해당 무신고가산세를 부과
하지 아니한다.

정답 **18** ⑤ **19** ⑤ **20** ⑤ **21** ②

22 부동산 등기 시 등기·등록에 대한 등록면허세의 신고납부에 관한 내용으로 **틀린** 것은?

① 등기·등록에 대한 등록면허세의 부가세는 납부세액의 20%를 지방교육세로 부과하고, 그 감면세액의 20%를 농어촌특별세로 부과한다.

② 등록면허세를 과소신고 및 납부하였을 경우에는 과소신고세액에 과소신고가산세 및 납부지연가산세를 함께 보통징수방법에 의하여 징수한다.

③ 등기·등록관서의 장은 등기에 대한 등록면허세가 납부되지 아니하였거나 납부부족액을 발견하였을 때에는 납세지를 관할하는 지방자치단체의 장에게 지체 없이 통보하여야 한다.

④ 동일 채권의 담보를 위하여 설정하는 둘 이상의 저당권 등기는 하나의 등록으로 보아 등록면허세를 부과한다.

⑤ 제척기간이 만료된 취득등기는 취득세가 과세되지 않지만, 등록면허세는 과세대상이다.

> **해설** 등기·등록관서의 장은 등기에 대한 등록면허세가 납부되지 아니하였거나 납부부족액을 발견하였을 때에는 납세지를 관할하는 지방자치단체의 장에게 다음 달 10일까지 통보하여야 한다.

23 부동산 등기 시 등기에 대한 등록면허세에 관한 설명으로 **틀린** 것은?

① 신고를 하지 아니한 경우에도 등기·등록에 대한 등록면허세 산출세액을 등기 또는 등록을 하기 전까지 또는 신고기한까지 납부한 때에는 신고를 하고 납부한 것으로 본다. 이 경우 해당 가산세를 부과하지 아니한다.

② 동일한 등기 또는 등록에 관계되는 재산이 2개 이상의 지방자치단체에 걸쳐 소재하고 있어 등록면허세를 지방자치단체별로 부과할 수 없을 때에는 등기소 또는 등록관청 소재지를 납세지로 한다.

③ 법령에 따라 채권자대위자는 납세의무자를 대위하여 부동산의 등기에 대한 등록면허세를 신고·납부할 수 있다. 이 경우 채권자대위자의 신고·납부가 있는 경우 납세의무자에게 그 사실을 즉시 통보하여야 한다.

④ 등기 후 등록면허세 중과세 추징대상이 된 때에는 그 사유발생일부터 60일 이내에 해당 세율을 적용하여 산출한 세액에서 기납부세액(가산세를 제외한 세액을 말함)을 공제한 금액을 신고·납부하여야 한다.

⑤ 동일 채권의 담보를 위하여 설정하는 둘 이상의 저당권의 등기 또는 등록은 각각의 등기 또는 등록으로 보아 그 등기 또는 등록에 관계되는 각각 재산의 소재지를 납세지로 한다.

해설 동일 채권의 담보를 위하여 설정하는 둘 이상의 저당권의 등기 또는 등록은 하나의 등기 또는 등록으로 보아 그 등기 또는 등록에 관계되는 재산을 처음 등기 또는 등록하는 등기소 또는 등록관청 소재지를 납세지로 한다.

24 ⊕ 지방세법상 부동산 관련 취득세와 등기·등록에 대한 등록면허세를 비교한 내용으로 **틀린** 것은?

구 분	취득세	등록면허세
① 납세의무 성립시기 :	취득하는 때	등기·등록하는 때
② 소액징수 면제 :	없음	없음
③ 과세분류 :	종가세	종가 및 종량세
④ 부가세(감면분) :	농어촌특별세	지방교육세
⑤ 면세점 :	있음	없음

해설 등기·등록에 대한 등록면허세 감면세액이 있는 경우 감면세액의 20%를 농어촌특별세로 부과한다.

25

지방세법상 취득세 또는 등록면허세의 신고·납부에 관한 설명으로 옳은 것은? (단, 비과세 및 지방세특례제한법은 고려하지 않음) • 31회

① 상속으로 취득세 과세물건을 취득한 자는 상속개시일로부터 6개월 이내에 과세표준과 세액을 신고·납부하여야 한다.

② 취득세 과세물건을 취득한 후 중과세대상이 되었을 때에는 표준세율을 적용하여 산출한 세액에서 이미 납부한 세액(가산세를 포함)을 공제한 금액을 세액으로 하여 신고·납부하여야 한다.

③ 지목변경으로 인한 취득세 납세의무자가 신고를 하지 아니하고 매각하는 경우 산출세액에 100분의 80을 가산한 금액을 세액으로 하여 징수한다.

④ 등록을 하려는 자가 등록면허세 신고의무를 다하지 않고 산출세액을 등록 전까지 납부한 경우 「지방세기본법」에 따른 무신고가산세를 부과한다.

⑤ 등기·등록관서의 장은 등기 또는 등록 후에 등록면허세가 납부되지 아니하였거나 납부부족액을 발견한 경우에는 다음 달 10일까지 납세지를 관할하는 시장·군수·구청장에게 통보하여야 한다.

해설 ① 상속으로 취득세 과세물건을 취득한 자는 상속개시일이 속하는 달 말일부터 6개월 이내에 과세표준과 세액을 신고·납부하여야 한다.

② 취득세 과세물건을 취득한 후 중과세대상이 되었을 때에는 표준세율을 적용하여 산출한 세액에서 이미 납부한 세액에 가산세를 제외한 세액을 공제한 금액을 세액으로 하여 신고·납부하여야 한다.

③ 지목변경으로 인한 취득세 납세의무자가 신고를 하지 아니하고 매각하는 경우에도 100분의 80에 해당하는 중가산세 적용대상이 아니다.

④ 등록을 하려는 자가 등록면허세 신고의무를 다하지 않고 산출세액을 등록 전까지 납부한 경우 「지방세기본법」에 따른 무신고가산세를 적용하지 아니한다.

뜨거운 가마 속에서 구워낸 도자기는
결코 빛이 바래는 일이 없다.

이와 마찬가지로 고난의 아픔에 단련된 사람의 인격은
영원히 변하지 않는다.

고난은 사람을 만드는 법이다.

– 쿠노 피셔(Kuno Fischer)

03 재산세

더 많은 기출문제를 풀고 싶다면?
단원별 기출문제집
[부동산세법] pp.300~328

5개년 출제빈도 분석표

28회	29회	30회	31회	32회
3	2.5	3	3	2

빈출 키워드

☑ 과세표준   ☑ 납세의무자
☑ 납세절차   ☑ 물납·분할납부

대표기출   **연습**

지방세법상 재산세에 관한 설명으로 틀린 것은? (단, 주어진 조건 외에는 고려하지 않음)

• 32회 수정

① 토지에 대한 재산세의 과세표준은 시가표준액에 공정시장가액비율(100분의 70)을 곱하여 산정한 가액으로 한다.

② 지방자치단체가 1년 이상 공용으로 사용하는 재산으로서 유료로 사용하는 경우에는 재산세를 부과한다.

③ 재산세 물납신청을 받은 시장·군수·구청장이 물납을 허가하는 경우 물납을 허가하는 부동산의 가액은 물납허가일 현재의 시가로 한다.

④ 주택의 토지와 건물 소유자가 다를 경우 해당 주택에 대한 세율을 적용할 때 해당 주택의 토지와 건물의 가액을 합산한 과세표준에 주택의 세율을 적용한다.

⑤ 개인 소유 주택공시가격이 6억원인 주택에 대한 재산세의 산출세액이 직전 연도의 해당 주택에 대한 재산세액 상당액의 100분의 110을 초과하는 경우에는 100분의 110에 해당하는 금액을 해당 연도에 징수할 세액으로 한다.

키워드   재산세 과세요건, 납세절차   27회, 29회, 31회, 32회

교수님 TIP   재산세의 과세표준, 과세기준일, 납부기간 등 전반적인 납세절차를 파악하여야 합니다.

해설   재산세 물납신청을 받은 시장·군수·구청장이 물납을 허가하는 경우 물납을 허가하는 부동산의 가액은 물납허가일이 아니라 과세기준일 현재의 시가로 한다.

정답 ③

1. 기본개념

- ㉠ 과세권자 : 지방세(시·군·구세), 특별자치시세, 특별자치도세, 특별시의 경우 특별시와 구가 공동 과세
- ㉡ 납세의무 성립일 : 과세기준일(매년 6월 1일)
- ㉢ 세액의 확정 : 부과주의
- ㉣ 납부방법 : 보통징수
- ㉤ 기타 : 소액징수 면제, 분할납부, 물납, 조세부담상한제도, 가산금
- ㉥ 도시지역 안 추가재산세 : 도시지역분

2. 성 격

재산세의 과세대상 물건의 공부상 등재상황과 사실상 현황이 상이한 경우에는 사실상 현황에 의하여 재산세를 부과한다. 다만, 공부상 등재현황과 달리 이용함으로써 재산세 부담이 낮아지는 경우 등 대통령령으로 정하는 경우는 공부상 등재현황에 따라 부과한다.

➕ **대통령령으로 정하는 경우란?**
1. 관계 법령에 따라 허가 등을 받아야 함에도 불구하고 허가 등을 받지 않고 이용하는 경우로서 사실상 이용현황에 따라 재산세를 부과할 경우 재산세 부담이 낮아지는 경우
2. 재산세 과세기준일 현재의 사용이 일시적인 사용으로 인정되는 경우

3. 과세대상

구 분	내 용	비 고
토 지	㉠ 종합합산과세대상(관할 지방자치단체별, 소유자별 합산) ㉡ 별도합산과세대상(관할 지방자치단체별, 소유자별 합산) 　➕ 신탁된 토지는 위탁자별로 합산 ㉢ 분리과세대상	주택에 딸린 토지는 제외
건축물	「건축법」 규정에 따른 건축물과 시설 및 딸린 시설	주택은 제외
주 택	㉠ 주택과 딸린 토지를 포함(통합과세)하되, 딸린 토지의 경계가 불분명한 경우 그 주택 바닥면적의 10배에 해당하는 토지로 함 ㉡ 겸용주택 • 1개 동의 경우 : 각각의 용도 • 1구의 경우 : 전체의 50% 이상이 주택이면 모두 주택 ㉢ 무허가 등 주택 : 무허가 등 건축물의 면적이 전체 건축물 면적의 100분의 50 이상인 경우에는 그 건축물을 주택으로 보지 아니하고 그 부속토지는 종합합산대상에 해당하는 토지로 본다. ㉣ 다가구주택 : 점유상 독립성을 기준으로 1구를 하나의 주택으로 봄	주택으로 재산세가 부과된 무허가 건축물은 계속하여 주거용으로 사용하는 경우에 한하여 종전과 같이 주택으로 재산세를 부과할 수 있다.
선박과 항공기	물건별로 구분	―

01 지방세법상 재산세에 관한 제도적 특징으로 **틀린** 것은?

① 물납과 분할납부

② 소액징수 면제

③ 특별징수

④ 부과주의 확정

⑤ 조세부담 상한제도

> **해설** 재산세는 과세관청이 결정한 세금을 납세자에게 고지징수하는 '보통징수'이지, 지방세를 징수할 때 편의상 징수할 여건이 좋은 자로 하여금 징수하게 하고 그 징수한 세금을 납부하게 하는 특별징수대상은 아니다.

02 지방세법상 재산세에 관한 내용으로 **틀린** 것은?

① 재산세의 과세대상 물건의 공부상 등재상황과 사실상 현황이 상이한 경우에는 사실상 현황에 의하여 재산세를 부과한다.

② 관계 법령에 따라 허가 등을 받아야 함에도 불구하고 허가 등을 받지 않고 이용하는 경우로서 사실상 이용현황에 따라 재산세를 부과할 경우 재산세 부담이 낮아지는 경우에는 공부상 등재현황에 따라 부과한다.

③ 사실상 용도가 재산세 과세기준일 현재의 사용이 계속적 사용으로 볼 수 없는 경우에는 공부상 등재현황에 따라 부과한다.

④ '주택'이란 「주택법」 제2조 제1호에 따른 주택을 말한다. 이 경우 토지와 건축물의 범위에서 주택은 제외한다.

⑤ 특별시와 광역시의 경우에는 토지, 건축물, 주택에 대한 재산세를 공동과세한다.

> **해설** 특별시 경우에만 토지, 건축물, 주택에 대한 재산세를 공동과세한다.

03 지방세법상 재산세 과세대상에 관한 설명으로 **틀린** 것은?

中

① 재산세 과세대상인 토지는 「공간정보의 구축 및 관리 등에 관한 법률」에 따라 지적공부에 등록된 토지만을 과세대상 토지로 본다.

② 신탁재산에 속하는 합산대상 토지는 위탁자 소유 토지에 합산하여야 한다.

③ 토지에 대한 재산세 과세대상은 종합합산과세대상, 별도합산과세대상 및 분리과세대상으로 구분한다.

④ 토지 중 합산과세대상 토지는 소유자별, 관할 지방자치단체별로 합산한다.

⑤ 재산세 과세대상인 건축물은 「건축법」상 건축물과 시설이 그 대상이며, 이에 딸린 시설을 포함한다. 주택은 건축물 과세대상에서 제외한다.

> 해설 재산세 과세대상인 토지는 「공간정보의 구축 및 관리 등에 관한 법률」에 따라 지적공부의 등록대상이 되는 토지를 말하며, 그 밖에 사용되고 있는 사실상의 토지가 포함된다.

04 지방세법상 재산세 과세대상 중 주택에 관한 내용으로 **틀린** 것은? (단, 주어진 조건 이
  외 경과규정 등은 고려하지 아니함)

① '과세대상 주택'이라 함은 세대의 세대원이 장기간 독립된 주거생활을 영위할 수
   있는 구조로 되어 있는 건축물의 전부 또는 일부 및 그 딸린 토지를 말한다.

② 다가구주택의 경우에는 1세대가 독립하여 사용할 수 있는 구획된 부분, 즉 점유
   상 독립성을 기준으로 1구의 주택으로 본다.

③ 허가 등을 받아야 할 건축물로서 허가 등을 받지 아니하고 주거용으로 사용 중인
   건축물의 면적이 전체 건축물 면적의 100분의 50을 초과한 경우에 그 건축물을
   주택으로 보지 아니한다.

④ 1구(構)의 건물이 주거와 주거 외의 용도로 사용되고 있는 경우 주거용으로 사용
   되는 면적이 전체의 100분의 50 이상인 경우에는 전부 주택으로 본다.

⑤ 1동(棟)의 건물이 주거와 주거 외의 용도로 사용되고 있는 경우에는 주거용으로
   사용되는 부분만을 주택으로 본다. 이 경우 건물의 부속토지는 주거와 주거 외의
   용도로 사용되는 건물의 면적비율에 따라 각각 안분하여 주택의 부속토지와 건축
   물의 부속토지로 구분한다.

> **해설** 허가 등을 받아야 할 건축물로서 허가 등을 받지 아니하고 주거용으로 사용 중인 건축
> 물의 면적이 전체 건축물 면적의 100분의 50을 초과가 아니라 '100분의 50 이상'인
> 경우에 그 건축물을 주택으로 보지 아니한다.

이것만은 꼭! 재산세 납세의무자 ▼ 문제 05~09

1. 원 칙

재산세 과세기준일 현재 재산의 사실상 소유자

➕ 1. **공유재산** : 그 지분(지분의 표시가 없는 경우에는 지분이 균등한 것으로 봄)에 대하여 그
     지분권자를 납세의무자로 본다.

  2. **주택이 건축물과 부속토지의 소유자가 다를 경우** : 주택에 대한 산출세액을 그 건축물과 부
     속토지의 시가표준액 비율로 안분한 부분에 대하여 그 소유자를 납세의무자로 한다.

2. 예 외

납세의무자	내 용
공부상 소유자	⊙ 공부상의 소유자가 매매 등의 사유로 소유권에 변동이 있었음에도 이를 신고하지 아니하여 사실상의 소유자를 알 수 없는 때 ⊙ 공부상에 개인 등의 명의로 등재되어 있는 사실상의 종중재산으로서 공부상의 소유자가 종중소유임을 신고하지 아니한 때
연부매수계약자	국가·지방자치단체 및 지방자치단체조합과 재산세 과세대상 물건을 연부로 매매계약을 체결하고 그 재산의 사용권을 무상으로 부여받은 경우
주된 상속자	상속이 개시된 재산으로서 상속등기가 이행되지 아니하고 사실상의 소유자를 신고하지 아니한 때. 여기서 주된 상속자란 「민법」상 상속지분이 가장 높은 자로 하되, 상속지분이 가장 높은 사람이 두 명 이상인 경우에는 연장자로 한다.
사업시행자	사업계획 등이 정하는 목적을 위하여 환지계획 또는 관리처분계획에 의하여 일정한 토지를 환지로 정하지 아니하고 체비지와 보류지로 정한 토지
파산선고된 재산	「채무자 회생 및 파산에 관한 법률」에 따른 파산선고 이후 종결까지 파산재단에 속하는 재산의 경우 공부상 소유자
수입자	외국인 소유의 항공기 또는 선박을 임차하여 수입하는 경우
위탁자	「신탁법」 제2조에 따른 수탁자의 명의로 등기 또는 등록된 신탁재산의 경우에는 위탁자가 신탁재산을 소유한 것으로 본다.
사용자	소유권의 귀속이 분명하지 아니하여 소유권자를 알 수 없는 경우

➕ **유의사항**

1. **매수계약자의 범위** : 국가·지방자치단체 및 지방자치단체조합이 선수금을 받아 매매용 토지를 조성한 경우에 조성이 사실상 완료된 토지의 사용권을 무상으로 받은 자는 매수계약자로 본다.
2. **사용자의 범위** : 착오로 인하여 동일한 재산이 이중으로 등재되어 착오의 원인이 확인되지 아니하여 소송 중에 있는 재산은 소유권의 귀속이 불분명한 재산에 해당된다.
3. **신탁재산에 대한 물적의무** : 신탁재산의 위탁자가 재산세·가산금 또는 체납처분비를 체납한 경우로서 그 위탁자의 다른 재산에 대하여 체납처분을 하여도 징수할 금액에 미치지 못할 때에는 해당 신탁재산의 수탁자는 그 신탁재산으로써 위탁자의 재산세 등을 납부할 의무가 있고, 위탁자의 재산세 등을 징수할 수 있다.
4. **위탁자의 범위** : 「주택법」 제2조 제11호 가목에 따른 지역주택조합 및 같은 호 나목에 따른 직장주택조합이 조합원이 납부한 금전으로 매수하여 소유하고 있는 신탁재산의 경우에는 해당 지역주택조합 및 직장주택조합을 '위탁자'로 본다.
5. **납세관리인** : 재산세의 납세의무자가 해당 재산을 직접 사용·수익하지 아니하는 경우에는 그 재산의 사용자·수익자를 납세관리인으로 지정하여 신고할 수 있다.

정답 **04** ③

05 지방세법상 재산세 납세의무자에 관한 설명으로 <u>틀린</u> 것은?

① 원칙상 재산세 과세기준일 현재 재산을 사실상 소유하고 있는 자는 재산세를 납부할 의무가 있다.

② 공유재산인 경우 그 지분에 해당하는 부분(지분의 표시가 없는 경우에는 지분이 균등한 것으로 봄)에 대해서는 그 지분권자가 재산세를 납부할 의무가 있다.

③ 과세대상 주택의 건물과 부속토지의 소유자가 다를 경우 주택에 대한 해당 세액을 그 건축물과 부속토지의 연면적 비율로 안분한 부분에 대하여 그 소유자를 납세의무자로 한다.

④ 「신탁법」에 따라 수탁자 명의로 등기·등록된 신탁재산의 경우 위탁자별로 구분된 재산에 대해서는 그 위탁자를 납세의무자로 한다.

⑤ 재산세 과세기준일 현재 소유권의 귀속이 분명하지 아니하여 사실상의 소유자를 확인할 수 없는 경우에는 그 사용자가 재산세를 납부할 의무가 있다.

> **해설** 과세대상 주택의 건물과 부속토지의 소유자가 다를 경우 주택에 대한 해당 세액을 그 건축물과 부속토지의 시가표준액 비율로 안분한 부분에 대하여 그 소유자를 납세의무자로 한다.

06 지방세법상 재산세의 납세의무자에 관한 설명으로 옳은 것은?

① 국가, 지방자치단체, 지방자치단체조합과 재산세 과세대상 재산을 연부(年賦)로 매매계약을 체결하고 그 재산의 사용권을 유상으로 받은 경우 그 매수계약자를 납세의무자로 한다.

② 「도시개발법」에 따라 시행하는 환지방식에 의한 도시개발사업 및 「도시 및 주거환경정비법」에 따른 정비사업(재개발사업만 해당함)의 시행에 따른 체비지 또는 보류지로 정한 경우에는 환지권리자를 납세의무자로 한다.

③ 공부상의 소유자가 매매 등의 사유로 소유권에 변동이 있었음에도 이를 신고하지 아니하여 사실상의 소유자를 알 수 없을 때에는 공부상의 소유자가 재산세를 납부할 의무가 있다.

④ 공부상에 개인 등의 명의로 등재되어 있는 사실상의 종중재산으로서 공부상의 소유자가 종중 소유임을 신고한 경우라도 공부상의 소유자를 납세의무자로 한다.

⑤ 상속이 개시된 재산으로서 상속등기가 이행되지 아니하고 사실상의 소유자를 신고하지 아니하였을 때에는 행정안전부령으로 정하는 연장자가 납세의무를 진다.

해설 ① 국가, 지방자치단체, 지방자치단체조합과 재산세 과세대상 재산을 연부(年賦)로 매매계약을 체결하고 그 재산의 사용권을 유상이 아니라 무상으로 받은 경우 그 매수계약자를 납세의무자로 한다.
② 「도시개발법」에 따라 시행하는 환지방식에 의한 도시개발사업 및 「도시 및 주거환경정비법」에 따른 정비사업(재개발사업만 해당함)의 시행에 따른 체비지 또는 보류지로 정한 경우에는 사업시행자를 납세의무자로 한다.
④ 공부상에 개인 등의 명의로 등재되어 있는 사실상의 종중재산으로서 공부상의 소유자가 종중 소유임을 신고하지 아니한 때에는 공부상의 소유자를 납세의무자로 한다.
⑤ 상속이 개시된 재산으로서 상속등기가 이행되지 아니하고 사실상의 소유자를 신고하지 아니하였을 때에는 행정안전부령으로 정하는 주된 상속자가 납세의무를 진다.

07 지방세법상 재산세 납세의무 등에 관한 설명으로 틀린 것은?

① 일반법인과 재산세 과세대상 재산을 연부(年賦)로 매매계약을 체결하고 그 재산의 사용권을 무상으로 받은 경우에도 그 매도계약자를 납세의무자로 한다.
② 과세기준일 현재 과세대상 재산을 사실상 소유하고 있는 자를 판단함에 있어 과세기준일에 과세대상 재산이 양도·양수된 때에는 양도인을 납세의무자로 한다.
③ 신탁재산의 위탁자가 재산세·가산금 또는 체납처분비를 체납한 경우로서 그 위탁자의 다른 재산에 대하여 체납처분을 하여도 징수할 금액에 미치지 못할 때에는 해당 신탁재산의 수탁자는 그 신탁재산으로써 위탁자의 재산세 등을 납부할 의무가 있고, 위탁자의 재산세 등을 징수할 수 있다.
④ 「채무자 회생 및 파산에 관한 법률」에 따른 파산선고 이후 종결까지의 파산재단인 경우 공부상 소유자를 납세의무자로 한다.
⑤ 외국인 소유의 항공기 또는 선박을 임차하여 수입하는 경우에는 수입자가 납세의무자가 된다.

해설 과세기준일 현재 과세대상 재산을 사실상 소유하고 있는 자를 판단함에 있어 과세기준일에 과세대상 재산이 양도·양수된 때에는 양수인을 납세의무자로 한다.

08 지방세법상 재산세 납세의무자 등에 관한 설명으로 <u>틀린</u> 것은?

① 착오로 인하여 동일한 재산이 이중으로 등재되어 착오의 원인이 확인되지 아니하여 소송 중에 있는 재산은 사용자가 납세의무자가 된다.

② 재산세의 납세의무자가 해당 재산을 직접 사용·수익하지 아니하는 경우에는 그 재산의 사용자·수익자를 납세관리인으로 지정하여 신고할 수 있다.

③ 국가나 지방자치단체 및 그 조합이 매수계약자로부터 선수금을 받아 매매용 토지를 조성한 경우에 조성이 사실상 완료되어 과세기준일 현재 그 사용권을 무상으로 받은 매수계약자는 해당 토지에 대한 재산세 납세의무가 있다.

④ 「주택법」 제2조 제11호 가목에 따른 지역주택조합이 조합원이 납부한 금전으로 매수하여 소유하고 있는 신탁재산의 경우에는 해당 지역주택조합원이 납세의무가 있다.

⑤ 신탁재산의 수탁자가 변경되는 경우에 새로운 수탁자는 이전의 수탁자에게 고지된 납세의무를 승계한다.

> **해설** 「주택법」 제2조 제11호 가목에 따른 지역주택조합 및 같은 호 나목에 따른 직장주택조합이 조합원이 납부한 금전으로 매수하여 소유하고 있는 신탁재산의 경우에는 해당 지역주택조합 및 직장주택조합이 '위탁자'로서 납세의무가 있다.

09 지방세법상 재산세의 과세대상 및 납세의무자에 관한 설명으로 옳은 것은? (단, 비과세는 고려하지 않음) • 31회

① 「신탁법」에 따른 신탁재산에 속하는 종합합산과세대상 토지는 위탁자의 토지와 합산한다.

② 토지와 주택에 대한 재산세 과세대상은 종합합산과세대상, 별도합산과세대상 및 분리과세대상으로 구분한다.

③ 국가가 선수금을 받아 조성하는 매매용 토지로서 사실상 조성이 완료된 토지의 사용권을 무상으로 받은 자는 재산세를 납부할 의무가 없다.

④ 주택 부속토지의 경계가 명백하지 아니한 경우 그 주택의 바닥면적의 20배에 해당하는 토지를 주택의 부속토지로 한다.

⑤ 재산세 과세대상인 건축물의 범위에는 주택을 포함한다.

해설 ② 토지에 대한 재산세 과세대상은 종합합산과세대상, 별도합산과세대상 및 분리과세
대상으로 구분한다. 주택은 주택별로 구분하여 과세된다.
③ 국가가 선수금을 받아 조성하는 매매용 토지로서 사실상 조성이 완료된 토지의 사
용권을 무상으로 받은 자는 매수계약자로서 재산세를 납부할 의무가 있다.
④ 주택 부속토지의 경계가 명백하지 아니한 경우 그 주택의 바닥면적의 10배에 해당
하는 토지를 주택의 부속토지로 한다.
⑤ 재산세 과세대상인 건축물의 범위에는 주택을 제외한다.

이것만은 꼭! **재산세 과세표준** ▼ 문제 10~11

재산세 과세표준은 과세기준일 현재 다음의 재산가액으로 한다.

구 분	과세표준
선박과 항공기	시가표준액
토 지	시가표준액 × 공정시장가액비율 1. 종합합산과세대상 2. 별도합산과세대상 3. 분리과세대상 ➕ 합산대상 토지는 납세의무자가 소유하고 있는 해당 지방자치단체 관할 구역에 있는 종합합산과세대상이 되는 토지와 별도합산과세대상이 되는 토지로 구분하여 해당 가액을 합한 금액을 과세표준으로 한다.
건축물 · 주택	시가표준액 × 공정시장가액비율

➕ 재산세 과세표준 계산 시 법인일지라도 법인장부가액을 기준으로 하지 아니한다.

➕ **공정시장가액비율** : 부동산 시장의 동향과 지방재정 여건 등을 고려하여 다음의 어느 하나에서 정한 범위에서 대통령령으로 정하는 공정시장가액비율을 말한다.
  1. **토지 및 건축물** : 시가표준액의 100분의 50부터 100분의 90까지(2022년 적용 : 70%)
  2. **주택** : 시가표준액의 100분의 40부터 100분의 80까지(2022년 적용 : 60%)

➕ **합산과세대상 토지에 대한 과세표준 계산 시 유의사항**
  1. 「지방자치법」 규정에 따라 둘 이상의 시·군이 통합된 경우에는 통합 지방자치단체의 조례로 정하는 바에 따라 5년의 범위에서 통합 이전 시·군 관할 구역별로 적용할 수 있다.
  2. 「신탁법」에 따른 신탁재산에 속하는 종합합산과세대상 토지 및 별도합산과세대상 토지의 합산방법은 위탁자의 토지에 합산하여야 한다.
  3. 향교 및 종교단체에 대한 재산세 합산은 조세포탈을 목적으로 하지 아니하고 등기한 토지가 있는 경우 개별단체별, 향교재단별로 합산하여 대상토지에 대한 재산세를 과세할 수 있다.

10 지방세법상 재산세 과세표준에 관한 내용으로 틀린 것은?

中

① 토지 중 합산과세대상 토지는 시가표준액에 공정시장가액비율을 곱한 금액을 소유자별로 종합합산과세대상과 별도합산과세대상으로 구분하여 관할 지방자치단체별로 합산한 가액을 과세표준으로 한다.

② 건축물에 대한 과세표준은 건축물별로 시가표준액에 공정시장가액비율을 곱하여 산출한 금액으로 한다.

③ 선박과 항공기에 대한 과세표준은 시가표준액으로 한다.

④ 주택에 대한 과세표준은 시가표준액에 공정시장가액비율을 곱하여 주택별로 산출한 금액으로 한다.

⑤ 법인 소유 부동산에 대한 재산세 과세표준은 과세기준일 현재 법인장부상 가액에 공정시장가액비율을 곱한 금액을 과세표준으로 한다.

해설   재산세 과세표준의 결정방법은 법인과 개인이 모두 같다. 법인이라 하여 법인장부상 입증된 가액으로 하지는 않는다.

11

지방세법상 토지에 대한 재산세 과세표준 등에 관한 내용으로 틀린 것은?

① 토지 중 합산과세대상 토지는 시가표준액에 공정시장가액비율을 곱한 금액을 소유자별로 종합합산과세대상과 별도합산과세대상으로 구분하여 관할 지방자치단체별로 합산한 가액을 과세표준으로 한다.

② 분리과세대상 토지는 소유자별로 해당 토지의 시가표준액에 공정시장가액비율을 곱한 금액을 과세표준으로 한다.

③ 「신탁법」에 따른 신탁재산에 속하는 합산과세대상 토지의 합산방법은 신탁재산에 속하는 토지는 수탁자의 고유재산에 속하는 토지와 서로 합산하지 아니하고, 위탁자별로 구분되는 신탁재산에 속하는 토지의 경우 위탁자 토지에 합산하여야 한다.

④ 「지방자치법」 규정에 따라 둘 이상의 시·군이 통합된 경우에는 통합 지방자치단체의 조례로 정하는 바에 따라 5년의 범위에서 통합 이전 관할 구역별로 적용할 수 있다.

⑤ 공정시장가액비율은 토지, 건축물, 주택의 시가표준액의 100분의 50부터 100분의 90까지 범위 내에서 정할 수 있다.

해설 공정시장가액비율은 부동산 시장의 동향과 지방재정 여건 등을 고려하여 다음의 어느 하나에서 정한 범위에서 대통령령으로 정하는 공정시장가액비율을 말한다.
1. 토지 및 건축물 : 시가표준액의 100분의 50부터 100분의 90까지(2022년 적용 : 70%)
2. 주택 : 시가표준액의 100분의 40부터 100분의 80까지(2022년 적용 : 60%)

관할 지방자치단체의 장은 재정여건과 천재지변 등의 사유가 있는 경우 표준세율의 100분의 50의 범위 안에서 가감 조정할 수 있다. 다만, 가감한 세율은 해당 연도에만 적용한다.

1. 토지에 대한 재산세 표준세율

구 분	내 용		비 고
종합합산과세	1천분의 2 ~ 1천분의 5		3단계 초과누진세율
별도합산과세	1천분의 2 ~ 1천분의 4		3단계 초과누진세율
분리과세	전·답·과수원·목장용지·임야	1천분의 0.7	차등비례세율
	입지지역 내 공장용지, 기타 산업용지 등으로서 대통령령으로 정한 토지	1천분의 2	
	고급오락장, 회원제 골프장용 토지	1천분의 40	

➕ **토지에 대한 세율 적용 시 유의사항** : 합산대상 토지에 대한 세율 적용 시 면제, 감면, 경감(경감비율에 속한 토지가액)대상 토지를 제외한 과세표준금액에 해당 세율을 적용한다.

2. 건축물에 대한 재산세 표준세율

구 분		세 율
㉠	다음의 ㉡, ㉢ 이외의 건축물(상가, 일반공장 등)	1천분의 2.5
㉡	시 이상 지역의 주거지역, 상업지역 등의 공장용 건축물(500㎡ 이상인 모든 공장)	1천분의 5
㉢	고급오락장, 회원제 골프장용 건축물	1천분의 40

3. 주택에 대한 재산세 표준세율

구 분		세 율
표준세율	별장용 주택	1천분의 40
	주거용 주택	1천분의 1 ~ 1천분의 4(4단계 초과누진세율)

4. 1세대 1주택에 대한 재산세 특례세율

특례세율	1세대 1주택	1천분의 0.5 ~ 1천분의 3.5(4단계 초과누진세율) : 시가표준액이 9억원 이하인 주택에 한하여 적용한다(100분의 50의 범위 안에서 가감 조정대상이 아니다).

➕ 주택 세율 적용 시 유의사항

1. 1주택을 2명 이상이 공동으로 소유하거나 토지와 건물의 소유자가 다를 경우 해당 주택에 대한 세율을 적용할 때 해당 주택의 토지와 건물의 가액을 합산하여 세율을 적용한다.
2. 아파트 또는 연립주택 등 공동주택과 다가구주택의 경우에는 1세대가 독립하여 구분사용할 수 있도록 구획된 부분을 1구의 주택으로 본다. 이 경우 다가구주택에 딸린 토지는 1구의 면적비율에 따라 안분한 면적을 1구의 부속토지로 본다.
3. 취득세에서 고급주택으로 분류되는 주택이더라도 재산세는 중과세하지 아니하고 주택의 가액에 따라 초과누진세율(1천분의 1 ~ 1천분의 4)을 적용한다.
4. 별장 또는 주거용 주택의 판단은 사실상 용도로 구분하고, 별장의 경우 소유자 이외의 자가 별장으로 사용하더라도 소유자에게 중과세율이 적용된다.
5. 1세대 1주택에 대한 세율 적용 시 유의사항
   ㉠ 신탁된 주택은 위탁자의 주택 수에 가산한다.
   ㉡ 지방자치단체의 장이 조례로 정하는 바에 따라 가감한 세율을 적용한 세액이 1주택자 세율을 적용한 세액보다 적은 경우에는 1주택 세율을 적용하지 아니한다.
   ㉢ 동일한 주택이 1주택 세율과 「지방세특례제한법」에 따른 재산세 경감 규정의 적용대상이 되는 경우에는 중복하여 적용하지 아니하고 둘 중 경감 효과가 큰 것 하나만을 적용한다.

12 지방세법상 재산세 표준세율에 관한 내용으로 <u>틀린</u> 것은?

(中)

① 지방자치단체의 장은 특별한 재정수요나 재해 등의 발생으로 재산세의 세율 조정이 불가피하다고 인정되는 경우 조례로 정하는 바에 따라 표준세율의 100분의 50의 범위에서 가감할 수 있다. 다만, 가감한 세율은 5년간 적용한다.

② 토지에 대한 세율 적용 시 면제, 감면, 경감(경감비율에 속한 토지가액)대상 토지를 제외한 과세표준금액에 해당 세율을 적용한다.

③ 종합합산과세대상 토지의 표준세율은 3단계 초과누진세율로서 1천분의 2 ~ 1천분의 5이다.

④ 분리과세대상인 염전과 공유수면매립지의 표준세율은 1천분의 2로 한다.

⑤ 사무실 건축물이나 수영장, 골프연습장 등 레저시설에 대한 재산세 표준세율은 1천분의 2.5로 한다.

> **해설** 지방자치단체의 장은 특별한 재정수요나 재해 등의 발생으로 재산세의 세율 조정이 불가피하다고 인정되는 경우 조례로 정하는 바에 따라 표준세율의 100분의 50의 범위에서 가감할 수 있다. 다만, 가감한 세율은 해당 연도에만 적용한다.

정답 12 ①

13 지방세법상 주택에 대한 재산세 표준세율 등에 관한 내용으로 **틀린** 것은?

① 주택이 토지와 건물의 소유자가 다를 경우 해당 주택에 대한 세율을 적용할 때 해당 주택의 토지와 건물의 가액을 합산한 과세표준에 주택별로 초과누진세율을 적용한다.

② 주거용 주택의 표준세율은 주택별로 1천분의 1 ~ 1천분의 4(4단계 초과누진세율)이다.

③ 다가구주택의 경우에는 1세대가 독립하여 구분 사용할 수 있도록 구획된 부분을 1구의 주택으로 본다. 이 경우 다가구주택에 딸린 토지는 1구의 면적비율에 따라 안분한 면적을 1구의 부속토지로 본다.

④ 별장으로 사용하는 주택의 재산세 세율은 1천분의 40을 표준세율로 한다.

⑤ 고급주택의 재산세 세율은 1천분의 40을 표준세율로 한다.

> **해설** 고급주택도 재산세 세율은 주거용 주택의 표준세율인 주택별로 1천분의 1 ~ 1천분의 4(4단계 초과누진세율)이다.

14 지방세법상 재산세 표준세율에 관한 내용으로 **틀린** 것은?

① 회원제 골프장용 토지 : 1천분의 40

② 법령에 따라 지정된 주거지역 및 해당 지방자치단체의 조례로 정하는 지역의 법령으로 정하는 공장용 건축물 : 과세표준의 1천분의 5

③ 입지지역 내 공장용 건축물 : 1천분의 2

④ 고급오락장용 건축물 : 1천분의 40

⑤ 별장용으로 사용되는 법인 소유의 주택 : 1천분의 40

> **해설** 입지지역 내 공장용 건축물은 1천분의 2.5에 해당하는 세율로 한다.

15 지방세법상 가장 높은 재산세 표준세율이 적용되는 것은?

下

① 고급주택

② 읍·면지역 소재 법정 기준 면적 이내에 해당하는 공장용 토지

③ 고급오락장용 토지와 건축물

④ 고급선박

⑤ 위법 시공된 상가건축물에 딸린 토지

해설 ① 고급주택 : 1천분의 1 ~ 1천분의 4(초과누진세율)

② 읍·면지역 소재 공장용 건축물에 딸린 토지는 분리과세대상 : 1천분의 2

③ 고급오락장용 토지와 건축물 : 1천분의 40

④ 고급선박 : 1천분의 50

⑤ 무허가 건축물이나 위법 시공된 건축물에 딸린 토지는 종합합산과세대상 : 1천분의 2 ~ 1천분의 5(초과누진세율)

16 지방세법 제113조 규정에 의한 재산세 표준세율 적용에 관한 설명으로 <u>틀린</u> 것은?

① 종합합산과세대상 토지는 납세의무자가 소유하고 있는 해당 지방자치단체 관할 구역에 있는 종합합산과세대상이 되는 토지의 가액을 모두 합한 금액을 과세표준으로 하여 해당 초과누진세율을 적용한다.

② 별도합산과세대상 토지는 납세의무자가 소유하고 있는 해당 지방자치단체 관할 구역에 있는 별도합산과세대상이 되는 토지의 가액을 모두 합한 금액을 과세표준으로 하여 해당 초과누진세율을 적용한다.

③ 주택을 2명 이상이 공동으로 소유한 경우나 토지와 건물의 소유자가 다를 경우에도 토지와 건물의 가액을 합산한 가액으로 주택에 대한 세율을 적용한다.

④ 주택에 대한 재산세는 주택별로 해당 초과누진세율을 적용한다. 이 경우 「건축법 시행령」에 따른 다가구주택은 전체를 1구의 주택으로 본다.

⑤ 둘 이상의 지방자치단체가 통합된 경우 통합 지방자치단체의 조례로 정하는 바에 따라 5년의 범위에서 통합 이전 지방자치단체 관할 구역별로 적용할 수 있다.

해설 주택에 대한 재산세는 주택별로 해당 초과누진세율을 적용한다. 이 경우 「건축법 시행령」에 따른 다가구주택은 1가구가 독립하여 구분 사용할 수 있도록 분리된 부분을 1구의 주택으로 본다.

17 지방세법상 재산세 표준세율이 초과누진세율로 되어 있는 재산세 과세대상을 모두 고르면 몇 개인가?

㉠ 종합합산과세대상 토지
㉡ 별도합산과세대상 토지
㉢ 공업지역 안 공장용 건축물
㉣ 법령이 정한 1세대 1주택 특례세율 대상 주택
㉤ 고급주택

---

① 1개   ② 2개
③ 3개   ④ 4개
⑤ 5개

해설 ㉠ 종합합산과세대상 토지 : 1천분의 2 ~ 1천분의 5(3단계 초과누진세율)
㉡ 별도합산과세대상 토지 : 1천분의 2 ~ 1천분의 4(3단계 초과누진세율)
㉢ 공업지역 안 공장용 건축물 : 1천분의 2.5
㉣ 1세대 1주택 : 1천분의 0.5 ~ 1천분의 3.5(4단계 초과누진세율)
㉤ 고급주택 : 1천분의 1~ 1천분의 4(4단계 초과누진세율)

18 지방세법상 1세대 1주택에 대한 재산세 특례세율 등에 관한 내용으로 옳지 않은 것은?

(上)

① 법령으로 정하는 1세대 1주택으로 시가표준액이 9억원 이하인 주택에 한정하여 1,000분의 0.5~1,000분의 3.5에 해당하는 특례세율을 적용한다.

② 지방자치단체의 장이 조례로 정하는 바에 따라 가감한 세율을 적용한 세액이 1주택자 특례세율을 적용한 세액보다 적은 경우에는 1주택 특례세율을 적용하지 아니한다.

③ 동일한 주택이 1주택 특례세율과 「지방세특례제한법」에 따른 재산세 경감 규정 적용 대상이 되는 경우에는 중복하여 적용한다.

④ 해당 특례세율은 조례로 정하는 바에 따라 100분의 50의 범위에서 가감할 수 없다.

⑤ 1주택을 공동소유한 경우에는 각각 1주택을 소유한 것으로 본다. 다만, 1개의 주택을 같은 세대 내에서 공동소유하는 경우에는 주택 수를 산정할 때 1개의 주택으로 본다.

해설 동일한 주택이 1주택 특례세율과 「지방세특례제한법」에 따른 재산세 경감 규정(자동이체 등 납부에 대한 세액공제를 제외) 적용 대상이 되는 경우에는 중복하여 적용하지 아니하고 둘 중 경감 효과가 큰 것 하나만을 적용한다.

1. 원 칙

과세기준일 현재 「주민등록법」 제7조에 따른 세대별 주민등록표에 함께 기재되어 있는 가족 (동거인은 제외)으로 구성된 1세대가 국내에 1개의 주택을 소유하는 경우 그 주택을 말한다. 이 경우 배우자, 미혼인 19세 미만의 자녀 또는 부모는 주택 소유자와 같은 세대별 주민등록 표에 기재되어 있지 않더라도 같은 세대로 본다.

2. 예 외

다음의 어느 하나에 해당하는 경우에는 별도의 세대로 보아 1세대 1주택 여부를 판단한다.
- ㉠ 65세 이상의 부모(부모 중 어느 한 사람이 65세 미만인 경우를 포함)를 동거봉양(同居奉養)하기 위하여 19세 이상의 자녀 또는 혼인한 자녀가 합가(合家)한 경우
- ㉡ 취학 또는 근무상의 형편 등으로 세대 전원이 90일 이상 출국하는 경우로서 「주민등록법」 제10조의3 제1항 본문에 따라 해당 세대가 출국 후에 속할 거주지를 다른 가족의 주소로 신고한 경우

19 **지방세법상 1세대 1주택에 대한 기준에 관한 내용으로 틀린 것은?**
中

① 1세대란 과세기준일 현재 「주민등록법」 제7조에 따른 세대별 주민등록표에 함께 기재되어 있는 가족(동거인은 제외)으로 구성된 1세대가 국내에 1개의 주택을 소유하는 경우 그 주택을 말한다.

② 배우자, 미혼인 19세 미만의 자녀 또는 부모는 주택 소유자와 같은 세대별 주민 등록표에 기재되어 있지 않더라도 같은 세대로 본다.

③ 취학 또는 근무상의 형편 등으로 세대 전원이 90일 이상 출국하는 경우로서 「주민등록법」 제10조의3 제1항 본문에 따라 해당 세대가 출국 후에 속할 거주지를 다른 가족의 주소로 신고한 경우 각각의 세대로 본다.

④ 65세 이상의 부모(부모 중 어느 한 사람이 65세 미만인 경우를 포함)를 동거봉양(同居奉養)하기 위하여 19세 이상의 자녀 또는 혼인한 자녀가 합가(合家)한 경우 별도의 세대로 보아 1세대 1주택 여부를 판단한다.

⑤ 혼인함으로써 1세대가 된 경우에는 별도의 세대로 본다.

> 해설 혼인함으로써 1세대가 된 경우에는 1세대로 본다. 즉, 혼인 전부터 소유한 주택으로서 과세기준일 현재 혼인일로부터 5년이 경과하지 않은 주택은 각각 1주택 특례세율을 적용한다. 다만, 혼인 전부터 각각 최대 1개의 주택만 소유한 경우로서 혼인 후 주택을 추가로 취득하지 않은 경우로 한정한다.

이것만은 꼭! 1세대 1주택의 수 산정방법과 수 제외대상 ▼ 문제 20~21

1. 공동소유, 구분소유

주택의 공유지분이나 부속토지만을 소유한 경우에도 각각 1주택을 소유한 것으로 본다. 다만, 1개의 주택을 같은 세대 내에서 공동소유하는 경우에는 주택 수를 산정할 때 1개의 주택으로 본다.

2. 공동상속

상속으로 인해 여러 사람이 공동으로 1개의 주택을 소유하는 경우 지분이 가장 큰 상속인을 그 주택의 소유자로 보고, 지분이 가장 큰 상속인이 두 명 이상인 경우에는 나이가 가장 많은 사람 소유로 한다.

3. 주택의 수 제외

- ㉠ 종업원에게 무상이나 저가로 제공하는 사용자 소유의 주택으로서 국민주택규모 이하이거나 과세기준일 현재 시가표준액이 3억원 이하인 주택
- ㉡ 「건축법 시행령」 별표 1 제2호 라목의 기숙사
- ㉢ 과세기준일 현재 건설 사업자등록을 한 자가 건축하여 소유하는 미분양 주택
- ㉣ 세대원이 법령에 따라 인가를 받고 고유번호를 부여받은 이후 가정어린이집으로 운영하는 주택(국공립어린이집으로 전환되는 가정어린이집 포함)
- ㉤ 주택의 시공자가 사업계획승인을 얻은 자 등으로부터 해당 주택의 공사대금으로 받은 미분양 주택
- ㉥ 「문화재보호법」에 따른 지정문화재 또는 등록문화재에 해당하는 주택
- ㉦ 노인복지주택
- ㉧ 상속을 원인으로 취득한 주택으로서 상속개시일부터 5년이 지나지 않은 주택
- ㉨ 혼인 전부터 소유한 주택으로서 혼인일로부터 5년이 지나지 않은 주택(각각 1개, 최대 2개)

정답 19 ⑤

20 지방세법상 주택에 대한 재산세 특례대상 세율 등에 관한 내용으로 <u>틀린</u> 것은?

① 상속이 개시된 재산으로서 상속등기가 이행되지 아니한 공동소유 상속주택의 경우에는 행정안전부령으로 정하는 주된 상속자가 해당 상속주택을 소유한 것으로 본다. 다만, 상속개시일로부터 5년이 경과한 주택에 한정한다.

② 「노인복지법」에 따른 노인복지주택은 주택의 수에서 제외한다.

③ 과세기준일 현재 6개월 이상 계속하여 가정어린이집으로 운영한 주택은 1세대 주택 수를 산정할 때 포함하지 아니한다.

④ 1세대 1주택의 해당 여부를 판단할 때 「신탁법」에 따라 신탁된 주택은 위탁자의 주택 수에 가산한다.

⑤ 65세 이상의 부모(부모 중 어느 한 사람이 65세 미만인 경우를 포함)를 동거봉양(同居奉養)하기 위하여 19세 이상의 자녀 또는 혼인한 자녀가 합가(合家)한 경우 합가일로부터 10년이 지나지 않는 주택에 한하여 주택의 수에서 제외한다.

> **해설** 65세 이상의 부모(부모 중 어느 한 사람이 65세 미만인 경우를 포함)를 동거봉양(同居奉養)하기 위하여 19세 이상의 자녀 또는 혼인한 자녀가 합가(合家)한 경우에는 별도의 세대로 보기 때문에 10년 경과 여부에 관계없이 각각의 세대로 판단하여야 한다.

21 지방세법상 주택에 대한 재산세 특례대상 세율 적용 시 수를 산정할 때 법령이 정한 주택의 수에 포함하지 아니한 주택으로 <u>틀린</u> 것은?

① 주택의 시공자가 사업계획승인을 얻은 자 등으로부터 해당 주택의 공사대금으로 받은 법령으로 정한 미분양 주택

② 종업원에게 무상이나 저가로 제공하는 사용자 소유의 주택으로서 국민주택규모 이하이거나 과세기준일 현재 시가표준액이 3억원 이하인 주택

③ 수도권 밖 읍면지역에 소재한 농어촌주택

④ 「문화재보호법」에 따른 지정문화재 또는 등록문화재에 해당하는 주택

⑤ 상속을 원인으로 취득한 주택으로서 상속개시일부터 5년이 지나지 않은 주택

> **해설** 농어촌주택은 취득세에서는 수 산정에서 제외하지만 재산세에서는 수를 산정할 때 포함한다.

이것만은 꼭!	공장에 대한 재산세 중과세율	▼ 문제 22

중과세대상	과밀억제권역 안에서 신설·증설한 공장용 건축물		
중과세율	1천분의 2.5의 5배		
중과세 적용기간	신설·증설일이 속한 최초 과세기준일부터 5년간		
중과세 배제	규 모	500m² 미만 공장	
	업 종	도시형 업종	
	지 역	공장유치지역, 공업지역, 산업단지	

22 지방세법상 공장에 대한 재산세 중과세율에 관한 설명으로 틀린 것은?
(中)

① 과밀억제권역 안에서 공장을 신설·증설한 경우이어야 한다.

② 공장용 건축물이 중과세대상이다.

③ 500m² 미만 공장과 도시형 업종은 중과세에서 제외한다.

④ 신설·증설일이 속하는 최초 과세기준일로부터 3년간 1천분의 2.5에 해당하는 표준세율의 5배로 한다.

⑤ 공장유치지역, 공업지역, 산업단지는 중과세에서 제외한다.

해설 신설·증설일이 속하는 최초 과세기준일로부터 3년간이 아니라 5년간 1천분의 2.5에 해당하는 표준세율의 5배로 한다.

1. 도시지역 안 재산세

도시계획사업에 필요한 비용에 충당하기 위하여 「국토의 계획 및 이용에 관한 법률」에 따라서 고시한 도시지역 안에 있는 토지, 건축물, 주택에 대한 재산세는 다음의 ㉠에 따른 세액에 ㉡에 따른 세액을 계산한 세액합계액으로 계산한 세액으로 한다.

㉠ 재산세 과세표준에 재산세 세율을 적용하여 산출한 세액

㉡ 토지, 건축물, 주택의 과세표준에 1천분의 1.4(조례로 정하는 바에 따라 1천분의 2.3을 초과하지 아니하는 범위에서 다르게 정할 수 있음)를 적용하여 산출한 세액

2. 도시지역분 1천분의 1.4 세율 적용대상

구 분	과세대상	제 외
토 지	도시지역 안의 토지	• 전·답·과수원·목장용지·임야 • 고시된 공공시설용지 • 개발제한구역 내 토지(지상건축물, 골프장, 유원지, 그 밖의 이용시설이 있는 토지는 과세) • 도시개발사업대상 토지 중 환지처분공고 이전 전·답·과수원·목장용지·임야
건축물	도시지역 안의 건축물	–
주 택	재산세 과세대상인 주택	개발제한구역 내의 주택(고급주택 또는 별장은 과세)

➕ **도시지역분 재산세액 과세권 구분 특례** : 특별시의 경우에만 도시지역 안 도시지역분 세액 전액을 특별시 세액으로 한다.

23 _中 지방세법상 도시지역 안에 있는 재산에 대한 재산세율 적용에 관한 내용으로 **틀린** 것은? (단, 표준세율이 적용된다는 조건이며, 주어진 조건 외의 사항은 고려하지 않음)

① 분리과세대상인 전·답·과수원·목장용지·임야는 1천분의 0.7에 해당하는 세율로 한다.

② 주거용 주택은 1천분의 1에서 1천분의 4에 해당하는 누진세율과 1천분의 1.4에 해당하는 세율로 한다.

③ 별장은 1천분의 40에 해당하는 세율과 1천분의 1.4에 해당하는 세율이 적용된다.

④ 법령에 의한 개발제한구역 안의 주거용 주택(고급주택이 아님)은 1천분의 1에서 1천분의 4에 해당하는 누진세율과 1천분의 1.4에 해당하는 세율이 적용된다.

⑤ 일반 상가건축물은 1천분의 2.5에 해당하는 세율과 1천분의 1.4에 해당하는 세율이 적용된다.

해설 개발제한구역 안의 주거용 주택(고급주택이 아님)은 1천분의 1에서 1천분의 4에 해당하는 재산세 세율만 적용되며, 1천분의 1.4에 해당하는 도시지역분 재산세는 과세되지 않는다.

1. 국가 등에 대한 비과세

㉠ 국가·지방자치단체 및 지방자치단체조합, 외국정부, 주한국제기구 등이 소유하는 재산

➕ **비과세 배제**
- 우리나라 정부기관 재산에 대해 과세하는 외국정부재산
- 연부매수계약자에게 사용권을 무료로 준 재산(매수계약자가 납세의무자임)

㉡ 국가·지방자치단체 및 지방자치단체조합이 1년 이상 공용 또는 공공용으로 무료사용하는 재산

➕ **비과세 배제**
- 유료로 사용하는 경우
- 매매계약을 체결하고 잔금지급 전에 미리 계약물건을 사용하는 경우

2. 기타 재산에 대한 비과세

㉠ 과세기준일 현재 존속기간이 1년 미만인 임시용 건축물

㉡ 과세기준일 현재 철거명령 또는 철거보상계약을 받은 건축물로서 해당 연도 철거가 확정된 건축물과 주택의 건축물. 다만, 철거되지 아니하는 부분은 과세한다.

㉢ 비상재해구조용·무료도선용·선교(船橋) 구성용 선박, 본선에 귀속된 부선

㉣ 묘지, 제방(특정인이 전용하는 제방은 제외), 도로(도로의 부속물 중 도로관리시설, 휴게시설, 주유소, 충전소, 대지 안의 공지는 제외), 하천, 구거, 유지

㉤ 공익상 재산세를 부과하지 아니할 이유가 있는 다음에 해당하는 토지

ⓐ 법령이 정한 군사기지 및 군사시설 보호구역 중 통제보호구역에 있는 토지. 단, 전·답·과수원 및 대지는 제외한다.

ⓑ 법령이 정한 산림보호구역, 채종림, 시험림

ⓒ 법령이 정한 공원자연보존지구 안의 임야

ⓓ 법령이 정한 백두대간보호지역 안의 임야

➕ **기타 재산에 대한 비과세 배제**
- 사치성 재산(별장, 골프장, 고급오락장, 고급선박, 고급주택)
- 수익사업, 유료로 사용할 때(위 **2.**의 ㉠, ㉡은 비과세 적용)

24 지방세법상 재산세 비과세대상으로 옳지 <u>않은</u> 것은? (단, 유료사용이나 수익사업과 사치성 재산은 아님)

① 「공간정보의 구축 및 관리 등에 관한 법률」에 따른 제방. 다만, 특정인이 전용하는 제방은 제외한다.
② 임시로 사용하기 위하여 건축된 건축물로서 재산세 과세기준일 현재 1년 미만의 것
③ 해당 연도 철거가 확정되어 재산세 과세기준일 현재 행정관청으로부터 철거명령을 받았거나 철거보상계약이 체결된 건축물의 부속토지
④ 주한국제기구의 소유에 속하는 재산
⑤ 지적공부상 지목이 묘지인 토지

> **해설** 재산세 과세기준일 현재 행정관청으로부터 철거명령을 받았거나 철거보상계약이 체결된 건축물과 주택의 건축물은 비과세대상에 속하나, 이에 딸린 토지는 과세대상이다.

25 공익상 재산세를 부과하지 아니할 이유가 있는 토지는 지방세법상 재산세가 비과세된다. 이에 해당하지 <u>않는</u> 것은? (단, 유료사용이나 수익사업과 사치성 재산은 아님)

① 「백두대간 보호에 관한 법률」에 따라 지정된 백두대간보호지역의 임야
② 「산림보호법」에 따라 지정된 산림보호구역 및 「산림자원의 조성 및 관리에 관한 법률」에 따라 지정된 채종림·시험림
③ 「개발제한구역의 지정 및 관리에 관한 특별조치법」에 따른 개발제한구역의 임야
④ 「자연공원법」에 따른 공원자연보존지구 안의 임야
⑤ 「군사기지 및 군사시설 보호법」에 따른 군사기지 및 군사시설보호구역 중 통제보호구역 안에 있는 전·답·과수원 및 대지를 제외한 토지

> **해설** 「개발제한구역의 지정 및 관리에 관한 특별조치법」에 따른 개발제한구역의 임야는 특별한 경우를 제외하고는 1989년 12월 31일 이전 소유한 임야는 분리과세대상이고, 1990년 1월 1일 이후 소유한 임야는 종합합산과세대상으로 한다.

26 지방세법상 재산세 비과세대상으로 옳은 것은?

(上)

① 국가·지방자치단체·지방자치단체조합이 개인 또는 법인 재산의 매매계약을 체결하고 잔금지급 전에 미리 계약물건을 사용하는 경우의 해당 재산

② 임시로 사용하기 위하여 건축된 고급오락장용 건축물로서 재산세 과세기준일 현재 1년 미만의 것

③ 국가나 지방자치단체 소유 재산을 연부매수계약자가 무료로 사용하는 재산

④ 「건축법」 규정에 따른 건축선 또는 인접대지경계선으로부터 일정거리를 띄어 건축함으로써 생긴 대지 안의 공지인 도로와 「도로법」에 따른 도로의 부속물 중 도로관리시설, 휴게시설, 주유소, 충전소용 토지

⑤ 재산세를 부과하는 해당 연도 내에 철거하기로 계획이 확정되어 재산세 과세기준일 현재 행정관청으로부터 철거명령을 받았거나 철거보상계약이 체결된 건축물 및 주택의 건축물

해설 ① 소유권의 유상이전을 약정한 경우로서 그 재산을 취득하기 전에 미리 사용하는 경우에는 과세대상이다.
② 사치성 재산은 과세대상이다.
③ 매수계약자에게 과세된다.
④ 「건축법」 규정에 따른 건축선 또는 인접대지경계선으로부터 일정거리를 띄어 건축함으로써 생긴 대지 안의 공지인 도로와 「도로법」에 따른 도로의 부속물 중 도로관리시설, 휴게시설, 주유소, 충전소용 토지는 과세대상이다.

이것만은 꼭!	**재산세 납세절차**	▼ 문제 27~32

부동산 납세지	부동산 소재지 관할 지방자치단체		
납부기한	토지		매년 9월 16일 ~ 9월 30일
	건축물, 선박, 항공기		매년 7월 16일 ~ 7월 31일
	주택 (별장을 포함)	50%	7월 16일 ~ 7월 31일
		나머지	9월 16일 ~ 9월 30일
		소액납부 특례	해당 연도에 부과할 세액이 20만원 이하인 경우에는 7월 16일 ~ 7월 31일까지로 하여 일시에 부과·징수할 수 있다.
	➕ 과세대상 누락 등으로 인한 경우 수시로 부과·징수할 수 있다.		
세액의 산정	토지는 종합합산과세대상, 별도합산과세대상, 분리과세대상으로 구분하여 납세의무자별로 합산하여 해당 세율을 적용하여 세액을 산출하여야 한다.		

징수방법	보통징수 : 납기개시 5일 전까지 토지는 1장으로, 토지 외의 재산은 과세대상 물건마다 각각 1장으로 고지하여 징수한다. ➕ 소방분 지역자원시설세도 재산세 고지서에 병기하여 고지한다. ➕ 납세고지서 1장당 1세목별로 재산세액(도시지역분 재산세를 포함)이 2,000원 미만은 소액징수 면제한다.
재산세 부담 상한	해당 재산에 대한 산출세액이 직전 연도의 해당 재산에 대한 세액 상당액의 100분의 150을 초과하는 경우에는 100분의 150에 해당하는 금액 ➕ 개인 소유 주택에 대한 상한적용 특례(법인은 제외) 　1. 공시가액 3억원 이하 : 100분의 105 　2. 공시가액 3억원 초과 6억원 이하 : 100분의 110 　3. 공시가액 6억원 초과 : 100분의 130 ➕ 직전 연도 재산세액 상당액 : 실제로 부과된 세액을 기준으로 한다.
부가세	지방교육세 : 재산세액의 20%(도시지역분 1천분의 1.4 적용대상 세액을 제외한 세액)
과세대장 등재	신고등재(과세기준일로부터 15일 이내), 직권등재 ➕ 등재사유 등 　1. 재산의 소유권 변동 또는 과세대상 재산의 변동사유가 발생하였으나 과세기준일까지 그 등기·등록이 이행되지 아니한 재산의 공부상 소유자 　2. 상속이 개시된 재산으로서 상속등기가 이행되지 아니한 경우에는 주된 상속자 　3. 사실상 종중재산으로서 공부상에는 개인 명의로 등재되어 있는 재산의 공부상 소유자 　4. 수탁자 명의로 등기·등록된 신탁재산의 수탁자 　5. 1세대가 둘 이상의 주택을 소유하고 있음에도 불구하고 1세대 1주택 특례세율을 적용받으려는 경우에는 그 세대원 　6. 공부상 현황과 사실상의 현황이 다르거나 사실상의 현황이 변경되어 과세대장에 그 사실을 등재하려는 경우에는 해당 재산의 사실상 소유자 　　➕ 위 신고가 사실과 일치하지 아니하거나 신고가 없는 경우에는 지방자치단체의 장이 직권으로 조사하여 과세대장에 등재할 수 있다.

정답　**26** ⑤

27 지방세법상 부동산 등에 대한 재산세 부과·징수에 관한 설명으로 옳지 <u>않은</u> 것은?
中 (단, 징수유예 사유는 없음)

① 과세기준일은 매년 6월 1일이며 토지, 건축물, 주택에 대한 납세지는 부동산 소재지를 관할하는 지방자치단체로 한다.

② 재산세는 납기개시 5일 전까지 납세의무자에게 건축물·주택·선박 및 항공기로 구분하여 과세대상 물건마다 각각 1장의 납부고지서로 발급하거나 물건의 종류별로 1장의 고지서로 발급할 수 있다. 토지에 대한 재산세는 1장의 고지서로 한다.

③ 고지서 1장당 재산세로 징수할 1세목 기준세액이 2,000원 미만인 경우에는 2,000원으로 한다.

④ 토지에 대한 재산세 납기는 매년 9월 16일부터 9월 30일까지이다.

⑤ 주택에 대한 재산세가 50만원이라면 납기는 해당 연도에 부과·징수할 세액의 2분의 1은 매년 7월 16일부터 7월 31일까지, 나머지 2분의 1은 9월 16일부터 9월 30일까지이다.

| 해 설 | 고지서 1장당 재산세로 징수할 1세목 기준세액이 2,000원 미만인 경우에는 소액징수 면제한다.

28 지방세법상 재산세에 관한 설명으로 옳지 <u>않은</u> 것은? (단, 징수유예 사유는 없음)
中

① 토지에 대한 해당 연도 재산세액이 20만원 이하인 경우에는 7월 16일부터 7월 31일까지를 납기로 할 수 있다.

② 과세대장에 등재된 재산 중 토지는 종합합산과세대상 토지와 별도합산과세대상 토지, 분리과세대상 토지로 구분하여 납세의무자별로 합산하여 세액을 산출하여야 한다.

③ 건축물과 선박, 항공기에 대한 재산세 납기는 매년 7월 16일부터 7월 31일까지이다.

④ 법인이나 「국세기본법」 제13조에 따른 법인으로 보는 단체가 소유한 주택은 해당 주택에 대한 산출세액이 직전 연도의 해당 주택에 대한 세액 상당액의 100분의 150을 초과하는 경우에는 100분의 150에 해당하는 금액을 해당 연도에 징수할 세액으로 한다.

⑤ 소방분 지역자원시설세의 납기와 재산세의 납기가 같을 때에는 재산세의 납세고지서에 나란히 적어 고지할 수 있다.

토지에 대한 해당 연도 재산세는 세액의 크기에 관계없이 9월 16일부터 9월 30일까지를 납기로 한다.

29 지방세법상 재산세에 관한 설명으로 <u>틀린</u> 것은?

中

① 지방자치단체의 장은 과세대상 누락, 위법 또는 착오 등으로 인하여 이미 부과한 세액을 변경하거나 수시부과하여야 할 사유가 발생하면 수시로 부과·징수할 수 있다.

② 개인 소유 주택공시가격이 9억원인 주택의 경우 해당 주택에 대한 재산세의 산출세액이 직전 연도의 해당 주택에 대한 재산세액 상당액의 100분의 150을 초과하는 경우에는 100분의 150에 해당하는 금액을 징수할 세액으로 한다.

③ 주택에 대한 해당 연도 재산세액이 20만원이라면 해당 세액은 7월 16일부터 7월 31일까지를 납기로 할 수 있다.

④ 도시지역 안의 경우 도시지역 분(1천분의 1.4 세율 대상 세액)을 제외한 재산세액의 100분의 20을 지방교육세로 재산세에 부가하여 과세한다.

⑤ 소유자 변동신고가 사실과 일치하지 아니하거나 신고가 없는 경우에는 지방자치단체의 장이 직권으로 조사하여 과세대장에 등재할 수 있다.

해설 개인 소유 주택공시가격이 9억원인 주택의 경우라면 해당 주택에 대한 재산세의 산출세액이 직전 연도의 해당 주택에 대한 재산세액 상당액의 100분의 130을 초과하는 경우에는 100분의 130에 해당하는 금액을 징수할 세액으로 한다.

30 甲은 주택공시가격이 6억원인 도시지역 밖의 주택을 소유하고 있다. 동 주택의 2021년도 산출세액은 100만원이고, 해당 주택에 연간 납세 고지된 재산세의 합계가 50만원이다. 2022년도 재산세의 산출세액이 130만원이라고 가정할 경우 甲이 2022년 7월 16일부터 7월 31일까지 납부할 재산세는? (단, 다른 사항은 고려하지 않음)

① 275,000원

② 300,000원

③ 350,000원

④ 550,000원

⑤ 700,000원

> **해설** 주택의 공시가격이 3억원 초과 6억원 이하인 경우 조세부담의 상한은 직전 연도 재산세 세액 상당액의 110%를 적용하므로 500,000원 × 110% = 550,000원이 된다. 따라서 7월 16일부터 7월 31일까지 납부할 세액은 550,000원의 50%인 275,000원이다.

31 지방세법상 재산세의 과세기준일부터 15일 이내에 과세사항 변경 시 그 부동산 등 소재지를 관할하는 지방자치단체의 장에게 그 사실을 알 수 있는 증거자료를 갖추어 신고하여야 할 신고의무자에 해당하는 사항으로 틀린 것은?

① 공부상 현황과 사실상의 현황이 다르거나 사실상의 현황이 변경되어 과세대장에 그 사실을 등재하려는 경우에는 해당 재산의 사실상 소유자

② 수탁자 명의로 등기·등록된 신탁재산의 위탁자

③ 재산의 소유권 변동 또는 과세대상 재산의 변동사유가 발생하였으나 과세기준일까지 그 등기·등록이 이행되지 아니한 재산의 사실상 소유자

④ 사실상 종중재산으로서 공부상에는 개인 명의로 등재되어 있는 재산의 공부상 소유자

⑤ 1세대가 둘 이상의 주택을 소유하고 있음에도 불구하고 1세대 1주택 특례세율을 적용받으려는 경우에는 그 세대원

> **해설** 수탁자 명의로 등기·등록된 신탁재산의 수탁자가 과세사항 변경 시 소유자 신고 의무가 있다.

32 지방세법상 재산세에서 주택에 대한 조세부담상한제도 적용기준과 상한 적용 시 직전 연도 재산세 상당액에 관한 설명으로 틀린 것은?

① 주택에 대한 직전 연도의 과세표준이 있는 경우 : 직전 연도의 법령과 과세표준 등을 적용하여 과세대상별로 산출한 세액. 이 경우 과세된 세액이 있는 경우에는 그중 큰 세액으로 한다.

② 주택을 신축·증축 등으로 직전 연도의 과세표준이 없는 경우 : 해당 연도 과세대상 주택 및 건축물이 직전 연도 과세기준일 현재 존재하는 것으로 보아 직전 연도의 법령과 과세표준 등을 적용하여 과세대상별로 산출한 세액

③ 해당 연도의 과세대상 주택에 대하여 용도변경 등이 된 경우 : 직전 연도의 법령과 과세표준(직전 연도의 법령을 적용하여 산출한 과세표준을 말한다) 등을 적용하여 산출한 세액

④ 주택의 경우 산출한 세액 상당액이 해당 주택과 주택가격이 유사한 인근 주택의 소유자에 대하여 직전 연도에 과세된 세액과 현저한 차이가 있는 경우 : 그 과세된 세액을 고려하여 산출한 세액 상당액

⑤ 법령이 정한 1세대 1주택으로서 「지방세법」 제111조의2에 따른 1세대 1주택 특례세율이 적용되다가 시가표준액이 9억원을 초과하여 「지방세법」 제111조의2에 따른 1주택 특례세율이 적용되지 않게 된 경우 : 직전 연도에 해당 주택에 과세된 세액 상당액

> **해설** 주택에 대한 직전 연도의 과세표준이 있는 경우에는 직전 연도의 법령과 과세표준 등을 적용하여 과세대상별로 산출한 세액. 다만, 과세된 세액이 있는 경우에는 그 세액으로 한다.

| 이것만은 꼭! | 재산세 분할납부와 물납 | ▼ 문제 33~40 |

분할납부	1. 요건 : 납부할 세액이 250만원을 초과하는 경우 2. 신청 : 납부기한까지 신청 3. 기간 : 2개월 이내(개인·법인 모두 같음)

재산세 물납	1. 요건 : 관할 구역 내 납세의무자의 납기별 납부할 재산세액이 1천만원을 초과하는 경우
	2. 신청 : 납부기한 10일 전까지 지방자치단체의 장에게 신청
	3. 허가 : 신청일부터 5일 이내에 통지. 불허가통지를 받은 날부터 10일 이내에 다른 부동산으로 변경 신청한 경우 변경 허가 가능
	4. 물납대상 : 관할 구역 내 소재한 부동산(토지와 건축물, 주택)
	5. 물납허가 부동산의 평가
	  ㉠ 원칙 : 과세기준일 현재 시가
	    • 토지와 주택 : 공시가격(시가표준액)
	    • 건축물 : 시가표준액
	    • 지정지역 상업용 건축물 등 : 국세청 고시가액
	  ㉡ 예 외
	    • 공매가액, 수용보상가액
	    • 국가 등으로부터 취득한 가액
	    • 법인장부상 입증된 가액
	    • 판결문에 의하여 입증된 가액
	    • 감정평가가액의 평균액
	  ➕ 예외 : 시가로 인정되는 가액이 2개 이상이 있는 경우 과세기준일부터 가장 가까운 날에 해당하는 가액에 의한다.
	6. 납부 : 물납 허가받은 부동산을 물납한 경우에는 납기 내에 납부한 것으로 본다.
	7. 물납절차 : 10일 이내에 부동산 소유권 이전등기에 필요한 서류를 시장·군수·구청장에게 제출하여야 한다. 시장·군수·구청장은 제출받은 서류로 5일 이내에 등기신청을 하여야 한다.
	8. 물납재산의 환급
	  ㉠ 원칙 : 물납한 재산으로 환급
	  ㉡ 예외 : 금전으로 환급

33 다음은 7월 16일~7월 31일까지 납기로 된 동일한 관할 구역 내 재산세 고지서상 납부세액을 합계한 것이다. 재산세 최대 분할납부 가능 금액을 납세의무자별로 계산하면?

구 분	甲	乙	丙
주택분	500,000원	1,000,000원	4,000,000원
건축물분	1,000,000원	2,000,000원	3,000,000원
도시지역분	750,000원	1,000,000원	3,000,000원
선박분	–	1,000,000원	1,000,000원
지역자원시설세	400,000원	500,000원	600,000원
지방교육세	250,000원	1,000,000원	2,400,000원
합 계	2,900,000원	6,500,000원	14,000,000원

	甲	乙	丙
①	400,000원	2,250,000원	7,000,000원
②	분납 불가	2,500,000원	5,500,000원
③	400,000원	3,250,000원	4,000,000원
④	분납 불가	1,500,000원	6,000,000원
⑤	분납 불가	500,000원	6,500,000원

해설
- 甲 : 분납 불가
- 乙 : 재산세 합계 5,000,000원 − 2,500,000원 = 2,500,000원
- 丙 : 재산세 합계 11,000,000원 × 50% = 5,500,000원

34 지방세법상 재산세에 관한 설명으로 **틀린** 것은?

① 납세의무자는 재산세의 납부세액이 250만원을 초과하는 경우에 납부할 세액의 일부를 납기 후 2개월 이내에 분할납부할 수 있다.

② 재산세를 분할납부하지 않아도 소방분 지역자원시설세만 납부세액이 250만원을 초과하는 경우에는 재산세 기준을 준용하여 별도로 분할납부할 수 있다.

③ 납세의무자는 재산세의 납부세액이 3천만원이라면 1천5백만원까지 분할납부할 수 있다.

④ 관할 구역 안에 다른 재산은 없고 1주택만 소유한 자의 해당 연도 주택의 재산세 산출세액이 300만원인 경우에는 분할납부할 수 없다.

⑤ 재산세를 분할 납부고지 기한까지 납부하지 아니한 때에는 분할 고지세액에 가산금이 적용될 수 있다.

> **해설** 재산세를 분할납부하는 경우에 한하여 소방분 지역자원시설세도 납부세액이 250만원을 초과하는 경우에는 재산세 기준을 준용하여 분할납부할 수 있다. 따라서 소방분 지역자원시설세만 별도로 분할납부 신청할 수 없다.

35 지방세법상 재산세 물납에 관한 설명으로 **틀린** 것은?

① 지방자치단체의 장은 재산세의 납부세액이 1천만원을 초과하는 경우에는 관할 구역 안 부동산으로 물납을 허가할 수 있다.

② 재산세를 물납(物納)하려는 자는 행정안전부령으로 정하는 서류를 갖추어 그 납부기한 10일 전까지 납세지를 관할하는 시장·군수·구청장에게 신청하여야 한다.

③ 시장·군수·구청장은 신청일로부터 5일 이내에 허가 여부를 통지하여야 한다.

④ 물납신청을 받은 부동산이 관리처분상 부적당하다고 인정되는 경우에는 허가를 아니할 수 있다. 이 경우 불허가통지를 받은 날로부터 10일 이내에 관할 지방자치단체 안의 부동산으로 변경 신청하는 경우에는 변경 허가를 할 수 있다.

⑤ 납부기한이 경과하여 물납허가를 받은 부동산을 행정안전부령으로 정하는 바에 따라 물납한 때에는 해당 가산금이 적용된다.

> **해설** 물납허가를 받은 부동산을 행정안전부령으로 정하는 바에 따라 물납하였을 때에는 납부기한 내에 납부한 것으로 본다.

36 지방세법상 재산세 물납허가 부동산 평가 시 재산세 과세기준일 전 6월부터 과세기준
일 현재까지의 기간 중에 확정된 가액으로서 시가로 인정되는 부동산 가액으로 **틀린**
것은?

① 해당 부동산에 대하여 수용 또는 공매 사실이 있는 경우에는 그 보상가액 또는
   공매가액
② 해당 부동산에 대하여 둘 이상의 감정평가법인 등이 평가한 감정가액이 있는 경
   우에는 그 감정가액의 평균액
③ 확정판결문이나 신뢰할 수 있는 법인장부에 의하여 그 사실상의 취득가액이 있는
   경우에는 그 취득가액
④ 해당 부동산을 국가 등으로부터 취득한 경우로서 그 사실상의 취득가액이 있는
   경우에는 그 취득가액
⑤ 확정판결문이나 신뢰할 수 있는 법인장부에 의하여 그 사실상의 취득가액 등 예
   외적 시가로 인정된 가액이 둘 이상인 경우에는 납세의무자가 선택한 가액

> **해설** 시가로 인정된 가액이 둘 이상인 경우에는 과세기준일로부터 가장 가까운 날의 가액
> 에 의한다.

37 지방세법상 재산세 납기별 물납 및 분할납부 등에 관한 설명으로 틀린 것은?

① 물납을 허가하는 부동산의 가액은 원칙적으로 재산세 과세기준일 현재의 시가에 의한다.

② 과세대상 주택만 소유한 자의 주택에 대한 세액이 성남시에서 고지된 세액은 200만원, 강남구에서 고지된 세액은 250만원인 경우 분할납부할 수 있다.

③ 지방자치단체장이 분할납부 신청을 받은 때에는 이미 고지한 납세고지서를 납기 내에 납부하여야 할 납세고지서와 분할납부 기간 내에 납부하여야 할 납세고지서로 구분하여 수정 고지하여야 한다.

④ 물납허가 또는 물납부동산 변경 허가를 받은 납세의무자는 그 통지를 받은 날부터 10일 이내에 소유권 이전등기에 필요한 서류를 시장·군수·구청장에게 제출하여야 한다. 시장·군수·구청장은 5일 이내에 등기신청을 하여야 한다.

⑤ 물납할 해당 부동산에 임차인이 거주하고 있어 부동산 명도 등에 어려움이 있는 경우에는 물납을 거절할 수 있다.

해설 과세대상 주택만 소유한 자의 주택에 대한 세액이 성남시에서 고지된 세액은 200만원, 강남구에서 고지된 세액은 250만원인 경우 관할 구역별로 250만원을 초과하지 않으므로 분할납부할 수 없다.

38 ⊕

다음 자료를 바탕으로 2022년도 재산세를 주택으로 물납할 경우에 납세의무자가 선택 가능한 최대 물납가액은?

- 물납대상 물건 : 주택
- 재산세 납부세액 : 6천만원
- 물납할 주택의 해당 연도 공시가격 : 4천만원
- 물납할 주택의 감정평가 평균액 : 5천만원(2022년 4월 10일 기준)
- 물납할 주택의 공매가액 : 4천5백만원(2022년 5월 20일 기준)

① 4천만원
② 4천5백만원
③ 5천만원
④ 5천5백만원
⑤ 6천만원

해설 물납평가가액은 원칙적으로 시가표준액(공시가액), 국세청 고시가액으로 하되, 예외적으로 시가로 인정된 가액이 있는 경우에는 그 가액으로 할 수 있다. '시가로 인정된 가액'이란 과세기준일 전 6개월부터 과세기준일 현재까지의 기간 중에 형성된 수용보상가액·공매가액, 감정가액의 평균액, 확정판결가액, 법인장부가액 등을 말하며, 이 경우 예외적으로 시가가 둘 이상인 경우에는 과세기준일부터 가장 가까운 날에 해당하는 가액에 의한다. 따라서 예외 시가 중 과세기준일부터 가장 가까운 날에 해당하는 공매가액인 4천5백만원이 물납가액이 된다.

39 지방세법상 재산세의 부과·징수에 관한 설명으로 옳은 것은 모두 몇 개인가? (단, 비과
（中）   세는 고려하지 않음)   • 31회

> • 재산세의 과세기준일은 매년 6월 1일로 한다.
> • 토지의 재산세 납기는 매년 7월 16일부터 7월 31일까지이다.
> • 지방자치단체의 장은 재산세의 납부할 세액이 500만원 이하인 경우 250만원을 초과하
>   는 금액은 납부기한이 지난 날부터 2개월 이내에 분할납부하게 할 수 있다.
> • 재산세는 관할 지방자치단체의 장이 세액을 산정하여 특별징수의 방법으로 부과·징수
>   한다.

① 0개   ② 1개
③ 2개   ④ 3개
⑤ 4개

　■해설■　• 토지의 재산세 납기는 매년 9월 16일부터 9월 30일까지이다.
         • 재산세는 관할 지방자치단체의 장이 세액을 산정하여 보통징수의 방법으로 부과·징
           수한다.

40 거주자 甲은 2022년 2월 10일 거주자 乙로부터 국내 소재 상업용 건축물(오피스텔
（中）   아님)을 취득하고, 2022년 10월 현재 소유하고 있다. 이 경우 2022년도분 甲의 재산
세에 관한 설명으로 옳지 <u>않은</u> 것은? (단, 사기나 그 밖의 부정한 행위 및 수시부과사유
는 없음)   • 23회 수정

① 甲의 재산세 납세의무는 2022년 6월 1일에 성립한다.
② 甲의 재산세 납세의무는 과세표준과 세액을 지방자치단체에 신고하여 확정한다.
③ 甲의 건축물분에 대한 재산세 납기는 2022년 7월 16일부터 7월 31일까지이다.
④ 甲의 재산세 납세의무는 2027년 5월 31일까지 지방자치단체가 부과하지 아니하
   면 소멸한다.
⑤ 甲의 재산세 납부세액이 1천만원을 초과하는 경우에는 물납신청이 가능하다.

　■해설■　재산세 납세의무는 과세표준과 세액을 지방자치단체가 결정함으로써 확정된다.

이것만은 꼭! 농지(전·답·과수원)에 대한 과세 구분 ▼ 문제 41~42

개인 소유	군지역의 농지	분리과세	
	도시지역 밖의 농지		
	도시지역 안의 농지	개발제한구역과 녹지지역, 미지정지역	분리과세
		그 밖의 지역	종합합산과세
법인 및 단체 소유	일반법인	농업 관련 이외의 법인이 소유한 농지	종합합산과세
	예외 : 분리과세	1. 영농조합법인 또는 농업회사법인(주식회사를 포함) 소유농지 2. 한국농어촌공사가 농가에 공급하기 위하여 소유하는 농지 3. 종중이 소유하는 농지 4. 사회복지사업자가 복지시설의 소비용에 공하기 위하여 소유하는 농지 5. 매립·간척에 의하여 농지를 취득한 법인이 과세기준일 현재 직접 경작하는 농지. 다만, 시지역의 도시지역 안의 농지는 개발제한구역과 녹지지역, 미지정지역 안에 있는 것에 한정한다.	

➕ **분리과세대상 취득시기 제한** : 위 3.과 4.의 종중과 사회복지사업자의 경우 1990년 5월 31일 이전부터 소유한 경우에 한정하여 분리과세하되, 1990년 6월 1일 이후에 해당 농지를 상속받아 소유하는 경우와 법인합병으로 인하여 취득하여 소유하는 경우를 포함한다.

➕ 종자 연구 및 생산에 직접 이용되고 있는 시험·연구·실습지 또는 종자생산용 토지는 별도합산 과세대상 토지로 한다.

41 지방세법상 재산세 과세대상 토지 중 분리과세대상 농지에 관한 설명으로 틀린 것은?

① '농지'라 함은 전·답·과수원으로서 과세기준일 현재 실제 영농에 사용되는 토지를 말한다.

② 분리과세가 되기 위한 농지는 농지 소유자의 거주지와 농지 소재지의 거리 제한과는 관계가 없다.

③ 농지 소유자가 직접 경작한 경우나 임대하거나 다른 사람이 관리·경작한 경우에도 분리과세할 수 있다.

④ 특별시, 광역시(군지역은 제외), 시지역(읍·면지역은 제외) 안의 개발제한구역이나 녹지지역, 미지정지역 안에서 경작하여야 분리과세대상이 될 수 있다.

⑤ 「종자산업법」에 따라 종자업 등록을 한 종자업자가 소유하는 농지로서 종자생산용 농지는 분리과세대상이다.

해설 「종자산업법」에 따라 종자업 등록을 한 종자업자가 소유하는 농지로서 종자생산용 농지는 별도합산과세대상이다.

42 지방세법상 재산세 과세대상인 법령이 정한 법인·단체 소유 경작 농지 중 분리과세대상이 아닌 것은?

① 법인이 매립·간척한 도시지역 밖 농지

② 한국농어촌공사가 농가에 공급하기 위하여 소유하는 농지

③ 농산물 가공 법인이 소유하는 농지

④ 사회복지사업자가 복지시설의 소비용에 공하기 위하여 1990년 5월 31일 이전에 소유한 농지

⑤ 종중이 1990년 5월 1일 취득하여 소유한 농지

해설 농산물 가공이나 제조회사 법인이 소유하는 농지는 농업법인이 아닌 자가 소유한 농지로서 소유상 부적절한 것이라 종합합산과세대상 토지가 된다.

이것만은 꼭! 목장용지와 생산임야 등에 대한 과세 구분 ▼ 문제 43

1. 목장용지 과세 구분

개인 및 법인	도시지역 밖	전 지역	기준면적 이내	분리과세
			기준면적 초과	종합합산과세
	도시지역 안	녹지지역·개발제한구역	기준면적 이내	분리과세
			기준면적 초과	종합합산과세
		이외의 전 지역	전부	종합합산과세

➕ 녹지지역·개발제한구역의 목장용지는 1989년 12월 31일 이전 소유한 것에 한정하되, 1990년 1월 1일 이후에 해당 목장용지를 상속받아 소유하는 경우와 법인 합병으로 인하여 취득하여 소유하는 경우는 포함한다.

2. 생산활동에 사용되는 임야 과세 구분

생산임야	특수산림사업지구 지정 임야			분리과세
	산림경영계획을 인가받아 사업 중인 임야	도시지역 밖	보전산지	분리과세
			준보전산지	별도합산과세
		도시지역 안	보전녹지, 미계획지역	분리과세
			이외의 지역	종합합산과세(새로 편입이 된 경우 2년간 유예)

43 지방세법상 재산세의 분리과세대상 토지가 <u>아닌</u> 것은?

① 산림경영계획을 인가받아 사업 중인 보전산지 안의 임야
② 1989년 12월 31일 이전부터 소유한 녹지지역·개발제한구역 안 법정 기준면적 이내의 목장용지
③ 법령이 정한 특수산림사업지구로 지정된 임야
④ 법정 기준면적 이내 도시지역 밖의 목장용지
⑤ 준보전산지 안에 있는 토지 중 산림경영계획의 인가를 받아 시업(施業) 중인 임야

해설 준보전산지 안에 있는 토지 중 산림경영계획의 인가를 받아 시업(施業) 중인 임야는 별도합산과세대상으로 한다.

정답 41 ⑤ 42 ③ 43 ⑤

공익상 사권이 제한된 임야, 종중 소유 임야

과세 구분

▼ 문제 44~45

공익목적 법률 규정에 의한 사권 제한 임야	1. 문화재보호구역 안의 임야 2. 공원자연환경지구 안의 임야 3. 1989년 12월 31일 이전 소유한 법령이 정한 다음의 임야 　㉠ 「개발제한구역의 지정 및 관리에 관한 특별조치법」에 따른 개 　　발제한구역의 임야 　㉡ 군사시설 보호구역 중 제한보호구역 임야(지정이 해지된 경우 　　2년간) 　㉢ 홍수관리구역 임야 　㉣ 도로접도구역 안 임야 　㉤ 철도보호지구 안 임야 　㉥ 도시공원 안의 임야 등 4. 상수원보호구역 안의 임야(1990년 5월 31일 이전 소유)	분리과세
종중 소유 임야	1990년 5월 31일 이전 소유한 임야	

➕ 위의 취득시기 제한 이후에 해당 임야를 상속받아 소유하는 경우와 법인합병으로 인하여 취득
하여 소유하는 경우 취득시기 기준을 적용하지 아니한다.

44 지방세법상 법정요건을 갖춘 경우 분리과세대상에 속하는 임야로 옳지 <u>않은</u> 것은?

下

① 1990년 5월 31일 이전에 소유한 「수도법」에 따른 상수원보호구역 안의 임야

② 1990년 5월 31일 이전부터 종중이 소유한 임야

③ 1989년 12월 31일 이전 소유한 「산림보호법」에 따라 지정된 산림보호구역 및 「산림자원의 조성 및 관리에 관한 법률」에 따라 지정된 채종림·시험림

④ 1989년 12월 31일 이전 소유한 군사시설보호구역 중 제한보호구역 임야

⑤ 1989년 12월 31일 이전 소유한 「개발제한구역의 지정 및 관리에 관한 특별조치법」에 따른 개발제한구역의 임야

해설 「산림보호법」에 따라 지정된 산림보호구역 및 「산림자원의 조성 및 관리에 관한 법률」에 따라 지정된 채종림·시험림은 소유시기에 관계없이 재산세가 비과세된다.

45
下

소유자의 취득시기에 관계없이 분리과세대상에 속하는 법령이 정한 임야를 모두 고른 것은?

> ㉠ 문화재보호구역 안의 임야
> ㉡ 도시공원 안의 임야
> ㉢ 철도보호지구와 도로접도구역 안의 임야
> ㉣ 자연환경지구 안의 임야

① ㉠, ㉡   ② ㉠, ㉢
③ ㉠, ㉣   ④ ㉢, ㉣
⑤ ㉠, ㉢, ㉣

해설   문화재보호구역 안의 임야와 자연환경지구 안의 임야는 취득시기에 관계없이 항상 분리과세대상이 되는 임야이다. 도시공원 안의 임야, 철도보호지구와 도로접도구역 안의 임야는 1989년 12월 31일 이전 소유에 한정하여 분리과세한다.

이것만은 꼭! 공장용지 과세 구분 ▼ 문제 46

군지역의 공장	전 지역	기준면적 이내	분리과세
		기준면적 초과	종합합산과세
시 이상 지역의 공장	산업단지 및 공업지역, 공장유치지역	기준면적 이내	분리과세
		기준면적 초과	종합합산과세
	상업지역, 주거지역, 녹지지역	기준면적 이내	별도합산과세
		기준면적 초과	종합합산과세
무허가 공장		종합합산과세	

➕ 1. 공장용 건축물의 공사 중에 있는 토지는 공장용 토지로 보며, 정당한 사유 없이 공사 중단기간이 6개월이 경과한 경우에는 공장용 토지로 보지 아니한다.
  2. 「산업입지 및 개발에 관한 법률」에 따른 공장의 부속토지로서 개발제한구역의 지정이 있기 이전에 그 부지취득이 완료된 토지는 공장용지로 본다.

46 지방세법상 공장용 토지에 대한 재산세 과세대상의 분류기준에 관한 설명으로 옳지
⊕ 않은 것은?

① 군지역에 소재한 공장용 토지로서 법정 기준면적 이내의 토지는 분리과세대상이다.

② 무허가 공장용 토지는 별도합산과세대상이다.

③ 공장용 건축물의 부속토지 중 법정 기준면적을 초과한 토지는 종합합산과세대상
이다.

④ 공업지역 내에서 공장 설치를 위하여 과세기준일 현재 건축 중인 공장용 부속토
지는 분리과세대상이다. 단, 정당한 사유 없이 6개월 이상 공사가 중단된 경우는
제외한다.

⑤ 「산업입지 및 개발에 관한 법률」에 따른 공장의 부속토지로서 개발제한구역의 지
정이 있기 이전에 그 부지취득이 완료된 기준면적 이내 공장용 토지는 분리과세
대상이다.

해설 무허가 공장용 토지는 종합합산과세대상이다.

| 이것만은 꼭! | 기타 법령이 정한 분리과세대상 토지 | ▼ 문제 47~50 |

1. 기타 대통령령이 정한 토지(1천분의 2에 해당하는 세율 대상)

구 분	대 상
⊙ 국가 및 지방자치단체 지원을 위한 특정 목적 사업용 토지	• 국방상의 목적 외에는 그 사용 및 처분 등을 제한하는 공장 구내의 토지 • 개발사업 관계 법령에 따라 국가나 지방자치단체에 무상귀속되는 공공시설용 토지 • 발전·수도·공업 및 농업 용수의 공급 또는 홍수조절용으로 직접 사용하고 있는 토지 등
ⓛ 에너지·자원의 공급 및 방송·통신·교통 등의 기반시설용 토지	• 염전으로 실제 사용하고 있거나 계속 염전으로 사용하다가 사용을 폐지한 토지 • 채굴계획 인가를 받은 토지 • 한국방송공사의 소유 토지로서 업무에 사용되는 중계시설의 부속토지 • 여객자동차터미널 및 물류터미널용 토지 • 한국지역난방공사가 열생산설비에 직접 사용하고 있는 토지 • 한국철도공사가 직접 사용하기 위하여 소유하는 철도용지 • 항만시설용 토지 중 항만사업에 사용하거나 사용하기 위한 토지 등

ⓒ 국토의 효율적 이용을 위한 개발사업용 토지		• 수면 매립하거나 간척한 토지로서 공사준공인가일부터 4년이 지나지 아니한 토지 • 농어촌정비사업 시행자가 다른 사람에게 공급할 목적으로 소유하고 있는 토지 • 도시개발사업의 시행자가 그 도시개발사업에 제공하는 토지(주택부지 및 주택에 필수불가결한 공공시설용 토지와 산업단지용 토지로 한정한다) • 산업단지개발사업의 시행자가 소유하고 있는 토지 • 주택건설사업자가 주택을 건설하기 위하여 사업계획의 승인을 받은 토지로서 주택건설사업에 제공되고 있는 토지 등
ⓔ 그 밖에 지역경제의 발전, 공익성의 정도 등을 고려하여 분리과세하여야 할 타당한 이유가 있는 토지		• 농업협동조합 등 구판사업에 직접 사용하는 토지와 한국농수산식품유통공사가 농수산물 유통시설로 직접 사용하는 토지 • 공모부동산투자회사가 목적사업에 사용하기 위하여 소유하고 있는 토지 • 전시사업용 토지 등
ⓜ 일정한 시기까지 분리과세되는 토지		• 「공익사업을 위한 토지 등의 취득 및 보상에 관한 법률」 등 공익사업의 구역에 있는 토지로서 사업시행자에게 협의 또는 수용에 의하여 매각이 예정된 토지 중 용도지역이 변경되거나 개발제한구역에서 해제된 경우 : 그 토지가 매각되기 전(보상금을 공탁한 경우에는 공탁금 수령일 전을 말한다)까지 • 위의 매각이 예정되었던 토지 중 특별관리지역으로 변경된 경우 : 그 토지가 특별관리지역에서 해제되기 전까지

2. **사치성 토지**(1천분의 40에 해당하는 세율 대상)

　㉠ 도박장, 유흥주점영업장, 특수목욕장, 그 밖에 이와 유사한 용도에 사용되는 건축물의 부속토지

　㉡ 「체육시설의 설치·이용에 관한 법률」 규정에 따른 회원제 골프장용 부동산 중 구분등록의 대상이 되는 토지(원형지로 지정된 임야는 별도합산대상으로 한다)

정답　**46** ②

47 국가 및 지방자치단체 지원을 위한 특정목적 사업용 토지로서 법령이 정한 재산세 분리 과세대상 토지에 해당하지 <u>않는</u> 것은?

① 수도·공업 및 농업용수의 공급 또는 홍수조절용으로 직접 사용하고 있는 토지
② 개발사업 관계 법령에 따라 국가나 지방자치단체에 무상귀속되는 공공시설용 토지
③ 국방상의 목적 외에는 그 사용 및 처분 등을 제한하는 공장 구내의 토지
④ 「군사기지 및 군사시설 보호법」에 따른 군사기지 및 군사시설 보호구역 중 통제 보호구역에 있는 토지(농지와 대지는 아님)
⑤ 발전용수의 공급용으로 직접 사용하고 있는 토지 등

해설 「군사기지 및 군사시설 보호법」에 따른 군사기지 및 군사시설 보호구역 중 통제보호 구역에 있는 토지(농지와 대지는 아님)는 비과세대상 토지이다.

48 관계법령에 따라 에너지·자원의 공급 및 방송·통신·교통 등의 기반시설용 토지에 대한 지방세법상 토지분 재산세 과세대상 중 분리과세대상 토지로 볼 수 <u>없는</u> 것은?

① 여객자동차터미널 및 물류터미널용 토지
② 한국방송공사의 소유 토지로서 업무에 사용되는 중계시설의 부속토지
③ 염전으로 실제 사용하고 있거나 계속 염전으로 사용하다가 사용을 폐지한 토지
④ 한국철도공사가 직접 사용하기 위하여 소유하는 철도용지
⑤ 「물류시설의 개발 및 운영에 관한 법률」 규정에 따른 물류단지 안의 토지

해설 「물류시설의 개발 및 운영에 관한 법률」 규정에 따른 물류단지 안의 토지로서 같은 법 규정에 따른 물류단지시설용 토지는 별도합산과세대상으로 한다.

49 국토의 효율적 이용을 위한 개발사업용 토지 중 지방세법상 토지분 재산세 과세대상 중
에서 법령이 정한 분리과세대상에 속할 수 있는 토지가 **아닌** 것은?

① 주택건설사업자가 주택을 건설하기 위하여 사업계획의 승인을 받은 토지로서 주
택건설사업에 제공되고 있는 토지

② 농어촌정비사업 시행자가 다른 사람에게 공급할 목적으로 소유하고 있는 토지

③ 도시개발사업의 시행자가 그 도시개발사업에 제공하는 토지(주택부지 및 주택에 필
수불가결한 공공시설용 토지와 산업단지용 토지로 한정함)

④ 「항만법」에 따라 해양수산부장관 또는 시·도지사가 지정하거나 고시한 야적장
및 컨테이너 장치장용 토지

⑤ 수면 매립하거나 간척한 토지로서 공사준공인가일로부터 4년이 지나지 아니한
토지

해설 「항만법」에 따라 해양수산부장관 또는 시·도지사가 지정하거나 고시한 야적장 및 컨
테이너 장치장용 토지는 별도합산대상 토지이다.

50 지방세법상 토지분 재산세 과세대상 중 법령이 정한 분리과세대상에 속할 수 있는 토지
가 **아닌** 것은?

① 농업협동조합 등 구판사업에 직접 사용하는 토지와 한국농수산식품유통공사가
농수산물 유통시설로 직접 사용하는 토지

② 공모부동산투자회사가 목적사업에 사용하기 위하여 소유하고 있는 토지

③ 회원제 골프장용 토지와 고급오락장용 토지로서 대통령령으로 정하는 토지

④ 채굴계획 인가를 받은 토지

⑤ 「폐기물관리법」에 따라 폐기물 최종처리업 또는 폐기물 종합처리업의 허가를 받
은 자가 소유하는 토지 중 폐기물 매립용에 직접 사용되고 있는 토지

해설 「폐기물관리법」에 따라 폐기물 최종처리업 또는 폐기물 종합처리업의 허가를 받은 자
가 소유하는 토지 중 폐기물 매립용에 직접 사용되고 있는 토지는 별도합산대상 토지
이다.

별도합산과세대상 건축물의 부속토지 ▼ 문제 51~52

건축물의 부속토지	무허가 건축물			종합합산과세
	허가·신고 대상 건축물	사용(임시)승인을 받은 경우	법정기준면적 이내	별도합산과세
			법정기준면적 초과	종합합산과세
		사용승인이 없는 경우	전부	종합합산과세
	토지 시가표준액의 2%에 미달하는 건축물		바닥면적 부분	별도합산과세
			바닥면적 이외의 부분	종합합산과세
	인·허가를 받아 건축 중에 있는 토지, 건축허가를 받았으나 착공이 제한된 건축물의 부속토지			별도합산과세
	건축물이 멸실된 토지		6개월 이내인 경우	별도합산과세
			6개월이 경과한 경우	종합합산과세
	회원제 골프장용 건축물과 고급오락장용 건축물 부속토지			분리과세

➕ 관계 법령에 따라 허가 등을 받아야 하는 건축물 또는 주택으로서 허가 등을 받지 않은 건축물 또는 주택이거나 사용승인을 받아야 하는 건축물 또는 주택으로서 사용승인(임시사용승인을 포함)을 받지 않은 경우는 종합합산과세대상으로 한다.

➕ **법정 기준면적**: 바닥면적 × 용도지역별 적용배율

용도지역별 적용배율

용도지역별		적용배율
도시지역 안	준주거지역·상업지역	3배
	일반주거지역·공업지역	4배
	전용주거지역	5배
	미계획지역	4배
	녹지지역	7배
도시지역 외의 용도지역		7배

---

51 지방세법상 재산세 과세대상 토지 중 별도합산과세대상이 될 수 있는 토지로 옳지 <u>않은</u> 것은?
中

① 일반상가용 건축물의 부속토지로서 법정기준면적 이내의 토지

② 과세기준일 현재 건축물 또는 주택이 사실상 철거·멸실된 날(사실상 철거·멸실된 날을 알 수 없는 경우에는 공부상 철거·멸실된 날을 말함)부터 6개월이 지나지 아니한 건축물 또는 주택의 부속토지

③ 건축물의 시가표준액이 토지의 시가표준액의 2%에 미달하는 건축물의 부속토지 중 건축물의 바닥면적에 해당하는 토지

④ 건축허가를 받았으나 「건축법」 제18조에 따라 착공이 제한된 건축물의 부속토지

⑤ 일반영업용 건축물 중 무허가나 (임시)사용승인을 받지 못한 건축물의 부속토지

> **해설** 일반영업용 건축물 중 무허가나 (임시)사용승인을 받지 못한 건축물의 부속토지는 종합합산과세대상으로 한다.

52 _(上) **다음 자료를 바탕으로 지방세법상 재산세를 부과하는 경우로 옳은 것은?**

> • 1동의 구조로서 1개 층 건축물이며, 상업지역에 소재한 것이다.
> • 건축물 용도 : 주거용 200m^2, 상가용 300m^2
> • 딸린 토지 : $1,000\text{m}^2$
> • 해당 건축물은 적법하게 건축된 것이다(건축물 시가표준액이 토지 시가표준액의 2% 이상임).

① 건물 부분은 모두 주택으로 보아 주택분 재산세가 부과되고, 토지는 상가용지로 보아 별도합산과세대상 토지분 재산세가 부과된다.

② 모두 주거용으로 보아 주택에 대한 재산세가 부과되어야 한다.

③ 상업지역 내에 소재한 것이므로 모두 상가용으로 과세 구분되어야 한다.

④ 토지는 별도합산과세대상 토지로 보며, 건물 중 200m^2는 주거용으로, 300m^2는 상가로 본다.

⑤ 주거용에 사용되는 200m^2와 이에 딸린 토지 400m^2는 주택분 재산세로 부과하고, 건물 중 300m^2는 건축물분 재산세로 부과하며, 부속토지 600m^2는 토지분 재산세로 부과한다.

> **해설** 1동 주택에 둘 이상의 용도가 있는 경우에는 각각의 용도로 보아 주거용에 사용되는 200m^2와 이에 딸린 토지 400m^2는 주택분 재산세로 과세하고, 건물 중 300m^2는 건축물분 재산세로 과세하며, 딸린 토지 600m^2는 토지분(별도합산과세대상) 재산세로 과세한다.

정답 **51** ⑤ **52** ⑤

이것만은 꼭!	**별도합산과세대상 토지로 의제하는 법령이 정한 토지**
	(기준면적 초과분은 종합합산과세대상토지로 함) ▼ 문제 53~58

1.	운송 또는 대여사업용 차고용 토지
2.	건설기계 대여·정비·매매·폐기업 등 주기장·옥외작업장용 토지
3.	자동차운전학원의 자동차운전학원용 토지
4.	보세구역 중 보세창고용 토지
5.	자동차관리사업용 토지
6.	물류단지시설용 토지, 집배송센터 토지
7.	시 이상 지역(산업단지, 공장지역 등은 제외)의 레미콘 제조업용 토지
8.	휴양업·공연장·체육시설업·의료기관·방송국의 주차용지
9.	운동시설용 토지와 스키장 및 골프장용 토지 중 원형이 보전되는 임야
10.	박물관·미술관·동물원·식물원 등의 야외전시장용 토지
11.	설치·관리허가받은 법인묘지용 토지
12.	견인된 차의 보관용 토지
13.	종자연구 및 생산에 직접 이용되고 있는 시험·연구·실습지 또는 종자생산용 토지
14.	양식어업 및 수산종자생산어업에 직접 이용되고 있는 토지
15.	준보전산지 안에 있는 토지 중 사업 중인 임야
16.	폐기물 매립용으로 직접 사용하기 위하여 매립허가 등을 받은 토지 등

53 지방세법상 토지분 재산세 과세대상 중 법령이 정한 별도합산과세대상이 <u>아닌</u> 것은?

中

① 「주차장법 시행령」 제6조에 따른 부설주차장 설치 기준면적 이내의 토지

② 종자업자가 소유하는 농지시험·연구·실습지 또는 종자생산용 토지

③ 도박장·유흥주점영업장 용도에 사용되는 고급오락장용 건축물의 부속토지

④ 「도로교통법」에 따른 견인된 차의 보관용 토지

⑤ 특별시지역·광역시지역 및 시지역(읍·면지역, 산업단지, 공업지역은 제외) 안의 레미콘 제조업용 토지로서 법정면적 범위 안의 토지

해설 ┃ 도박장·유흥주점영업장 용도에 사용되는 고급오락장용 건축물의 부속토지는 표준세율 1천분의 40에 해당하는 분리과세대상 토지이다.

54 지방세법상 법정요건을 갖춘 재산세 과세대상 토지 중 별도합산과세대상과 거리가 먼 것은?

① 준보전산지에 있는 토지 중 시업 중인 임야
② 「여객자동차 운수사업법」 및 「물류시설의 개발 및 운영에 관한 법률」에 따라 면허 또는 인가를 받은 자가 계속하여 사용하는 여객자동차터미널 및 물류터미널용 토지
③ 회원제 골프장용 부동산 중 구분등록의 대상이 되는 토지 중 원형이 보전되는 임야
④ 「장사 등에 관한 법률」에 따라 설치·관리허가받은 법인묘지용 토지
⑤ 「관광진흥법」에 따라 관광사업자가 관계 법령 규정에 따른 시설기준을 갖추어 설치한 박물관·미술관·동물원·식물원의 야외전시장용 토지

해설 「여객자동차 운수사업법」 및 「물류시설의 개발 및 운영에 관한 법률」에 따라 면허 또는 인가를 받은 자가 계속하여 사용하는 여객자동차터미널 및 물류터미널용 토지는 분리과세대상이다.

55 지방세법상 토지분 재산세 과세대상 토지 중 별도합산과세대상과 거리가 먼 것은?

① 「항만법」에 따른 야적장용 토지 및 컨테이너 장치장용 토지
② 「종자산업법」에 따라 종자업 등록을 한 종자업자가 소유하는 농지로서 종자연구 및 생산에 직접 이용되고 있는 시험·연구·실습지 또는 종자생산용 토지
③ 「체육시설의 설치·이용에 관한 법률」 규정에 따른 대중체육시설업의 시설기준에 따라 설치하는 필수시설 중 운동시설용 토지
④ 물류단지시설용 토지 및 공동 집배송센터용 토지
⑤ 한국철도공사가 철도사업용으로 직접 사용하기 위하여 소유하는 철도사업용 토지

해설 「한국철도공사법」에 따라 설립된 한국철도공사가 철도사업용으로 직접 사용하기 위하여 소유하는 철도사업용 토지는 분리과세대상으로 한다.

정답 53 ③ 54 ② 55 ⑤

56 지방세법상 토지에 대한 재산세를 부과함에 있어서 과세대상의 구분(종합합산과세대상, 별도합산과세대상, 분리과세대상)이 같은 것으로만 묶인 것은? • 25회

(中)

> ㉠ 1990년 5월 31일 이전부터 종중이 소유하고 있는 임야
> ㉡ 「체육시설의 설치·이용에 관한 법률 시행령」에 따른 골프장용 토지 중 원형이 보전되는 임야
> ㉢ 과세기준일 현재 계속 염전으로 실제 사용하고 있는 토지
> ㉣ 「도로교통법」에 따라 등록된 자동차운전학원의 자동차운전학원용 토지로서 같은 법에서 정하는 시설을 갖춘 구역 안의 토지

① ㉠, ㉡   ② ㉡, ㉢
③ ㉡, ㉣   ④ ㉠, ㉡, ㉢
⑤ ㉠, ㉢, ㉣

해 설 ㉠㉢ 분리과세대상이다.
㉡㉣ 별도합산과세대상이다.

57 지방세법상 재산세 과세대상 토지 중 종합합산과세대상 토지는 모두 몇 개인가?

(上)

> ㉠ 건축물의 시가표준액이 토지의 시가표준액의 2%에 미달하는 건축물의 부속토지 중 건축물의 바닥면적 이외에 해당하는 토지
> ㉡ 야적장으로 활용하고 있는 농지
> ㉢ 건축물로서 사용승인을 받아야 하는 건축물을 사용승인(임시사용승인을 포함)을 받지 않은 경우 해당 건축물의 부속토지
> ㉣ 주택으로서 건축물 연면적의 50% 이상이 무허가로 사용되는 주택의 부속토지
> ㉤ 도시지역 밖에서 타인이 임대·경작하고 있는 농지
> ㉥ 지목이 공장용지로서 건축에 착공하고 있지 않은 토지
> ㉦ 「부동산투자회사법」에 따라 설립된 투자회사의 목적사업용 토지
> ㉧ 건축물이 사실상 철거·멸실된 날부터 6개월이 지나지 아니한 주택의 부속토지
> ㉨ 고급오락장용 토지

① 4개   ② 5개
③ 6개   ④ 7개
⑤ 8개

해설 ㉠㉡㉢㉣㉻ 종합합산과세대상 토지이다.
㉢㉗㉾ 분리과세대상 토지이다.
◎ 별도합산과세대상 토지이다.

58 지방세법상 재산세 종합합산과세대상 토지는? • 29회 수정
中
① 「문화재보호법」 제2조 제2항에 따른 지정문화재 보호구역 안의 임야
② 국가가 국방상의 목적 외에는 그 사용 및 처분 등을 제한하는 공장 구내의 토지
③ 「건축법」 등 관계 법령에 따라 허가 등을 받아야 할 건축물로서 허가 등을 받지
아니한 공장용 건축물의 부속토지
④ 「자연공원법」에 따라 지정된 공원자연환경지구의 임야
⑤ 1989년 12월 31일 이전부터 소유한 「개발제한구역의 지정 및 관리에 관한 특별
조치법」에 따른 개발제한구역의 임야

해설 「건축법」 등 관계 법령에 따라 허가 등을 받아야 할 건축물로서 허가 등을 받지 아니
한 공장용 건축물의 부속토지는 종합합산과세대상 토지이다. ①②④⑤는 분리과세대
상 토지이다.

PART

3

국 세

최근 5개년 PART 3 출제비중

43.9%

5개년 CHAPTER별 출제빈도 분석표 & 빈출 키워드

* 복합문제이거나, 법률이 개정 및 제정된 경우 분류 기준에 따라 아래 수치와 달라질 수 있습니다.

CHAPTER	문항 수					비 중	빈출 키워드
	28회	29회	30회	31회	32회		
01 종합부동산세	1	1.5	1	1	2	18.8%	과세대상, 납세의무자, 납세절차
02 종합소득세	1			1		5.8%	부동산임대사업소득
03 양도소득세	5	5	5	5	6	75.4%	양도소득금액·양도차익·과세표준의 계산, 장기보유특별공제, 1세대 1주택의 양도소득 비과세, 1세대 1주택의 특례

세줄요약 제33회 합격전략

☑ PART 3은 평균 약 7문제 출제!

☑ CHAPTER 03 양도소득세 위주로 학습!

☑ 종합부동산세, 종합소득세도 꾸준히 출제되므로 놓치지 않고 학습!

기출지문 OX 워밍업!

*본격적인 문제풀이에 앞서 기출지문 OX문제를 풀어 실력점검을 해보세요.

❶ 1990년 5월 31일 이전 소유한 「수도법」에 따른 상수원보호구역의 임야는 분리과세대상이어서 종합부동산세 과세제외 대상이다. •24회 (O l X)

❷ 납세의무자는 선택에 따라 신고·납부할 수 있으나, 신고를 함에 있어 납부세액을 과소하게 신고한 경우라도 과소신고가산세가 적용되지 않는다. •29회 (O l X)

❸ 주택분 종합부동산세 납세의무자가 1세대 1주택자에 해당하는 경우의 주택분 종합부동산세액 계산 시 연령에 따른 세액공제와 보유기간에 따른 세액공제는 공제율 합계 100분의 80의 범위에서 중복하여 적용할 수 있다. •30회 •32회 (O l X)

❹ 주택임대소득이 과세되는 고가주택은 과세기간 개시일 현재 기준시가 9억원을 초과하는 주택을 말한다. •24회 (O l X)

❺ 이혼으로 인하여 혼인 중에 형성된 부부공동재산을 「민법」 제839조의2에 따라 재산분할한 경우 양도로 보지 아니한다. •23회 (O l X)

❻ 기획재정부령이 정하는 장기할부조건의 경우에는 소유권 이전등기(등록 및 명의개서를 포함) 접수일·인도일 또는 사용수익일 중 빠른 날을 양도 또는 취득의 시기로 한다. •29회 (O l X)

❼ 양도소득금액을 계산할 때 부동산을 취득할 수 있는 권리에서 발생한 양도차손은 토지에서 발생한 양도소득금액에서 공제할 수 없다. •29회 (O l X)

❽ 장기보유특별공제는 등기된 토지 또는 건물, 주택조합원입주권으로서 그 자산의 보유기간이 3년 이상인 것에 대하여 적용한다. •20회 (O l X)

❾ 「도시개발법」에 따른 도시개발사업이 종료되지 아니하여 토지 취득등기를 하지 아니하고 양도하는 토지는 미등기로 보지 아니한다. •32회 (O l X)

❿ 국외주택 양도로 발생하는 소득이 환율변동으로 인하여 외화차입금으로부터 발생하는 환차익을 포함하고 있는 경우에는 해당 환차익을 양도소득의 범위에서 제외한다. •32회 (O l X)

⓫ 법령에 따른 부담부증여의 채무액에 해당하는 부분으로서 양도로 보는 경우 그 양도일이 속하는 달의 말일부터 3개월 이내에 양도소득 과세표준을 납세지 관할 세무서장에게 신고하여야 한다. •31회 (O l X)

정답 ❶ O ❷ X ❸ O ❹ X ❺ O ❻ O ❼ X ❽ O ❾ O ❿ O ⓫ O

종합부동산세

더 많은 기출문제를 풀고 싶다면?
단원별 기출문제집
[부동산세법] pp.332~348

▌5개년 출제빈도 분석표

28회	29회	30회	31회	32회
1	1.5	1	1	2

▌빈출 키워드

- ☑ 과세대상
- ☑ 납세의무자
- ☑ 납세절차

대표기출 **연습**

01 종합부동산세법상 종합부동산세에 관한 설명으로 <u>틀린</u> 것은? (단, 감면 및 비과세와 지방세특례제한법 또는 조세특례제한법은 고려하지 않음) · 31회

① 종합부동산세의 과세기준일은 매년 6월 1일로 한다.

② 종합부동산세의 납세의무자가 비거주자인 개인으로서 국내사업장이 없고 국내원천소득이 발생하지 아니하는 1주택을 소유한 경우 그 주택 소재지를 납세지로 정한다.

③ 과세기준일 현재 토지분 재산세의 납세의무자로서 국내에 소재하는 종합합산과세대상 토지의 공시가격을 합한 금액이 5억원을 초과하는 자는 해당 토지에 대한 종합부동산세를 납부할 의무가 있다.

④ 종합합산과세대상 토지의 재산세로 부과된 세액이 세부담 상한을 적용받는 경우 그 상한을 적용받기 전의 세액을 종합합산과세대상 토지분 종합부동산세액에서 공제한다.

⑤ 관할 세무서장은 종합부동산세를 징수하고자 하는 때에는 납세고지서에 주택 및 토지로 구분한 과세표준과 세액을 기재하여 납부기간 개시 5일 전까지 발부하여야 한다.

키워드	종합부동산세 세율 및 세액	31회
교수님 TIP	종합부동산세의 세율과 과세표준을 숙지하여야 합니다.	

해설 종합합산과세대상 토지의 재산세로 부과된 세액이 세부담 상한을 적용받는 경우 그 상한을 적용받은 후의 재산세액을 종합합산과세대상 토지분 종합부동산세액에서 공제한다.

정답 ④

02 종합부동산세법상 1세대 1주택자에 관한 설명으로 옳은 것은? • 32회 수정

① 과세기준일 현재 세대원 중 1인과 그 배우자만이 공동으로 1주택을 소유하고 해당 세대원 및 다른 세대원이 다른 주택을 소유하지 아니한 경우 신청하지 않더라도 공동명의 1주택자를 해당 1주택에 대한 납세의무자로 한다.

② 합산배제 신고한 「문화재보호법」에 따른 국가, 시, 도 등록문화재에 해당하는 주택은 1세대가 소유한 주택 수에서 제외한다.

③ 1세대가 일반주택과 합산배제 신고한 임대주택을 각각 1채씩 소유한 경우 해당 일반주택에 그 주택소유자가 실제 거주하지 않더라도 1세대 1주택자에 해당한다.

④ 1세대 1주택자는 주택의 공시가격을 합산한 금액에서 6억원을 공제한 금액에서 다시 3억원을 공제한 금액에 공정시장가액비율을 곱한 금액을 과세표준으로 한다.

⑤ 1세대 1주택자에 대하여는 주택분 종합부동산세 산출세액에서 소유자의 연령과 주택 보유기간에 따른 공제액을 공제율 합계 100분의 70의 범위에서 중복하여 공제한다.

키워드 종합부동산세법상 1세대 1주택자   32회

교수님 TIP 종합부동산세법상 1세대 1주택자에 대한 과세표준과 세액공제 등을 숙지하여야 합니다.

해설 ① 1인 소유자로 신청을 한 경우에만 적용한다.

③ 1세대 1주택자 여부를 판단할 때 합산배제 임대사업용 주택을 소유하고 있는 자가 과세기준일 현재 그 주택에 주민등록이 되어 있고 실제로 거주하고 있는 경우에 한정하여 적용한다.

④ 1세대 1주택자는 주택의 공시가격을 합한 금액에서 5억원을 공제한 금액에 다시 6억원을 공제한 금액에서 부동산 시장의 동향과 재정 여건 등을 고려하여 법령이 정한 공정시장가액비율을 곱한 금액으로 한다.

⑤ 소유자 연령공제와 보유기간공제율 합계는 80%를 초과할 수 없다.

정답 ②

종합부동산세의 의의 및 특징 ▼ 문제 01

도입배경	부동산 보유에 대한 조세부담의 형평성 제고, 부동산의 가격안정 도모, 지방재정의 균형발전, 국민경제의 건전한 발전
과세권자	국세 ⇨ 국가(정부)
특 징	보통세, 종가세, 수익세, 보유세, 인세, 소유자별 전국합산과세(부부간 공동소유한 1세대 1주택인 경우 1인 소유자로 선택)
부과기준	재산 과다 보유사실을 전제로 한 사실현황과세 ⇨ 실질과세원칙
납세의무 성립일	과세기준일(매년 6월 1일)
세 율	초과누진세율(가감조정권 없음), 비례세율
세액의 확정	부과주의 원칙, 신고주의 선택

01 종합부동산세법상 종합부동산세 도입배경 및 용어의 정의에 관한 설명으로 틀린 것은?

中

① 고액의 부동산 보유자에 대하여 부동산 보유에 대한 조세부담의 형평성을 제고하고, 부동산의 가격안정을 도모함으로써 지방재정의 균형발전과 국민경제의 건전한 발전을 기하려는 목적으로 도입된 지방교부세이다.

② '토지'라 함은 「지방세법」의 재산세 규정에 따른 「공간정보의 구축 및 관리 등에 관한 법률」에 따라 지적공부의 등록대상이 되는 토지와 그 밖에 사용되고 있는 사실상의 토지를 말한다.

③ '주택'이라 함은 「지방세법」의 재산세 규정에 따른 주택을 말하며, 별장이 제외된다.

④ '공시가격'이라 함은 「부동산 가격공시에 관한 법률」 규정에 따라 가격이 공시되는 주택 및 토지의 가격을 말한다.

⑤ 혼인함으로써 1세대를 구성하는 경우에는 혼인한 날부터 10년 동안은 주택 또는 토지를 소유하는 자와 그 혼인한 자별로 각각 1세대로 본다.

해설 혼인함으로써 1세대를 구성하는 경우에는 혼인한 날부터 5년 동안은 주택 또는 토지를 소유하는 자와 그 혼인한 자별로 각각 1세대로 본다.

이것만은 꼭!	종합부동산세 과세대상	▼ 문제 02~03

토 지	㉠ 재산세가 과세되는 종합합산과세대상이 되는 토지로 한다. ㉡ 재산세가 과세되는 별도합산과세대상이 되는 토지로 한다. ➕ 재산세가 과세되는 분리과세대상 토지는 종합부동산세가 과세되지 아니한다.
주택(부속토지를 포함)	재산세 과세대상 주택(고급주택은 포함하되, 별장은 제외)은 종합부동산세 과세대상이다.

02 종합부동산세의 과세대상이 될 수 있는 것을 모두 고른 것은?
(上)

> ㉠ 과세기준일 현재 계속 염전으로 실제 사용하고 있거나 계속 염전으로 사용하다가 사용을 폐지한 상태의 토지
> ㉡ 건축물의 시가표준액이 해당 부속토지 시가표준액의 100분의 2에 미달하는 건축물의 부속토지 중 건축물 바닥면적을 초과한 토지
> ㉢ 「부동산투자회사법」에 따라 설립된 부동산투자회사가 목적사업에 사용하기 위하여 소유하고 있는 토지
> ㉣ 고급오락장용 토지

① ㉡
② ㉣
③ ㉠, ㉡
④ ㉢, ㉣
⑤ ㉠, ㉡, ㉣

해설 ㉠ 과세기준일 현재 계속 염전으로 실제 사용하고 있거나 계속 염전으로 사용하다가 사용을 폐지한 염전용 토지는 분리과세대상으로 종합부동산세 과세대상이 아니다.
㉡ 건축물의 시가표준액이 해당 부속토지 시가표준액의 100분의 2에 미달하는 건축물의 부속토지 중 건축물 바닥면적을 초과한 토지는 종합합산과세대상이므로 종합부동산세 과세대상이다.
㉢ 「부동산투자회사법」에 따라 설립된 부동산투자회사가 목적사업에 사용하기 위하여 소유하고 있는 토지는 분리과세대상으로 종합부동산세 과세대상이 아니다.
㉣ 고급오락장용 토지는 분리과세대상 토지이므로 종합부동산세 과세대상이 아니다.

정답 01 ⑤ 02 ①

03 종합부동산세의 과세기준일 현재 종합부동산세가 과세되지 <u>아니한</u> 것을 모두 고른 것
中 은? (단, 주어진 조건 외에는 고려하지 않음) · 26회 수정

> ㉠ 여객자동차운송사업 면허를 받은 자가 그 면허에 따라 사용하는 차고용 토지(자동차
>   운송사업의 최저보유차고면적기준의 1.5배에 해당하는 면적 이내의 토지)의 공시가
>   격이 100억원인 경우
> ㉡ 국내에 있는 부부공동명의(지분비율이 동일함)로 된 1세대 1주택의 공시가격이 10억
>   원인 경우
> ㉢ 공장용 건축물
> ㉣ 회원제 골프장용 토지(회원제 골프장업의 등록 시 구분등록의 대상이 되는 토지)의
>   공시가격이 100억원인 경우

① ㉠, ㉡

② ㉢, ㉣

③ ㉠, ㉡, ㉢

④ ㉠, ㉢, ㉣

⑤ ㉡, ㉢, ㉣

해설 ㉠ 별도합산과세대상 토지로서 토지공시가격이 80억원을 초과하므로 종합부동산세
　　　　　가 과세된다.
　　　 ㉡ 주택은 종합부동산세 과세대상이나, 공유자 모두가 6억원을 초과하지 아니하여 과
　　　　　세되지 아니한다.
　　　 ㉢ 건축물은 종합부동산세 과세대상에서 제외된다.
　　　 ㉣ 회원제 골프장용 토지는 종합부동산세 과세대상에서 제외된다.

1. 납세의무자

과세기준일 현재 주택분 재산세의 납세의무자

➕ **신탁재산의 납세의무의 범위** : 「신탁법」에 따른 신탁등기된 신탁재산의 경우 위탁자의 소유로 보아 위탁자를 납세의무자로 한다.

2. 과세표준

㉠ 납세의무자가 개인인 경우

ⓐ 일반적인 경우 : (주택의 공시가격을 합한 금액 – 6억원) × 공정시장가액비율(현행 100%)

ⓑ 1세대 1주택자의 경우 : [(주택의 공시가격을 합한 금액 – 5억원) – 6억원] × 공정시장가액비율(현행 100%)

㉡ 납세의무자가 법령이 정한 법인, 단체 등인 경우 : 주택에 대한 종합부동산세의 과세표준은 납세의무자별로 주택의 공시가격을 합산한 금액에서 법령이 정한 공정시장가액비율(현행 100%)을 곱한 금액으로 한다.

➕ **공정시장가액비율의 범위**(토지도 동일함) : 부동산 시장의 동향과 재정 여건 등을 고려하여 100분의 60부터 100분의 100까지의 범위에서 법령이 정한 공정시장가액비율(현행 100%)을 곱한 금액으로 한다.

㉢ 과세표준 계산 시 합산배제대상 주택

ⓐ 법령 규정에 의하여 임대사업자가 임대사업용으로 등록한 장기임대사업용 주택. 단, 1세대가 국내에 1주택 이상을 소유하면서 조정대상지역 지정 이후에 계약을 하고 취득하여 임대한 장기일반민간임대주택 등은 제외한다.

ⓑ 법령 규정에 의해 종업원의 주거에 제공하기 위한 기숙사

ⓒ 무상이나 저가로 제공하는 사용자 소유 사원용 주택(국민주택규모 이하이거나 공시가격이 3억원 이하인 주택)

ⓓ 「노인복지법」에 따른 노인복지주택

ⓔ 주택건설사업자가 건축하여 소유하고 있는 미분양주택 및 주택의 시공자가 주택건설사업자로부터 해당 주택의 공사대금으로 받은 미분양주택, 기업구조조정 부동산투자회사 미분양주택, 신탁업자가 직접 취득한 미분양주택

ⓕ 정부출연연구기관이 해당 연구기관의 연구원에게 제공하는 주택으로서 2008년 12월 31일 현재 보유하고 있는 주택

ⓖ 「문화재보호법」에 따른 국가, 시, 도 등록문화재에 해당하는 주택

정답 **03** ⑤

ⓗ 「향교재산법」에 따른 향교 또는 향교재단이 소유한 주택의 부속토지(주택의 건물과 부속토지의 소유자가 다른 경우의 그 부속토지를 말함)

ⓘ 법령이 정한 어린이집으로 5년 이상 운용하는 주택

ⓙ 송전설비 등 지역 매수 청구로 취득한 주택

ⓚ 공공주택사업자, 혁신지구재생사업의 시행자, 주택건설사업자 등이 주택건설사업을 위하여 멸실시킬 목적으로 취득하여 그 취득일부터 3년 이내에 멸실시키는 주택

➕ **주택보유 현황신고** : 합산배제대상 주택을 보유한 납세의무자는 해당 연도 9월 16일부터 9월 30일까지 대통령령으로 정하는 바에 따라 납세지 관할 세무서장에게 해당 주택의 보유현황을 신고하여야 한다.

3. 세율, 주택의 수 계산, 이중과세 조정, 세액공제 등

㉠ 세 율

ⓐ 납세의무자가 개인인 경우

- 납세의무자가 2주택 이하를 소유한 경우 주택에 대한 세율(조정대상지역에서 2주택을 소유한 경우는 제외) : 1천분의 6 ~ 1천분의 30(6단계 초과누진세율)
- 납세의무자가 3주택 이상을 소유한 경우 또는 조정대상지역에서 2주택을 소유한 경우 주택에 대한 세율 : 1천분의 12 ~ 1천분의 60(6단계 초과누진세율)

ⓑ 납세의무자가 법인 또는 법인으로 보는 단체(공공주택 특별법 제4조에 따른 공공주택사업자 등 사업의 특성을 고려하여 대통령령으로 정하는 경우는 제외)인 경우

- 2주택 이하를 소유한 경우(조정대상지역 내 2주택을 소유한 경우는 제외) : 1천분의 30
- 3주택 이상을 소유하거나, 조정대상지역 내 2주택을 소유한 경우 : 1천분의 60

➕ 「공공주택 특별법」 제4조에 따른 공공주택사업자 등 사업의 특성을 고려하여 대통령령으로 정하는 법인과 단체는 개인에 대한 누진세율을 적용한다.

㉡ 이중과세 조정 : 주택에 대한 종합부동산세가 과세되는 부분에 부과된 주택분 재산세 세액을 종합부동산세 산출세액에서 차감한다. 여기서 재산세라 함은 「지방세법」에 따른 상한을 적용받는 경우에 적용받는 세액, 가감 조정된 세율이 적용된 경우에는 적용된 세액으로 한다.

㉢ 1세대 1주택 소유자 세액공제(다음의 ⓐ, ⓑ의 세액공제는 중복하여 적용할 수 있다. 다만, 두 공제의 합계는 80%를 초과할 수 없다)

ⓐ 고령자 연령별 세액공제 : 만 60세 이상 65세 미만 20%, 만 65세 이상 70세 미만 30%, 만 70세 이상 40%

ⓑ 주택의 과세기준일 현재 5년 이상 보유한 자의 세액공제 : 5년 이상 10년 미만 20%, 10년 이상 15년 미만 40%, 15년 이상 50%

➕ **보유기간 특례** : 배우자로부터 상속받거나 재건축 또는 재개발하는 주택에 대하여는 보유기간을 합산하여 적용한다.

   ⓔ 1세대 1주택의 범위 등

    ⓐ 1세대의 범위 : 주택 소유자 및 그 배우자가 그들과 동일한 주소 또는 거소에서 생계를 같이 하는 가족과 함께 구성하는 1세대를 말한다.

    ⓑ 1세대 범위 특례 : 혼인한 경우에는 혼인한 날부터 5년 동안, 60세 이상의 직계존속(직계존속 중 어느 한 사람이 60세 미만인 경우를 포함)을 동거봉양하기 위하여 합가함으로써 1세대를 구성하는 경우 10년 동안은 각각 1세대로 본다.

    ⓒ 1세대 1주택의 범위 : '1세대 1주택자'란 세대원 중 1명만이 주택분 재산세 과세대상인 1주택만을 소유하는 경우(토지만 소유한 경우는 제외하되 다른 주택의 부속토지만 소유한 경우를 포함)로서 그 주택을 소유한(합산배제 임대사업용 주택이 있는 경우에는 그 주택에 주민등록이 되어 있고, 실지 거주한 주택이어야 함) 거주자를 말한다.

    ⓓ 1세대 1주택 판정 시 주택의 범위 제외대상

     • 법정요건을 갖춘 임대사업용 주택으로서 합산배제 신고를 한 주택

     • 기타 주택에 대한 종합부동산세가 과세표준에 합산하지 않은 주택으로서 합산배제 신청한 주택에 한한다.

4. 세부담의 상한

 ㉠ 납세의무자가 개인인 경우

  ⓐ 2주택 이하인 자 : 해당 연도의 '주택에 대한 총세액(재산세＋종합부동산세) 상당액'이 해당 납세의무자에게 직전 연도에 해당 주택에 부과된 주택에 대한 총세액 상당액의 100분의 150 한도

  ⓑ 조정대상지역 안 2주택자, 3주택 이상인 자 : 해당 연도의 '주택에 대한 총세액(재산세＋종합부동산세) 상당액'이 해당 납세의무자에게 직전 연도에 해당 주택에 부과된 주택에 대한 총세액 상당액의 100분의 300 한도

 ㉡ 납세의무자가 법인 또는 법인으로 보는 단체인 경우 : 세부담의 상한 규정을 적용하지 아니한다.

5. 세율 및 조세부담 상한 적용 시 주택의 수 계산

 ㉠ 1주택을 여러 사람이 공동으로 소유한 경우 공동소유자 각자가 그 주택을 소유한 것으로 본다. 다만, 상속을 통해 취득한 주택(분양권이나 입주권에 의한 주택 포함)은 다음의 기간 동안은 주택의 수에서 제외한다.

  ⓐ 수도권, 광역시, 특별자치시 지역 : 상속개시일로부터 2년

  ⓑ ⓐ 이외의 지역, 광역시의 군, 특별자치시 지역의 읍·면지역 : 3년

 ㉡ 「건축법 시행령」 별표 1 제1호 다목에 따른 다가구주택은 1주택으로 본다.

 ㉢ 합산배제하는 임대사업용 주택과 기타 합산배제하는 주택에 해당하는 주택은 주택 수에 포함하지 아니한다.

6. 부부 공동명의 1주택자 납세의무 등의 특례

㉠ 적용대상(공동명의 1주택자) : 과세기준일 현재 세대원 중 1인이 그 배우자와 공동으로 1주택(공동명의 1주택자의 배우자가 다른 주택의 부속토지만을 소유하고 있는 경우는 제외)을 소유하고 해당 세대원 및 다른 세대원이 다른 주택을 소유하지 아니한 경우 지분율이 높은 사람, 지분율이 같은 경우에는 공동소유자 간 협의에 따른 사람을 해당 1주택에 대한 납세의무자로 할 수 있다.

㉡ 1주택자로 선택 시 납세의무자 신청 : 1주택에 대한 납세의무를 적용받으려는 납세의무자는 해당 연도 9월 16일부터 9월 30일까지 대통령령으로 정하는 바에 따라 관할 세무서장에게 신청하여야 한다.

㉢ 1주택에 대한 납세의무자 선택 시 세법 적용 : 공동명의 1주택을 1세대 1주택자로 보아 과세표준과 세율 및 세액을 계산한다.

04 종합부동산세 과세대상 주택 중 종합부동산세를 부과하는 목적에 적합하지 아니한 것으로서 법정요건을 갖춘 경우 합산배제하는 주택으로 **틀린** 것은?

① 공공주택사업자, 혁신지구재생사업의 시행자, 주택건설사업자 등이 주택건설사업을 위하여 멸실시킬 목적으로 매입한 주택

② 주택의 시공자가 공사대금으로 받은 미분양주택

③ 종업원에게 무상이나 저가로 제공하는 사용자 소유의 주택으로서 국민주택규모 이하이거나 과세기준일 현재 공시가격이 3억원 이하인 주택

④ 세대원이 「영유아보육법」 제13조의 규정에 따라 시장·군수 또는 구청장의 인가를 받고 「소득세법」 제168조 제5항에 따른 고유번호를 부여받은 후 과세기준일 현재 5년 이상 계속하여 어린이집으로 운영하는 주택

⑤ 농어촌주택

해 설 농어촌주택은 합산배제 대상과 관련이 없다. 따라서 합산대상에 포함된다.

05 종합부동산세 과세대상 주택 중 종합부동산세를 부과하는 목적에 적합하지 아니한 것
⊕ 으로서 법정요건을 갖춘 경우 합산배제할 수 있는 주택으로 **틀린** 것은?

① 법령이 정한 주택건설사업자 등에 해당하는 자가 주택건설사업을 위하여 멸실시
킬 목적으로 취득하는 주택

② 상속을 원인으로 취득한 주택으로서 과세기준일 현재 상속개시일부터 2년 이내
인 주택

③ 「문화재보호법」에 따른 국가, 시, 도 등록문화재에 해당하는 주택

④ 「송·변전설비 주변지역의 보상 및 지원에 관한 법률」 제5조에 따른 주택매수의
청구에 따라 사업자가 취득하여 보유하는 주택

⑤ 「민간임대주택에 관한 특별법」에 따른 민간임대주택, 「공공주택 특별법」에 따른
법령이 정한 공공임대주택

해설 상속을 원인으로 취득한 주택은 합산배제대상 주택이 아니다.

06 다음 자료를 바탕으로 산출한 주택소유자 甲 개인의 해당 연도(2022년) 주택에 대한
⊕ 종합부동산세 과세표준액은?

〈甲 소유의 주택별 공시가격〉

구 분	서울 마포구	부산 해운대구	경기 김포시	인천 부평구
금 액	10억원	4억원	3억원	2억원

※ 김포시 소재 주택은 법정요건을 갖춘 임대사업용 주택이다.

※ 인천 부평구에 소재한 주택은 「신탁법」 규정에 의한(신탁등기된 것이다) 수탁자 명의
로 등기된 주택이다.

① 9억원
② 9억 5천만원
③ 10억원
④ 16억원
⑤ 19억원

해설
• 인천 부평구에 소재한 주택은 「신탁법」 규정에 의한(신탁등기된 것이다) 수탁자 명
의로 등기된 주택이므로, 위탁자 甲의 소유로 계산하여야 한다.
• 전국합산액 : 10억원 + 4억원 + 2억원 = 16억원(경기 김포시 소재 주택은 합산배제)
• 과세표준 기준액 : 16억원 − 6억원 = 10억원
• 10억원 × 공정시장가액비율(100%) = 10억원(주택 종합부동산세 과세표준액)

정답 04 ⑤　05 ②　06 ③

07 주택에 대한 종합부동산세에 관한 설명으로 틀린 것은?

① 개인의 경우 주택분 재산세의 납세의무자는 해당 주택에 대해 종합부동산세를 납부할 의무가 있다. 이 경우 「신탁법」 제2조에 따른 수탁자의 명의로 등기 또는 등록된 신탁재산으로서 '신탁주택'의 경우에는 위탁자가 종합부동산세를 납부할 의무가 있다.

② 법령이 정한 법인의 경우 주택분 재산세의 납세의무자는 해당 주택에 대해 종합부동산세를 납부할 의무가 있다.

③ 1세대 1주택자(1인 소유)에 해당한 자가 다른 주택의 부속토지(주택의 건물과 부속토지의 소유자가 다른 경우의 그 부속토지를 말함)만 소유한 경우 1세대 1주택자로 본다.

④ 종합부동산세가 과세되는 금액에 대하여 해당 과세대상 주택분 재산세란 「지방세법」 규정에 따라 가감 조정된 세율이 적용된 경우에는 그 세율이 적용된 세액, 세부담 상한을 적용받는 경우에는 그 상한을 적용받는 세액을 말한다.

⑤ 개인이 조정대상지역 안 1주택, 조정대상지역 밖 1주택 소유자가 해당 연도 주택분 종합부동산세액이 직전 연도 주택에 부과된 종합부동산세액 상당액의 100분의 150을 초과하는 경우 그 초과액은 없는 것으로 한다.

해설 해당 연도 주택분 종합부동산세액이 아니라 총세액을 기준으로 하여야 하며, 조정대상지역 안 1주택, 조정대상지역 밖 1주택 소유자라면 총세액(종합부동산세 + 재산세)이 직전 연도 주택에 부과된 총세액 상당액의 100분의 150을 초과하는 경우 그 초과액은 없는 것으로 한다.

08 종합부동산세에서 법령이 정한 1세대 기준에 관한 설명으로 **틀린** 것은?

① 「종합부동산세법」상 '세대'라 함은 주택 또는 토지의 소유자 및 그 배우자가 그들과 동일한 주소 또는 거소에서 생계를 같이 하는 가족과 함께 구성하는 1세대를 말한다.

② '가족'이라 함은 주택 또는 토지의 소유자와 그 배우자의 직계존비속(그 배우자를 포함) 및 형제자매를 말하며 취학, 질병의 요양, 근무상 또는 사업상의 형편으로 본래의 주소 또는 거소를 일시퇴거한 자를 포함한다.

③ 혼인함으로써 1세대를 구성하는 경우에는 혼인한 날부터 5년 동안은 주택 또는 토지를 소유하는 자와 그 혼인한 자별로 각각 1세대로 본다.

④ 동거봉양(同居奉養)하기 위하여 합가(合家)함으로써 과세기준일 현재 60세 이상의 직계존속(직계존속 중 어느 한 사람이 60세 미만인 경우를 포함)과 1세대를 구성하는 경우에는 합가한 날부터 10년 동안 주택 또는 토지를 소유하는 자와 그 합가한 자별로 각각 1세대로 본다.

⑤ 직계존속을 동거봉양하기 위하여 합가한 날 당시는 60세 미만이었으나 합가한 후 과세기준일 현재 60세에 도달하는 경우는 도달한 날부터 10년의 기간은 그 합가한 자별로 각각 1세대로 본다.

> **해설** 직계존속을 동거봉양하기 위하여 합가한 날 당시는 60세 미만이었으나 합가한 후 과세기준일 현재 60세에 도달하는 경우는 합가한 날부터 10년의 기간 중에서 60세 이상인 기간만을 그 합가한 자별로 각각 1세대로 본다.

09 종합부동산세에서 법정요건을 갖춘 1세대 1주택에 대한 종합부동산세 과세에 관한 설
명으로 **틀린** 것은?

① '1세대 1주택자'란 거주자로서 1주택을 세대원인 자녀와 공동소유한 경우라면 제
외한다.

② 다가구주택은 1주택으로 본다. 단, 합산배제 임대주택으로 신고한 경우에는 1세
대가 독립하여 구분 사용할 수 있도록 구획된 부분을 각각 1주택으로 본다.

③ 1세대 1주택자 여부를 판단할 때 법정요건을 갖춘 임대사업용과 「문화재보호법」
에 따른 국가, 시, 도 등록문화재에 해당하는 주택에 한하여 1세대가 소유한 주택
수에서 제외한다.

④ 1주택과 다른 주택의 부속토지(주택의 건물과 부속토지의 소유자가 다른 경우의 그 부
속토지를 말함)를 함께 소유하고 있는 경우에는 1세대 1주택자로 본다.

⑤ 합산배제하는 매입임대사업용 주택 소유자의 경우 1세대 1주택자 여부를 판단할
때 법령의 요건을 갖춘 주택은 1세대가 소유한 주택 수에서 제외한다. 다만, 과세
기준일 현재 그 주택에 주민등록이 되어 있고 실제로 거주하고 있는 경우에 한정
하여 적용한다.

해설 1세대 1주택자 여부를 판단할 때 법정요건을 갖춘 임대사업용과 「문화재보호법」에 따
른 국가, 시, 도 등록문화재에 해당하는 주택뿐만 아니라 이외의 합산배제 신고된 주
택도 포함된다.

10 종합부동산세에서 법정요건을 갖춘 1세대 1주택에 대한 종합부동산세에 관한 설명으로
틀린 것은?

① 과세기준일 현재 15년 이상 보유한 경우 보유기간별 공제율은 해당 세액의 50%
로 한다.

② 연령공제와 보유기간공제 공제율 합계는 100분의 80을 한도로 적용할 수 있다.

③ 과세기준일 현재 만 60세 이상인 자가 5년 이상 보유한 주택은 연령별 세액공제
와 보유기간 세액공제를 중복하여 적용할 수 있다.

④ 보유기간 세액공제 시 상속받은 주택은 피상속인의 보유기간과 합산하여 적용한다.

⑤ 보유기간 세액공제 시 소실·도괴·노후 등으로 인하여 멸실되어 재건축 또는 재
개발하는 주택도 종전주택을 취득한 날부터 보유기간을 합산하여 적용한다.

해설 보유기간 세액공제 시 상속받은 주택은 배우자로부터 상속을 받은 경우에만 피상속인
의 보유기간과 합산하여 적용한다.

11 주택에 대한 종합부동산세 법정요건을 갖춘 합산배제 주택 중 1세대 1주택 계산에 있어서 주택의 수에 포함하지 <u>않는</u> 것은 모두 몇 개인가?

> ㉠ 법정요건을 갖춘 합산배제되는 장기임대사업용 주택
> ㉡ 어린이집으로 5년 이상 운용하는 주택
> ㉢ 「노인복지법」 제32조 제1항 제3호에 따른 노인복지주택을 설치한 자가 소유한 해당 노인복지주택
> ㉣ 「문화재보호법」에 따른 국가, 시, 도 등록문화재에 해당하는 주택
> ㉤ 주택 시공자가 공사비 대가로 받은 미분양주택

① 1개   ② 2개   ③ 3개
④ 4개   ⑤ 5개

해설 보기 항의 모든 주택이 1세대 1주택을 판단할 때 주택의 수에 포함되지 않는다.

12 종합부동산세에서 주택의 세율 적용 시나, 조세부담 상한 적용 시 주택의 수 계산에 관한 설명으로 틀린 것은?

① 1주택을 여러 사람이 공동으로 소유한 경우 공동소유자 각자가 그 주택을 소유한 것으로 본다.

② 상속을 통해 공동소유한 주택은 과세기준일 현재 주택에 대한 소유 지분율이 20% 이하이고 소유 지분율에 상당하는 공시가격이 3억원 이하일 경우에 주택 수에서 제외한다.

③ 「건축법 시행령」 별표 1 제1호 다목에 따른 다가구주택은 1주택으로 본다.

④ 주택에 대한 종합부동산세 과세표준 계산 시 합산하지 않는 주택은 주택 수에 포함하지 않는다.

⑤ 주택의 수 계산 시 납세의무자별로 판단한다. 이 경우 「신탁법」에 따른 신탁등기된 신탁주택은 위탁자의 소유로 본다.

해설 상속을 원인으로 취득한 주택(조합원입주권 또는 분양권을 상속받아 사업시행 완료 후 취득한 신축주택을 포함한다)으로서 과세기준일 현재 상속개시일부터 수도권 및 광역시·특별자치시 지역은 2년, 그 이외의 지역(광역시의 군, 특별자치시 지역의 읍·면 지역 포함)에 소재하는 경우 3년이 경과하지 않은 주택은 주택의 수에서 제외한다. 이 경우 해당 주택을 보유한 자는 주택의 보유현황 신고기간에 기획재정부령으로 정하는 서류를 관할 세무서장에게 제출해야 한다.

정답   **09** ③   **10** ④   **11** ⑤   **12** ②

13 종합부동산세에서 부부 공동명의 1주택자 납세의무 등의 특례 주택에 관한 설명으로 틀린 것은?

① 세대원 중 1명과 그 배우자만이 주택분 재산세 과세대상인 1주택만을 소유한 경우로서 주택을 소유한 세대원 중 1명과 그 배우자가 모두 「소득세법」상 거주자인 경우를 말한다. 공동명의 1주택자의 배우자가 다른 주택의 부속토지를 소유하고 있는 경우는 제외한다.

② 공동명의 1주택자에 대한 과세표준 및 세액을 산정하는 경우에는 그 배우자 소유의 주택지분을 합산하여 계산한다. 이 경우 납세의무자는 해당 연도 9월 16일부터 9월 30일까지 대통령령으로 정하는 바에 따라 관할 세무서장에게 신청하여야 한다.

③ 공동명의 1주택자에 대하여 주택분 종합부동산세액에서 주택분 재산세로 부과된 세액을 공제하거나 세부담의 상한을 적용할 경우 적용되는 재산세 부과액 및 재산세 상당액은 해당 과세대상 1주택 지분 전체에 대하여 계산한 금액으로 한다.

④ 공동명의 1주택자에 대하여 연령공제나, 보유기간 공제를 할 때 공동명의 1주택자의 연령 및 보유기간을 기준으로 한다.

⑤ 1주택자로 선택 시 해당 주택의 지분율이 높은 사람, 지분율이 같은 경우에는 연장자를 해당 1주택에 대한 납세의무자로 한다.

> **해설** 1주택자로 선택 시 해당 주택의 지분율이 높은 사람, 지분율이 같은 경우에는 협의에 의하여 정한 사람을 해당 1주택에 대한 납세의무자로 할 수 있다.

이것만은 꼭!	법인 중 주택에 대한 세율 적용 시 개인과 같이 일반 누진세율이 적용되는 법인 등의 범위 ▼ 문제 14

1. 「공공주택 특별법」 제4조 제1항에 따른 공공주택사업자
2. 「상속세 및 증여세법」 제16조 제1항에 따른 종교·자선·학술 관련 사업 등 공익법인 등
3. 「주택법」 제2조 제11호의 지역조합, 직장조합, 리모델링 조합
4. 「도시 및 주거환경정비법」 및 「빈집 및 소규모주택 정비에 관한 특례법」 규정에 따른 사업시행자
5. 「민간임대주택에 관한 특별법」 제2조 제2호의 민간건설임대주택을 2호 이상 보유하고 있는 임대사업자로서 해당 민간건설임대주택
6. 법정요건을 갖춘 사회적 기업, 사회적 협동조합
7. 종중(宗中)

14 종합부동산세에서 법인이나 단체일지라도 개인과 같이 초과누진세율을 적용받을 수 있는 법인으로 <u>틀린</u> 것은?
中

① 「공공주택 특별법」 제4조 제1항에 따른 공공주택사업자
② 종중(宗中)
③ 「상속세 및 증여세법」 제16조 제1항에 따른 종교·자선·학술 관련 사업 등 공익법인
④ 부동산 매매법인
⑤ 「도시 및 주거환경정비법」 및 「빈집 및 소규모주택 정비에 관한 특례법」 규정에 따른 사업시행자

해설 사업자 등록된 부동산 매매법인은 개인처럼 초과누진세율을 적용받을 수 있는 법인이 아니다.

1. 과세 구분

국내에 소재하는 토지에 대하여 재산세 규정에 의한 종합합산과세대상과 별도합산과세대상으로 구분하여 과세한다.

2. 납세의무자

㉠ 종합합산과세대상 : 토지의 공시가격을 소유자별로 전국 합산한 금액이 5억원을 초과하는 자

㉡ 별도합산과세대상 : 토지의 공시가격을 소유자별로 전국 합산한 금액이 80억원을 초과하는 자

➕ **신탁재산의 납세의무의 범위** : 「신탁법」에 따른 신탁등기된 신탁재산의 경우 위탁자의 소유로 보아 위탁자를 납세의무자로 한다.

3. 과세표준

㉠ 종합합산과세대상 : (토지의 공시가격을 전국 합산한 금액 − 5억원) × 공정시장가액비율(100%)

㉡ 별도합산과세대상 : (토지의 공시가격을 전국 합산한 금액 − 80억원) × 공정시장가액비율(100%)

4. 세율 및 세액

㉠ 종합합산과세대상

ⓐ 세율 : 1천분의 10 ∼ 1천분의 30(3단계 누진)

ⓑ 이중과세 조정 : 종합부동산세가 과세되는 부분에 부과된 종합합산과세대상 토지분 재산세 세액을 종합부동산세 산출세액에서 차감한다.

ⓒ 세부담의 상한 : 직전 연도 총세액(재산세 + 종합부동산세)의 100분의 150을 초과하는 경우에는 그 초과하는 세액에 대하여는 이를 없는 것으로 본다.

㉡ 별도합산과세대상

ⓐ 세율 : 1천분의 5 ∼ 1천분의 7(3단계 누진)

ⓑ 이중과세 조정 : 종합부동산세가 과세되는 부분에 부과된 별도합산과세대상 토지분 재산세 세액을 종합부동산세 산출세액에서 차감한다.

ⓒ 세부담의 상한 : 직전 연도 총세액(재산세 + 종합부동산세)의 100분의 150을 초과하는 경우에는 그 초과하는 세액에 대하여는 이를 없는 것으로 본다.

15 종합부동산세 세율 규정에 관한 설명으로 **틀린** 것은? (단, 답지 항 이외의 사항은 고려하지 않음)

① 종합부동산세는 초과누진세율과 비례세율 구조이고, 종합부동산세 세율은 가감 조정할 수 없다.

② 개인의 경우 2주택(조정대상지역 안 2주택자는 제외) 이하인 자의 주택 세율은 1천 분의 6 ~ 1천분의 30에 해당하는 6단계 초과누진세율이다.

③ 법인의 경우 조정대상지역 안 2주택자이거나 3주택 이상인 자의 주택 세율은 1천 분의 12 ~ 1천분의 60에 해당하는 6단계 초과누진세율이다.

④ 별도합산과세대상 토지에 대한 종합부동산세 세율은 1천분의 5 ~ 1천분의 7에 해당하는 3단계 초과누진세율이다.

⑤ 종합합산과세대상 토지에 대한 종합부동산세 세율은 1천분의 10 ~ 1천분의 30에 해당하는 3단계 초과누진세율이다.

해설 법인의 경우 조정대상지역 안 2주택자이거나 3주택 이상인 자의 주택 세율은 1천분의 60에 해당하는 세율로 한다.

정답 **15** ③

1. 납세지

- ⊙ 납세의무자가 개인인 경우(소득세법 준용)
  - ⓐ 거주자 : 주소지, 거소지 관할 세무서
  - ⓑ 비거주자 : 국내사업장 소재지. 단, 사업장이 없는 경우는 국내원천소득이 발생한 장소
- ⓛ 납세의무자가 법인인 경우(법인세법 준용)
  - ⓐ 내국법인 : 법인등기부상 본점 또는 주사무소 소재지
  - ⓑ 외국법인 : 국내사업장 소재지. 단, 사업장이 없는 경우는 소득발생 자산 소재지
- ⓒ 비거주자 및 외국법인으로서 사업장이나 소득이 없는 경우 : 해당 주택과 토지 소재지를 납세지로 한다. 이 경우 주택과 토지 소재지가 2개 이상인 경우에는 공시가격이 가장 높은 주택 또는 토지의 소재지로 한다.

2. 과세기준일

매년 6월 1일로 한다.

3. 부과·징수

관할 세무서장은 납부하여야 할 종합부동산세의 세액을 결정하여 해당 연도 12월 1일부터 12월 15일까지 1장의 고지서로 부과·징수한다.

4. 신고 및 납부(선택 적용), 가산세

- ⊙ 신고·납부 : 종합부동산세의 과세표준과 세액을 해당 연도 12월 1일부터 12월 15일까지 관할 세무서장에게 신고하고 납부한다. 이 경우 부과·징수 규정에 따른 결정은 없었던 것으로 본다.
- ⓛ 가산세
  - ⓐ 무신고가산세 : 무신고가산세는 적용하지 않는다.
  - ⓑ 과소신고가산세
    - 일반 과소신고가산세 : 100분의 10
    - 부정 과소신고가산세 : 100분의 40
    - 과소신고에 대한 납부지연가산세 : 1일 기준으로 해당 세액의 연체이자율
  - ⓒ 고지에 따른 고지지연가산세 : 해당 세액의 100분의 3
  - ⓓ 고지에 따른 납부지연가산세 : 1일 기준으로 해당 세액의 연체이자율

5. 분할납부

ⓐ 대상 : 납부하여야 할 세액이 250만원을 초과하는 경우에는 그 세액의 일부를 납부기한이 경과한 날부터 6개월 이내에 분할납부할 수 있다.

ⓛ 분할납부 신청기한 : 납부 또는 신고기한까지

ⓒ 분할납부할 세액

    ⓐ 250만원 초과 500만원 이하 : 250만원을 차감한 금액

    ⓑ 500만원 초과 : 해당 세액의 50% 이하의 금액

    ✚ 종합부동산세 물납 규정은 2016년부터 폐지되었다.

6. 세액의 변경 또는 수시부과 사유 발생 시 세액계산 통보

세액을 재계산하여 매 반기별로 해당 반기의 종료일이 속하는 달의 다음다음 달 말일까지 국세청장에게 통보하여야 한다.

7. 추징세액

관할 세무서장 또는 관할 지방국세청장은 과세표준 합산의 대상이 되는 주택에서 제외된 주택 중 임대주택 또는 어린이집용 주택이 추후 그 요건을 충족하지 아니하게 된 때에는 경감받은 세액과 이자상당 가산액을 추징하여야 한다.

8. 신고자 경정

신고를 한 자의 신고내용에 탈루 또는 오류가 있는 때에는 해당 연도의 과세표준과 세액을 경정한다.

9. 비과세, 감면, 분리과세 등

관계 법령 규정이나 조례 규정(특별한 경우는 제외)을 준용한다.

10. 부가세

해당 종합부동산세 납부할 세액에 대하여 20%의 농어촌특별세로 한다. 이 경우 농어촌특별세도 분할납부할 수 있다.

16 종합부동산세의 납세지(관할 세무서)에 관한 설명으로 **틀린** 것은?

中

① 거주자인 경우에는 부동산 소재지를 납세지로 한다.

② 비거주자인 경우에는 국내사업장 소재지를 납세지로 한다. 다만, 국내사업장이 없는 경우 국내원천소득이 발생한 장소를 납세지로 한다.

③ 비거주자로서 국내사업장이 없고 국내원천소득이 발생하지 아니하는 경우에는 그 주택 또는 토지의 소재지로 한다.

④ 위 ③의 경우 주택 또는 토지의 소재지가 둘 이상인 경우에는 공시가격이 가장 높은 주택 또는 토지의 소재지를 납세지로 한다.

⑤ 내국법인인 경우에는 법인등기부상 본점 또는 주사무소 소재지로 한다.

> **해설** 종합부동산세의 납세의무자가 거주자인 경우에는 그 주소지를 납세지로 하되, 그 주소가 없는 거주자인 경우에는 거소지 관할 세무서를 납세지로 한다.

17 종합부동산세에 관한 설명으로 **틀린** 것은?

上   ·28회

① 종합부동산세는 부과·징수가 원칙이며 납세의무자의 선택에 의하여 신고납부도 가능하다.

② 관할 세무서장이 종합부동산세를 징수하고자 하는 때에는 납세고지서에 주택 및 토지로 구분한 과세표준과 세액을 기재하여 납부기간 개시 5일 전까지 발부하여야 한다.

③ 개인의 경우 주택에 대한 세부담 상한의 기준이 되는 직전 연도에 해당 주택에 부과된 주택에 대한 총세액상당액은 납세의무자가 해당 연도의 과세표준합산주택을 직전 연도 과세 기준일에 실제로 소유하였는지의 여부를 불문하고 직전 연도 과세기준일 현재 소유한 것으로 보아 계산한다.

④ 주택분 종합부동산세액에서 공제되는 재산세액은 재산세 표준세율의 100분의 50의 범위에서 가감된 세율이 적용된 경우에는 그 세율이 적용되기 전의 세액으로 하고, 재산세 세부담 상한을 적용받은 경우에는 그 상한을 적용받기 전의 세액으로 한다.

⑤ 과세기준일 현재 토지분 재산세의 납세의무자로서 국내에 소재하는 별도합산과세대상 토지의 공시가격을 합한 금액이 80억원을 초과하는 자는 토지에 대한 종합부동산세의 납세의무자이다.

해설 「지방세법」규정에 따라 가감 조정된 세율이 적용된 경우에는 그 세율이 적용된 세액을 말하고, 세부담 상한을 적용받은 경우에는 그 상한을 적용받은 세액을 말한다.

18 종합부동산세의 부과·징수 등에 관한 설명으로 옳은 것은?

① 종합부동산세의 과세기준일은 「지방세법」제114조에 따른 재산세의 과세기준일로 하고, 납기는 매년 12월 16일부터 12월 31일까지이다.

② 신고한 세액과 부과고지한 세액이 다를 경우에는 둘 중 많은 세액으로 한다.

③ 종합부동산세는 과소신고가산세가 적용되지 아니한다.

④ 신탁토지의 위탁자가 종합부동산세 등을 체납한 경우로서 그 위탁자의 다른 재산에 대하여 강제징수를 하여도 징수할 금액에 미치지 못할 때에는 해당 신탁토지의 수탁자는 그 신탁토지로써 위탁자의 종합부동산세 등을 납부할 의무가 있다.

⑤ 관할 세무서장은 종합부동산세로 납부하여야 할 세액이 500만원을 초과하는 경우에는 그 세액의 일부를 납부기한이 경과한 날부터 2개월 이내에 분할납부하게 할 수 있다.

해설 ① 종합부동산세의 납기는 매년 12월 1일부터 12월 15일까지이다.
② 신고한 세액과 부과고지한 세액이 다를 경우라도 신고한 경우에는 신고한 세액으로 확정된다.
③ 종합부동산세는 신고한 자가 과소신고한 경우 과소신고가산세가 적용된다.
⑤ 관할 세무서장은 종합부동산세로 납부하여야 할 세액이 250만원을 초과하는 경우에는 그 세액의 일부를 납부기한이 경과한 날부터 6개월 이내에 분할납부하게 할 수 있다.

19 종합부동산세에 관한 설명으로 틀린 것은?

① 종합부동산세를 신고납부방식으로 납부하고자 하는 납세의무자는 종합부동산세의 과세표준과 세액을 해당 연도 12월 1일부터 12월 15일까지 관할 세무서장에게 신고하여야 한다. 이 경우 부과·징수 규정에 따른 결정은 없었던 것으로 본다.

② 종합부동산세가 과세되는 금액에 대하여 해당 과세대상 재산세로 부과된 세액은 공제한다.

③ 「지방세특례제한법」 또는 「조세특례제한법」에 의한 재산세의 비과세·과세면제 또는 경감에 관한 규정은 종합부동산세를 부과함에 있어서 이를 준용하되 조례 규정은 준용하지 아니한다.

④ 종합부동산세는 무신고가산세가 적용되지 않는다.

⑤ 종합부동산세 납부세액의 20%를 농어촌특별세로 부가적으로 부과하며, 이에 따른 농어촌특별세도 분할납부할 수 있다.

> **해설**   「지방세특례제한법」 또는 「조세특례제한법」, 지방자치단체 조례에 의한 재산세의 비과세·과세면제 또는 경감에 관한 규정은 종합부동산세를 부과함에 있어서 특별한 경우를 제외하고는 이를 준용한다.

20 종합부동산세의 부과·징수에 관한 설명으로 **틀린** 것은?

① 분납신청을 받은 때에는 이미 고지한 납세고지서를 납부기한 내에 납부하여야 할 세액에 대한 납세고지서와 분납기간 내에 납부하여야 할 세액에 대한 납세고지서로 구분하여 수정 고지하여야 한다.

② 과세표준 합산 제외된 주택 중 임대주택 등이 추후 그 요건을 충족하지 아니하게 된 때에는 경감받은 세액과 이자상당가산액을 추징하여야 한다.

③ 납세의무자가 납세지에 주소 또는 거소를 두지 않은 경우에는 신고 및 납부에 필요한 사항을 처리하기 위하여 납세관리인을 정하여 관할 세무서장에게 신고하여야 한다.

④ 재산세의 감면 규정 또는 분리과세 규정에 따라 종합부동산세를 경감하는 것이 종합부동산세를 부과하는 취지에 비추어 적합하지 않은 것으로 인정되는 경우 등 법령이 정하는 경우에는 분리과세 규정을 적용하지 아니한다.

⑤ 행정안전부장관은 수시부과 사유가 발생한 때에는 재산세 및 종합부동산세 과세표준과 세액을 재계산하여 매 반기별로 해당 반기의 종료일이 속하는 달의 다음 달 말일까지 국세청장에게 통보하여야 한다.

> **해설** 행정안전부장관은 수시부과 사유가 발생한 때에는 재산세 및 종합부동산세 과세표준과 세액을 재계산하여 매 반기별로 해당 반기의 종료일이 속하는 달의 다음다음 달 말일까지 국세청장에게 통보하여야 한다.

정답 **19** ③ **20** ⑤

21 종합부동산세의 부과·징수 등에 관한 설명으로 **틀린** 것은?

① 세부담 상한 적용 시 해당 연도의 과세표준합산주택이 직전 연도에 법령에 따라 과세표준합산주택에 포함되지 아니한 경우에는 직전 연도에 과세표준합산주택에 포함된 것으로 본다.

② 「지방세특례제한법」 또는 「조세특례제한법」에 따른 재산세의 비과세, 과세면제 또는 경감에 관한 규정이 종합부동산세가 합산배제되지 않는 임대주택에 적용되는 경우 감면 규정 등을 적용하지 아니한다.

③ 세부담 상한 적용 시 납세의무자가 해당 연도의 과세표준합산주택을 직전 연도 과세기준일에 실제로 소유하였는지의 여부를 불문하고 직전 연도 과세기준일 현재 소유한 것으로 본다.

④ 관할 세무서장 또는 납세지 관할 지방국세청장은 과세대상 누락, 위법 또는 착오 등으로 인하여 종합부동산세를 새로 부과할 필요가 있거나 이미 부과한 세액을 경정할 경우에는 다시 부과·징수할 수 있다.

⑤ 개인 소유 토지에 대한 해당 연도 종합부동산세의 세부담 상한액은 직전 연도에 부과된 총세액 상당액의 150%로 한다. 단, 법인의 경우에는 상한을 적용하지 아니한다.

> **해설** 법인과 개인에 관계없이 토지에 대한 해당 연도 종합부동산세의 세부담 상한액은 직전 연도에 부과된 총세액 상당액의 150%로 한다.

22 종합부동산세에서 직전 연도에 해당 주택이나 토지에 부과된 주택에 대한 총세액 상당액을 기준으로 한 조세부담 상한에 관한 설명으로 **틀린** 것은?

① 납세의무자가 조정대상지역 이외의 지역에 3주택 이상 소유한 경우 : 100분의 300

② 납세의무자가 조정대상지역 안 2주택을 소유한 경우 : 100분의 300

③ 법령이 정한 법인 납세의무자가 조정대상지역 안 1주택과 조정대상지역 이외의 지역에 1주택을 소유한 경우 : 100분의 150

④ 별도합산과세대상인 토지 : 100분의 150

⑤ 세대원 중 부인이 조정대상지역 안 1주택, 남편이 조정대상지역 안 2주택을 소유한 경우 : 부인은 총세액의 100분의 150이고, 남편은 직전 연도 총세액의 100분의 300이다.

> **해설** 법령이 정한 법인의 납세의무자는 주택에 대한 세부담 상한제도가 없다.

23 _(上) 거주자 甲은 A주택을 3년간 소유하며 직접 거주하고 있다. 甲이 A주택에 대하여 납부하게 되는 2022년 귀속 재산세와 종합부동산세에 관한 설명으로 **틀린** 것은? (단, 甲은 종합부동산세법상 납세의무자로서 만 61세이며 1세대 1주택자라 가정함) • 29회 수정

① 재산세 및 종합부동산세의 과세기준일은 매년 6월 1일이다.

② 甲의 고령자 세액공제액은 「종합부동산세법」에 따라 산출된 세액에 100분의 20을 곱한 금액으로 한다.

③ 7월 정기분 재산세 납부세액이 350만원이라면, 최대 100만원을 납부기한이 지난 날부터 2개월 이내에 분납할 수 있다.

④ 재산세 산출세액은 지방세법령에 따라 계산한 직전 연도 해당 재산에 대한 재산세액 상당액의 100분의 150에 해당하는 금액을 한도로 한다.

⑤ 만약 甲이 A주택을 「신탁법」에 따라 수탁자 명의로 신탁등기하게 하는 경우로서 A주택이 위탁자별로 구분된 재산이라면, 위탁자를 재산세 납세의무자로 본다.

해설 개인 소유 주택에 대한 재산세 산출세액은 지방세법령에 따라 계산한 직전 연도 해당 재산에 대한 재산세액 상당액의 주택에 공시가액에 따라 다음에 해당하는 금액을 한도로 한다.

공시가격 또는 시·군·구가 산정한 가격	세부담 상한
3억원 이하	100분의 105
3억원 초과 6억원 이하	100분의 110
6억원 초과	100분의 130

24 ⬆ **2022년 귀속 종합부동산세에 관한 설명으로 틀린 것은?** • 29회 수정

① 과세대상 토지가 매매로 유상이전되는 경우로서 매매계약서 작성일이 2022년 6월 1일이고, 잔금지급 및 소유권 이전등기일이 2022년 6월 29일인 경우, 종합부동산세의 납세의무자는 매도인이다.

② 납세의무자가 국내에 주소를 두고 있는 개인의 경우 납세지는 주소지이다.

③ 납세자에게 부정행위가 없으며 특례제척기간에 해당하지 않는 경우, 원칙적으로 납세의무성립일부터 5년이 지나면 종합부동산세를 부과할 수 없다.

④ 납세의무자의 선택에 따라 신고·납부할 수 있으나, 신고를 함에 있어 납부세액을 과소하게 신고한 경우라도 과소신고가산세가 적용되지 않는다.

⑤ 종합부동산세는 물납이 허용되지 않는다.

> **해설** 납세의무자는 선택에 따라 신고·납부할 수 있으나, 신고를 함에 있어 납부세액을 과소하게 신고한 경우에는 과소신고가산세가 적용된다.

25 ⬆ **2022년 귀속 종합부동산세에 관한 설명으로 틀린 것은?** • 30회 수정

① 과세기준일 현재 토지분 재산세의 납세의무자로서 「자연공원법」에 따라 지정된 공원자연환경지구의 임야를 소유하는 자는 토지에 대한 종합부동산세를 납부할 의무가 있다.

② 주택분 종합부동산세 납세의무자가 1세대 1주택자에 해당하는 경우의 주택분 종합부동산세액 계산 시 연령에 따른 세액공제와 보유기간에 따른 세액공제는 공제율 합계 100분의 80의 범위에서 중복하여 적용할 수 있다.

③ 「문화재보호법」에 따른 국가, 시, 도 등록문화재에 해당하는 주택은 과세표준 합산의 대상이 되는 주택의 범위에 포함되지 않는 것으로 본다.

④ 관할 세무서장은 종합부동산세로 납부하여야 할 세액이 400만원인 경우 최대 150만원의 세액을 납부기한이 경과한 날부터 6개월 이내에 분납하게 할 수 있다.

⑤ 주택분 종합부동산세액을 계산할 때 1주택을 여러 사람이 공동으로 매수하여 소유한 경우 공동소유자 각자가 그 주택을 소유한 것으로 본다.

> **해설** 과세기준일 현재 토지분 재산세의 납세의무자로서 「자연공원법」에 따라 지정된 공원자연환경지구의 임야를 소유하는 자는 토지가 재산세 분리과세대상이므로 종합부동산세를 납부할 의무가 없다.

26
中

종합부동산세법상 납세의무 성립시기가 2022년인 종합부동산세에 관한 설명으로 옳은 것은?

• 27회 수정

① 개인의 경우 과세기준일 현재 주택의 공시가격을 합산한 금액이 5억원인 자는 종합부동산세가 과세된다.
② 과세기준일은 7월 1일이다.
③ 개인의 경우 조정대상지역 이외의 지역에 2주택 이하인 자라면 주택에 대한 과세표준이 3억원인 경우 적용될 세율은 1천분의 5이다.
④ 관할 세무서장은 납부하여야 할 세액이 1천만원을 초과하면 물납을 허가할 수 있다.
⑤ 관할 세무서장이 종합부동산세를 부과·징수하는 경우 납부고지서에 주택 및 토지로 구분한 과세표준과 세액을 기재하여 납부기간 개시 5일 전까지 발부하여야 한다.

해설 ① 개인의 경우 과세기준일 현재 주택의 공시가격을 합산한 금액이 6억원을 초과(1세대 1주택 규정을 적용받는 경우에는 11억원 초과)한 자에게 과세될 수 있다.
② 과세기준일은 6월 1일이다.
③ 조정대상지역 이외의 지역에 2주택 이하인 자라면 주택에 대한 과세표준이 3억원인 경우 적용될 세율은 1단계 누진인 1천분의 6이다.
④ 종합부동산세는 물납규정이 없다.

27 2022년 귀속 토지분 종합부동산세에 관한 설명으로 옳은 것은? (단, 감면과 비과세와
㊥ 지방세특례제한법 또는 조세특례제한법은 고려하지 않음) •32회 수정

① 재산세 과세대상 중 분리과세대상 토지는 종합부동산세 과세대상이다.
② 종합부동산세의 분납은 허용되지 않는다.
③ 종합부동산세의 물납은 허용되지 않는다.
④ 납세자에게 부정행위가 없으며 특례제척기간에 해당하지 않는 경우 원칙적으로 납세의무 성립일부터 3년이 지나면 종합부동산세를 부과할 수 없다.
⑤ 별도합산과세대상인 토지의 재산세로 부과된 세액이 세부담 상한을 적용받는 경우 그 상한을 적용받기 전의 세액을 별도합산과세대상 토지분 종합부동산세액에서 공제한다.

해설 ① 토지에 대한 종합부동산세는 국내에 소재하는 토지에 대하여 재산세 규정에 의한 종합합산과세대상과 별도합산과세대상으로 구분하여 과세한다. 분리과세대상은 종합부동산세 과세대상이 아니다.
② 관할 세무서장은 종합부동산세로 납부하여야 할 세액이 250만원을 초과하는 경우에는 그 세액의 일부를 분할납부하게 할 수 있다.
④ 제척기간은 과세기준일로부터 5년이며 그 기간이 경과하면 납세의무는 소멸된다.
⑤ 토지에 대한 재산세로 부과된 세액은 「지방세법」 규정에 의하여 가감 조정된 세율이 적용된 경우에는 그 세율이 적용된 세액, 세부담 상한을 적용받은 경우에는 그 상한을 적용받은 세액을 말한다.

이것만은 꼭! | 종합부동산세 과세자료 제공절차

1. 재산세의 부과자료 제출

지방자치단체의 장은 주택에 대한 재산세의 과세자료는 7월 31일까지, 토지에 대한 재산세의 과세자료는 9월 30일까지 행정안전부장관에게 제출하여야 한다.

2. 과세표준과 세액계산 통보 등

㉠ 주택에 대한 종합부동산세 계산 통보 : 행정안전부장관은 납세의무자별로 과세표준과 세액을 계산한 후, 매년 8월 31일까지 국세청장에게 통보하여야 한다.

㉡ 토지에 대한 종합부동산세 계산 통보 : 행정안전부장관은 납세의무자별로 과세표준과 세액을 계산한 후, 매년 10월 15일까지 국세청장에게 통보하여야 한다.

3. 수시부과 사유 발생

시장·군수는 재산세의 세액변경 또는 수시부과 사유가 발생한 때에는 그 과세자료를 매 반기별로 해당 반기의 종료일부터 10일 이내에 행정안전부장관에게 제출하여야 한다.

정답 **27** ③

28
(上)

다음은 종합부동산세와 관련한 과세자료 제공절차에 관한 내용이다. (　　) 안에 들어갈 내용으로 알맞은 것은?

- 지방자치단체의 장은 주택에 대한 재산세의 과세자료는 (㉠)까지, 토지에 대한 재산세의 과세자료는 (㉡)까지 행정안전부장관에게 제출하여야 한다.
- 주택에 대한 종합부동산세 계산 통보의 경우 행정안전부장관은 납세의무자별로 과세표준과 세액을 계산한 후, 매년 (㉢)까지 국세청장에게 통보하여야 한다.
- 토지에 대한 종합부동산세 계산 통보의 경우 행정안전부장관은 납세의무자별로 과세표준과 세액을 계산한 후, 매년 (㉣)까지 국세청장에게 통보하여야 한다.
- 시장·군수는 재산세의 세액변경 또는 수시부과 사유가 발생한 때에는 그 과세자료를 매 반기별로 해당 반기의 종료일부터 (㉤) 이내에 행정안전부장관에게 제출하여야 한다.

	㉠	㉡	㉢	㉣	㉤
①	7월 31일	9월 30일	8월 31일	10월 15일	10일
②	7월 31일	9월 15일	8월 15일	10월 15일	10일
③	7월 31일	8월 31일	9월 30일	10월 15일	20일
④	7월 15일	9월 15일	8월 31일	10월 15일	20일
⑤	7월 31일	8월 31일	9월 30일	10월 15일	10일

해설 이것만은 꼭! '종합부동산세 과세자료 제공절차' 내용 참조

이것만은 꼭! 종합부동산세 물적납세의무, 특례 ▼ 문제 29

1. 신탁재산의 납세의무

수탁자 명의로 등기 또는 등록된 신탁재산으로서 주택과 토지의 경우에는 위탁자가 종합부동산세를 납부할 의무가 있다. 이 경우 위탁자가 신탁주택과 토지를 소유한 것으로 본다.

2. 신탁주택 관련 수탁자의 물적납세의무

위탁자가 종합부동산세 또는 강제징수비를 체납한 경우로서 그 위탁자의 다른 재산에 대하여 강제징수를 하여도 징수할 금액에 미치지 못할 때에는 해당 신탁주택 또는 토지의 수탁자는 그 신탁주택과 토지로써 위탁자의 신탁 설정일 이후에 법정기일이 도래하는 종합부동산세와 강제징수비로서 해당 신탁주택과 관련하여 발생한 종합부동산세 등을 납부할 의무가 있다.

3. 물적 납부고지서 발급

수탁자로부터 위탁자의 종합부동산세 등을 징수하려면 납부고지서를 수탁자에게 발급하여야 한다.

4. 납부고지의 효력

납부고지가 있은 후 납세의무자인 위탁자가 신탁의 이익을 받을 권리를 포기 또는 이전하거나 신탁재산을 양도하는 등의 경우에도 고지된 부분에 대한 납세의무에는 영향을 미치지 아니한다.

5. 납세의무의 승계

신탁재산의 수탁자가 변경되는 경우에 새로운 수탁자는 이전의 수탁자에게 고지된 납세의무를 승계한다.

6. 물적 의무의 기산일

납세의무자인 위탁자의 관할 세무서장은 최초의 수탁자에 대한 신탁 설정일을 기준으로 그 신탁재산에 대한 현재 수탁자에게 위탁자의 종합부동산세 등을 징수할 수 있다.

7. 유익비 등의 우선변제권

신탁재산에 대하여 「국세징수법」에 따라 강제징수를 하는 경우 수탁자는 신탁재산의 보존 및 개량을 위하여 지출한 필요비 또는 유익비의 우선변제를 받을 권리가 있다.

정답 **28** ①

29 종합부동산세에서 신탁법상 신탁등기된 신탁재산에 관한 수탁자 물적납세의무에 대한 설명으로 <u>틀린</u> 것은?

① 수탁자로부터 위탁자의 종합부동산세 등을 징수하려면 납부고지서를 수탁자에게 발급하여야 한다. 이 경우 수탁자의 주소 또는 거소를 관할하는 세무서장과 위탁자에게 그 사실을 통지하여야 한다.

② 물적 납부고지가 있은 후 신탁재산을 양도하는 경우에도 고지된 부분에 대한 납세의무에는 영향을 미치지 아니한다.

③ 신탁재산의 수탁자가 변경되는 경우에 새로운 수탁자는 이전의 수탁자에게 고지된 납세의무를 승계한다.

④ 납세의무자인 위탁자의 관할 세무서장은 최초의 수탁자에 대한 신탁 설정일을 기준으로 그 신탁재산에 대한 현재 수탁자에게 위탁자의 종합부동산세 등을 징수할 수 있다.

⑤ 신탁재산에 대하여 「국세징수법」에 따라 강제징수를 하는 경우 신탁재산의 보존 및 개량을 위하여 지출한 필요비 또는 유익비는 강제징수비용보다 우선변제를 받을 수 없다.

> **해설** 신탁재산에 대하여 「국세징수법」에 따라 강제징수를 하는 경우 「국세기본법」제35조 제1항에 따른 강제징수비 등에도 불구하고 수탁자는 「신탁법」제48조 제1항에 따른 신탁재산의 보존 및 개량을 위하여 지출한 필요비 또는 유익비의 우선변제를 받을 권리가 있다.

종합소득세

더 많은 기출문제를 풀고 싶다면?
단원별 기출문제집
[부동산세법] pp.349~356

5개년 출제빈도 분석표

28회	29회	30회	31회	32회
1			1	

빈출 키워드

☑ 부동산임대사업소득

대표기출 **연습**

소득세법상 거주자의 부동산과 관련된 사업소득에 관한 설명으로 옳은 것은? •31회

① 국외에 소재하는 주택의 임대소득은 주택 수에 관계없이 과세하지 아니한다.

② 「공익사업을 위한 토지 등의 취득 및 보상에 관한 법률」에 따른 공익사업과 관련하여 지역권을 대여함으로써 발생하는 소득은 부동산업에서 발생하는 소득으로 한다.

③ 부동산임대업에서 발생하는 사업소득의 납세지는 부동산 소재지로 한다.

④ 국내에 소재하는 논·밭을 작물 생산에 이용하게 함으로써 발생하는 사업소득은 소득세를 과세하지 아니한다.

⑤ 주거용 건물 임대업에서 발생한 결손금은 종합소득 과세표준을 계산할 때 공제하지 아니한다.

키워드 부동산임대사업소득 28회, 31회

교수님 TIP 부동산임대사업소득의 범위와 계산방법을 정리하시기 바랍니다.

해설 ① 국외에 소재하는 주택의 임대소득은 주택 수에 관계없이 과세할 수 있다.

② 「공익사업을 위한 토지 등의 취득 및 보상에 관한 법률」에 따른 공익사업과 관련하여 지역권을 대여함으로써 발생하는 소득은 기타소득으로 한다.

③ 부동산임대업에서 발생하는 사업소득의 납세지는 해당 거주자인 경우에는 주소지나 거소지 관할 세무서로 한다.

⑤ 주거용 건물 임대업에서 발생한 결손금은 종합소득 과세표준을 계산할 때 이를 공제할 수 있다.

정답 ④

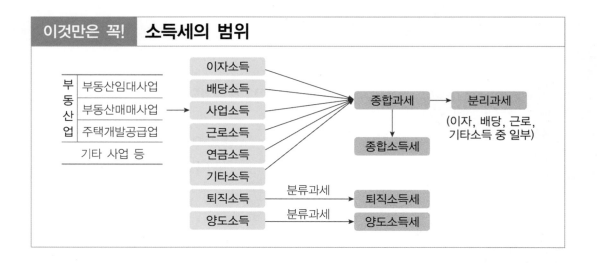

이것만은 꼭! 종합소득 중 임대사업소득의 범위   ▼ 문제 01~04

1. 임대사업소득의 범위(사업자등록 여부와 관계없음)

㉠ 부동산(미등기 부동산을 포함) 또는 부동산상의 권리의 대여로 인하여 발생하는 소득

ⓐ 지역권과 지상권의 대여소득은 종합소득 중 부동산임대사업소득으로 본다. 단, 공익사업과 관련된 지역권·지상권의 설정·대여소득은 종합소득 중 기타소득으로 한다.

ⓑ 묘지를 개발하여 분묘기지권을 설정하고 분묘설치자로부터 지료 등을 받는 경우 부동산임대사업소득에 해당한다.

ⓒ 장소를 일시적으로 대여하고 받은 대가는 종합소득 중 기타소득으로 본다.

ⓓ 자기 소유의 부동산을 타인의 담보물로 제공하게 하고 받는 대가는 부동산임대사업소득에 해당한다.

ⓔ 광고용으로 토지, 가옥의 옥상 또는 측면을 사용하게 하고 받는 대가는 부동산임대사업소득에 해당한다.

ⓕ 부동산매매업자 또는 주거용 건물 개발 및 공급업자가 판매목적 부동산을 일시적으로 대여하고 얻는 소득은 부동산임대사업소득에 해당한다.

㉡ 기타 임대사업소득의 범위 : 공장재단 또는 광업재단의 대여로 인하여 발생하는 소득, 광업권자·조광권자 또는 덕대가 채굴에 관한 권리를 대여함으로 인하여 발생하는 소득

2. 임대사업소득의 수입시기

계약 또는 관습에 의하여 지급일이 정해진 경우는 그 정해진 날로 하고, 계약 또는 관습에 의하여 지급일이 정해지지 않은 경우는 그 지급을 받은 날로 한다.

3. 총수입금액

임대료 + 간주임대료 + 수입관리비(전기료, 수도료, 가스료 등 명목수입은 제외)

4. 간주임대료

부동산이나 부동산상의 권리를 대여하고 보증금이나 전세금 등을 받은 경우 1년 만기 정기예금이자율에 기초한 기회수익을 임대수입으로 간주한다. 그러나 주택과 그 부수토지를 임대하고 보증금 등을 받은 경우에는 간주임대료 계산 시 3주택 이상을 소유한 자가 보증금 등의 합계액이 3억원을 초과하는 경우에는 법정 계산한 간주임대료를 수입금액에 포함한다. 이 경우 소형주택(전용면적 40m² 이하로서 기준시가 2억원 이하)은 2023년 12월 31일까지 주택 수 산정 시 제외한다.

➕ 임대보증금의 간주임대료를 계산하는 과정에서 금융수익을 차감할 때 그 금융수익은 수입이자와 할인료, 수입배당금으로 한다.

5. 결손금

㉠ 결손금 : 사업자가 비치·기록한 장부에 의하여 해당 과세기간의 사업소득금액 계산 시 발생한 결손금은 그 과세기간의 종합소득과세표준을 계산할 때 근로소득금액·연금소득금액·기타소득금액·이자소득금액·배당소득금액에서 순서대로 공제한다.

㉡ 부동산임대업에서 발생한 결손금 : 부동산임대업에서 발생한 결손금은 종합소득 과세표준을 계산할 때 공제하지 아니한다. 다만, 주거용 건물 임대업의 경우에는 그러하지 아니하다.

㉢ 이월결손금 : 해당 이월결손금이 발생한 과세기간의 종료일부터 15년 이내에 끝나는 과세기간의 소득금액을 계산할 때 먼저 발생한 과세기간의 이월결손금부터 순서대로 법정 구분에 따라 공제한다.

6. 납세지 변경신청

사업소득이 있는 거주자가 사업장 소재지를 납세지로 신청한 경우

7. 주택임대사업자 미등록 가산세

주택임대소득이 있는 사업자가 「소득세법」상 사업자등록을 하지 아니한 경우 사업개시일부터 등록을 신청한 날의 직전일까지의 임대수입금액의 1천분의 2에 해당하는 가산세를 해당 과세기간의 종합소득 결정세액에 더하여 납부하여야 한다. 이 경우 가산세는 종합소득 산출세액이 없는 경우에도 적용한다.

01 소득세법상 부동산임대사업소득에 속하지 <u>않는</u> 것을 모두 고른 것은?
中

> ㉠ 사업자등록 없이 받는 상가나 주택임대료
> ㉡ 미등기 부동산과 전세권·임차권의 대여로 인하여 발생하는 소득
> ㉢ 공익사업과 관련된 지역권·지상권의 설정·대여소득
> ㉣ 자기 소유의 부동산을 타인의 담보물로 제공하게 하고 받는 대가
> ㉤ 광고용으로 토지, 가옥의 옥상 또는 측면을 사용하게 하고 받는 대가

① ㉠   ② ㉢
③ ㉣   ④ ㉤
⑤ ㉠, ㉡

▎해설▎ 지역권과 지상권의 대여소득은 종합소득 중 부동산임대사업소득으로 본다. 단, 공익사업과 관련된 지역권·지상권의 설정·대여소득은 종합소득 중 기타소득으로 한다.

02 소득세법상 거주자가 국내 소재 부동산 등을 임대하여 발생하는 소득에 관한 설명으로
上 틀린 것은?   • 28회 수정

① 지상권의 대여로 인한 소득은 부동산임대업에서 발생한 소득에 포함된다.
② 부동산임대업에서 발생한 소득은 사업소득에 해당한다.
③ 주거용 건물 임대업에서 발생한 결손금은 종합소득 과세표준을 계산할 때 공제한다.
④ 부부가 각각 주택을 1채씩 보유한 상태에서 그중 1주택을 임대하고 연간 1,800만원의 임대료를 받았을 경우 주택임대에 따른 소득세가 분리과세될 수 있다.
⑤ 임대보증금의 간주임대료를 계산하는 과정에서 금융수익을 차감할 때 그 금융수익은 수입이자와 할인료, 수입배당금, 유가증권처분이익으로 한다.

▎해설▎ 주택과 주택부수 토지를 임대하는 경우 간주임대료는 [(해당 과세기간의 보증금 등 − 3억원의 적수) × 60/100 × 1/365(윤년의 경우에는 366) × 기획재정부령으로 정하는 이자율 − 해당 과세기간의 해당 임대사업부분에서 발생한 수입이자와 할인료 및 배당금의 합계액]으로 한다.

03 소득세법상 부동산임대사업소득에 속하지 않는 것은?

① 광고용으로 토지, 가옥의 옥상 또는 측면 등을 사용하게 하고 받는 대가
② 부동산매매업 또는 주택개발공급업자가 판매를 목적으로 취득한 토지 또는 부동산을 일시적으로 대여하고 얻는 소득
③ 지역권과 지상권의 대여소득
④ 장소를 일시적으로 대여하고 받는 대가
⑤ 묘지를 개발하여 분묘기지권을 설정하고 분묘설치자로부터 받는 지료

해설 장소를 일시적으로 대여하고 받는 대가는 종합소득 중 기타소득으로 분류된다.

04 소득세법상 거주자의 부동산임대와 관련하여 발생한 소득에 관한 설명으로 틀린 것은?

① 고가주택은 과세기간 종료일 또는 양도일 현재 기준시가가 9억원을 초과하는 주택을 말한다.
② 1주택과 2개의 상업용 건물을 소유한 자가 보증금을 받은 경우 2개의 상업용 건물에 대하여만 법령으로 정하는 바에 따라 계산한 간주임대료를 임대사업소득 총수입금액에 산입한다.
③ 3주택(법령에 따른 소형주택이 아님)을 소유한 자가 받은 보증금의 합계액이 3억원인 경우 법령으로 정하는 바에 따라 계산한 주택에 대한 간주임대료를 계산하지 아니한다.
④ 고가주택 2채만 소유한 자가 받은 보증금이 30억원이라면 간주임대료를 사업소득 총수입금액에 산입한다.
⑤ 사업자가 부동산을 임대하고 임대료 외에 전기료·수도료 등 공공요금의 명목으로 지급받은 금액이 공공요금 납부액을 초과할 때 그 초과하는 금액은 사업소득 총수입금액에 산입한다.

해설 주택에 대한 간주임대료는 3주택 이상 소유한 자를 기준으로 계산되므로, 고가주택일지라도 2주택까지는 소유한 자가 받은 보증금에 대한 간주임대료를 사업소득 총수입금액에 산입하지 아니한다.

정답 01 ② 02 ⑤ 03 ④ 04 ④

1. 비과세 부동산임대사업소득의 범위

ㄱ 논·밭을 작물생산에 이용하게 함으로써 발생하는 소득

ㄴ 비과세 주택임대 소득 : 상시 주거용(사업을 위한 주거용의 경우는 제외)으로 사용하는 1개의 주택을 소유하는 자가 해당 주택(주택에 딸린 토지를 포함)을 임대하고 지급받는 소득(과세기간이 끝나는 날 또는 해당 주택의 양도일 현재 기준시가가 9억원을 초과하는 고가주택과 국외에 소재하는 주택의 임대소득은 비과세 제외됨)

2. 비과세대상 임대사업용 1주택의 범위 등

ㄱ 다가구주택 : 1개의 주택으로 보되, 구분등기된 경우에는 각각을 하나의 주택으로 본다.

ㄴ 공동소유주택 : 지분이 가장 큰 사람의 소유로 본다. 지분이 가장 큰 사람이 2명 이상인 경우로서 그들이 합의하여 그들 중 1명을 해당 주택의 임대수입의 귀속자로 정한 경우에는 그의 소유로 계산한다. 다만, 다음의 어느 하나에 해당하는 사람은 본문에 따라 공동소유의 주택을 소유하는 것으로 계산되지 않는 경우라도 그의 소유로 계산한다.

    ⓐ 해당 공동소유하는 주택을 임대해 얻은 수입금액을 기획재정부령으로 정하는 방법에 따라 계산한 금액이 연간 6백만원 이상인 사람

    ⓑ 해당 공동소유하는 주택의 기준시가가 9억원을 초과하는 경우로서 그 주택의 지분을 100분의 30 초과 보유하는 사람

ㄷ 임차 또는 전세받은 주택을 전대하거나 전전세하는 경우 : 해당 임차 또는 전세받은 주택을 임차 또는 전세받은 자의 주택으로 본다.

ㄹ 본인과 배우자가 각각 주택을 소유하는 경우 : 합산하여 1주택을 소유하고 그 주택을 임대한 경우에 비과세한다. 다만, 공동소유의 주택 하나에 대해 본인과 배우자가 각각 소유하는 주택으로 계산되는 경우에는 다음에 따라 본인과 배우자 중 1명이 소유하는 주택으로 보아 합산한다.

    ⓐ 본인과 배우자 중 지분이 더 큰 사람의 소유로 계산

    ⓑ 본인과 배우자의 지분이 같은 경우로서 그들 중 1명을 해당 주택 임대수입의 귀속자로 합의해 정하는 경우에는 그의 소유로 계산

ㅁ 복합주택을 1임차인에게 임대 시 주택의 구분 : 주택과 부가가치세가 과세되는 사업용 건물이 함께 설치되어 있는 경우 그 주택과 주택 부수토지의 범위는 다음의 구분에 따른다.

주택 부분 면적 > 사업용 부분 면적	전부 주택으로 본다.
주택 부분 면적 ≤ 사업용 부분 면적	각각의 용도로 본다.

05 소득세법상 부동산임대사업소득 중 소득세가 비과세되는 주택임대사업소득 등에 관한
설명으로 **틀린** 것은?

① 1개의 주택을 소유하는 자의 주택임대소득(소득세법 제99조에 따른 기준시가가 9억
원을 초과하는 주택 및 국외에 소재하는 주택의 임대소득은 제외한다)은 비과세 대상
이다.

② 1주택 비과세 여부 판단 시 임차 또는 전세받은 주택을 전대하거나 전전세하는
경우에는 해당 임차 또는 전세받은 주택을 임차인 또는 전세받은 자의 주택으로
보지 아니한다.

③ 공동소유하는 주택은 지분이 가장 큰 사람의 소유로 계산한다. 단, 지분이 가장
큰 사람이 2명 이상인 경우로서 그들이 합의하여 그들 중 1명을 해당 주택 임대수
입의 귀속자로 정한 경우에는 그의 소유로 계산한다.

④ 위 ③의 공동소유주택의 경우 주택을 임대해 얻은 수입금액을 기획재정부령으로
정하는 방법에 따라 계산한 금액이 연간 600만원 이상인 사람이 있는 경우에는
1주택을 소유한 것으로 본다.

⑤ 본인과 배우자가 공동소유의 주택은 지분이 더 큰 사람, 본인과 배우자의 지분이
같은 경우로서 그들 중 1명을 해당 주택 임대수입의 귀속자로 합의해 정하는 경우
에는 1명이 소유하는 주택으로 보아 합산한다.

> **해설** 1주택 비과세 여부 판단 시 임차 또는 전세받은 주택을 전대하거나 전전세하는 경우에
> 는 해당 임차 또는 전세받은 주택을 임차인 또는 전세받은 자의 주택으로 계산한다.

정답 **05** ②

06 거주자 甲이 국내 소재 상시 주거용 주택을 임대하고 있는 경우, 소득세법상 설명으로
中 틀린 것은? (단, 딸린 토지는 법정 기준면적 이내임)

① 수개의 주택을 임대한 경우일지라도 총수입금액의 합계액이 2천만원 이하인 자
  의 주택임대소득은 비과세된다.

② 공동사업자인 경우에는 공동사업장에서 발생한 주택임대수입금액의 합계액을 손
  익분배비율에 의해 공동사업자에게 분배한 금액을 각 사업자의 주택임대수입금
  액에 합산한다.

③ 임대보증금의 간주임대료를 계산하는 과정에서 금융수익을 차감할 때 그 금융수
  익은 수입이자와 할인료, 수입배당금으로 한다.

④ 총수입금액의 수입시기는 계약에 의하여 지급일이 정해진 경우 그 정해진 날로
  하고, 계약 또는 관습에 의하여 지급일이 정해지지 않은 경우는 그 지급을 받은
  날로 한다.

⑤ 주택과 부가가치세가 과세되는 사업용 건물이 함께 설치되어 있는 경우 주택 부
  분의 면적이 사업용 건물 부분의 면적보다 큰 때에는 그 전부를 주택으로 본다.

> **해설** 수개의 주택을 임대한 경우 총수입금액의 합계액이 2천만원 이하인 자의 주택임대소
> 득 비과세는 2018년 12월 31일 이전에 끝나는 과세기간까지 발생하는 소득으로 한정
> 하고, 2019년 귀속분부터는 수입금액의 크기에 관계없이 과세된다. 단, 총수입금액의
> 합계액이 2천만원 이하인 자의 주택임대소득은 분리과세로 선택할 수 있다.

07 소득세법상 임대사업소득에 관한 설명으로 <u>틀린</u> 것은?

① 3주택 이상을 소유하고 보증금 등의 합계액이 3억원을 초과하는 경우에는 법정 계산한 간주임대료를 수입금액에 포함한다. 이 경우 소형주택(전용면적 40m² 이하로서 기준시가 2억원 이하)은 주택 수 산정 시 제외한다.

② 부동산임대사업소득 중 논·밭을 작물생산에 이용하게 함으로써 발생하는 임대소득에 대하여는 소득세를 비과세한다.

③ 해당 과세연도 주택임대사업에서 발생한 결손금은 해당 연도 종합소득금액에서 공제하지 않고 다음 과세기간 주택 임대사업소득금액에서 공제하여야 한다.

④ 주택과 부가가치세가 과세되는 사업용 건물이 함께 설치되어 있는 경우 주택 부분의 면적이 사업용 건물 부분의 면적과 같거나 그보다 작은 때에는 주택 부분 외의 사업용 건물 부분은 주택으로 보지 아니한다.

⑤ 주택임대소득이 있는 사업자가 사업자등록을 하지 아니한 경우 해당 주택임대수입금액의 1천분의 2를 가산세로 해당 과세기간의 종합소득 결정세액에 더하여 납부하여야 한다. 이 경우 가산세는 종합소득산출세액이 없는 경우에도 적용한다.

> **해설** 해당 과세연도 주택임대사업에서 발생한 결손금은 해당 연도 근로소득 등 종합소득금액에서 공제할 수 있으며, 남은 결손금은 다음 과세기간에 이월하여 공제할 수 있다.

임대사업소득금액의 계산 및 세액 계산의 특례 ▼ 문제 08~09

1. 부동산임대사업소득금액의 계산

ㄱ 일반적인 경우 : 부동산임대사업소득금액은 총수입금액에서 필요경비를 차감하여 계산한다.

> 부동산임대사업소득금액 = 총수입금액 – 필요경비

ㄴ 분리과세 주택임대소득에 대한 사업소득금액 계산 : 총수입금액의 합계액이 2천만원 이하인 경우의 주택임대소득에 해당하는 분리과세대상 주택임대소득

➕ **분리과세 주택임대소득에 대한 사업소득금액 계산**

사업자등록을 하지 않은 경우	주택임대사업소득금액 = 총수입금액 – 총수입금액의 100분의 50
사업자등록을 한 경우	주택임대사업소득금액 = 총수입금액 – 총수입금액의 100분의 60

2. 주택임대소득에 대한 세액 계산의 특례

총수입금액의 합계액이 2천만원 이하인 자의 주택임대소득에 해당하는 분리과세대상 주택임대소득이 있는 거주자의 종합소득 결정세액은 다음의 ㄱ과 ㄴ의 방법 중 하나를 선택하여 적용한다.

ㄱ 주택임대소득을 종합소득금액에 합산하여 종합소득세로 계산·결정하는 방법

ㄴ 분리과세 주택임대소득에 대한 사업소득금액에서 100분의 14를 곱하여 산출한 금액. 단, 분리과세 주택임대소득을 제외한 해당 과세기간의 종합소득금액이 2천만원 이하인 경우에는 다음과 같이 세액을 계산한다.

➕ **분리과세 주택임대소득을 제외한 해당 과세기간의 종합소득금액이 2천만원 이하인 경우 세액의 계산**

사업자등록을 하지 않은 경우	주택임대사업 세액 계산 = (임대사업소득금액 – 200만원)×100분의 14
사업자등록을 한 경우	주택임대사업 세액 계산 = (임대사업소득금액 – 400만원)×100분의 14

➕ **1. 납부할 세액** : 소형주택 임대사업자(사업자등록된 경우)에 대한 세액 감면이 있는 경우에는 감면세액을 차감한 세액을 납부할 세액으로 한다.

　2. 감면세액

　　ㄱ 1호 임대 : 세액의 100분의 30, 장기일반민간임대주택의 경우에는 100분의 75

　　ㄴ 2호 이상 임대 : 세액의 100분의 20, 장기일반민간임대주택의 경우에는 100분의 50

08
上

소득세법상 거주자의 주택임대에 관한 세액 계산 특례에 관한 설명으로 틀린 것은?
(단, 주택은 상시 주거용이며 사업을 위한 주거용이 아님)

① 분리과세대상 주택임대소득이 있는 거주자는 종합소득에 합산하여 결정하는 세액과 분리과세 주택임대소득으로 계산한 세액 중 하나를 선택할 수 있다.

② 분리과세 주택임대소득을 제외한 해당 과세기간의 종합소득금액이 2천만원을 초과한 경우에도 분리과세를 적용할 수 있다.

③ 분리과세 주택임대소득에 대한 사업 소득금액에 100분의 14를 곱하여 산출한 금액을 세액으로 한다.

④ 사업자등록을 하지 않은 경우에는 분리과세를 적용할 수 없다.

⑤ 분리과세대상 납부할 세액은 「조세특례제한법」 제96조 제1항에 해당하는 감면받는 세액을 차감한 금액으로 한다.

> **해설** 　주택임대 총수입금액의 합계액이 2천만원 이하인 자의 주택임대소득에 대한 분리과세 적용은 사업자등록 여부에 관계없이 선택 적용할 수 있다.

09
上

소득세법상 거주자의 주택임대에 관한 세액 계산 시 분리과세에 관한 설명으로 틀린 것은?

① 사업자등록을 한 경우에 분리과세 주택임대소득에 대한 사업소득금액은 총수입금액에서 필요경비(총수입금액의 100분의 60으로 함)를 차감한 금액으로 한다.

② 사업자등록을 하지 않은 경우에 분리과세 주택임대소득에 대한 사업소득금액은 총수입금액에서 필요경비(총수입금액의 100분의 50으로 함)를 차감한 금액으로 한다.

③ 사업자등록을 하지 않은 경우 분리과세 주택임대소득을 제외한 해당 과세기간의 종합소득금액이 2천만원 이하인 경우에는 분리과세 주택임대소득에서 추가로 소득공제를 할 수 없다.

④ 사업자등록을 한 경우 분리과세 주택임대소득을 제외한 해당 과세기간의 종합소득금액이 2천만원 이하인 경우에는 추가로 400만원을 차감한 금액으로 한다.

⑤ 주택의 수나 고가주택을 임대한 경우라도 과세기간의 총수입금액이 2천만원 이하라면 분리과세 선택이 가능하다.

> **해설** 　사업자등록을 하지 않은 경우 분리과세 주택임대소득을 제외한 해당 과세기간의 종합소득금액이 2천만원 이하인 경우에는 분리과세 주택임대소득에서 추가로 200만원을 차감한 금액으로 한다.

정답 　**08** ④ 　**09** ③

구 분	부동산매매업(종합소득세)	부동산 양도(양도소득세)
납세의무자	부동산매매업자	부동산을 양도한 개인
부동산매매	계속적·반복적	일시적·우발적
적용 조세	종합소득세	양도소득세
양도·취득가액	실지거래가액, 추계가액	실지거래가액, 추계가액
공제항목	장기보유특별공제, 종합소득공제	장기보유특별공제, 양도소득기본공제
적용 세율	양도소득세율(예정신고), 종합소득세율	양도소득세율
세액 계산 특례	주택의 분양권, 비사업용 토지, 미등기자산, 1세대 2주택 이상인 자의 조정대상지역 안 주택의 매매차익이 있는 경우 종합소득세액과 양도소득세액 중 많은 것으로 한다.	–
납 부	예정신고·중간납부, 확정신고·납부	예정신고·납부, 확정신고·납부
기장의무	있음	없음
단기보유 중과세	없음	있음

➕ **사업성 판단** : 사업상의 목적으로 부가가치세 1과세기간(6개월) 이내에 1회 이상 부동산을 취득하고 2회 이상 판매하는 경우에는 부동산매매업으로 본다.

10 소득세법상 부동산매매업사업에 관한 내용 중 매매사업으로 볼 수 <u>없는</u> 것은?
ⓜ
① 부동산의 매매(건물을 자영 건설하여 판매하는 경우를 포함) 또는 중개를 사업 목적으로 하여 부동산을 판매하거나, 사업상 목적으로 「부가가치세법」상 1과세기간에 1회 이상 부동산을 취득하고 2회 이상 판매하는 경우
② 공유수면을 매립하여 소유권을 취득한 자가 그 매립지를 분할하여 양도하는 경우
③ 부동산매매업자가 주거용 주택을 구입하여 양도한 경우
④ 자기의 토지 위에 상가 등을 신축하여 판매할 목적으로 건축 중인 「건축법」에 의한 건물과 토지를 제3자에게 양도하는 경우
⑤ 자기의 토지에 주택을 신축하여 분양하는 경우

해설 자기의 토지에 주택을 신축하여 분양하는 경우는 주거용 건물 개발 및 공급업으로 분류된다.

11 소득세법상 거주자인 부동산매매업자의 토지 등 매매차익예정신고 등에 관한 설명으로
ⓗ **틀린** 것은? (단, 제시된 사항 외의 다른 사항은 고려하지 않음)

① 토지 등 매매차익예정신고는 그 매매일이 속하는 달의 말일부터 2개월이 되는 날
까지 매매한 주소지 관할 세무서장에게 하여야 한다.

② 주택 등 매매차익은 해당 자산의 매매가액에서 양도자산의 필요경비를 차감한 가
액으로 하고, 해당 자산은 장기보유특별공제는 적용하지 않는다.

③ 매매차익이 없거나 차손이 발생하는 경우에도 토지 등 매매차익예정신고를 하여
야 한다.

④ 납부세액이 1,000만원을 초과한 경우 분할납부할 수 있다.

⑤ 부동산매매사업자가 주택 분양권, 미등기자산이나 비사업용 토지를 양도하거나,
1세대 2주택 이상인 자가 조정대상지역 안의 주택을 양도한 경우에는 종합소득세
율에 의한 산출세액과 양도소득세 해당 세율에 의한 산출세액 중 많은 것을 적용
한다.

> **해설** 주택 등 매매차익은 해당 자산의 매매가액에서 양도자산의 필요경비, 장기보유특별공
> 제액을 차감한 가액으로 한다.

납세의무자	주택을 신축하여 판매한 자		
기 준	주거용 건물 개발 및 공급업의 범위(건설업) 1. 1동의 주택을 신축하여 판매하여도 주거용 건물 개발 및 공급업으로 본다. 2. 건설업자에게 도급을 주어서 주택을 신축하여 판매하여도 주거용 건물 개발 및 공급업이다. 3. 종전부터 소유하던 자기의 토지 위에 주택을 신축하여 주택과 함께 토지를 판매하는 경우, 그 토지의 양도로 인한 소득은 주거용 건물 개발 및 공급업의 소득으로 본다. 다만, 법정 기준면적을 초과하는 부분의 토지에 대하여는 제외한다. 4. 신축한 주택이 판매되지 아니하여 판매될 때까지 일시적으로 일부 또는 전부를 임대한 후 판매하는 경우에도 해당 주택의 판매사업은 주거용 건물 개발 및 공급업으로 본다.		
겸용주택 신축	매매단위가 하나일 때	주택면적 > 그 외 면적 : 전부 주택	
		주택면적 ≤ 그 외 면적 : 주택 부분만 주택	
	매매단위가 각각일 때	주택면적의 10% ≥ 그 외 면적 : 전부 주택	
		주택면적의 10% < 그 외 면적 : 주택 부분만 주택	
적용 조세	종합소득세		
적용 세율	종합소득세율(6 ~ 45%, 8단계 초과누진)		
납 부	중간예납, 확정신고·납부		

12

中

소득세법에서는 주택을 신축하여 판매하는 경우 주거용 건물 개발 및 공급업으로, 그 이외의 건물을 자영 건설하여 판매하는 경우 부동산매매업으로 보고 있다. 주거용 건물 개발 및 공급업으로 볼 수 없는 것은?

① 과세기간 중 1동의 주택을 신축하여 판매한 경우
② 미분양 신축주택을 매입하여 판매한 경우
③ 종전부터 소유하던 자기의 토지 위에 주택을 신축하여 판매한 경우
④ 건설업자에게 도급을 주어 주택을 신축하여 판매한 경우
⑤ 판매목적으로 신축한 주택을 일시적으로 임대 후 판매한 경우

해설 ▌ 기존 미분양 신축주택을 매입하여 판매하는 사업은 부동산매매업으로 본다.

13 소득세법상 주거용 건물 개발 및 공급업자가 겸용주택을 신축·판매하는 경우에 관한 내용으로 **틀린** 것은?

① 주택과 비주택을 하나의 단위로 매매할 경우 주택면적이 비주택면적보다 작으면 비주택 부분은 부동산매매업으로 분류하여 과세한다.

② 주택과 비주택을 하나의 단위로 매매할 경우 주택면적과 비주택면적이 같은 경우에는 전체를 주택으로 보아 주거용 건물 개발 및 공급업으로 구분하여 과세한다.

③ 주택과 비주택을 각각의 단위로 매매할 경우 비주택면적이 주택면적의 10%를 초과하면 비주택 부분은 부동산매매업으로 분류하여 과세한다.

④ 주택과 비주택을 하나의 단위로 매매할 경우 주택면적이 비주택면적보다 크면 전체를 주택으로 보아 주거용 건물 개발 및 공급업으로 분류하여 과세한다.

⑤ 주택과 비주택을 각각의 단위로 매매할 경우 비주택면적이 주택면적의 10% 이하이면 전체를 주택으로 보아 주거용 건물 개발 및 공급업으로 분류하여 과세한다.

해설 주택과 비주택을 하나의 단위로 매매할 경우 주택면적과 비주택면적이 같은 경우에는 주택 부분만 주거용 건물 개발 및 공급업으로 분류하여 과세한다.

1. 공동사업자 납세의무

공동사업에 관한 소득금액을 계산하는 경우에는 해당 공동사업자별로 납세의무를 진다. 다만, 법령에 따른 주된 공동사업자에게 합산과세되는 경우 그 합산과세되는 소득금액에 대해서는 주된 공동사업자의 특수관계인은 손익분배비율에 해당하는 그의 소득금액을 한도로 주된 공동사업자와 연대하여 납세의무를 진다.

2. 상속인이 납세의무

피상속인의 소득금액에 대해서 과세하는 경우에는 그 상속인이 납세의무를 진다.

3. 증여로 가장한 양도

증여자가 자산을 직접 양도한 것으로 보는 경우 그 양도소득에 대해서는 증여자와 증여받은 자가 연대하여 납세의무를 진다.

4. 공동으로 소유한 자산에 대한 양도소득금액을 계산하는 경우

해당 자산을 공동으로 소유하는 각 거주자가 납세의무를 진다.

5. 신탁재산에 귀속되는 소득

신탁재산에 귀속되는 소득은 그 신탁의 이익을 받을 수익자(수익자가 사망하는 경우에는 그 상속인)에게 귀속되는 것으로 본다. 다만, 수익자가 특별히 정하여지지 아니하거나 존재하지 아니하는 신탁 또는 위탁자가 신탁재산을 실질적으로 통제하는 등 법령이 정하는 요건을 충족하는 신탁의 경우에는 그 신탁재산에 귀속되는 소득은 위탁자에게 귀속되는 것으로 본다.

14 소득세법상 납세의무에 관한 내용으로 <u>틀린</u> 것은?

中

① 피상속인의 소득금액에 대해서 과세하는 경우에는 그 상속인이 납세의무를 진다.

② 증여자가 자산을 직접 양도한 것으로 보는 경우 그 양도소득에 대해서는 증여자와 증여받은 자가 연대하여 납세의무를 진다.

③ 공동으로 소유한 자산에 대한 양도소득금액을 계산하는 경우에는 해당 자산을 공동으로 소유하는 그 지분이 큰 자 1인이 납세의무를 진다.

④ 신탁재산에 귀속되는 소득은 그 신탁의 이익을 받을 수익자에게 귀속되는 것으로 본다. 다만, 수익자가 사망하는 경우에는 그 상속인에게 귀속되는 것으로 본다.

⑤ 공동사업에 관한 소득금액을 계산하는 경우에는 해당 공동사업자별로 납세의무를 진다(특수관계인 간은 아니다).

해설 공동으로 소유한 자산에 대한 양도소득금액을 계산하는 경우에는 해당 자산을 공동으로 소유하는 각 거주자가 납세의무를 진다.

정답 **14** ③

인생은 흘러가고 사라지는 것이 아니다.
성실로써 이루고 쌓아가는 것이다.

– 존 러스킨(John Ruskin)

03 양도소득세

더 많은 기출문제를 풀고 싶다면?
단원별 기출문제집
[부동산세법] pp.357~411

5개년 출제빈도 분석표

28회	29회	30회	31회	32회
5	5	5	5	6

빈출 키워드

☑ 양도소득금액·양도차익·과세표준의 계산
☑ 장기보유특별공제
☑ 1세대 1주택의 양도소득 비과세
☑ 1세대 1주택의 특례

대표기출 **연습**

01 소득세법상 양도소득세 과세대상 자산의 양도 또는 취득의 시기로 **틀린** 것은?

• 32회

① 「도시개발법」에 따라 교부받은 토지의 면적이 환지처분에 의한 권리면적보다 증가 또는 감소된 경우 : 환지처분의 공고가 있은 날
② 기획재정부령이 정하는 장기할부조건의 경우 : 소유권 이전등기(등록 및 명의개서를 포함) 접수일·인도일 또는 사용수익일 중 빠른 날
③ 건축허가를 받지 않고 자기가 건설한 건축물의 경우 : 그 사실상의 사용일
④ 「민법」 제245조 제1항의 규정에 의하여 부동산의 소유권을 취득하는 경우 : 당해 부동산의 점유를 개시한 날
⑤ 대금을 청산한 날이 분명하지 아니한 경우 : 등기부·등록부 또는 명부 등에 기재된 등기·등록접수일 또는 명의개서일

키워드 양도 또는 취득의 시기   32회
교수님 TIP 양도자산의 거래 형태별 양도 또는 취득의 시기에 대해 알아두어야 합니다.

해설 「도시개발법」 또는 그 밖의 법률에 따른 환지처분으로 인하여 취득한 토지의 취득시기는 환지 전 토지의 취득일로 한다. 다만, 교부받은 토지의 면적이 환지처분에 의한 권리면적보다 증가 또는 감소된 경우에는 그 증가된 토지에 대한 취득시기와 감소된 면적의 양도시기는 환지처분의 공고가 있은 날의 다음 날로 한다.

정답 ①

02 소득세법상 미등기양도제외자산을 모두 고른 것은?

• 32회

> ㉠ 양도소득세 비과세요건을 충족한 1세대 1주택으로서 「건축법」에 따른 건축허가를 받지 아니하여 등기가 불가능한 자산
>
> ㉡ 법원의 결정에 의하여 양도 당시 그 자산의 취득에 관한 등기가 불가능한 자산
>
> ㉢ 「도시개발법」에 따른 도시개발사업이 종료되지 아니하여 토지 취득등기를 하지 아니하고 양도하는 토지

① ㉠

② ㉡

③ ㉠, ㉡

④ ㉡, ㉢

⑤ ㉠, ㉡, ㉢

키워드 미등기자산에 대한 불이익 규정   32회

교수님 TIP 미등기 제외 자산에 대하여 숙지하여야 합니다.

해설 보기항의 내용은 모두 옳은 내용이다.

이론플러스 **미등기양도로 보지 않는 경우**

> 1. 장기할부조건으로 취득한 자산으로서 그 계약조건에 의하여 양도 당시 그 자산의 취득에 관한 등기가 불가능한 자산
> 2. 법률의 규정 또는 법원의 결정에 의하여 양도 당시 그 자산의 취득에 관한 등기가 불가능한 자산
> 3. 비과세요건을 충족하는 농지의 교환·분합 및 「조세특례제한법」상 감면요건을 충족하는 8년 이상 자경농지와 대토한 농지 등
> 4. 비과세요건을 충족하는 1세대 1주택으로서 「건축법」에 따른 건축허가를 받지 아니하여 등기가 불가능한 자산
> 5. 도시개발사업이 종료되지 아니함으로써 토지 취득등기를 하지 못하고 양도한 토지
> 6. 건설업자가 「도시개발법」에 따라 공사용역 대가로 취득한 체비지를 토지구획환지처분공고 전에 양도한 토지

정답 ⑤

이것만은 꼭!	양도소득세의 의의 및 특징		▼ 문제 01
과세권자	국세		
특 징	보통세, 양도소득만 따로 종합소득과 분류하여 과세, 인세, 기간과세 원칙		
부과기준	자산 양도로 인하여 실현된 소득을 대상으로 한 실질(사실)과세		
납세의무 성립일	예정신고	양도소득세 과세표준이 되는 금액이 발생한 달의 말일	
	확정신고	양도일이 속하는 연도의 과세기간이 끝나는 날	
세액의 확정	납세의무자가 과세표준과 세액을 신고함으로써 확정되는 신고주의		
관련 지방세	개인에 대한 지방소득세	양도소득세 과세표준 × 지방소득세 세율(양도소득세 세율의 10분의 1에 해당)	

01 소득세법상 양도소득세에 관한 설명으로 옳은 것은?

下

① 양도소득은 종합소득과 합산하여 과세한다.
② 양도소득세의 과세범위는 국내자산으로 하며, 국외자산은 제외된다.
③ 양도소득세는 양도소득자 자산별로 과세하는 인세이다.
④ 양도소득세 예정신고 납세의무의 성립일은 해당 자산의 양도일이 속하는 달 말일로 한다.
⑤ 양도소득세 예정신고는 선택규정이므로 신고하더라도 세액의 확정적 효력은 없다.

해설　① 양도소득은 종합소득과 분류하여 과세한다.
② 양도소득세의 과세범위에는 국내자산 및 국외자산이 포함된다.
③ 양도소득세는 양도소득자 개인별로 1과세기간에 발생한 양도소득에 대하여 소득자별로 과세하는 인세이다.
⑤ 양도소득세 예정신고는 강제규정이고, 예정신고만으로 세액의 확정적 효력이 있다.

정답　01 ④

1. 부동산 관련 자산

- ㉠ 부동산의 양도소득(미등기를 포함)
    - ⓐ 토지(임야의 경우에는 비사업성 임목을 포함)의 양도소득
    - ⓑ 건물의 양도소득
- ㉡ 부동산에 관한 권리의 양도소득
    - ⓐ 부동산을 사용할 수 있는 권리의 양도소득
        - 지상권(미등기를 포함)
        - 전세권(미등기를 포함)
        - 등기된 부동산임차권
        - ➕ 지역권과 미등기된 부동산임차권은 양도소득세 과세대상 물건이 아니다.
    - ⓑ 부동산을 취득할 수 있는 권리의 양도소득
        - 건물이 완성되는 때 그 건물과 이에 부수되는 토지를 취득할 수 있는 권리(아파트당첨권·분양권, 분양신청접수증, 정비사업대상인 조합원입주권 등)
        - 지방자치단체·한국토지주택공사가 발행하는 토지상환채권 등
        - 한국토지주택공사가 발행한 주택상환채권 등
        - 부동산매매계약을 체결한 자가 계약금만 지급한 상태에서 양도하는 권리
        - 주택청약증서·통장, 공유수면매립허가권 등
- ㉢ 기타 부동산 관련 자산의 양도소득
    - ⓐ 특정주식의 양도소득(부동산 등 50% 이상, 50% 초과 주식 취득, 3년 통산 50% 이상 주식을 양도)
    - ⓑ 특수업종에 해당하는 부동산 과다보유 법인의 주식 양도소득
    - ⓒ 특정영업권의 양도소득 : 사업용 고정자산과 함께 양도하는 영업권에 한한다.
        - ➕ 영업권을 별도로 양도하는 경우에는 종합소득 중 기타소득으로 본다.
    - ⓓ 특정시설물이용·회원권 및 그 권리가 부여된 주식의 양도소득
    - ⓔ 사업용 부동산과 함께 양도하는 특정이축권의 양도소득(별도로 양도한 경우에는 종합소득세로 부과)

2. 주식 관련 자산

3. 파생상품 관련 자산 양도소득

4. 신탁의 이익을 받을 권리(신탁수익권 양도소득)

02
中

소득세법상 양도소득세 과세대상 자산 중 국내자산에 해당하는 것은 모두 몇 개인가?

> ㉠ 법령이 정한 신탁수익권
> ㉡ 주택 조합원입주권, 분양권
> ㉢ 미등기 전세권
> ㉣ 주택상환채권 및 토지상환채권
> ㉤ 사업용 자산과 별도로 양도하는 영업권
> ㉥ 골프장 이용권 및 회원권
> ㉦ 등기된 지역권
> ㉧ 미등기 부동산임차권

① 2개 ② 3개
③ 4개 ④ 5개
⑤ 6개

해설 ㉠㉡㉢㉣㉥ 양도소득세 과세대상 국내자산에 속한다.
㉤㉦㉧ 과세대상이 아니다.

03 소득세법상 양도소득세 국내 과세대상에 해당하지 <u>않는</u> 것은?

① 사업성이 인정되지 아니한 임목과 임야를 함께 양도한 경우 임목

② 시설물을 배타적으로 이용하거나 일반이용자에 비해 유리한 조건으로 시설물을 이용할 수 있는 권리가 부여된 주식의 양도로 인하여 발생하는 소득

③ 부동산과 부동산 권리의 80% 이상을 보유한 골프장업을 영위하는 부동산 과다보유 법인의 주식 양도

④ 감정평가법인 등이 감정한 가액이 있는 경우, 그 가액을 구분하여 신고하는 이축권

⑤ 행정관청으로부터 인가·허가·면허 등을 받음으로써 발생한 영업권을 사업용 자산과 함께 양도하여 발생하는 소득

▬▬ 해설 ▬▬ 사업용 자산과 감정평가법인 등이 감정한 가액이 있는 경우, 그 가액을 구분하여 신고하는 이축권은 양도소득세 과세대상이 아니다.

04 양도소득세 과세대상 자산인 특정주식(과점주주)의 요건에 관한 설명으로 틀린 것은?

① 해당 법인의 자산총액 중 부동산과 부동산 권리의 자산가액의 합계액이 차지하는 비율이 100분의 80 이상일 것
② 해당 법인의 주식 등의 합계액 중 주주 1인과 기타 주주가 소유하고 있는 주식 등의 합계액이 차지하는 비율이 발행주식 총수의 100분의 50을 초과할 것
③ 양도주식 수가 총발행주식 수의 50% 이상일 것
④ 수회에 걸쳐 양도하는 경우에는 양도일로부터 소급하여 3년 이내에 양도한 주식이 총발행주식 수의 50% 이상일 것
⑤ 과점주주가 다른 과점주주에게 양도한 후 양수한 과점주주가 과점주주 외의 자에게 다시 양도하는 경우로서 법령으로 정하는 경우를 포함한다.

> **해설** 해당 법인의 자산총액 중 부동산과 부동산 권리의 자산가액의 합계액이 차지하는 비율이 100분의 80 이상이 아니라 100분의 50 이상인 경우를 말한다.

이론플러스 **특정주식의 요건**

구 분	요 건
해당 법인	업종에 관계없이 상장법인, 비상장법인 모두 해당
주식발행법인의 부동산보유비율	해당 법인의 자산총액 중 부동산과 부동산 권리의 자산가액의 합계액이 차지하는 법정비율이 100분의 50 이상일 것
주식보유비율	해당 법인의 주식 등의 합계액 중 주주 1인과 기타 주주가 소유하고 있는 주식 등의 합계액이 차지하는 비율이 100분의 50을 초과할 것
과세범위	1. 주주 1인과 기타 주주의 최근 3년간 양도주식 수가 총발행주식 수의 50% 이상일 것 2. 과점주주가 다른 과점주주에게 양도한 후 양수한 과점주주가 과점주주 외의 자에게 다시 양도하는 경우로서 법령으로 정하는 경우를 포함한다.

정답 03 ④ 04 ①

1. 원칙상 양도로 보는 경우

양도로 보는 경우(원칙)	양도로 보지 않는 경우(예외)
㉠ 매도(경매·공매·수용·장기할부 등)	ⓐ 매매원인무효의 소에 의하여 소유권이 환원된 경우 ⓑ 토지거래허가대상 토지를 허가 없이 양도한 경우 ⓒ 자기 것을 자기가 경락·공락받은 경우 ⓓ 신탁해지
㉡ 교환, 토지의 경계변경	ⓐ 교환계약이 취소되었으나 선의의 제3자 취득으로 소유권 이전을 하지 못하는 경우(판례) ⓑ 법령 규정에 의한 토지 이용상 불합리한 토지의 경계를 변경하기 위하여 토지의 분할 등으로 교환한 경우. 다만, 분할된 토지의 전체 면적이 분할 전 토지의 전체 면적의 100분의 20을 초과하지 아니한 경우에 한한다.
㉢ 법인에 현물출자	합자회사에 현물출자 후 자기 지분을 찾아 가지고 나온 경우
㉣ 대물변제(채무상계·조세물납·위자료 지급 등)	이혼 시 재산분할청구에 의한 소유권 이전
㉤ 부담부증여 시 채무인수액	직계존비속, 배우자에게 부담부증여 시 채무인수액은 증여로 추정하며, 입증된 채무만 양도로 본다.

2. 원칙상 양도로 보지 않는 경우

양도로 보지 않는 경우(원칙)	양도로 보는 경우(예외)
㉠ 법령 규정에 의하여 환지처분받거나 보류지로 충당	ⓐ 환지권리면적의 감소로 청산금을 받은 경우 ⓑ 환지처분받은 토지를 양도하는 경우
㉡ 양도담보로 제공한 부동산 등	채무불이행으로 해당 자산을 변제에 충당한 경우
㉢ 공유물 단순분할	공유물 분할과정에서 지분이 변동한 경우. 단, 대가가 없는 경우에는 증여로 본다.
㉣ 양도소득세 < 증여세 　ⓐ 직계존비속, 배우자에게 양도한 자산은 증여로 추정 　ⓑ 특수관계인을 통하여 우회하여 3년 이내에 당초 양도자의 직계존비속, 배우자에게 양도 시에도 증여로 추정	양도된 사실이 다음과 같이 객관적으로 확인된 경우 ⓐ 공매나 법원의 결정으로 경매절차에 의해 처분된 경우 ⓑ 파산선고로 처분된 경우 ⓒ 한국증권거래소를 통해 유가증권이 처분된 경우 ⓓ 대가를 지급받고 양도한 사실이 명백히 인정되는 다음의 경우 　• 권리의 이전이나 행사에 등기나 등록을 요하는 재산을 서로 교환한 경우 　• 해당 재산의 취득을 위하여 소유재산의 처분금액으로 그 대가를 지급한 사실이 입증되는 경우 등
㉤ 신탁재산, 명의신탁에 의한 소유권 이전	신탁받은 재산을 수탁자가 양도한 경우

➕ **신탁재산** : 위탁자와 수탁자 간 신임관계에 기하여 위탁자의 자산에 신탁이 설정되고 그 신탁재산의 소유권이 수탁자에게 이전된 경우로서 위탁자가 신탁 설정을 해지하거나 신탁의 수익자를 변경할 수 있는 등 신탁재산을 실질적으로 지배하고 소유하는 것으로 볼 수 있는 경우 양도로 보지 아니한다.

05

소득세법상 양도소득세 과세대상 양도에 해당하는 것으로 옳은 것은?　　·26회

① 법원의 확정판결에 의하여 신탁해지를 원인으로 소유권 이전등기를 하는 경우
② 법원의 확정판결에 의한 이혼위자료로 배우자에게 토지의 소유권을 이전하는 경우
③ 공동소유의 토지를 공유자 지분 변경 없이 2개 이상의 공유토지로 분할하였다가 공동지분의 변경 없이 그 공유토지를 소유지분별로 단순히 재분할하는 경우
④ 본인 소유 자산을 경매나 공매로 인하여 자기가 재취득하는 경우
⑤ 매매원인무효의 소에 의하여 그 매매사실이 원인무효로 판시되어 환원될 경우

해 설　①③④⑤ 양도로 보지 아니한다.

06

소득세법상 양도소득세 과세대상이 될 수 <u>없는</u> 것을 모두 고른 것은?

> ㉠ 「부동산 거래신고 등에 관한 법률」 등 규정에 의해 토지거래계약허가를 받아야 하는 토지를 허가 없이 양도한 경우
> ㉡ 개인 소유 토지를 법인에 현물출자한 경우
> ㉢ 지방자치단체가 발행하는 주택상환채권을 양도하는 경우
> ㉣ 이혼으로 인하여 혼인 중에 형성된 부부공동재산을 「민법」 제839조의2에 따라 재산분할한 경우
> ㉤ 주거용 건물 건설업자가 당초부터 판매할 목적으로 신축한 다가구주택을 양도하는 경우

① ㉡, ㉣　　　　　　　　　　　　② ㉣, ㉤
③ ㉠, ㉡, ㉢　　　　　　　　　　④ ㉠, ㉢, ㉤
⑤ ㉠, ㉣, ㉤

해 설　㉠㉣ 양도로 보지 아니한다.
㉤ 주거용 건물 개발 및 공급업에 속하며, 종합소득세 과세대상에 해당한다. 따라서 양도소득세 과세대상 양도는 아니다.

정답　**05** ②　　**06** ⑤

07 소득세법상 양도소득세에서 양도로 볼 수 <u>없는</u> 것은?

① 자기 소유 부동산이 경매로 소유권이 이전된 경우

② 부동산을 동등가치로 대금수수 없이 상호 교환하는 경우

③ 토지를 매수하는 데 금전을 출자하였다가 동 토지의 매각 후 그 출자액 이상을 환급받은 경우

④ 법원의 확정판결에 의하여 일정액의 위자료를 지급하기로 한 경우에, 동 위자료 지급에 갈음하여 양도소득세 과세대상 자산을 지급한 경우

⑤ 「도시개발법」에 의한 도시개발사업, 기타 법률에 의한 환지처분으로 지목 또는 지번이 변경되거나 보류지로 충당되는 경우

해설 「도시개발법」에 의한 도시개발사업, 기타 법률에 의한 환지처분으로 지목 또는 지번이 변경되거나 보류지로 충당되는 경우 양도가 아니다.

08 소득세법상 양도 중 양도소득세가 과세되지 <u>않는</u> 경우로 옳은 것은?

① 관계 법령에 따라 토지 등을 수용할 수 있는 사업인정을 받은 자에게 부동산이 매각 또는 수용된 경우

② 채무담보의 목적으로 부동산을 가등기한 후 채무불이행으로 본등기를 이행한 경우

③ 토지의 공유취득 후 자기지분을 유상으로 공유자 1인에게 소유권 이전한 경우

④ 양도소득세가 과세되는 자산이 포함된 개인사업체를 포괄적으로 양도하는 경우

⑤ 양도가액이 12억원인 비과세대상인 1세대 1주택을 부부간 이혼위자료로 대물변제한 경우

해설 비과세대상인 1세대 1주택을 부부간 이혼 위자료로 대물변제한 경우 유상양도에 해당하나, 그로 인한 소득은 비과세대상이므로 양도소득세가 과세되지 아니한다.

09 소득세법상 양도로 볼 수 없는 것은?

中

① 조성한 토지의 일부를 사업공사비 대가로 지급한 경우

② 토지의 지상(地上) 경계(境界)를 바꾸기 위하여 토지를 분할하여 교환한 경우

③ 채권담보 목적으로 소유권 이전등기를 하였다가 담보사유 소멸로 환원한 경우

④ 손해배상에 있어서 당사자 간 합의에 의하거나 법원의 확정판결에 의하여 위자료 지급에 갈음하여 이전한 부동산

⑤ 「도시개발법」에 따른 도시개발사업, 기타 법률에 따른 환지청산의 경우 청산금을 수령하는 자의 청산금 부분

> **해설** 양도담보 목적으로 소유권 이전등기를 하였다가 담보사유 소멸로 환원한 경우에는 양도로 보지 아니한다.

10 소득세법상 양도소득세와 관련된 양도의 개념에 관한 설명으로 **틀린** 것은?

上

① 양도담보계약을 체결한 후 담보사유 소멸로 인하여 해당 자산의 소유권을 환원한 경우나 변제에 충당한 경우 양도로 보지 아니한다.

② 공동소유의 토지 등을 소유지분별로 단순히 분할하거나 분할 이후 소유자별로 재분할한 경우 양도로 보지 아니한다. 다만, 공유지분이 변경되는 경우에는 양도로 볼 수 있다.

③ 증여자의 채무를 수증자가 인수하는 경우에는 증여가액 중 그 채무액에 상당하는 부분은 그 자산이 유상으로 사실상 이전된 것으로 본다. 다만, 직계존비속, 배우자에게 부담부증여한 경우에는 입증된 채무만 양도로 본다.

④ 법원의 확정판결에 의하여 신탁해지를 원인으로 부동산 소유권 이전등기를 하는 경우 양도로 보지 아니한다.

⑤ 2필지의 토지를 공유지분이 동일하게 소유하다가 필지별로 각각 나누어 가진 경우 양도로 본다.

> **해설** 양도담보계약을 체결한 후 담보사유 소멸로 인하여 해당 자산의 소유권을 환원한 경우에는 양도가 아니다. 다만, 채무불이행으로 인하여 해당 자산을 변제에 충당한 경우는 양도로 본다.

정답 **07** ⑤ **08** ⑤ **09** ③ **10** ①

11 소득세법상 양도소득세와 관련된 양도로 보는 것은?

① 합자회사에 토지를 현물출자하였다가 퇴사하면서 그대로 찾아 가지고 나온 경우

② 공동상속받은 부동산의 자기지분을 다른 일방에게 이전하고 금전으로 대가를 받은 경우

③ 위탁자의 자산에 신탁이 설정되고 그 신탁재산의 소유권이 수탁자에게 이전된 경우로서 위탁자가 신탁 설정을 해지하거나 신탁의 수익자를 변경할 수 있는 등 신탁재산을 실질적으로 지배하고 소유하는 것으로 볼 수 있는 경우

④ 토지 이용상 불합리한 지상(地上) 경계(境界)를 합리적으로 바꾸기 위하여 법률에 따라 토지를 분할하여 교환한 경우에, 분할된 토지의 전체 면적이 분할 전 토지의 전체 면적의 100분의 20 이내인 경우

⑤ 교환계약이 취소되었으나 선의의 제3취득자로 인해 소유권 이전등기를 환원하지 못하는 경우

> **해설** 공동상속받은 부동산의 자기지분을 다른 일방에게 이전하고 금전으로 대가를 받은 경우 자기지분을 유상으로 양도한 것으로 본다.

12 甲은 소유하고 있던 시가 10억원의 토지를 甲이 부담할 채무 6억원을 인수한다는 조건으로 乙에게 증여하였다. 이 경우 甲과 乙이 부담하여야 할 조세에 관한 설명으로 **틀린** 것은? (단, 관련 조세가 과세된다는 조건으로 답지 항 이외의 다른 조건은 고려하지 않음)

① 甲·乙이 직계존비속인 경우 乙에게 4억원에 대해서는 증여로 보며, 6억원은 증여추정이 된다.

② 乙에게 10억원에 대하여 취득세 납세의무가 발생한다.

③ 甲·乙이 형제인 경우 甲에게 6억원에 대한 증여로 추정하며, 乙은 4억원에 대하여 증여로 본다.

④ 甲·乙이 배우자인 경우 乙에게 4억원에 대해서는 증여로 본다.

⑤ 甲·乙이 특수관계인이 아닐 경우 甲은 6억원에 대하여 양도로 보며, 乙에게 10억원에 대하여 취득세가 부과될 수 있다.

> **해설** 甲·乙이 형제인 경우 甲에게 6억원에 대한 양도로 보며, 乙은 4억원에 대하여 증여로 본다.

13 증여세 부담을 회피할 목적으로 특수관계인에게 부동산을 양도하는 경우에 관한 설명
으로 <u>틀린</u> 것은?

① 과세대상 자산을 직계존비속 또는 배우자에게 양도한 경우에는 증여한 것으로 추정한다.

② 과세대상 자산을 직계존비속 또는 배우자에게 양도한 경우 해당 재산의 취득을 위하여 소유재산의 처분금액으로 그 대가를 지급한 사실이 입증되는 경우에는 양도한 것으로 본다.

③ 배우자 간 또는 직계존비속 간에 부담부증여한 경우에 증여가액 중 객관적으로 인정된 채무인수액은 양도로 보며, 채무인수액을 제외한 부분은 증여로 본다.

④ 자기재산을 담보한 금액으로 해당 부동산의 매매대금을 지급한 사실이 명백히 입증된 경우 양도로 본다.

⑤ 직계존비속 또는 배우자 이외의 특수관계인에게 양도한 자산을 그 특수관계인이 5년 이내에 당초 양도자의 직계존비속, 배우자에게 양도하는 경우에는 증여한 것으로 추정한다.

> **해 설** 직계존비속 또는 배우자 이외의 특수관계인에게 양도한 자산을 그 특수관계인이 3년 이내에 당초 양도자의 직계존비속, 배우자에게 양도하는 경우에는 증여한 것으로 추정한다.

1. 매매 등 일반적인 경우

원 칙	대금청산일(잔금이 어음일 경우에는 어음결제일, 대물변제는 상계처리일)로 한다.
예 외	대금청산일이 불분명하거나 대금청산일보다 먼저 등기한 경우에는 등기접수일로 한다.

➕ 양도소득세 및 양도소득세의 부가세액을 양수자가 부담하기로 약정한 경우, 양도소득세 및 양도소득세의 부가세액은 양도가액이나 취득가액에는 포함되나, 대금청산일에는 영향이 없다.

2. 기타의 경우

수용의 경우	대금을 청산한 날, 수용의 개시일 또는 소유권 이전등기접수일 중 빠른 날. 다만, 소유권에 관한 소송으로 보상금이 공탁된 경우에는 소유권 관련 소송 판결확정일로 한다.
장기할부조건	인도일, 사용수익일, 등기접수일 중 빠른 날
건축물을 건축한 경우	㉠ 원칙 : 사용승인서 교부일 ㉡ 예외 : 사용승인 전 사실상 사용하거나 임시사용승인을 얻은 경우 그 사실상 사용일 또는 임시사용승인일 ㉢ 무허가 건축물 : 사실상 사용일
상속자산의 취득시기	상속개시일. 실종의 경우에는 실종선고일
증여자산의 취득시기	증여받은 날
점유시효취득자산의 취득시기	점유개시일
해당 자산의 대금청산일까지 그 목적물이 완성 또는 확정되지 아니한 경우	그 목적물의 완성일 또는 확정일(조건성취일)
환지처분으로 인하여 취득한 토지의 취득시기	환지받기 전 토지의 취득일. 단, 면적의 증감부분은 환지처분공고일의 다음 날
특정주식(과점주주)에 대한 양도시기	과점주주가 해당 법인 총지분의 50% 이상 양도하는 날(3년 소급)
취득시기가 불분명한 경우	먼저 취득한 자산을 먼저 양도한 것으로 간주
원인무효소에 따른 자산의 취득시기	그 자산의 당초 취득일
의제취득시기	1984년 12월 31일 이전에 취득한 부동산, 부동산권리, 기타자산 → 1985년 1월 1일에 취득한 것으로 간주
	1985년 12월 31일 이전에 취득한 주식 및 출자지분 → 1986년 1월 1일에 취득한 것으로 간주

14 소득세법상 양도소득세에 있어서 부동산의 양도시기 또는 취득시기에 관한 설명으로 틀린 것은?

① 매매를 한 경우에는 대금청산일로 한다.

② 대금청산일이 불분명하거나 대금청산일보다 먼저 등기한 경우에는 등기접수일로 한다.

③ 대금청산일을 판단함에 있어 대금에는 양도소득세 및 양도소득세의 부가세액을 양수자가 부담하기로 약정한 경우 해당 세액은 제외한다.

④ 부동산을 점유시효취득한 경우에는 해당 부동산의 등기접수일로 한다.

⑤ 환지처분으로 인하여 취득한 토지의 취득시기는 환지받기 전 토지의 취득일로 한다. 단, 면적의 증감 부분은 환지처분공고일의 다음 날을 양도시기 또는 취득시기로 한다.

> **해설** 부동산을 점유시효취득한 경우에는 해당 부동산의 점유개시일로 한다.

15 소득세법상 양도시기 또는 취득시기에 관한 설명으로 틀린 것은?

① 경매에 의하여 자산을 취득하는 경우에는 경매인이 매각조건에 의하여 경매대금을 완납한 날로 한다.

② 수용된 부동산이 소유권에 관한 소송으로 보상금이 공탁된 경우에는 그 공탁일을 양도일로 한다.

③ 부동산을 상속받은 경우에는 상속개시일, 증여받은 경우에는 증여받은 날을 취득일로 한다.

④ 해당 자산의 대금을 청산한 날까지 그 목적물이 완성 또는 확정되지 아니한 경우에는 그 목적물이 완성 또는 확정된 날을 양도시기 또는 취득시기로 한다.

⑤ 건축물을 건축한 경우에는 사용승인서 교부일로 하되, 사용승인 전 사실상 사용하거나 임시사용승인을 얻은 경우 그 사실상 사용일 또는 임시사용승인일로 한다.

> **해설** 수용된 부동산이 소유권에 관한 소송으로 보상금이 공탁된 경우에는 소유권 관련 소송 판결확정일로 한다.

정답 **14** ④ **15** ②

16 소득세법상 부동산의 유상거래에 대한 양도시기 및 취득시기에 관한 설명으로 <u>틀린</u>
것은?

① 법원의 무효판결로 환원된 자산은 당초 취득일에 취득한 것으로 본다.
② 수용의 경우 대금을 청산한 날과 수용의 개시일 또는 소유권 이전등기접수일 중
빠른 날로 한다.
③ 취득시기가 불분명한 경우에는 납세의무자가 선택하는 순서에 의한다.
④ 대물변제인 경우에는 상계처리일을 양도시기 또는 취득시기로 한다.
⑤ 대금을 어음으로 받은 경우에는 어음이 결제된 날이 대금청산일이 된다.

■해설■ 취득시기가 불분명한 경우에는 먼저 취득한 자산을 먼저 양도한 것으로 본다.

17 소득세법상 부동산 양도에 따른 양도시기 또는 취득시기에 관한 설명으로 <u>틀린</u> 것은?

① 부동산, 부동산에 관한 권리, 기타자산은 1984년 12월 31일 이전에 취득한 것은
1985년 1월 1일에 취득한 것으로 본다.
② 증여에 의하여 자산을 취득한 경우에는 증여계약일에 취득한 것으로 한다.
③ 특정주식에 대한 양도시기는 3년 통산하여 해당 법인 총지분의 50% 이상 양도하
는 날로 한다.
④ 1980년 4월 5일에 상속개시된 토지의 취득시기는 1985년 1월 1일이다.
⑤ 장기할부조건부로 양도하는 경우에는 소유권 이전등기접수일 · 인도일 또는 사용
수익일 중 빠른 날을 양도시기 또는 취득시기로 한다.

■해설■ 증여에 의하여 자산을 취득한 경우에는 증여받은 날에 취득한 것으로 한다.

18

소득세법 시행령 제162조에서 규정하는 양도 또는 취득의 시기에 관한 내용으로 <u>틀린</u> 것은? · 29회

① 제1항 제4호 : 자기가 건설한 건축물에 있어서 건축허가를 받지 아니하고 건축하는 건축물은 추후 사용승인 또는 임시사용승인을 받는 날

② 제1항 제3호 : 기획재정부령이 정하는 장기할부조건의 경우에는 소유권 이전등기(등록 및 명의개서를 포함) 접수일·인도일 또는 사용수익일 중 빠른 날

③ 제1항 제2호 : 대금을 청산하기 전에 소유권 이전등기(등록 및 명의개서를 포함)를 한 경우에는 등기부·등록부 또는 명부 등에 기재된 등기접수일

④ 제1항 제5호 : 상속에 의하여 취득한 자산에 대하여는 그 상속이 개시된 날

⑤ 제1항 제9호 : 「도시개발법」에 따른 환지처분으로 교부받은 토지의 면적이 환지처분에 의한 권리면적보다 증가한 경우 그 증가된 면적의 토지에 대한 취득시기는 환지처분의 공고가 있은 날의 다음 날

> **해설** 자기가 건설한 건축물에 있어서 건축허가를 받지 아니하고 건축하는 건축물은 사실상 사용일을 양도 또는 취득의 시기로 한다.

19 다음 자료를 바탕으로 소득세법상 해당 토지의 취득시기와 양도시기로 옳은 것은?

上

	취득 당시	양도 당시
• 계약상 잔금지급일	1980년 12월 25일	2022년 5월 20일
• 대금청산일	1981년 1월 20일	2022년 5월 28일
• 토지거래허가일	허가대상 아님	2022년 5월 24일
• 소유권 이전등기접수일	1981년 1월 19일	2022년 5월 27일

	취득시기	양도시기
①	1981년 1월 20일	2022년 5월 20일
②	1981년 12월 25일	2022년 5월 25일
③	1985년 1월 1일	2022년 5월 27일
④	1985년 1월 1일	2022년 5월 24일
⑤	1981년 1월 19일	2022년 5월 27일

해설 취득시기는 의제일이 적용되어 1985년 1월 1일이 되고, 양도시기는 대금청산일보다 등기가 먼저 되어 등기접수일인 2022년 5월 27일이 된다.

이것만은 꼭! **세액계산 구조** ▼ 문제 20~22

구 분		실지거래가액(원칙)	추계가액(예외)
양 도 가 액		실지양도가액	추계양도가액
− 필 요 경 비		• 취득가액 • 자본적 지출액 등 • 양도비용	• 추계취득가액 • 필요경비개산공제비용
= 양 도 차 익 − 장 기 보 유 특 별 공 제		3년 이상 장기보유, 등기된 부동산, 부동산(토지, 건물), 입주권	
= 양 도 소 득 금 액 − 양 도 소 득 기 본 공 제		4개 소득별로, 각각 연 250만원 한도, 순차공제, 보유기간 불문, 자산종류 불문	
= 과 세 표 준 × 세 율			

➕ 「조세특례제한법」 등에 의한 감면소득이 있는 경우에는 감면이 된 금액을 양도소득으로 한다.

20 소득세법상 부동산 양도소득금액 계산에 있어서 그 공제순위가 제일 나중이 될 수 있는 것은?

下

① 자본적 지출
② 계약서작성비용
③ 양도비용
④ 장기보유특별공제
⑤ 양도소득기본공제

해설　부동산 양도소득금액 계산은 양도차익에서 장기보유특별공제를 한 금액으로 한다.
• 양도차익 = 양도가액 – 필요경비
• 양도소득금액 = 양도차익 – 장기보유특별공제
• 과세표준 = 양도소득금액 – 양도소득기본공제

21 소득세법상 5년 보유한 미등기된 국내 부동산을 양도한 경우에 과세표준의 계산식으로 옳은 것은?

下

① 양도가액 – 필요경비
② 양도가액 – 장기보유특별공제
③ 양도가액 – 필요경비 – 양도소득기본공제
④ 양도가액 – 필요경비 – 장기보유특별공제
⑤ 양도가액 – 필요경비 – 장기보유특별공제 – 양도소득기본공제

해설　미등기된 부동산을 양도한 경우에는 보유기간에 관계없이 장기보유특별공제와 양도소득기본공제를 적용할 수 없다.

PART 3

03 양도소득세

22 소득세법상 국내자산의 양도 시 양도소득 과세표준을 감소시킬 수 있는 항목에 해당하
下 지 않는 것은?

① 양도소득기본공제
② 자본적 지출액
③ 장기보유특별공제
④ 취득가액
⑤ 「조세특례제한법」 등에 따른 양도소득세 감면세액

해설 양도소득세 감면세액은 산출세액에서 공제되므로 양도소득 과세표준에는 영향을 미
치지 않는다.

이것만은 꼭! **양도차익의 계산**   ▼ 문제 23~29

1. 양도차익 계산방법(양도가액 우선주의)

➕ 1. **토지와 건물 등을 함께 취득하거나 양도한 경우** : 취득 또는 양도 당시의 기준시가에 따라
    안분하여 계산한다. 다만, 당시의 감정평가액이 있는 경우에는 감정평가액에 따라 안분
    한다.
  2. 양도가액을 실지거래가액(매매사례가액·감정가액이 적용되는 경우 그 매매사례가액·감
    정가액 등을 포함)에 따를 때에는 취득가액도 실지거래가액(매매사례가액·감정가액·환
    산취득가액이 적용되는 경우 그 매매사례가액·감정가액·환산취득가액)에 따른다.
  3. 양도가액을 기준시가에 따를 때에는 취득가액도 기준시가에 따른다.

2. 실지거래가액에 의한 양도차익 계산

양도가액		필요경비		
실지양도가액	−	• 실지취득가액 • 자본적 지출액 등 • 양도비용	=	양도차익

➕ 1. 부동산을 매매한 자가 미신고한 경우 등기부에 기재된 거래가액을 실지거래가액으로 추
    정할 수 있다.
  2. 실지양도가액이 불분명한 경우에는 양도 당시 매매사례가액, 감정평가가액 순서로 할 수
    있다.
  3. 실지취득가액이 불분명한 경우에는 취득 당시 매매사례가액, 감정평가가액, 환산된 취득
    가액 순서로 할 수 있다.

3. 매매사례가액이나 감정가액에 의한 양도차익 계산

양도가액	필요경비	
1. 양도 당시 매매사례가액 2. 양도 당시 감정가액	1. 취득 당시 매매사례가액 2. 취득 당시 감정가액 3. 매매사례가액, 감정평가액으로 환산된 취득가액 • 필요경비개산공제비용	= 양도차익

➕ **매매사례가액** : 양도일 또는 취득일 전후 각 3개월 이내에 해당 자산과 동일성 또는 유사성이 있는 자산의 매매사례가 있는 경우 그 가액

➕ **감정가액** : 양도일 또는 취득일 전후 각 3개월 이내에 해당 자산에 대하여 둘 이상의 감정평가법인등이 평가한 것으로서 신빙성이 있는 것으로 인정되는 감정가액이 있는 경우에는 그 감정가액의 평균액, 기준시가 10억원 이하는 하나의 신빙성 있는 감정가액

▪▪ 양도자산별 필요경비개산공제율(추계경비)

대 상		공제율
토 지		취득 당시 개별공시지가의 3%(미등기자산은 0.3%)
건 물	일반건물	취득 당시 국세청장의 산정·고시가액의 3% (미등기자산은 0.3%)
	주 택	취득 당시 개별주택가격 또는 공동주택가격의 3% (미등기자산은 0.3%)
	지정지역의 오피스텔, 상업용 건물	취득 당시 국세청장이 산정한 일괄 고시가액의 3% (미등기자산은 0.3%)
지상권, 전세권, 등기된 부동산임차권		취득 당시 기준시가의 7%(미등기 지상권 및 전세권은 1%)
부동산을 취득할 수 있는 권리, 기타자산, 주식 및 출자지분 등		취득 당시 기준시가의 1%

4. 기준시가에 의한 양도차익 계산

양도가액	필요경비	
양도 당시 기준시가	• 취득 당시 기준시가 • 필요경비개산공제비용	= 양도차익

23 소득세법상 양도차익의 계산에 관한 내용으로 틀린 것은?

① 양도소득세 과세대상인 자산을 양도한 경우에는 실지거래가액을 적용하여 양도차익을 계산함을 원칙으로 한다.

② 부동산을 매매한 자가 미신고한 경우에 등기부 기재가액을 실지거래가액으로 추정할 수 있다.

③ 실지양도가액이 불분명한 경우에는 양도 당시 매매사례가액, 감정평가가액으로 할 수 있다.

④ 취득가액을 알 수 없는 경우에는 확인된 자본적 지출과 양도비용 합계액만을 필요경비로 하여 양도차익을 계산할 수 있다.

⑤ 토지와 건물 등을 함께 취득하거나 양도한 경우에 물건별 가액 구분이 불분명한 때에는 일괄하여 양도차익을 구한다.

> **해설** 토지와 건물 등을 함께 취득하거나 양도한 경우에 토지와 건물 등의 가액 구분이 불분명한 때에는 취득 또는 양도 당시의 기준시가에 따라 안분하여 계산한다. 다만, 당시의 감정평가액이 있는 경우에는 감정평가액에 따라 안분하여 물건별로 실지거래가액에 의하여 양도차익을 구한다.

24 소득세법상 양도차익 산정에 있어 양도가액·취득가액에 관한 설명으로 틀린 것은?

① 양도차익을 계산할 때 양도가액을 실지거래가액에 따를 때에는 취득가액도 실지거래가액에 따른다.

② 양도가액을 기준시가에 따를 때에는 취득가액도 기준시가에 따른다.

③ 매매사례가액이란 양도일 또는 취득일 전후 각 3개월 이내에 해당 자산과 동일성 또는 유사성이 있는 자산의 매매사례가 있는 경우 그 가액을 말한다.

④ 양도차익을 산정할 경우 양도가액 또는 취득가액 중 어느 하나를 알 수 없는 경우에는 환산한 가액을 양도가액 또는 취득가액으로 할 수 있다.

⑤ 기준시가로 양도차익을 산정할 경우 취득 당시 기준시가 이외의 필요경비는 필요경비개산공제액으로 한다.

> **해설** 양도가액을 알고 취득가액을 알 수 없는 경우에만 환산된 취득가액을 취득가액으로 할 수 있다.

25
下

소득세법상 양도소득세에서 취득가액에 대한 추계가액 적용 순서를 나열한 것으로 옳은 것은?

① 매매사례가액 ⇨ 환산취득가액 ⇨ 감정가액 ⇨ 등기부 추정가액
② 매매사례가액 ⇨ 감정가액 ⇨ 환산취득가액 ⇨ 기준시가
③ 환산취득가액 ⇨ 매매사례가액 ⇨ 감정가액 ⇨ 기준시가
④ 감정가액 ⇨ 환산취득가액 ⇨ 매매사례가액 ⇨ 기준시가
⑤ 환산취득가액 ⇨ 매매사례가액 ⇨ 기준시가 ⇨ 감정가액

해설 추계가액 적용 순서는 다음과 같다.
- 양도가액 : 매매사례가액 ⇨ 감정가액 ⇨ 기준시가
- 취득가액 : 매매사례가액 ⇨ 감정가액 ⇨ 환산취득가액 ⇨ 기준시가

26
中

소득세법상 양도차익 계산 시 기타 필요경비에 속하는 필요경비개산공제율에 관한 설명으로 **틀린** 것은?

① 토지 : 취득 당시 개별공시지가의 3%(미등기자산은 0.3%)
② 주택 : 취득 당시 개별주택가격 또는 공동주택가격의 3%(미등기자산은 0.3%)
③ 일반건물 : 취득 당시 국세청장 산정 고시가액의 3%(미등기자산은 0.3%)
④ 지정지역의 오피스텔, 상업용 건물 : 취득 당시 국세청장이 산정한 일괄 고시가액의 3%(미등기자산은 0.3%)
⑤ 등기된 전세권과 지상권 : 취득 당시 기준시가의 1%

해설 부동산을 사용할 수 있는 권리인 등기된 지상권, 전세권, 부동산임차권은 취득 당시 기준시가의 7%(미등기자산은 1%)로, 분양권 등 취득할 수 있는 권리는 취득 당시 기준시가의 1%로 한다.

27 소득세법상 등기된 토지를 양도한 경우 매매사례가액에 의하여 양도차익을 계산한다면 필요경비의 계산방법으로 옳은 것은?

① 취득 당시 매매사례가액 + 양도 당시 개별공시지가의 1천분의 3
② 취득 당시 매매사례가액 + 취득 매매사례가액의 100분의 3
③ 취득 당시 매매사례가액 + 취득 당시 개별공시지가의 100분의 3
④ 양도 당시 개별공시지가의 100분의 3
⑤ 취득 당시 개별공시지가의 1천분의 3

> **해설** 등기된 토지를 양도한 경우 매매사례가액에 의하여 양도차익을 계산할 때 필요경비는 취득 당시 매매사례가액 + 취득 당시 개별공시지가의 100분의 3이며, 미등기 토지는 1,000분의 3으로 한다.

28 다음 자료를 바탕으로 소득세법상 임대하던 상가용 부동산을 양도한 경우 양도차익을 계산할 때 옳은 것은?

> • 등기된 부동산이다.
> • 양도가액 및 취득가액
>
> | | 기준시가 | 실지거래가액 |
> | --- | --- | --- |
> | 양도 당시 | 150,000,000원 | 160,000,000원 |
> | 취득 당시 | 100,000,000원 | 130,000,000원 |
>
> • 자본적 지출액 및 양도비용 : 20,000,000원
> • 취득 후 사업경비에 산입한 감가상각비 : 10,000,000원
> • 해당 자산에 대해 납부한 재산세 총액 : 15,000,000원

① 15,000,000원　　　　　　② 20,000,000원
③ 30,000,000원　　　　　　④ 35,000,000원
⑤ 40,000,000원

> **해설** 사업용 고정자산을 양도한 경우 감가상각이 된 부분은 당초 취득가액에서 차감하여 계산하여야 한다.
>
> | 양도가액 | | 160,000,000원 |
> | --- | --- | --- |
> | 취득가액 | (−) | 120,000,000원 (감가상각비 차감) |
> | 자본적 지출액 및 양도비용 | (−) | 20,000,000원 |
> | 양도차익 | | 20,000,000원 |

29 다음은 거주자 甲의 상가건물 양도소득세 관련 자료이다. 이 경우 양도차익은? (단, 양도차익을 최소화하는 방향으로 필요경비를 선택하고, 부가가치세는 고려하지 않음)

• 32회 수정

(1) 취득 및 양도 내역

	실지거래가액	기준시가	거래일자
양도 당시	5억원	4억원	2022. 4. 30.
취득 당시	확인 불가능	2억원	2020. 3. 7.

(2) 자본적 지출액 및 소개비 : 2억 6천만원(세금계산서 수취함)

(3) 주어진 자료 외에는 고려하지 않는다.

① 2억원   ② 2억 4천만원

③ 2억 4천4백만원   ④ 2억 5천만원

⑤ 2억 6천만원

해설 환산취득가액과 개산공제금액에 의한 필요경비보다 확인된 자본적 지출액 및 양도비용이 크므로 환산법을 적용하지 아니하고 자본적 지출액 및 양도비용만을 필요경비로 한다.

1. 자본적 지출액 및 양도비용만을 필요경비로 적용하는 방법

   양도가액   5억원

   자본적 지출액 및 소개비   (−) 2억 6천만원

   양도차익   2억 4천만원

2. 환산법에 의해 필요경비로 적용하는 방법

   양도가액   5억원

   환산취득가액   (−)   2억 5천만원*

   개산공제액   (−)   6백만원**

   양도차익   2억 4천4백만원

   *환산취득가액 : 5억원 $\times \dfrac{2억원(취득 당시 기준시가)}{4억원(양도 당시 기준시가)}$ = 2억 5천만원

   **개산공제액 : 2억원 $\times$ 3% = 6백만원

1. 실지양도가액

자산을 양도하고 받은 대가(매수자가 부담한 양도소득세 등을 포함)

2. 실지취득가액

⊙ 유상승계취득한 경우 : 매입한 자산의 매입가액에 기타 부대비용을 가산한 금액

ⓒ 건설한 경우 : 건설원가에 기타 부대비용을 포함한 금액

ⓒ 상속 및 증여받은 자산

    ⓐ 일반적인 경우 : 상속·증여재산 결정가액으로 하고 결정가액이 없는 경우에 한해 「상속세 및 증여세법」상 평가액에 기타 부대비용을 가산한 금액

    ⓑ 가업상속의 경우 : 가업상속 부분은 해당 피상속인의 취득 당시 취득가액

ⓔ 의제취득일 전에 취득한 자산 : 현재의 매매사례가액, 감정가액, 환산된 취득가액과 법령에 의해 의제 평가한 가액 중 큰 금액

ⓜ 취득가액이 불분명한 경우 : 매매사례가액, 감정가액, 양도가액을 기준으로 기준시가 대비 환산된 취득가액으로 한다.

ⓗ 취득가액이 불분명한 경우 필요경비 선택(다음의 ⓐ와 ⓑ의 금액 중 큰 금액으로 선택)

    ⓐ 환산된 취득가액 + 필요경비개산공제비용

    ⓑ 취득가액을 적용하지 않고 확인된 자본적 지출액과 양도비용

▦ 취득 관련 부대비용

1. 취득에 관한 소송비용(지출한 연도의 각 사업소득금액 계산상 필요경비에 산입된 것은 제외)
2. 「부가가치세법」 규정에 의하여 부과받은 부가가치세
3. 이자상당액을 가산하여 거래가액을 확정한 경우의 해당 이자상당액
4. 양도소득세와 그 부가세 등을 매수자가 부담하기로 약정하고 이를 실지로 지급하였을 경우 매수자의 동 세액 상당액
5. 해당 자산의 취득세, 등록면허세, 관련 조세의 부가세
6. 매입 시 기업회계기준에 따라 발생한 현재가치할인차금
7. 증여자산 이월과세 시 부과된 증여세액

▦ 취득가액 제외대상

1. 양도자산의 보유기간 중에 부동산임대사업소득 등 사업소득금액 계산 시 필요경비로 산입한 금액의 소송비용, 현재가치할인차금
2. 공제받거나 환급받은 부가가치세 매입세액
3. 해당 자산 취득 관련 연체이자
4. 상속받거나 증여받은 자산에 부과된 상속세 및 증여세
5. 「지적재조사에 관한 특별법」 제18조에 따른 경계의 확정으로 지적공부상의 면적이 증가되어 법령에 따라 지급한 조정금
6. 사업용 자산 양도 시 경비에 산입된 감가상각비는 취득가액에서 제외한다. 단, 기준시가로 양도차익을 계산할 경우에는 고려할 사항이 아니다.

30 소득세법상 실지거래가액으로 양도차익을 계산하는 경우 양도가액 및 취득가액에 관한
　㊥　내용으로 **틀린** 것은?

① 실지양도가액이란 자산을 양도하고 받은 대가를 말한다. 이 경우 양도로 인하여
매도인이 부담하여야 할 양도소득세 등을 매수인이 부담한 경우 그 부담세액 상
당액은 대가에 포함된다.

② 환산된 취득가액에 필요경비개산공제액을 더한 금액보다 확인된 자본적 지출과
양도비용이 클 경우에는 확인된 자본적 지출과 양도비용만을 필요경비로 할 수
있다.

③ 상속·증여받은 자산의 취득가액은 상속·증여재산 결정가액으로 하고 결정가액
이 없는 경우에는 「상속세 및 증여세법」상 평가액으로 한다.

④ 의제취득이 적용된 자산의 취득가액은 의제취득일 현재 기준시가를 취득가액으
로 한다.

⑤ 가업상속받은 자산의 취득가액은 피상속인의 취득가액으로 한다.

> **해설** 의제취득일 전에 취득한 자산의 취득가액은 다음의 가액 중 큰 가액을 취득가액으로
> 의제한다.
> • 의제취득일 현재의 매매사례가액, 감정가액, 환산된 취득가액
> • 취득 당시 실지거래가액, 매매사례가액, 감정가액, 환산가액이 확인되는 경우로서
> 그 가액에 취득일부터 의제취득일까지의 보유기간 동안의 생산자물가상승률을 곱하
> 여 계산한 금액을 합산한 금액

정답　**30** ④

31 소득세법상 실지거래가액으로 양도차익을 계산할 경우 취득과 관련된 기타 부대비용 등에 관한 설명으로 <u>틀린</u> 것은?
中

① 취득에 관한 쟁송이 있는 자산에 대하여 그 소유권 확보를 위하여 직접 소요된 소송비용·화해비용(다만, 지출한 연도의 각 소득금액 계산상 필요경비에 산입된 것은 제외)도 취득원가에 포함된다.

② 「부가가치세법」 등 규정에 따라 부과받은 부가가치세는 취득가액에 포함된다. 다만, 환급받거나 공제받은 매입세액은 제외한다.

③ 당사자 약정에 의한 대금지급방법에 따라 취득원가에 이자상당액을 가산하여 거래가액을 확정한 경우에는 해당 이자상당액도 취득원가에 포함된다. 다만, 당초 약정에 의한 거래가액의 지급기일의 지연으로 인하여 추가로 발생하는 이자상당액은 취득원가에 포함하지 아니한다.

④ 상속받거나 증여받은 자산에 부과된 상속세 및 증여세는 취득가액에 포함하지 아니한다.

⑤ 「지적재조사에 관한 특별법」 제18조에 따른 경계의 확정으로 지적공부상의 면적이 증가되어 법령에 따라 지급한 조정금은 취득가액에 포함한다.

> **해설** 「지적재조사에 관한 특별법」 제18조에 따른 경계의 확정으로 지적공부상의 면적이 증가되어 법령에 따라 지급한 조정금은 취득가액에 포함되지 아니한다.

32 소득세법상 실지거래가액으로 양도차익을 계산할 경우 취득가액과 기타 부대비용 등에 관한 설명으로 옳은 것은 모두 몇 개인가?
上

> • 매입 시 기업회계기준에 따라 발생한 현재가치할인차금 중 보유기간 동안 부동산임대소득·사업소득의 필요경비로 산입한 상각액은 취득가액에 포함되지 않는다.
> • 취득에 관한 쟁송으로 그 소유권 확보를 위하여 직접 소요된 소송비용·화해비용(사업소득금액 계산상 필요경비에 산입된 것은 제외)은 필요경비에 포함된다.
> • 양도 자산의 보유기간 중에 그 자산의 감가상각비로서 부동산임대사업소득금액 계산 시 필요경비로 산입한 금액은 취득가액에서 제외한다.
> • 증여자산 이월과세 시 부과된 증여세액은 필요경비에 산입한다.
> • 해당 자산의 취득세, 등록면허세, 관련 조세의 부가세는 필요경비에 산입한다.

① 1개 ② 2개 ③ 3개
④ 4개 ⑤ 5개

> **해설** 해당 지문은 모두 옳은 내용이다.

1. 자본적 지출액 등

'자본적 지출액'이란 세금계산서 등에 의하여 증빙(수취·보관하거나 실제 지출사실이 금융거래 증명서류에 의하여 확인되는 것에 해당)된 다음에 해당하는 것을 말한다.

- ㉠ 양도자산을 취득한 후 쟁송이 있는 경우에 소유권을 확보하기 위하여 직접 소요된 소송비용·화해비용 등의 금액으로서 지출한 연도의 사업소득금액 계산상 필요경비에 산입되지 아니한 금액
- ㉡ 관계 법률에 따라 토지 등이 협의매수 또는 수용되는 경우로서 그 보상금의 증액과 관련하여 직접 소요된 소송비용·화해비용 등의 금액으로서 지출한 연도의 사업소득금액의 계산에 있어서 필요경비에 산입되지 아니한 금액. 이 경우 증액보상금을 한도로 한다.
- ㉢ 용도변경을 위하여 지출한 비용, 개량을 위하여 지출한 비용, 이용의 편의를 위하여 지출한 비용, 장애물철거비용, 사방사업비, 부동산 취득 당시 점유를 이전받기 위해 지출한 명도비용, 재해·노후화 등 부득이한 사유로 인하여 건물을 재건축한 경우 그 철거비용 등
- ㉣ 「하천법」 등 기타 법률에 따라 토지소유자가 양도자산과 관련하여 양도자가 부담한 수익자부담금, 개발부담금, 재건축부담금
- ㉤ 해당 자산의 내용연수를 연장시키거나 그 가치를 현실적으로 증가시키기 위해 지출한 수선비
- ㉥ 토지 이용의 편의를 위하여 도로를 신설한 경우의 시설비
- ㉦ 국가 또는 지방자치단체에 기부한 경우 도로에 해당하는 토지의 가액

2. 양도비용 등

세금계산서 등에 의하여 증빙(수취·보관하거나 실제 지출사실이 금융거래 증명서류에 의하여 확인되는 것에 해당)된 다음에 해당하는 것을 말한다.

- ㉠ 자산을 양도하기 위하여 직접 지출한 계약서 작성비용, 공증비용, 인지대, 중개수수료, 양도소득세 신고서 작성비용, 증권거래세 등
- ㉡ 법령 등의 규정에 따라 매입한 국민주택채권 및 토지개발채권을 만기 전에 양도함으로써 발생하는 채권매각차손(금융기관 외의 자에게 양도한 경우에는 동일한 날에 금융기관에 양도하였을 경우 발생하는 매각차손을 한도로 한다)
- ㉢ 매매계약에 따른 인도의무를 이행하기 위해 양도자가 지출하는 명도비용

33 소득세법상 실지거래가액으로 자산 양도차익을 계산하는 경우 해당 자산의 양도와 관련하여 지출한 필요경비에 산입되는 자본적 지출이 <u>아닌</u> 것은? (단, 자본적 지출액에 대해서는 법령에 따른 증명서류가 수취·보관되어 있음)

① 공익사업으로 법률에 따라 토지 등이 협의매수되거나 수용되는 경우 그 보상금의 증액과 관련하여 직접 소요된 소송비용·화해비용 등의 금액(이 경우 증액보상금을 한도로 함)으로 사업소득금액 계산상 필요경비에 산입되지 아니한 금액

② 빌딩 등의 이용편의를 위하여 지출한 피난시설 등의 설치·개조·개량·확장·증설비용

③ 주택의 취득대금에 충당하기 위한 대출금의 이자지급액

④ 부동산 취득 당시 점유를 이전받기 위해 지출한 명도비용

⑤ 장애물철거비용, 사방사업비

해설 주택의 취득대금에 충당하기 위한 대출금의 이자지급액은 필요경비에 속하지 아니한다.

34 소득세법상 실지거래가액에 의한 해당 자산 양도와 관련하여 지출한 경비 중 양도차익을 계산하는 경우 필요경비에 산입되는 자본적 지출이 <u>아닌</u> 것은? (단, 자본적 지출액에 대해서는 법령에 따른 증명서류가 수취·보관되어 있음)

① 재해·노후화 등 부득이한 사유로 인하여 건물을 재건축한 경우 그 철거비용

②「개발이익 환수에 관한 법률」에 따른 개발부담금(개발부담금의 납부의무자와 양도자가 서로 다른 경우에는 양도자에게 사실상 배분될 개발부담금상당액을 말함)

③ 취득 후 지출한 건축물 내부 도장비와 파손된 부분의 원상복구를 위한 수선유지비용

④ 해당 자산의 내용연수를 연장시키거나 그 가치를 현실적으로 증가시키기 위해 지출한 수선비

⑤ 해당 토지에 도로를 신설하여 국가 또는 지방자치단체에 기부한 경우 도로에 해당하는 토지의 가액

해설 취득 후 지출한 건축물 내부 도장비와 파손된 부분의 원상복구를 위한 수선유지비 등은 보유 중 관리유지비용으로서 자본적 지출이 아니다.

35 ① 소득세법상 거주자가 국내자산을 양도한 경우 양도소득의 필요경비에 관한 설명으로 옳은 것은?
· 28회 수정

① 취득가액을 실지거래가액에 의하는 경우 당초 약정에 의한 지급기일의 지연으로 인하여 추가로 발생하는 이자상당액은 취득원가에 포함하지 아니한다.

② 취득가액을 실지거래가액에 의하는 경우 자본적 지출액도 실지로 지출된 가액에 의하므로 「소득세법」 제160조의2 제2항에 따른 증명서류를 수취·보관하지 않고, 금융거래증명에 지출사실이 입증되더라도 이를 필요경비로 인정하지 아니한다.

③ 「소득세법」 제97조 제3항에 따른 취득가액을 계산할 때 감가상각비를 공제하는 것은 취득가액을 실지거래가액으로 하는 경우에만 적용하므로 취득가액을 환산가액으로 하는 때에는 적용하지 아니한다.

④ 토지를 취득함에 있어서 부수적으로 매입한 채권을 만기 전에 양도함으로써 발생하는 매각차손은 채권의 금융기관에 양도하여야만 전액 양도비용으로 인정된다.

⑤ 취득세는 납부영수증이 없으면 필요경비로 인정되지 아니한다.

해설 ② 자본적 지출액이란 법령에 정하는 것으로서 그 지출에 관한 「소득세법」 제160조의2 제2항에 따른 증명서류를 수취·보관하거나 실제 지출사실이 금융거래증명서류에 의하여 확인되는 경우를 말한다.

③ 양도자산 보유기간에 그 자산에 대한 감가상각비로서 각 과세기간의 사업소득금액을 계산하는 경우 필요경비에 산입하였거나 산입할 금액이 있을 때에는 취득가액에서 공제한 금액을 그 취득가액으로 한다. 다만, 기준시가에 따라 양도차익을 계산할 경우에만 감가상각비는 고려하지 아니한다.

④ 자산을 취득함에 있어서 법령 등의 규정에 따라 매입한 국민주택채권 및 토지개발채권을 만기 전에 양도함으로써 발생하는 매각차손일 때, 기획재정부령으로 정하는 금융기관 외의 자에게 양도한 경우에는 동일한 날에 금융기관에 양도하였을 경우 발생하는 매각차손을 한도로 한다.

⑤ 취득세는 납부영수증이 없어도 필요경비에 해당한다.

정답 33 ③   34 ③   35 ①

36 소득세법상 실지거래가액에 의한 양도차익을 계산할 경우 양도비용에 해당하지 **않는** 것은? (단, 제시된 비용은 양도자산과 관련된 양도인이 부담한 것이며, 해당 비용에 대해서는 법령에 따른 증명서류가 수취·보관되어 있음)

① 자산을 양도하기 위하여 직접 지출한 비용으로서 양도소득세 신고서 작성비용, 공증비 및 인지대, 계약서 작성비용, 공인중개사에게 지급한 중개보수

② 양도 전 주택의 이용편의를 위한 방 확장 공사비용(이로 인해 주택의 가치가 증가됨)

③ 취득 시 법령의 규정에 따라 매입한 국민주택채권을 만기 전에 법령이 정하는 금융기관에 양도함으로써 발생하는 매각차손

④ 매매계약에 따른 인도의무를 이행하기 위해 양도자가 지출하는 명도비용

⑤ 매매계약의 해약으로 인하여 지급한 위약금

해설 계약의 해약으로 인하여 지급된 위약금은 양도비용이 아니다.

이것만은 꼭! **기준시가** ▼ 문제 37

취득 및 양도가액의 기준이 되는 가액으로서 다음의 가액으로 한다. 다만, 해당 연도 기준시가 고시 이전에 양도 또는 취득이 있는 경우에는 직전의 기준시가를 적용한다.

1. 토 지

ㅂ일반지역	개별공시지가
지정지역	개별공시지가 × 배율(배율방법)
개별공시지가가 없는 토지	인근 유사토지를 표준지로 보고 「부동산 가격공시에 관한 법률」 규정에 의한 비교표에 따라 납세지 관할 세무서장이 평가한 가액

2. 주택 및 건물

	단독주택	개별주택가격
주 택	공동주택	공동주택가격. 단, 공동주택 중 국세청장 고시가격이 따로 있는 경우 그 고시가격
	공시가액이 없는 경우	유사한 인근주택을 표준주택으로 보고 「부동산 가격공시에 관한 법률」 규정에 의한 주택가격비준표에 의하여 관할 세무서장이 평가한 가액
일반건물		건물의 신축가격, 구조, 용도, 위치, 신축연도 등을 참작하여 매년 1회 이상 국세청장이 산정·고시하는 가액
지정 지역	상업용 건물	건물의 종류, 규모, 거래상황, 위치 등을 참작하여 매년 1회 이상 국세청장이 토지와 건물을 일괄하여 산정·고시하는 가액
	오피스텔	

3. 부동산에 관한 권리

지상권·전세권· 등기된 부동산임차권	권리의 남은 기간·성질·내용·거래상황 등을 감안하여 「상속세 및 증여세법」의 규정을 준용하여 평가한 가액
부동산을 취득할 수 있는 권리	양도자산의 종류·규모·거래상황 등을 감안하여 취득일 또는 양도일까지 납입한 금액과 취득일 또는 양도일 현재의 프리미엄에 상당하는 금액을 합한 금액

4. 기준시가 적용 특례

㉠ 「공익사업을 위한 토지 등의 취득 및 보상에 관한 법률」에 따른 협의매수·수용 및 그 밖의 법률에 따라 수용되는 경우의 그 보상액과 보상액 산정의 기초가 되는 기준시가 중 적은 금액

㉡ 「국세징수법」에 의한 공매와 「민사집행법」에 의한 강제경매 또는 저당권 실행을 위하여 경매되는 경우의 그 공매 또는 경락가액

37

소득세법상 국내에 있는 자산의 기준시가 산정에 관한 설명으로 틀린 것은? • 30회

① 개발사업 등으로 지가가 급등하거나 급등우려가 있는 지역으로서 국세청장이 지정한 지역에 있는 토지의 기준시가는 배율방법에 따라 평가한 가액으로 한다.

② 상업용 건물에 대한 새로운 기준시가가 고시되기 전에 취득 또는 양도하는 경우에는 직전의 기준시가에 의한다.

③ 「민사집행법」에 의한 저당권 실행을 위하여 토지가 경매되는 경우의 그 경락가액이 개별공시지가보다 낮은 경우에는 그 차액을 개별공시지가에서 차감하여 양도당시 기준시가를 계산한다(단, 지가 급등 지역 아님).

④ 부동산을 취득할 수 있는 권리에 대한 기준시가는 양도자산의 종류를 고려하여 취득일 또는 양도일까지 납입한 금액으로 한다.

⑤ 국세청장이 지정하는 지역에 있는 오피스텔의 기준시가는 건물의 종류, 규모, 거래상황, 위치 등을 고려하여 매년 1회 이상 국세청장이 토지와 건물에 대하여 일괄하여 산정·고시하는 가액으로 한다.

해설 부동산을 취득할 수 있는 권리에 대한 기준시가는 양도자산의 종류, 규모, 거래상황 등을 감안하여 취득일 또는 양도일까지 납입한 금액과 취득일 또는 양도일 현재의 프리미엄에 상당하는 금액을 합한 금액으로 한다.

정답 **36** ⑤ **37** ④

1. 고가주택(입주권)의 범위 등

㉠ 고가주택(입주권)의 범위 : 주택 및 이에 부수되는 토지의 양도 당시의 실지거래가액의 합계액이 12억원을 초과하는 것을 말한다. 이 경우 단독주택으로 보는 다가구주택의 경우에는 그 전체를 하나의 주택으로 보아 고가주택 규정을 적용한다.

㉡ 일부 양도 시 고가주택(입주권)의 범위 : 1주택 및 이에 딸린 토지의 일부를 양도하거나 일부가 타인 소유인 경우에는 실지거래가액 합계액에 양도하는 부분(타인 소유 부분을 포함)의 면적이 전체 주택면적에서 차지하는 비율을 나누어 계산한 금액을 말한다.

㉢ 복합주택의 경우 고가주택(입주권)의 범위 : 복합주택의 경우에는 주택부분에 해당하는 실지거래가액이 12억원을 초과하는 것을 말한다.

2. 비과세요건을 갖춘 1세대 1주택인 고가주택(입주권)의 양도차익 계산

양도가액 중 12억원을 초과 부분에 속한 양도차익만 과세한다.

$$\text{고가주택(입주권)에 대한 양도차익} = \text{총양도차익} \times \frac{\text{양도가액} - 12\text{억원}}{\text{양도가액}}$$

---

38 다음 자료를 바탕으로 소득세법상 1세대 1주택의 비과세요건을 갖춘 자가 고가주택을
(上) 양도한 경우 과세되는 양도차익은 얼마인가?

> • 고가주택의 양도가액 : 20억원(실거래가액)
> • 취득가액 및 기타 필요경비 : 16억원(실거래가액)
> • 등기된 자산이다(토지·건물 구분 없이 일괄 계산할 것).

① 1억 6천만원 ② 1억 8천만원
③ 2억 4천만원 ④ 4억원
⑤ 8억원

해설 실지양도가액 중 12억원을 초과한 부분에 속한 양도차익에 대하여 과세한다.
• 총양도차익 : 20억원 − 16억원(필요경비) = 4억원
• 과세 양도차익 : $4\text{억원} \times \dfrac{20\text{억원} - 12\text{억원}}{20\text{억원}} = 1\text{억 }6\text{천만원}$
• 비과세 양도차익 : 4억원 − 1억 6천만원(과세 양도차익)
   = 2억 4천만원(비과세 양도차익)

39 ⊥ 소득세법상 1세대 1주택과 관련된 고가주택의 범위에 관한 설명으로 틀린 것은?

① 주택 및 이에 부수되는 토지의 양도 당시의 실지거래가액의 합계액이 12억원을 초과하는 것을 말한다.

② 단독주택으로 보는 다가구주택의 경우에는 그 전체를 하나의 주택으로 보아 고가주택 규정을 적용한다.

③ 1주택 및 이에 딸린 토지의 일부를 양도하거나 일부가 타인 소유인 경우에는 실지거래가액 합계액에 양도하는 부분(타인 소유부분을 포함한다)의 면적이 전체 주택 면적에서 차지하는 비율을 나누어 계산한 금액을 말한다.

④ 1세대 1주택의 일부 60%를 분할 양도한 경우 고가주택의 범위는 7억 2천만원을 초과한 경우 고가주택에 속한다.

⑤ 복합주택의 경우에는 주택의 면적이 큰 경우에는 주택 이외의 면적을 포함한 주택의 실지거래가액의 합계가 12억원을 초과하는 것을 말한다.

> **해설** 고가주택에 하나의 건물이 주택과 주택 외의 부분으로 복합되어 있는 경우와 주택에 딸린 토지에 주택 외의 건물이 있는 경우에는 주택 외의 부분은 주택으로 보지 않는다. 따라서 복합주택의 경우에는 주택 부분과 이에 딸린 토지의 실지거래가액이 12억원을 초과하는 것을 말한다.

정답 38 ① 39 ⑤

부담부증여한 경우 양도차익 계산 특례 ▼ 문제 40~41

1. 부담부증여한 경우 양도차익 계산

취득가액 및 양도가액은 해당 자산의 가액에 증여가액 중 채무액에 상당하는 부분이 차지하는 비율을 곱하여 계산한 가액으로 한다. 이 경우 기타 필요경비도 이에 준한다.

2. 양도소득세 과세대상에 해당하는 자산과 해당하지 아니하는 자산을 함께 부담부증여하는 경우 다음의 산식으로 계산

$$채무액 = A \times \frac{B}{C}$$

A : 총채무액
B : 양도소득세 과세대상 자산가액
C : 총증여자산가액

40 거주자 甲의 2022년 중 다음의 국내 소재 상업용 건물을, 특수관계인이 아닌 거주자 乙이 甲의 해당 피담보채무(6억원)를 인수한 경우, 부담부증여한 자산의 양도차익은 얼마인가?

> • 증여 당시 부동산 가액 : 10억원
> • 채무인수액 : 6억원(채권최고액 7억 2천만원)
> • 증여한 부동산의 실지취득가액 : 2억 7천만원
> • 자본적 지출액과 양도비용 : 3천만원
> • 부동산 가액은 양도 당시 「상속세 및 증여세법」에 따른 평가액(정상시가)을 기준으로 계산한다.

① 1억 2천만원 ② 1억 8천만원
③ 3억원 ④ 4억 2천만원
⑤ 6억원

해설 • $10억원 \times \dfrac{6억원}{10억원} = 6억원$(양도가액)

• $2억 7천만원 \times \dfrac{6억원}{10억원} = 1억 6천2백만원$(취득가액)

• $3천만원 \times \dfrac{6억원}{10억원} = 1천8백만원$(자본적 지출액과 양도비용)

• 6억원 − 1억 8천만원(취득가액과 필요경비 합계) = 4억 2천만원(양도차익)

41 **(上)** 거주자 甲은 국내에 있는 양도소득세 과세대상 X토지를 2012년 시가 1억원에 매수하여 2022년 배우자 乙에게 증여하였다. X토지에는 甲의 금융기관 차입금 5천만원에 대한 저당권이 설정되어 있었으며 乙이 이를 인수한 사실은 채무부담계약서에 의하여 확인되었다. X토지의 증여가액과 증여 시 상속세 및 증여세법에 따라 평가한 가액(시가)은 각각 2억원이었다. 다음 중 틀린 것은? • 30회 수정

① 배우자 간 부담부증여로서 수증자에게 인수되지 아니한 것으로 추정되는 채무액은 부담부증여의 채무액에 해당하는 부분에서 제외한다.

② 乙이 인수한 채무 5천만원에 해당하는 부분은 양도로 본다.

③ 양도로 보는 부분의 취득가액은 2천5백만원이다.

④ 양도로 보는 부분의 양도가액은 5천만원이다.

⑤ 甲이 X토지와 증여가액(시가) 2억원인 양도소득세 과세대상에 해당하지 않는 Y자산을 함께 乙에게 부담부증여하였다면 乙이 인수한 채무 5천만원에 해당하는 부분은 모두 X토지에 대한 양도로 본다.

해설 甲이 X토지와 증여가액(시가) 2억원인 양도소득세 과세대상에 해당하지 않는 Y자산을 함께 乙에게 부담부증여하였다면 乙이 인수한 채무 5천만원 중 X토지 2억원과 Y자산 2억원에 해당하는 부분인 총 4억원(토지 2억원 + 과세대상이 아닌 자산 2억원) 중 비율로 안분한 2천5백만원에 해당한 금액을 채무인수액으로 본다.

$$5천만원 \times \frac{2억원}{4억원} = 2천5백만원$$

이것만은 꼭! **부당행위에 대한 양도차익 계산 특례** ▼ 문제 42~43

부당행위 부인(특수관계인 간 거래) : **거래 가액에 의한 부당행위계산**

저가양도, 고가취득(거래가액과 정상시가가 5% 또는 3억원 이상 차이) : 당시 정상시가로 적용

정답 **40** ④ **41** ⑤

42 소득세법상 특수관계인과의 거래로 인한 부당행위계산에 관한 설명으로 **틀린** 것은?
中 (단, 상호 간 증여의제에 해당하지는 않음)

① 부당행위는 특수관계인과의 거래로 인하여 그 소득에 대한 조세의 부담을 부당하게 감소시킨 것으로 인정되는 경우를 말한다.

② 부당거래는 시가와 거래가액의 차이가 3억원 이상이거나 시가의 100분의 5에 상당하는 금액 이상일 때를 말한다.

③ 특수관계에 있는 자와의 거래 시 시가를 초과하여 취득한 경우나 시가에 미달하게 양도한 경우 당시의 시가를 취득가액 및 양도가액으로 한다.

④ 특수관계에 있는 자라 함은 직계존비속, 배우자 간 거래를 말한다.

⑤ 부당행위계산 시 시가라 함은 정상적인 거래에서 적용되거나 적용될 것으로 판단되는 가격으로서 「상속세 및 증여세법」을 준용하여 평가한 정상시가에 의한다.

> **해설** 해당 거주자의 배우자나 친족, 해당 거주자의 종업원 또는 그 종업원과 생계를 같이 하는 친족 등 법령이 정한 특수관계인을 말한다.

43 甲이 2020년 1월 1일 특수관계자인 乙로부터 상가분양권을 4억 5천만원(시가 4억 4
上 천만원)에 취득하여 2022년 10월 5일 甲의 특수관계인 丙에게 6억원(시가 6억 5천만원)에 양도한 경우 甲의 양도차익은 얼마인가? (단, 취득가액 외의 필요경비는 1천만원이고, 甲·乙·丙은 거주자임)

① 1억원

② 1억 4천만원

③ 1억 4천5백만원

④ 1억 9천만원

⑤ 2억원

> **해설** 양도가액　　　　　　　　　　650,000,000원(부당행위이므로 시가에 의함)
> 필요경비 ┌ 취득가액　(−) 450,000,000원(부당행위는 아님)
> 　　　　 └ 기타경비　(−)　 10,000,000원
> 양도차익　　　　　　　　　　190,000,000원

거래형식에 의한 부당행위계산(증여가장 우회양도로서 증여한 자가 양도한 것으로 봄)

1. 거래원인

양도소득에 대한 소득세를 부당하게 감소시키기 위하여

2. 증여거래당사자

「소득세법」에서 규정하는 특수관계인에게 자산을 증여한 후

3. 양도시기

그 자산을 증여받은 자가 그 증여받은 날부터 5년(등기부상의 소유기간) 이내에 다시 타인에게 양도한 경우

4. 세액기준

다음의 ㉠에 따른 세액이 ㉡에 따른 세액보다 적은 경우에는 증여자가 그 자산을 직접 양도한 것으로 본다.

㉠ 증여받은 자의 증여세와 양도소득세를 합한 세액
㉡ 증여자가 직접 양도하는 경우로 보아 계산한 양도소득세

5. 증여세 처리

증여자에게 양도소득세가 과세되는 경우에는 당초 증여받은 자산에 대하여는 증여세를 부과하지 아니한다.

➕ 1. 수증자는 증여자 양도소득세에 대한 연대납세의무가 있다.
　 2. 양도소득이 해당 수증자에게 실질적으로 귀속된 경우에는 적용하지 아니한다.
　 3. 증여재산 이월과세규정 적용대상은 제외한다.

44
(上)
양도소득에 대한 소득세를 부당하게 감소시키기 위하여 소득세법에서 규정하는 특수관계인에게 자산을 증여한 후 그 자산을 증여받은 자가 해당 자산을 양도한 경우에 대한 양도소득세제상 부당행위계산에 관한 설명으로 틀린 것은?

① 특수관계인에게 과세대상 자산을 증여한 후 그 자산을 증여받은 자가 그 증여받은 날부터 5년 이내에 다시 타인에게 양도한 경우이어야 한다.

② 증여받은 자의 증여세와 양도소득세를 합한 세액이 증여자가 직접 양도하는 경우로 보아 계산한 양도소득세 세액보다 적은 경우여야 한다.

③ 증여자에게 양도소득세가 과세되는 경우에는 당초 증여받은 자산에 대해서는 증여세를 부과하지 아니한다.

④ 양도소득이 해당 수증자에게 실질적으로 귀속된 경우 부당행위로 보지 아니한다.

⑤ 부당행위로 볼 때 양도소득세 납세의무자는 해당 증여자가 되며, 수증자는 해당 양도소득세에 대하여 연대납세의무는 없다.

해설 부당행위로 볼 때 양도소득세 납세의무자는 해당 증여자가 되며, 수증자는 해당 양도소득세에 대하여 연대납세의무가 있다.

이것만은 꼭! | **이월과세 양도차익 계산 특례** | ▼ 문제 45~48

1. 증여거래당사자

배우자(양도 당시 혼인관계가 소멸된 경우를 포함) 및 직계존비속

2. 이월과세 대상

증여받은 토지, 건물, 특정시설물이용·회원권, 분양권·입주권 등 부동산을 취득할 수 있는 권리에 한한다.

3. 양도시기

증여받은 날부터 5년(5년의 연수는 등기부상의 소유기간) 이내에 제3자에게 양도한 경우

4. 이월과세 방법

양도차익을 계산함에 있어서 양도가액에서 공제할 취득가액은 증여한 배우자 및 직계존비속의 취득 당시 가액으로 한다.

5. 증여세 처리

증여세 상당액이 있는 경우에는 필요경비에 산입한다.

6. 이월과세 배제

ㄱ 공익사업에 따른 수용(사업인정고시일부터 2년 이전 증여분에 한함) 등으로 양도된 경우

ㄴ 사망으로 배우자 관계가 소멸된 경우

ㄷ 1세대 1주택(고가주택을 포함) 등에 해당한 경우

ㄹ 이월과세를 적용하지 아니하고 계산한 양도소득 결정세액이 많은 경우

➕ 1. 증여 당시 부과받은 증여세는 해당 자산 양도 시 필요경비에 속하지 않지만, 이월과세 특례대상 적용을 할 때에만 기부과된 증여세는 필요경비에 산입한다.

2. 증여자는 수증자의 양도소득세에 대한 연대납세의무가 없다.

45 양도차익 계산 시 배우자 및 직계존비속 간 증여자산 이월과세에 관한 내용으로 **틀린** 것은?

① 이월과세 적용대상 자산은 토지, 건물, 특정시설물이용·회원권, 분양권·입주권 등 부동산을 취득할 수 있는 권리만을 대상으로 한다.

② 증여받은 날로부터 5년 이내에 양도한 경우여야 하며, 여기에서 5년의 연수는 등기부상의 소유기간에 의한다.

③ 거주자가 증여받은 자산에 대하여 납부하였거나 납부할 증여세 상당액이 있는 경우 증여세는 부과하지 아니한다.

④ 양도소득세 납세의무자는 증여받은 배우자 등이 되며, 증여한 배우자 등과 상호 간 연대납세의무는 없다.

⑤ 이월과세 시 보유기간은 증여자 취득일로부터 증여받은 자가 양도한 날로 한다.

> 해설 　거주자가 증여받은 자산에 대하여 납부하였거나 납부할 증여세 상당액이 있는 경우 증여세는 필요경비에 산입한다.

정답　44 ⑤　45 ③

46 소득세법상 양도소득세에서 배우자·직계존비속에게 증여한 자산을 증여받은 배우자·
（中） 직계존비속이 증여받은 날부터 5년 이내에 타인에게 양도한 경우 이월과세를 적용할
대상으로 옳은 것은?

① 사업인정고시일부터 2년 이전에 증여한 자산이 공익사업에 따른 수용 등으로 양
도된 경우
② 증여자산이 법령으로 정한 1세대 1주택에 해당한 경우
③ 이월과세를 적용하여 계산한 양도소득 결정세액이 이월과세를 적용하지 아니하
고 계산한 양도소득 결정세액보다 적은 경우
④ 이혼으로 배우자 관계가 소멸한 경우
⑤ 사망으로 배우자 관계가 소멸한 경우

해설 이혼으로 배우자 관계가 소멸한 경우에도 이월과세를 적용한다.

47 소득세법상 배우자 간 증여재산의 이월과세에 관한 설명으로 옳은 것은? ・32회
（上）
① 이월과세를 적용하는 경우 거주자가 배우자로부터 증여받은 자산에 대하여 납부
한 증여세를 필요경비에 산입하지 아니한다.
② 이월과세를 적용받은 자산의 보유기간은 증여한 배우자가 그 자산을 증여한 날을
취득일로 본다.
③ 거주자가 양도일부터 소급하여 5년 이내에 그 배우자(양도 당시 사망으로 혼인관계
가 소멸된 경우 포함)로부터 증여받은 토지를 양도할 경우에 이월과세를 적용한다.
④ 거주자가 사업인정고시일부터 소급하여 2년 이전에 배우자로부터 증여받은 경우
로서 「공익사업을 위한 토지 등의 취득 및 보상에 관한 법률」에 따라 수용된 경우
에는 이월과세를 적용하지 아니한다.
⑤ 이월과세를 적용하여 계산한 양도소득 결정세액이 이월과세를 적용하지 않고 계
산한 양도소득 결정세액보다 적은 경우에 이월과세를 적용한다.

해설 ① 거주자가 증여받은 자산에 대하여 납부하였거나 납부할 증여세 상당액이 있는 경
우에는 필요경비에 산입한다.
② 이월과세 시에 보유기간은 증여자 보유기간과 수증자 보유기간을 합산하여 적용한다.
③ 사망으로 혼인관계가 소멸된 경우에는 이월과세를 적용하지 아니한다.
⑤ 이월과세를 적용하지 않고 계산한 결정세액이 많은 경우에는 이월과세하지 아니한다.

48 소득세법상 거주자 甲이 2017년 1월 20일에 취득한 건물(취득가액 3억원)을 甲의 배
上 우자 乙에게 2019년 3월 5일자로 증여(해당 건물의 시가 8억원)한 후, 乙이 2022년
10월 20일에 해당 건물을 甲·乙의 특수관계인이 아닌 丙에게 10억원에 매도하였다.
해당 건물의 양도소득세에 관한 설명으로 **틀린** 것은? (단, 취득·증여·매도의 모든 단계
에서 등기를 마침)

① 양도소득세 납세의무자는 乙이다.
② 양도소득금액 계산 시 장기보유특별공제가 적용될 수 있다.
③ 양도차익 계산 시 양도가액에서 공제할 취득가액은 8억원이다.
④ 乙이 납부한 증여세는 양도소득세 납부세액 계산 시 필요경비에 산입한다.
⑤ 양도소득세에 대해 甲과 乙의 연대납세의무는 없다.

> **해설** 양도차익 계산 시 양도가액에서 공제할 취득가액은 3억원이다.

| 이것만은 꼭! | **양도차익 계산 특례**(우회양도와 이월과세 차이) | ▼ 문제 49~50 |

구 분	우회양도	이월과세
증여원인	부당행위	부당행위와 관계없음
증여대상	모든 특수관계인	직계존비속 및 배우자 간 증여
대상자산	모든 자산	부동산, 시설물 이용권·회원권, 분양권·입주권 등 부동산을 취득할 수 있는 권리에 한함
양도시기	증여받은 날부터 5년 이내 양도	증여받은 날부터 5년 이내 양도
과세방법	증여한 자가 그 자산을 직접 양도한 것으로 봄	양도가액에서 공제할 취득가액은 해당 증여한 자의 취득 당시 가액으로 함
납세의무자	증여한 자	증여받은 자
증여세	부과취소	필요경비에 산입
연대납세의무	수증자와 증여자 간 연대납부의무	없음

49 소득세법상 거주자 甲이 특수관계자인 거주자 乙에게 등기된 국내 소재의 건물(주택 아님)을 증여하고 乙이 그로부터 4년만에 그 건물을 甲·乙과 특수관계가 없는 거주자 丙에게 양도한 경우에 관한 설명으로 **틀린** 것은? (단, 이월과세나 부당행위에 속한 것으로 가정함)

① 乙이 甲의 배우자인 경우, 乙의 양도차익 계산 시 취득가액은 甲이 건물을 취득한 당시의 취득가액으로 한다.

② 乙이 甲의 배우자인 경우, 건물의 양도소득에 대하여 甲과 乙이 연대납세의무가 있다.

③ 乙이 甲의 배우자인 경우, 건물에 대한 장기보유특별공제액은 건물의 양도차익에 甲이 건물을 취득한 날부터 가산한 보유기간별 공제율을 곱하여 계산한다.

④ 乙이 甲과 증여 당시에는 혼인관계에 있었으나 양도 당시에는 이혼으로 혼인관계가 소멸한 경우, 乙의 양도차익 계산 시 취득가액은 甲이 건물을 취득한 당시의 취득가액으로 한다.

⑤ 乙이 甲의 배우자 및 직계존비속 외의 자인 경우, 乙의 증여세와 양도소득세를 합한 세액이 甲이 직접 丙에게 건물을 양도한 것으로 보아 계산한 양도소득세보다 많을 때에는 甲이 丙에게 직접 양도한 것으로 보지 아니한다.

해설 乙이 甲의 배우자인 경우, 건물의 양도소득에 대하여 甲과 乙은 연대납세의무가 없다.

50

上

소득세법상 거주자의 국내자산 양도소득세 계산에 관한 설명으로 옳은 것은? · 31회

① 부동산에 관한 권리의 양도로 발생한 양도차손은 토지의 양도에서 발생한 양도소 득금액에서 공제할 수 없다.

② 양도일부터 소급하여 5년 이내에 그 배우자로부터 증여받은 토지의 양도차익을 계산할 때 그 증여받은 토지에 대하여 납부한 증여세는 양도가액에서 공제할 필요경비에 산입하지 아니한다.

③ 취득원가에 현재가치할인차금이 포함된 양도자산의 보유기간 중 사업소득금액 계산 시 필요경비로 산입한 현재가치할인차금상각액은 양도차익을 계산할 때 양도가액에서 공제할 필요경비로 본다.

④ 특수관계인에게 증여한 자산에 대해 증여자인 거주자에게 양도소득세가 과세되는 경우 수증자가 부담한 증여세 상당액은 양도가액에서 공제할 필요경비에 산입한다.

⑤ 거주자가 특수관계인과의 거래(시가와 거래가액의 차액이 5억원임)에 있어서 토지를 시가에 미달하게 양도함으로써 조세의 부담을 부당히 감소시킨 것으로 인정되는 때에는 그 양도가액을 시가에 의하여 계산한다.

해설 ① 부동산에 관한 권리의 양도로 발생한 양도차손은 토지의 양도에서 발생한 양도소득금액에서 공제할 수 있다.

② 양도일부터 소급하여 5년 이내에 그 배우자로부터 증여받은 토지의 양도차익을 계산할 때 그 증여받은 토지에 대하여 납부한 증여세는 양도가액에서 공제할 필요경비에 산입한다.

③ 취득원가에 현재가치할인차금이 포함된 양도자산의 보유기간 중 사업소득금액 계산 시 필요경비로 산입한 현재가치할인차금상각액은 양도차익을 계산할 때 양도가액에서 공제할 필요경비에 속하지 않는다.

④ 특수관계인에게 증여한 자산에 대해 증여자인 거주자에게 양도소득세가 과세되는 경우 수증자가 부담한 증여세는 부과하지 아니한다.

1. 양도소득 과세표준 산정과정

양　도　차　익	양도차손이 발생한 경우 소득별로 통산(같은 세율부터 우선 적용)
− 장기보유특별공제	㉠ 등기된　㉡ 토지·건물, 주택조합원입주권　㉢ 3년 이상 보유
= 양도소득금액	
− 양도소득기본공제	㉠ 소득자별로　㉡ 소득별로　㉢ 각각 연 250만원
= 과　세　표　준	

2. 양도소득금액의 계산

양도소득금액은 해당 자산의 양도차익에서 장기보유특별공제액을 공제한 금액으로 한다. 양도소득금액은 1과세기간에 발생한 다음의 소득별로 구분하여 계산한다. 다만, 해당 소득에 감면소득이 있는 경우에는 감면소득을 제외한 금액을 양도소득금액으로 한다.

㉠ 토지, 건물, 부동산에 관한 권리, 기타자산의 양도소득금액(국외자산과 구분)

㉡ 주식 또는 출자지분의 양도소득금액(국외 주식 또는 출자지분을 포함)

㉢ 파생상품 관련 소득(국외 파생상품을 포함)

㉣ 신탁의 이익을 받을 권리의 양도소득금액

➕ 소득금액을 계산함에 있어 발생하는 결손금은 이를 다른 소득금액과 합산하지 아니하며, 다음 연도로 이월하여 공제하지 아니한다.

51 소득세법상 양도소득세 계산과정에 관한 설명으로 **틀린** 것은?
中

① 부동산 양도소득금액은 양도차익에서 장기보유특별공제액을 차감한 금액으로 한다. 이 경우 「조세특례제한법」상 소득감면대상이 있는 경우에는 감면소득금액을 제외한 금액을 양도소득금액으로 한다.

② 양도소득금액은 소득자별·소득별로 구분하여 계산한다.

③ 양도차손이 발생한 경우 양도차손은 소득별로 합산한다. 이 경우 같은 소득 관련 자산에서 양도차손이 발생한 경우 순차적으로 같은 세율을 적용받는 자산의 양도차익에서 공제하고 다른 세율을 적용받는 자산의 양도차익에 대해서도 공제할 수 있다.

④ 부동산에서 발생한 양도차손은 주식 및 출자지분 양도차익에서 공제할 수 없다.

⑤ 해당 연도 소득금액을 계산함에 있어서 발생하는 결손금은 다음 연도로 이월할 수 있다.

───

해설 해당 연도 소득금액을 계산함에 있어서 발생하는 결손금은 다음 연도로 이월할 수 없다.

1. 장기보유특별공제의 적용대상

장기보유특별공제는 국내에 소재한 해당 자산의 취득일부터 양도일까지 3년 이상 보유한 등기된 토지(비사업용 토지를 포함)·건물·주택조합원입주권(조합원으로부터 취득한 것은 제외)에 한하여 적용한다. 다만, 다음에 해당하는 경우에는 장기보유특별공제를 적용할 수 없다.

ㄱ. 토지나 건물, 주택조합원입주권 중 3년 미만 보유한 후 양도
ㄴ. 토지나 건물, 주택조합원입주권 중 미등기양도
ㄷ. 국외부동산
ㄹ. 1세대 2주택(입주권, 분양권을 포함) 이상인 자가 양도한 조정대상지역 안의 주택
　　(※ 한시적으로 시행 유예 예정)

2. 장기보유특별공제액

장기보유특별공제는 해당 자산의 양도차익에 다음에 해당하는 공제율을 적용하여 산정된 가액으로 한다.

➕ **공제대상 입주권 양도차익** : 조합원입주권을 양도하는 경우에는 「도시 및 주거환경정비법」 제74조에 따른 관리처분계획인가 및 「빈집 및 소규모주택 정비에 관한 특례법」 제29조에 따른 사업시행계획인가 전 토지분 또는 건물분의 양도차익으로 한정한다.

ㄱ. 일반적인 경우(거주자·비거주자 모두 공제 가능)

공제대상	보유기간	공제율
부동산, 주택, 입주권	3년 이상 보유	총보유연수 × 매 1년당 2%
	15년 이상 보유	30%(최대공제)

ㄴ. 거주기간이 2년 이상이고 3년 이상 보유한 양도소득세가 과세되는 1세대 1주택과 1조합원입주권(비거주자는 제외)

공제대상	구 분	공제율
과세되는 1세대 1주택, 1입주권	3년 이상 보유한 자 보유기간 공제	총보유연수 × 매 1년당 4%(40% 한도)
	3년 이상 보유한 자가 2년 이상 거주한 경우 거주기간 공제	총거주연수 × 매 1년당 4%(40% 한도)

➕ 1. 주택이 공동상속주택인 경우 거주기간은 공동상속주택을 소유한 것으로 보는 사람이 거주한 기간으로 판단한다.
　2. 1세대 1주택 또는 1조합원입주권으로서 양도소득세가 과세되는 주택의 장기보유특별공제 한도는 양도차익의 80%(비거주자 소유주택은 제외), 그 밖의 경우 장기보유특별공제는 최고한도가 양도차익의 30%이다.

3. 장기보유특별공제대상 자산의 보유기간 계산 특례

가업상속	가업상속공제가 적용된 비율에 해당하는 가업상속공제를 받은 자산은 피상속인이 해당 자산을 취득한 날부터 상속인의 양도일까지를 보유기간으로 한다.
증여자산 이월과세 적용대상	증여한 자가 해당 자산을 취득한 날부터 증여받은 자가 양도한 날까지로 한다.
입주권으로 전환된 주택	주택 취득일부터 관리처분계획인가일, 사업시행계획인가일 전까지로 한다.

52 2022년 10월에 양도한 자산의 소득세법상 양도소득에 대한 장기보유특별공제에 관한
ⓒ 설명으로 <u>틀린</u> 것은?

① 장기보유특별공제는 장기간 보유한 자산을 세제상 지원하기 위한 제도이고, 장기
보유특별공제가 됨으로써 누진세율 정도를 완화시킨다.

② 장기보유특별공제는 국내에 소재한 3년 이상 보유한 등기된 토지·건물·주택조
합원입주권만을 대상으로 한다. 이 경우 주택조합원입주권은 조합원으로부터 취
득한 것은 제외한다.

③ 장기보유특별공제는 양도차익에 공제율을 곱하여 구하는 금액으로 한다.

④ 상가건물을 양도한 경우 보유기간이 62개월인 경우와 70개월인 경우의 보유기
간에 따른 장기보유특별공제율은 같다.

⑤ 비거주자가 등기된 국내 부동산을 양도한 경우에는 보유기간에 따른 장기보유특
별공제가 불가능하다.

> **해설** 비거주자가 등기된 국내 부동산을 양도한 경우에는 보유기간에 따른 장기보유특별공
> 제가 가능하다.

정답 **52** ⑤

53 2022년 10월에 양도한 자산의 소득세법상 건물의 양도에 따른 장기보유특별공제에
中 관한 설명으로 **틀린** 것은?   • 26회 수정

① 100분의 70의 세율이 적용되는 미등기건물에 대해서는 장기보유특별공제를 적
용하지 아니한다.

② 보유기간이 3년 이상인 등기된 상가건물은 장기보유특별공제가 적용된다.

③ 1세대 1주택 요건을 충족한 고가주택(보유기간 2년 6개월)이 과세되는 경우 장기보
유특별공제가 적용된다.

④ 장기보유특별공제액은 건물의 양도차익에 보유기간별 공제율을 곱하여 계산한다.

⑤ 보유기간이 12년인 등기된 상가건물의 공제율은 100분의 24이다.

> **해 설** 장기보유특별공제는 3년 이상 보유한 부동산과 주택조합원입주권에 대하여 적용하므
> 로, 1세대 1주택 요건을 충족한 고가주택일지라도 공제가 가능하나 그 보유기간이 2년
> 6개월인 경우에는 3년 미만이므로 장기보유특별공제가 불가능하다.

54 2022년 10월에 양도소득세가 과세되는 1세대 1주택인 고가주택을 양도한 경우 양도
下 소득금액의 계산에 있어서 장기보유특별공제에 관한 설명으로 옳지 **않은** 것은? (단, 양
도시기는 이 법 시행일 이후에 양도한 것으로 함)

① 양도소득세가 과세되는 1세대 1주택인 고가주택을 양도한 경우 장기보유 및 거주
기간 공제율은 양도차익의 80%까지 적용될 수 있다.

② 양도소득세가 과세되는 1세대 1주택인 고가주택을 5년 보유하고 3년 거주 후 양
도한 경우 장기보유 및 거주기간 공제율을 양도차익의 32%로 한다.

③ 양도소득세가 과세되는 1세대 1주택이 공동상속주택인 경우 거주기간은 공동상
속주택을 소유한 것으로 보는 사람이 거주한 기간으로 판단한다.

④ 양도소득세가 과세되는 1세대 1주택인 고가주택을 양도한 경우 보유기간공제율
은 최대 40%를 한도로 한다.

⑤ 양도소득세가 과세되는 1세대 1주택인 고가주택을 15년간 보유만 하고 양도한 경
우 장기보유특별공제율은 양도차익의 40%를 한도로 한다.

해설 양도소득세가 과세되는 1세대 1주택인 고가주택을 15년간 보유만 하고 양도한 경우에는 거주기간이 2년 이상이 된 것이 아니므로 1세대 1주택자로서 양도소득세가 과세되는 장기보유특별공제를 적용할 수는 없고 일반 장기보유특별공제율 연간 2%에 해당하는 공제율만 적용되므로 공제율은 양도차익의 30%를 한도로 한다.

55 ㊥ 2022년 10월에 양도한 자산의 소득세법상 장기보유특별공제 적용 시 보유기간 등에 관한 설명으로 틀린 것은? (다만, 양도자산은 비과세되지 아니함)

① 1세대 2주택(주택입주권, 분양권을 포함) 이상인 자가 주택을 양도한 경우라면 장기보유특별공제를 할 수 있다.

② 조합원입주권을 양도하는 경우 해당 주택 취득일부터 해당 관리처분계획인가일 또는 사업시행계획인가 전까지를 보유기간으로 한다.

③ 이월과세대상 증여자산은 증여한 자가 해당 자산을 취득한 날부터 증여받은 자가 양도한 날까지를 보유기간으로 한다.

④ 가업상속공제를 받은 부동산은 피상속인이 해당 자산을 취득한 날부터 상속인이 양도한 날까지를 보유기간으로 한다.

⑤ 다주택자가 다른 주택을 처분하고 1주택이 된 경우에는 해당 주택의 장기보유특별공제 시 보유기간은 1주택이 된 날부터 해당 주택을 양도한 날까지로 한다.

해설 다주택자가 다른 주택을 처분하고 1주택이 된 경우에는 해당 주택의 장기보유특별공제 시 보유기간은 해당 주택을 취득한 날부터 해당 주택을 양도한 날까지로 한다.

정답 **53** ③ **54** ⑤ **55** ⑤

56 다음 자료를 바탕으로 소득세법상 실지거래가액으로 계산한 해당 과세기간의 양도소득
金액은 얼마인가? (단, 등기된 비사업용 토지이며, 보유기간은 5년이고 해당 연도에 해당
자산의 양도 이외의 다른 자산의 양도는 없음)

	기준시가	실지거래가액
• 취득 당시	75,000,000원	60,000,000원
• 양도 당시	90,000,000원	90,000,000원
• 자본적 지출액	–	6,000,000원
• 양도비용	–	4,000,000원

① 15,000,000원

② 18,000,000원

③ 20,000,000원

④ 28,000,000원

⑤ 29,000,000원

해 설

• 양도가액   90,000,000원
• 필요경비
  ┌ 취득가액   (−)60,000,000원
  ├ 자본적 지출액   (−) 6,000,000원
  └ 양도비용   (−) 4,000,000원
• 양도차익   (＝)20,000,000원
• 장기보유특별공제액 : 20,000,000원 × 10% = 2,000,000원
• 토지 양도소득금액 : 20,000,000원 − 2,000,000원 = 18,000,000원

57
上

다음 자료를 바탕으로 소득세법상 과세대상 조합원입주권을 2022년 10월에 양도한 경우 장기보유특별공제금액을 산출하면? (단, 자본적 지출과 양도비용 등 기타경비는 없는 것으로 하며, 총보유기간은 6년 2개월이고, 관리처분계획인가일까지 주택보유기간은 5년 4개월임)

- 주택 취득 당시 가액   5천만원
- 입주권 양도가액   2억원
- 입주권 전환 이후 양도차익   1억원

① 5백만원
② 1천5백만원
③ 1천8백만원
④ 2천4백만원
⑤ 5천만원

해설
- 총양도차익 : 2억원 - 5천만원 = 1억 5천만원
- 주택보유기간 양도차익 : 1억 5천만원(총양도차익) - 1억원(입주권 전환 이후 양도 차익) = 5천만원
- 장기보유특별공제액 : 5천만원 × 10%(5년분 공제율) = 5백만원

58 다음 자료를 바탕으로 소득세법상 일반부동산으로 볼 경우의 장기보유특별공제액과 비과세대상 1세대 1주택인 고가주택으로 볼 경우의 장기보유특별공제액을 각각 계산하면? (단, 해당 주택은 장기보유특별공제가 적용된다는 조건임)

> • 대상 : 등기된 주택
> • 필요경비 : 15억원
> • 양도가액 : 20억원
> • 보유 및 거주기간 : 각각 5년

	일반부동산	고가주택		일반부동산	고가주택
①	3천만원	2억원	②	5천만원	8천만원
③	5천만원	1억원	④	8천만원	1억 6천만원
⑤	9천만원	1억 2천만원			

해설   1. 일반부동산으로 볼 경우
- 양도차익 : 20억원 − 15억원 = 5억원
- 장기보유특별공제액 : 5억원 × 10%(공제율) = 5천만원

2. 1세대 1주택인 고가주택으로 볼 경우

- 양도차익 : (20억원 − 15억원) × $\dfrac{20억원 − 12억원}{20억원}$ = 2억원

- 장기보유특별공제액 : 2억원 × 40%(공제율)* = 8천만원
   * 공제율 : 보유기간공제율 20% + 거주기간 공제율 20% = 40%

이것만은 꼭! 양도소득기본공제   ▼ 문제 59~63

양도소득이 있는 자는 다음의 소득별로 해당 연도의 양도소득금액에서 각각 연 250만원의 양도소득기본공제금액을 공제한 금액을 과세표준으로 한다.
1. 토지·건물, 부동산에 관한 권리(미등기양도자산의 양도소득금액은 제외) 및 기타자산의 양도소득금액(국외자산은 별도로 공제)
2. 주식 및 출자지분의 양도소득금액(국외자산을 포함)
3. 파생상품 관련 소득(국외자산을 포함)
4. 신탁의 이익을 받을 권리소득
   ➕ **기본공제 순서** : 감면소득금액이 있는 때에는 그 감면소득금액 외의 양도소득금액에서 먼저 공제하고, 감면소득금액 외의 양도소득금액 중에서는 해당 과세기간에 먼저 양도한 자산의 양도소득금액에서부터 순서대로 공제한다.

59 소득세법상 국내자산을 양도한 경우 해당 자산의 보유기간에 따른 영향이 미치지 <u>아니하는</u> 것은?
下
① 1세대 1주택 비과세 판단
② 양도소득기본공제
③ 장기보유특별공제
④ 세율 적용
⑤ 증여자산 이월과세

> **해설** 양도소득기본공제는 양도한 자산의 보유기간에 따른 영향이 없다.

60 소득세법상 양도소득기본공제에 관한 설명으로 <u>틀린</u> 것은?
中
① 양도소득기본공제는 과세대상 자산별로 각각 연 250만원을 한도로 공제할 수 있다.
② 법률의 규정에 의한 감면소득금액이 있는 때에는 그 감면소득금액 외의 양도소득금액에서 먼저 공제하고, 감면소득금액 외의 양도소득금액 중에서는 해당 과세기간에 먼저 양도한 자산의 양도소득금액에서부터 순서대로 공제한다.
③ 해당 과세기간의 부동산 양도소득이 200만원이고, 일반 주식의 양도차손이 250만원인 자의 양도소득기본공제액은 200만원이다. 단, 해당 과세기간에 다른 소득은 없다.
④ 1개의 과세물건을 공동소유하다가 양도하여 양도소득이 있는 경우 해당 수인 모두 기본공제가 가능하다.
⑤ 미등기 제외 대상 이외 부동산과 부동산에 관한 권리로서 등기하지 않고 양도한 경우에는 양도소득기본공제를 할 수 없다.

> **해설** 양도소득기본공제는 과세대상 자산별이 아니라 소득별로 각각 연 250만원을 한도로 공제할 수 있다.

61 소득세법상 국내자산 양도에 따른 장기보유특별공제와 양도소득기본공제를 비교·설명
中 한 것으로 <u>틀린</u> 것은? (단, 주어진 조건 외에는 고려하지 않음)

① 장기보유특별공제는 3년 이상 장기보유한 경우에만 적용되나, 양도소득기본공제
  는 보유기간과는 무관하다.
② 비사업용 토지를 양도하거나 1세대 2주택 이상인 자가 조정대상지역 안의 주택을
  양도한 경우에는 양도소득기본공제를 적용할 수 없다.
③ 장기보유특별공제는 국내자산에만 적용되나, 양도소득기본공제는 국내자산 및
  국외자산 모두에 적용이 가능하다.
④ 장기보유특별공제는 토지·건물·주택조합원입주권(조합원으로부터 취득한 것은 제
  외)에 한하여 적용될 수 있으나, 양도소득기본공제는 양도소득세 과세대상 자산
  이면 적용이 가능하다.
⑤ 비거주자가 국내 소재 부동산을 양도한 경우에 장기보유특별공제나 양도소득기
  본공제를 적용할 수 있다.

> **해설**　비사업용 토지를 양도한 경우 장기보유특별공제와 양도소득기본공제가 가능하고, 주
> 택을 양도한 경우에 주택의 수나 조정지역 여부에 관계없이 양도소득기본공제는 적용
> 할 수 있다.

62 다음의 과세대상 주택을 2022년 10월에 양도한 거래 자료만으로 계산한 양도소득 과세표준은 얼마인가? (단, 보유기간은 2년 6개월이고, 2022년 중 다른 양도거래는 없으며, 비용 지출은 금융거래 증빙서 등이 있음)

- 취득 시 실지거래가액 : 8,000만원
- 양도 시 실지거래가액 : 1억 1,500만원
- 취득일 이후 비용 지출내역
  - 은행 대출이자 지급액 : 700만원
  - 보일러 교체비용 : 150만원
  - 취득 시 구입한 양도 이전에 발생한 채권 매각차손 : 50만원
  - 거실 확장비용 : 250만원
  - 양도 시 지급한 중개보수 : 50만원

---

① 2,450만원 ② 2,700만원
③ 2,750만원 ④ 3,050만원
⑤ 3,550만원

해설

양도가액			1억 1,500만원
필요경비 ┌ 취득가액		(−)	8,000만원
└ 자본적 지출액과 양도비용		(−)	500만원*
양도차익		(=)	3,000만원
장기보유특별공제(기간 미달 적용 불가)		(−)	0원
양도소득금액		(=)	3,000만원
양도소득기본공제금액		(−)	250만원
양도소득 과세표준		(=)	2,750만원

* 은행 대출이자 700만원을 제외한 나머지 비용은 자본적 지출액과 양도비용에 속한다.

63 다음 자료를 바탕으로 1세대 1주택인 고가주택을 양도한 경우 양도소득세 과세표준액
中 은 얼마인가? (단, 해당 연도에 해당 주택 이외에 다른 자산의 양도는 없음)

- 대상 : 등기된 아파트
- 필요경비 : 15억원
- 거주기간 : 5년
- 양도가액 : 20억원
- 보유기간 : 10년 9개월

① 7천7백5십만원
② 8천만원
③ 8천7백5십만원
④ 2억원
⑤ 3억원

해 설
- 양도차익 : (20억원 – 15억원) × $\dfrac{(20억원 – 12억원)}{20억원}$ = 2억원
- 장기보유특별공제액 : 2억원 × 60%(보유기간 공제율 40%+거주기간공제율 20%)
  = 1억 2천만원
- 양도소득금액 : 2억원 – 1억 2천만원(장기보유특별공제) = 8천만원
- 과세표준 : 8천만원 – 2백5십만원(기본공제) = 7천7백5십만원

이것만은 꼭! **양도소득세 납부세액 계산** ▼ 문제 64

	과	세	표	준	종합소득과 구분계산
×	세			율	차등비례세율, 초과누진세율
=	산	출	세	액	
−	감	면	세	액	「조세특례제한법」 등에 의한 감면세액
=	결	정	세	액	
+	가		산	세	신고불성실가산세, 고지지연가산세, 납부지연가산세 등
=	총	결	정	세 액	
−	기	납	부	세 액	예정신고납부세액 등
−	분	할	납	부	2개월 이내(세액이 1천만원을 초과한 자)
=	차	감	납	부 세 액	

64 소득세법상 거주자의 양도소득 과세표준 계산에 관한 설명으로 옳은 것은?

· 29회 수정

① 양도소득금액을 계산할 때 부동산을 취득할 수 있는 권리에서 발생한 양도차손은 토지에서 발생한 양도소득금액에서 공제할 수 없다.

② 양도차익을 실지거래가액에 의하는 경우 양도가액에서 공제할 취득가액은 그 자산에 대한 감가상각비로서 각 과세기간의 사업소득금액을 계산하는 경우 필요경비에 산입한 금액이 있을 때에는 이를 공제하지 않은 금액으로 한다.

③ 양도소득에 대한 과세표준은 종합소득 및 퇴직소득에 대한 과세표준과 구분하여 계산한다.

④ 1세대 1주택 비과세요건을 충족하는 고가주택의 양도가액이 20억원이고 양도차익이 5억원인 경우 양도소득세가 과세되는 양도차익은 3억원이다.

⑤ 자본적 지출액은 그 지출에 관한 증명서류를 수취·보관하지 않고 실제 지출사실이 금융거래 증명서류에 의하여 확인되지 않는 경우에도 양도차익 계산 시 양도가액에서 공제할 수 있다.

해설 ① 양도소득금액을 계산할 때 부동산을 취득할 수 있는 권리에서 발생한 양도차손은 토지에서 발생한 양도소득금액에서 공제할 수 있다.

② 양도차익을 실지거래가액에 의하는 경우 양도가액에서 공제할 취득가액은 그 자산에 대한 감가상각비로서 각 과세기간의 사업소득금액을 계산하는 경우 필요경비에 산입한 금액이 있을 때에는 이를 공제한 금액으로 한다.

④ 1세대 1주택 비과세요건을 충족하는 고가주택의 양도가액이 20억원이고 양도차익이 5억원인 경우 12억원을 초과한 부분에 속한 양도차익이 과세되므로 양도소득세가 과세되는 양도차익은 2억원이다.

⑤ 자본적 지출액은 그 지출에 관한 증명서류를 수취·보관하지 않고 실제 지출사실이 금융거래 증명서류에 의하여 확인된 경우 양도차익 계산 시 양도가액에서 공제할 수 있다.

정답 **63** ① **64** ③

1. 부동산과 부동산 권리에 대한 자산별 세율(둘 이상의 세율에 해당한 경우 그 중 큰 세액으로 함)

구 분			부동산과 부동산 권리	주택과 입주권, 분양권
원칙	기본세율		초과누진세율(6 ~ 45%)	주택과 입주권 : 초과누진세율(6 ~ 45%)
				분양권 : 60%
	비사업용 토지	일반지역	가산 초과누진세율(16 ~ 55%)	–
		투기지정지역	가산 초과누진세율(26 ~ 65%) ➕ 지정일 이후에 취득한 경우에 한한다.	
	1세대 2주택(입주권 또는 분양권을 포함)인 자가 조정대상지역 안 주택을 양도		–	가산 초과누진세율 (26 ~ 65%) ※ 한시적 적용 유예 예정
	1세대 3주택(입주권 또는 분양권을 포함) 이상인 자가 조정대상지역 안 주택을 양도		–	가산 초과누진세율 (36 ~ 75%) ※ 한시적 적용 유예 예정
미등기자산			70%	70%
1년 미만 보유 자산			50%	70%
1년 이상 2년 미만 보유 자산			40%	60%

➕ 한 필지의 토지가 비사업용 토지와 그 외의 토지로 구분되는 경우에는 각각을 별개의 자산으로 보아 양도소득 산출세액을 계산한다.

➕ **분양권 적용 기준** : 2021년 1월 1일 이후 공급계약, 매매 또는 증여 등의 방법으로 취득한 분양권부터 적용한다.

2. 기타자산에 대한 자산별 세율

㉠ 기타자산

특정주식, 특수업종 주식, 특정영업권, 특정이축권, 특정시설물이용·회원권	보유기간에 관계없이 초과누진세율(6 ~ 45%)

㉡ 비사업용 토지 관련 특정주식과 특수업종 주식

비사업용 토지 과다소유 법인 주식	보유기간에 관계없이 가산 초과누진세율(16 ~ 55%)

➕ **비사업용 토지 과다소유 법인 주식의 범위** : 법인의 자산총액 중 비사업용 토지의 가액이 차지하는 비율이 100분의 50 이상인 법인의 주식 등을 말한다.

■: 초과누진세율표(소득세 기본세율)

양도소득 과세표준	세 율
1,200만원 이하	과세표준의 6%
1,200만원 초과 4,600만원 이하	72만원 + 1,200만원을 초과하는 금액의 15%
4,600만원 초과 8,800만원 이하	582만원 + 4,600만원을 초과하는 금액의 24%
8,800만원 초과 1억 5천만원 이하	1,590만원 + 8,800만원을 초과하는 금액의 35%
1억 5천만원 초과 3억원 이하	3,760만원 + 1억 5천만원을 초과하는 금액의 38%
3억원 초과 5억원 이하	9,460만원 + 3억원을 초과하는 금액의 40%
5억원 초과 10억원 이하	1억 7,460만원 + 5억원을 초과하는 금액의 42%
10억원 초과	3억 8,460만원 + 10억원을 초과하는 금액의 45%

3. 기간과세 세율 적용 특례

양도소득 산출세액은 다음의 금액 중 큰 것으로 한다.

⊙ 해당 과세기간의 소득합계액에 대해 초과누진세율을 적용하여 계산한 양도소득 산출세액

⊙ 위 **1.**과 **2.**의 각각에 해당하는 세율로 계산한 자산별 양도소득 산출세액 합계액

■: 신탁수익권 세율

양도소득 과세표준	세 율
3억원 이하	20%
3억원 초과	6천만원 + (3억원 초과액 × 25%)

65 中

소득세법상 2022년 10월 중 양도한 국내 부동산 관련 자산 양도소득세 자산별 세율 등에 관한 설명으로 틀린 것은? (단, 답지 항 이외의 사항은 고려하지 않음)

① 자산별 세율 적용 시 둘 이상의 세율에 해당할 경우 양도소득 산출세액 중 큰 것을 그 세액으로 한다.

② 투기지역지정일 이후에 취득하여 등기하고 1년 미만 보유한 비사업용 토지는 초과누진세율(26 ~ 65%)과 50%의 해당 세율을 각각 적용하여 그중 큰 세액으로 한다.

③ 한 필지의 토지가 비사업용 토지와 그 외의 토지로 구분되는 경우에는 비사업용 토지로 보아 양도소득 산출세액을 계산한다.

④ 1년 이상 2년 미만 보유하고 공장 건물을 양도한 경우 초과누진세율(6 ~ 45%)과 40%의 해당 세율을 각각 적용하여 그중 큰 세액으로 한다.

⑤ 등기가 가능한 상가용 토지 · 건물을 미등기양도한 경우에는 100분의 70에 해당하는 세율로 한다.

해설 한 필지의 토지가 비사업용 토지와 그 외의 토지로 구분되는 경우에는 각각을 별개의 자산으로 보아 양도소득 산출세액을 계산한다.

66 上

소득세법상 양도소득세에 있어서 국내자산 중 주택과 주택조합원입주권, 분양권에 대한 자산별 세율에 관한 내용으로 틀린 것은? (단, 양도자산은 2022년 10월에 양도한 것이며, 답지 항 이외의 사항은 고려하지 않음)

① 1년 미만 보유한 분양권을 양도한 경우 해당 세율은 100분의 70으로 한다.

② 1세대가 조합원입주권을 1개 보유한 경우 해당 입주권을 2년 이상 보유하고 양도한 경우 초과누진세율은 100분의 6 ~ 100분의 45로 한다.

③ 1세대 3주택 이상인 자가 2년 이상 보유한 조정대상지역 밖의 주택을 양도한 경우 초과누진세율은 100분의 36 ~ 100분의 75로 한다.

④ 1세대 3주택 이상인 자가 조정대상지역 안의 미등기 주택을 양도한 경우 100분의 70으로 한다.

⑤ 주택 분양권을 2년 이상 보유하고 양도한 경우 100분의 60에 해당하는 세율을 적용한다.

1세대 3주택 이상인 자일지라도 조정대상지역 밖의 등기된 주택을 2년 이상 보유하고 양도한 경우에는 초과누진세율은 100분의 6 ~ 100분의 45로 한다.

67 소득세법상 국내자산 양도소득세 자산별 세율에 관한 설명으로 **틀린** 것은? (단, 양도자 ⊕ 산은 2022년 10월에 양도한 것이며, 답지 항 이외의 사항은 고려하지 않음)

① 전세권을 1년 미만 보유한 경우 100분의 50에 해당하는 세율로 한다.

② 상가건물을 등기하고 1년 이상 2년 미만 보유하고 양도한 경우 100분의 40에 해당하는 세율과 초과누진세율(6 ~ 45%)을 각각 적용하여 양도소득 산출세액 중 큰 것을 그 세액으로 한다.

③ 특정이축권, 특정시설물이용·회원권 등 기타자산을 양도한 경우에는 보유기간에 관계없이 초과누진세율 6 ~ 45%로 한다.

④ 「소득세법」상 기본세율인 초과누진세율대상 과세표준이 11억원인 경우 11억원은 45%의 세율이 적용된다.

⑤ 비사업용 토지 관련 특정주식과 특수업종주식에 대한 초과누진세율은 16 ~ 55%로 한다.

「소득세법」상 기본세율인 초과누진세율대상 과세표준이 11억원인 경우 10억원 초과 금액 1억원에만 45%의 세율이 적용된다.

양도소득세 보유기간 계산 ▼ 문제 68

구 분		장기보유특별공제 적용 시	세율 적용 시
취 지		공제 적용할 양도차익 계산	단기양도자 중과 목적
일반적인 경우		취득일부터 양도일까지	
상 속	일반상속	상속개시일부터 양도일까지	피상속인의 해당 자산 취득일부터 상속인의 양도일까지
	가업상속	피상속인의 취득일부터 상속인의 양도일까지	
증여받은 경우		증여받은 날부터 양도한 날까지	
증여자산 이월과세대상		증여한 자가 해당 자산을 취득한 날부터 증여받은 자가 양도한 날까지	
조합원 입주권	자기입주권	주택 취득일부터 관리처분계획인가일 또는 사업시행계획인가일까지	기존 주택 취득일부터 입주권 또는 주택 양도일까지
	승계입주권	관련 없음	입주권 취득일부터 입주권 또는 주택 양도일까지

68 소득세법상 양도소득세에 있어서 세율 적용 시 보유기간 계산에 관한 설명으로 **틀린**
⬆ 것은?

① 증여자산 이월과세 특례 적용대상은 증여한 자가 해당 자산을 취득한 날부터 증여받은 자가 양도한 날까지로 한다.

② 조합원으로부터 취득한 입주권을 양도한 경우 입주권 취득일부터 양도일까지로 한다.

③ 상속받은 자산은 상속개시일부터 상속인의 양도일까지로 한다.

④ 증여받은 자산은 증여받은 날부터 양도일까지로 한다.

⑤ 주택이 조합원입주권으로 전환된 후에 해당 입주권을 양도한 경우 조합원입주권으로 전환되기 전 주택인 기간부터 입주권 양도일까지로 한다.

해 설 세율 적용 시 상속받은 자산은 가업상속 및 일반상속 모두 피상속인의 해당 자산 취득일부터 상속인의 양도일까지로 한다.

이것만은 꼭!	**미등기자산**	▼ 문제 69~71

1. 미등기자산 양도 시 불이익

ⓐ 추계가액에 의한 양도차익 계산 시 필요경비개산공제를 저율적용한다.

ⓑ 소득공제 시 장기보유특별공제와 양도소득기본공제를 적용하지 아니한다.

ⓒ 세율 적용 시 최고세율인 70%를 적용한다.

ⓓ 비과세와 감면규정을 적용하지 아니한다.

➕ 미등기자산을 양도한 경우에 분할납부는 할 수 있다.

2. 미등기양도로 보지 않는 경우

ⓐ 장기할부조건으로 취득한 자산으로서 그 계약조건에 의하여 양도 당시 그 자산의 취득에 관한 등기가 불가능한 자산

ⓑ 법률의 규정 또는 법원의 결정에 의하여 양도 당시 그 자산의 취득에 관한 등기가 불가능한 자산

ⓒ 비과세요건을 충족하는 농지의 교환·분합 및 감면요건을 충족하는 8년 이상 자경농지 및 법정요건을 갖춘 농지의 대토 등

ⓓ 비과세요건을 충족하는 1세대 1주택으로서 「건축법」에 의한 건축허가를 받지 아니하여 등기가 불가능한 자산

ⓔ 도시개발사업이 종료되지 아니함으로써 토지취득등기를 하지 못하고 양도한 토지

ⓕ 건설업자가 도시개발사업조합으로부터 공사용역 대가로 취득한 체비지를 토지구획환지 처분공고 전에 양도한 토지

정답 **68** ③

69 소득세법상 국내자산을 미등기양도한 경우 적용되는 법률 규정에 관한 설명으로 옳지
① 않은 것은? (단, 조정대상지역 안 주택은 아님)

① 70% 세율을 적용한다.
② 양도소득세를 분할납부할 수 없다.
③ 양도소득기본공제나 장기보유특별공제에 관한 규정을 적용하지 아니한다.
④ 필요경비개산공제비용을 저율로 적용한다.
⑤ 양도소득에 대한 소득세의 비과세 및 감면에 관한 규정을 적용하지 아니한다.

해 설 미등기자산도 양도소득세를 분할납부할 수 있다.

70 소득세법상 미등기양도로 보는 경우로 옳은 것은?
①
① 법률의 규정 또는 법원의 결정에 의하여 양도 당시 그 자산의 취득에 관한 등기가
불가능한 자산
② 건축물을 신축한 자가 매수자 명의로 보존등기하고 양도한 자산
③ 비과세요건을 충족하는 1세대 1주택으로서 「건축법」에 따른 건축허가를 받지 아
니하여 양도 당시 등기가 불가능한 자산
④ 장기할부조건으로 취득한 자산으로서 그 계약조건에 의하여 양도 당시 그 자산의
취득에 관한 등기가 불가능한 자산
⑤ 비과세요건을 충족하는 농지의 교환·분합 및 「조세특례제한법」상 감면요건을 충
족하는 8년 이상 자경농지와 대토한 농지

해 설 건축물을 신축한 자가 매수자 명의로 보존등기하고 양도한 자산은 미등기양도에 해당
한다.

71 소득세법상 과세표준에 70% 세율 적용 대상인 미등기양도자산에 관한 설명으로 옳은
⊕ 것은? • 29회 수정

① 미등기양도자산도 양도소득에 대한 소득세의 비과세에 관한 규정을 적용할 수
   있다.
② 건설업자가 「도시개발법」에 따라 공사용역 대가로 취득한 체비지를 토지구획환
   지처분공고 전에 양도하는 토지는 미등기양도자산에 해당하지 않는다.
③ 미등기양도자산의 양도소득금액 계산 시 양도소득기본공제를 적용할 수 있다.
④ 미등기양도자산은 양도소득세 산출세액에 100분의 70을 곱한 금액을 양도소득
   결정세액에 더한다.
⑤ 미등기양도자산의 양도소득금액 계산 시 장기보유특별공제를 적용할 수 있다.

> **해설**　① 미등기양도자산은 양도소득에 대한 소득세의 비과세에 관한 규정을 적용할 수
> 　　　　　없다.
> 　　　　③ 미등기양도자산의 양도소득금액 계산 시 양도소득기본공제를 적용할 수 없다.
> 　　　　④ 미등기양도자산은 산출세액이 아니라 과세표준에 100분의 70을 곱한 금액을 산출
> 　　　　　세액으로 한다.
> 　　　　⑤ 미등기양도자산의 양도소득금액 계산 시 장기보유특별공제를 적용할 수 없다.

이것만은 꼭! 비사업용 토지의 불이익 및 구분 지목 판정 기준

1. 비사업용 토지의 불이익

누진대상 세율 10% 가산(16 ~ 55%), 투기지역은 세율 20% 가산(26 ~ 65%)

➕ 1. 비사업용 토지는 장기보유특별공제와 양도소득기본공제 적용이 가능하다.
　　2. 투기지역 지정지역의 공고가 있는 날 이전에 토지를 양도하기 위하여 매매계약을 체결하
　　　고 계약금을 지급받은 사실이 증빙서류에 의하여 확인되는 경우에는 26 ~ 65% 해당 세
　　　율 적용을 제외한다.

2. 비사업용 토지 지목 판정 기준

농지, 목장용지, 임야 및 그 밖의 토지의 판정은 특별한 규정이 있는 것을 제외하고 사실상의
현황에 의하고, 사실상 현황이 불분명한 경우에는 공부상의 등재현황에 의한다.

정답　**69** ②　**70** ②　**71** ②

농지(전, 답, 과수원)**에 대한 비사업용 토지 구분** ▼ 문제 72

비사업용 농지	비사업용 농지 예외
1. 농지 소재지에 거주하지 아니하거나 자기가 경작하지 않는 농지 및 30km 밖에 소재한 농지 2. 농지소유상한 기준면적을 초과하는 농지 3. 특별시·광역시·시지역 중 도시지역 안의 농지	「농지법」 등 그 밖의 법률규정에 따라 소유할 수 있는 농지 1. 「농지법」 규정에 따른 농지(학교 등 교육용 농지, 공유수면매립농지 등) 2. 「농지법」에 따른 상속받은 농지(3년 이내) 3. 「농지법」 규정에 따른 이농농지(3년 이내) 4. 종중소유농지(2005년 12월 31일 이전 소유) 5. 비영리법인이 직접 사용하는 농지 6. 법정요건을 갖춘 임대농지 등 7. 광역시의 군지역 농지, 시의 읍·면지역 농지 8. 한국농어촌공사가 8년 이상 수탁(개인에게서 수탁한 농지에 한한다)하여 임대하거나 사용대(使用貸)한 농지 9. 시지역으로 편입된 지 3년 이내의 농지 10. 시 이상 지역의 녹지지역 및 개발제한구역 안의 농지

72 소득세법상 농지를 양도한 경우 양도소득세에서 농지 중 법정요건을 갖춘 농지는 비사업용 토지에서 제외된다. 이에 관한 내용으로 **틀린** 것은?

① 도시지역 안의 농지로 편입된 지 3년 이내의 농지

② 주말·체험영농 농지 등으로서 법정 면적 이내의 농지

③ 상속받은 농지나 이농농지로서 상속개시일 또는 이농일로부터 3년 이내인 농지

④ 연접한 시·군·구 또는 농지로부터 직선거리 30km 이내에 있는 지역에 주민등록이 되어 있고 사실상 거주하는 자가 「농지법」 규정에 따른 자경을 하는 농지

⑤ 소유자 및 소유자와 동거하면서 함께 영농에 종사한 자가 질병, 고령, 징집, 취학 등 부득이한 사유로 인하여 자경할 수 없는 농지

해설　주말·체험영농 농지는 비사업용 토지에 해당한다.

이것만은 꼭!	임야에 대한 비사업용 토지 구분	▼ 문제 73

비사업용 임야	비사업용 임야 예외
1. 임야 소재지에 거주하지 않는 자가 소유한 임야 2. 토지소유자, 소재지, 이용 상황, 보유기간 및 면적 등을 감안하여 거주 또는 사업과 직접 관련이 없다고 인정되는 임야 3. 도시지역 안의 임야	1. 도시지역 안의 임야 중 보전녹지지역 안의 임야 2. 시업·특수산림사업지구 안의 임야 3. 휴양림 등의 사업에 사용되는 임야 4. 학교 등 비영리사업에 사용하는 임야 5. 상속받은 임야(3년 이내) 6. 종중소유임야(2005년 12월 31일 이전 소유) 7. 공법상 각종 법률규정에 따른 사용수익의 제한 또는 관리보존대상 임야 등

73 소득세법상 양도소득세에서 임야 중 법정요건을 갖춘 임야를 양도한 경우 비사업용 토지에서 제외된다. 이에 관한 내용으로 틀린 것은?

① 임야 소재지에 거주하지 않는 자가 상속받은 임야로서 상속개시일부터 3년이 경과하지 아니한 임야

② 「산림자원의 조성 및 관리에 관한 법률」에 따른 특수산림사업지구 안의 임야

③ 도시지역 안의 임야 중 보전녹지지역 안의 임야

④ 임야 소재지에 거주하지 않는 자가 소유한 임야

⑤ 관계 법령 규정에 의한 산림보호구역, 채종림 또는 시험림

> **해설** 특별한 사유가 있는 경우를 제외하고는 임야 소재지에 거주하지 않는 자가 소유한 임야는 비사업용 토지에 속한다.

이것만은 꼭! **목장용지에 대한 비사업용 토지 구분**　　　▼ 문제 74

비사업용 목장용지	비사업용 목장용지 예외
1. 축산업을 영위하는 자가 소유하는 목장용지로서 기준면적을 초과하는 토지 2. 도시지역 안의 목장용지 3. 축산업을 영위하지 아니한 자가 소유하는 목장용지	1. 도시지역 안의 목장용지로서 녹지지역 및 개발제한구역 안의 목장용지 2. 도시지역 안의 목장용지로서 편입된 날부터 3년이 경과하지 않은 토지 3. 상속받은 목장용지(3년 이내) 4. 종중 소유 목장용지(2005년 12월 31일 이전 소유) 5. 학교 등 비영리사업용 목장용지 6. 사업과 직접 관련이 있는 목장용지 등

74 ⬆ 소득세법상 양도소득세에서 목장용지를 양도한 경우 중 비사업용 토지에 해당하는 것을 모두 고른 것은? (단, 기준면적 초과분은 없는 것으로 가정함)

> ㉠ 상속받은 목장용지로서 상속개시일부터 5년이 된 것
> ㉡ 도시지역 안의 목장용지로서 편입된 날부터 3년이 경과하지 않은 토지
> ㉢ 축산업을 경영한 자가 소유한 목장용지
> ㉣ 도시지역 안의 목장용지로서 녹지지역 및 개발제한구역 안의 목장용지

① ㉠　　　　　　　　　　　　② ㉣
③ ㉠, ㉢　　　　　　　　　　④ ㉡, ㉢
⑤ ㉡, ㉣

　　해설　상속받은 목장용지로서 상속개시일부터 3년이 경과하지 아니한 경우에 한하여 사업용 토지로 본다.

이것만은 꼭! **기타 비사업용 토지 구분**　　　▼ 문제 75

1. 기타 비사업용 토지

　㉠ 주택의 부속토지 중 주택 정착면적의 법정 기준면적 (3배~10배) 초과한 토지
　㉡ 별장(농어촌주택은 제외) 용도로 사용하는 건축물의 부속토지(경계 불분명 시 정착면적의 10배 이내)

➕ **농어촌주택 부속토지의 범위**
- 건축물의 연면적이 150m² 이내이고, 그 건축물의 부속토지의 면적이 660m² 이내일 것
- 건축물과 그 부속토지의 가액이 기준시가 2억원 이하일 것

ⓒ 그 밖에 거주자의 거주 또는 사업과 직접 관련이 없다고 인정되는 토지

ⓔ 사업 관련 토지로서 법정 기준면적을 초과하는 토지

2. 비사업용 토지 예외

ⓐ 「지방세법」상 재산세가 비과세 또는 면제되는 토지

ⓑ 농지, 임야 및 목장용지 외의 토지로서 「지방세법」상 재산세가 분리과세·별도합산과세 되는 토지

ⓒ 기타 사업과 직접 관련이 있는 토지
ⓐ 운동장·경기장 등 체육시설용 토지
ⓑ 업무용 자동차의 주차장용 토지 및 주차장 운영업용 토지
ⓒ 사회기반시설용 토지 중 민간투자사업시행자가 조성한 토지
ⓓ 청소년수련시설용 토지로서 기준면적 이내의 토지
ⓔ 무주택자가 소유한 주택 신축이 가능한 나대지(660m² 이내)
ⓕ 기타 법령이 정한 사업용 토지 등

75 소득세법상 양도소득세에서 토지를 양도한 경우 비사업용 토지에 속하는 것은?
(中)
① 농지, 임야 및 목장용지 외의 토지로서 「지방세법」상 재산세가 별도합산과세되는 토지
② 수도권 내 주거지역 주택의 부속토지 중 주택 정착면적의 3배(수도권 밖은 5배) 이내인 토지
③ 양어장, 지소, 호소로 사용되고 있는 토지
④ 무주택자가 소유한 주택 신축이 가능한 나대지로 990m² 이내인 토지
⑤ 법정요건을 갖춘 농어촌주택을 별장 용도로 사용하는 건축물의 부속토지

> **해설** 무주택자가 소유한 주택 신축이 가능한 나대지로 660m² 이내인 토지는 비사업용 토지에 속하지 아니한다.

1. 양도소득세 납세지(관할 세무서)

납세의무자	거주자	주소지 또는 거소지
	비거주자	주된 사업장 소재지(사업장이 없는 경우 국내원천소득 발생장소)

2. 양도소득세 예정신고 및 납부

과세대상 자산	예정신고 및 납부기한
토지 및 건물, 부동산에 관한 권리, 기타자산, 신탁수익권	양도일이 속하는 달의 말일부터 2개월 이내
대금청산 이후 허가받은 토지거래허가구역 안의 토지	토지거래허가일, 허가구역의 지정이 해제된 경우에는 해제일이 속하는 달의 말일부터 2개월 이내
부담부증여한 경우 채무인수액	양도일이 속하는 달의 말일부터 3개월 이내
주식 및 출자지분(국외주식은 제외)	양도일이 속한 반기의 말일부터 2개월 이내

➕ 예정신고는 양도한 토지 등의 양도차익이 없거나 양도차손이 발생한 때에도 하여야 한다.
➕ 예정신고는 강제규정이며, 불성실자에게는 가산세가 부과될 수 있다.
➕ 예정신고 불성실로 기부과된 가산세는 확정신고 시 중복 적용하지는 않는다.
➕ **예정신고 불성실자가 확정신고기한에 신고한 경우** : 예정신고기한 내 무신고·과소신고·초과환급신고한 자가 확정신고기한까지 신고·수정신고한 경우에는 해당 무신고 또는 과소신고, 초과환급신고가산세 50%를 경감한다.

3. 양도소득세 확정신고 및 납부

원 칙	양도소득세 과세대상 자산	양도일이 속한 과세기간 종료일 다음 연도 5월 1일부터 5월 31일까지
예 외	대금청산일 이후에 허가받은 토지	허가일 또는 허가구역의 지정이 해제된 경우에는 그 해제일이 속한 과세기간 종료일 다음 연도 5월 1일부터 5월 31일까지

➕ 확정신고는 해당 연도의 과세표준이 없거나 결손금액이 있는 때에도 하여야 한다.
➕ 예정신고를 한 자는 해당 소득에 대한 확정신고를 하지 아니할 수 있다. 다만, 예정신고한 자도 세액이 달라진 경우에는 확정신고를 하여야 한다.

4. 추징대상 및 추가신고납부

내 용	확정신고, 납부기한
비과세·감면 후 신고의무가 발생한 경우	그 사유가 발생한 날이 속하는 달의 말일부터 2개월 이내에 신고납부
보상금 변동에 의한 추가신고	토지 등의 수용으로 인한 수용보상가액과 관련하여 제기한 행정소송으로 인해 보상금에 변동이 발생함에 따라 당초 신고한 양도소득금액이 변동된 경우로서 소송 판결확정일이 속하는 달의 다음다음 달 말일까지 추가신고납부한 때에는 신고기한까지 신고·납부한 것으로 본다.

5. 분할납부

예정신고 및 확정신고 시 자진 납부할 세액이 1,000만원을 초과하는 경우에 납세자는 납부기한 경과 후 2개월 이내에 분할납부할 수 있다.

6. 추계결정, 경정

㉠ 대상 : 예정신고 또는 확정신고 시 양도가액 또는 취득가액을 실지거래가액에 의하는 경우로서, 장부 기타 증빙서류에 의하여 해당 자산의 양도 당시 또는 취득 당시의 실지거래가액을 인정 또는 확인할 수 없는 경우

㉡ 추계결정 및 경정가액의 적용순서

ⓐ 매매사례가액

ⓑ 감정가액의 평균액

ⓒ 환산취득가액

ⓓ 기준시가

7. 원천징수

비거주자 소유의 국내 부동산 관련 자산이 양도된 경우 양수자가 법인이면 법정금액에 상당하는 금액을 원천징수·납부하여야 한다.

8. 감정가액 또는 환산취득가액 적용에 따른 가산세

거주자가 건물을 신축 또는 증축(증축의 경우 바닥면적 합계가 85m²를 초과하는 경우에 한정함)하고 그 건물의 취득일 또는 증축일부터 5년 이내에 해당 건물을 양도하는 경우로서 감정가액 또는 환산취득가액을 그 취득가액으로 하는 경우에는 해당 건물의 감정가액(증축의 경우 증축한 부분에 한함) 또는 환산취득가액(증축의 경우 증축한 부분에 한함)의 100분의 5에 해당하는 금액을 양도소득 결정세액에 더한다. 이 경우 양도소득 산출세액이 없는 경우에도 적용한다.

■■ 분할납부 세목별 기준 비교

구 분	분할납부 기준세액	분할납부 기간
재산세	250만원 초과	2개월
소방분 지역자원시설세	250만원 초과	2개월
종합부동산세	250만원 초과	6개월
양도소득세	1천만원 초과	2개월

9. 양도신고 확인서 제출

재외국민, 외국인이 부동산 등 양도 시

10. 양도소득세의 부가세

「조세특례제한법」 등 감면받는 양도소득세의 20%에 해당하는 농어촌특별세로 한다.

76 다음 자료를 바탕으로 계산한 양도소득세 산출세액은 얼마인가?

- 등기된 과세대상(감면은 없음) 주택(조정대상지역 밖의 주택)이고, 보유기간은 2년 6개월이다.
- 해당 자산의 양도소득금액은 1,550만원이다.
- 해당 연도에 해당 자산 이외의 다른 자산의 양도사실은 없다.

① 72만원
② 87만원
③ 100만원
④ 159만원
⑤ 582만원

해설
- 과세표준 : 1,550만원 − 250만원(기본공제) = 1,300만원
- 산출세액 : 72만원 + (1,200만원을 초과하는 금액인 100만원의 100분의 15 = 15만원) = 87만원

이론플러스 **초과누진세율표(양도소득세 기본세율)**

양도소득 과세표준	세 율
1,200만원 이하	과세표준의 6%
1,200만원 초과 4,600만원 이하	72만원 + 1,200만원을 초과하는 금액의 15%
4,600만원 초과 8,800만원 이하	582만원 + 4,600만원을 초과하는 금액의 24%
8,800만원 초과 1억 5천만원 이하	1,590만원 + 8,800만원을 초과하는 금액의 35%
1억 5천만원 초과 3억원 이하	3,760만원 + 1억 5천만원을 초과하는 금액의 38%
3억원 초과 5억원 이하	9,460만원 + 3억원을 초과하는 금액의 40%
5억원 초과 10억원 이하	1억 7,460만원 + 5억원을 초과하는 금액의 42%
10억원 초과	3억 8,460만원 + 10억원을 초과하는 금액의 45%

77
中

소득세법상 양도소득세에서 양도차익 예정신고에 관한 내용으로 **틀린** 것은?

① 예정신고는 양도한 토지 등의 양도차익이 없거나 양도차손이 발생한 때에도 신고 대상에 속한다.

② 신탁수익권이나 부동산을 매매한 경우 양도일이 속하는 달의 말일부터 2개월 이 내에 신고하여야 한다.

③ 대금청산 이후 허가받은 토지거래허가구역 안의 허가대상 토지의 예정신고는 토 지거래허가일이 속하는 달의 말일부터 2개월 이내로 한다.

④ 부담부증여한 경우 채무인수액은 양도일부터 3개월 이내에 신고하여야 한다.

⑤ 예정신고 및 납부를 하지 아니한 자에게는 신고불성실가산세 및 납부지연가산세 가 적용될 수 있다. 단, 납부할 세액이 없는 경우 해당 가산세는 적용하지 않는다.

> **해설** 부담부증여한 경우 채무인수액은 양도일이 아니라 양도일이 속하는 달의 말일부터 3 개월 이내에 신고하여야 한다.

78
中

소득세법상 양도소득세 납세자인 거주자 甲은 2022년 7월 15일에 토지를 양도하였 고, 납부할 양도소득세액이 1천8백만원이다. 이 토지의 양도소득세 신고·납부에 관한 설명으로 **틀린** 것은? (단, 과세기간 중 해당 거래 이외에 다른 양도거래는 없고, 답지 항 은 서로 독립적이며 주어진 조건 외에는 고려하지 않음)

① 2022년 9월 30일까지 양도소득 과세표준을 부동산 소재지 관할 세무서장에게 예정신고하여야 한다.

② 예정신고를 하지 않은 경우 해당 가산세가 부과된다.

③ 예정신고하는 경우 예정신고기한까지 납세지 관할 세무서장에게 신청하여야 하 며, 양도소득세 8백만원을 납부기한 경과 후 2개월 내에 분할납부할 수 있다.

④ 예정신고를 한 경우에는 확정신고를 하지 아니할 수 있다.

⑤ 예정신고 불성실로 기부과된 신고불성실가산세는 확정신고 시 중복 적용하지는 않는다.

> **해설** 거주자 납세지는 부동산 소재지가 아니라 주소지나 거소지 관할 세무서장에게 예정신 고하여야 한다.

정답 **76** ② **77** ④ **78** ①

79 甲이 등기된 국내 소재 토지를 5년간 보유한 후에 양도한 경우, 양도소득 과세표준 예
ⓤ 정신고에 관한 설명으로 **틀린** 것은? (단, 甲은 소득세법상 부동산매매업을 영위하지 않
는 거주자이며, 국세기본법상 기한연장사유는 없음)

① 예정신고·납부를 할 때 납부할 세액은 양도차익에서 장기보유특별공제와 양도
소득기본공제를 한 금액에 해당 양도소득세 세율을 적용하여 계산한 금액으로
한다.

② 만약 甲이 법령이 정한 재외국민과 외국인이라면 부동산을 양도하고 그 소유권
을 이전하기 위해 등기를 신청할 때에는 부동산 등 양도신고확인서를 제출하여
야 한다.

③ 甲이 해당 토지를 2022년 8월 15일 부담부증여한 경우 예정신고기한은 2022년
11월 30일이다.

④ 양도자는 예정신고와 함께 납부세액을 납부한 경우 예정신고납부세액 공제를 받
을 수 있다.

⑤ 예정신고기한 내 무신고한 자가 확정신고기한까지 신고한 경우에는 해당 무신고
가산세 50%를 경감한다.

▰▰ 해설 ▰▰ 예정신고납부세액 공제제도는 없다.

80 소득세법상 거주자의 양도소득 과세표준의 신고 및 납부에 관한 설명으로 **틀린** 것은?
ⓤ (단, 주어진 조건 이외는 고려하지 아니함)

① 2022년 9월 21일에 주택을 양도하고 잔금을 청산한 경우 2022년 11월 30일까
지 예정신고하여야 한다.

② 2022년 3월 21일에 주택을 양도하고 잔금을 청산한 경우 2023년 5월 31일까지
확정신고하여야 한다.

③ 예정신고·납부 시 납부할 세액이 1천8백만원인 경우 8백만원을 분할납부할 수
있다.

④ 양도한 토지 등의 양도차익이 없거나 양도차손이 발생한 경우에는 예정신고대상
이 아니다.

⑤ 예정신고를 하는 거주자는 양도소득금액 계산의 기초가 된 양도가액과 필요경비
계산에 필요한 서류로서 법령으로 정하는 것을 납세지 관할 세무서장에게 제출하
여야 한다.

예정신고는 양도한 토지 등의 양도차익이 없거나 양도차손이 발생한 때에도 신고대상에 속한다. 이러한 예정신고·납부는 강제규정이므로 불성실한 자에게는 해당세액에 가산세가 과세될 수 있다.

81 거주자인 개인 甲이 乙로부터 부동산을 취득하여 보유하고 있다가 丙에게 양도하였다. 甲의 부동산 관련 조세의 납세의무에 관한 설명으로 **틀린** 것은? (단, 주어진 조건 외에는 고려하지 않음)
· 32회

① 甲이 乙로부터 증여받은 것이라면 그 계약일에 취득세 납세의무가 성립한다.

② 甲이 乙로부터 부동산을 취득 후 재산세 과세기준일까지 등기하지 않았다면 재산세와 관련하여 乙은 부동산 소재지 관할 지방자치단체의 장에게 소유권변동사실을 신고할 의무가 있다.

③ 甲이 종합부동산세를 신고납부방식으로 납부하고자 하는 경우 과세표준과 세액을 해당 연도 12월 1일부터 12월 15일까지 관할 세무서장에게 신고하는 때에 종합부동산세 납세의무는 확정된다.

④ 甲이 乙로부터 부동산을 40만원에 취득한 경우 등록면허세 납세의무가 있다.

⑤ 양도소득세의 예정신고만으로 甲의 양도소득세 납세의무가 확정되지 아니한다.

양도소득세의 예정신고만으로도 조세채권의 확정적 효력을 가진다.

82 上 소득세법상 양도소득 과세표준의 예정신고·확정신고 등 신고 및 납부와 관련된 설명으로 틀린 것은?

① 해당 연도에 과세표준이 없거나 결손금이 발생한 경우에도 확정신고는 하여야 한다.

② 토지거래계약에 관한 허가구역에 있는 토지를 양도할 때 토지거래계약허가를 받은 후에 대금을 청산한 경우 예정신고는 그 허가일, 해제일이 속하는 달의 말일부터 2개월 이내로 한다.

③ 토지 등의 수용으로 인한 수용보상가액과 관련하여 제기한 행정소송으로 인해 보상금에 변동이 발생함에 따라 당초 신고한 양도소득금액이 변동된 경우로서 소송 판결확정일이 속하는 달의 다음다음 달 말일까지 추가신고납부한 때에는 신고기한까지 신고·납부한 것으로 본다.

④ 해당 연도에 누진세율 적용대상 자산을 2회 이상 양도하는 경우에는 누진세율별로 이미 신고한 양도소득 과세표준과 2회 이후 신고하는 과세표준의 합계액에 세율을 적용하여 그 산출세액에서 기신고분 예정신고 산출세액을 공제한 금액을 세액으로 한다.

⑤ 납세지 관할 세무서장은 양도소득이 있는 국내거주자가 조세를 포탈할 우려가 있다고 인정되는 상당한 이유가 있는 경우에는 수시부과할 수 있다.

> **해설** 토지거래계약에 관한 허가구역에 있는 토지를 양도할 때 토지거래계약허가를 받기 전에 대금을 청산한 경우에 예정신고는 그 허가일, 해제일이 속하는 달의 말일부터 2개월 이내로 한다.

83 다음 자료를 바탕으로 소득세법상 양도소득세 예정신고기한과 확정신고기한으로 옳은 것은? (단, 허가대상 토지를 양도한 것이고, 기한연장사유는 없는 것으로 함)

- 계약일 : 2021년 10월 5일
- 대금청산일 : 2021년 12월 25일
- 토지거래허가일 : 2022년 1월 20일

	예정신고기한	확정신고기한
①	2021년 12월 31일	2022년 5월 31일
②	2022년 2월 25일	2022년 5월 31일
③	2022년 2월 28일	2023년 12월 31일
④	2022년 3월 31일	2022년 5월 31일
⑤	2022년 3월 31일	2023년 5월 31일

해설
- 예정신고기한은 허가일이 속하는 달의 말일부터 2개월 이내(2022년 3월 31일)이다.
- 확정신고기한은 허가일이 속하는 연도의 다음 연도 5월 1일부터 5월 31일까지 (2023년 5월 31일)이다.

PART 3

03 양도소득세

84 소득세법상 양도소득세 납부 등에 관한 설명으로 **틀린** 것은? (단, 주어진 조건 외에는 고려하지 않음)

① 예정신고한 자가 토지, 건물, 부동산에 관한 권리 및 기타자산을 해당 과세기간에 두 번 이상 양도한 경우로서 양도소득기본공제 규정을 적용할 경우 당초 신고한 양도소득 산출세액이 달라지는 경우에는 확정신고하여야 한다.

② 해당 과세기간에 누진세율 적용대상 자산에 대한 예정신고를 2회 이상 하는 경우 이미 신고한 양도소득금액과 합산하여 신고하지 아니한 경우에는 확정신고하여 야 한다.

③ 비과세·감면 후 신고의무가 발생한 경우에는 그 사유발생일부터 60일 이내에 신고·납부하여야 한다.

④ 해당 과세기간의 양도소득합계액에 대해 초과누진세율을 적용하여 계산한 양도소득 산출세액과 자산별 양도소득 산출세액 합계액이 다른 경우에는 금액 중 큰 것으로 한다.

⑤ 비거주자가 국내부동산을 양도한 경우 양수자인 법인은 법정금액에 상당하는 금액을 원천징수·납부하여야 한다.

> **해설** 비과세·감면 후 신고의무가 발생한 경우에는 그 사유가 발생한 달의 말일부터 2개월 이내에 신고·납부하여야 한다.

85 소득세법상 양도소득세 감정가액 또는 환산취득가액을 그 취득가액으로 하는 경우 해당 가산세에 관한 설명으로 **틀린** 것은?

① 거주자가 건물을 신축 또는 증축(증축의 경우 바닥면적 합계가 85m²를 초과하는 경우에 한정함)한 경우이어야 한다.

② 건물의 취득일 또는 증축일부터 5년 이내에 해당 건물을 양도하는 경우이어야 한다.

③ 감정가액 또는 환산취득가액을 그 취득가액으로 하는 경우에는 해당 건물 감정가액 또는 환산취득가액의 100분의 5에 해당하는 금액을 양도소득 결정세액에 더한다.

④ 건물 증축의 경우 증축한 부분의 감정가액 또는 환산취득가액의 100분의 5에 해당하는 금액을 양도소득 결정세액에 더한다.

⑤ 해당 자산의 양도소득 산출세액이 없는 경우에는 적용하지 아니한다.

> **해설** 건물 감정가액, 환산취득가액의 100분의 5에 해당하는 가액을 기준으로 양도소득 결정세액에 더한 것이므로 양도소득 산출세액이 없는 경우에도 적용한다.

86 소득세법상 양도소득세액의 결정과 경정 등에 관한 설명으로 틀린 것은?
(上)

① 납세지 관할 세무서장 또는 지방국세청장은 예정신고를 하여야 할 자 또는 확정신고를 하여야 할 자가 그 신고를 하지 아니한 경우에는 추계가액으로 양도소득 과세표준과 세액을 결정한다.

② 무신고자의 경우 양도소득 과세표준과 세액 또는 확정신고 의무자의 실지거래가액 소명 여부 등을 고려하여 등기부에 기재된 거래가액을 실지거래가액으로 추정하여 양도소득 과세표준과 세액을 결정할 수 있다.

③ 납세지 관할 세무서장 또는 지방국세청장은 예정신고를 한 자 또는 확정신고를 한 자의 신고 내용에 탈루 또는 오류가 있는 경우 양도소득 과세표준과 세액을 경정한다.

④ 양도 또는 취득 당시의 실지거래가액의 확인을 위하여 필요한 장부·매매계약서·영수증 기타 증빙서류가 없거나 그 중요한 부분이 미비된 경우는 실지거래가액을 확인할 수 없는 경우로 본다.

⑤ 양도 당시 또는 취득 당시의 실지거래가액을 인정 또는 확인할 수 없는 경우에는 양도가액 또는 취득가액을 매매사례가액, 감정가액, 환산취득가액 또는 기준시가에 따라 추계하여 결정 또는 경정할 수 있다.

> **해설** 납세지 관할 세무서장 또는 지방국세청장은 예정신고를 하여야 할 자 또는 확정신고를 하여야 할 자가 그 신고를 하지 아니한 경우에는 실지거래가액으로 양도소득 과세표준과 세액을 결정한다. 이 경우 부동산을 매매한 자가 무신고한 경우 실지거래가액 소명 여부 등을 고려하여 납세지 관할 세무서장 또는 지방국세청장은 「부동산등기법」 제68조에 따라 등기부에 기재된 거래가액을 실지거래가액으로 추정하여 양도소득 과세표준과 세액을 결정할 수 있다.

> **정답** 84 ③ 85 ⑤ 86 ①

87 소득세법상 자산의 양도로 양도가액 및 취득가액을 실지거래가액에 따라 양도소득 과세표준 예정신고 또는 확정신고를 하여야 할 자가 그 신고를 하지 아니한 경우로서 양도소득 과세표준과 세액 또는 신고의무자의 실지거래가액 소명(疏明) 여부 등을 고려하여 법령으로 정하는 경우에 해당할 때에는 납세지 관할 세무서장 또는 지방국세청장은 부동산등기법 제68조에 따라 등기부에 기재된 거래가액을 실지거래가액으로 추정하여 특별한 요건 없이 세액을 결정할 수 있다. 그 금액의 범위로 옳은 것은?

① 추정하여 계산한 양도소득금액이 300만원 미만인 경우
② 추정하여 계산한 양도소득 과세표준액이 300만원 미만인 경우
③ 추정하여 계산한 납부할 양도소득세액이 300만원 이하인 경우
④ 추정하여 계산한 납부할 양도소득세액이 300만원 미만인 경우
⑤ 추정하여 계산한 양도차익이 300만원 미만인 경우

해설 등기부 기재가액을 실지거래가액으로 추정하여 계산한 납부할 양도소득세액이 300만원 미만인 경우에 한한다. 양도소득세액이 300만원 이상인 경우에는 다음의 요건을 모두 충족하는 경우이어야 한다.
- 신고의무자가 기한 후 신고를 하지 아니할 경우 납세지 관할 세무서장 또는 지방국세청장이 등기부 기재가액을 실지거래가액으로 추정하여 양도소득 과세표준과 세액을 결정할 것임을 신고의무자에게 통보하였을 것
- 신고의무자가 위에 따른 통보를 받은 날부터 30일 이내에 기한 후 신고를 하지 아니하였을 것

88 소득세법상 거주자의 국내 토지에 대한 양도소득 과세표준 및 세액의 신고·납부에 관한 설명으로 **틀린** 것은?　　　　　　　　　　　　　　　• 31회
中

① 법령에 따른 부담부증여의 채무액에 해당하는 부분으로서 양도로 보는 경우 그 양도일이 속하는 달의 말일부터 3개월 이내에 양도소득 과세표준을 납세지 관할 세무서장에게 신고하여야 한다.

② 예정신고납부를 하는 경우 예정신고 산출세액에서 감면세액을 빼고 수시부과세액이 있을 때에는 이를 공제하지 아니한 세액을 납부한다.

③ 예정신고납부할 세액이 2천만원을 초과하는 때에는 그 세액의 100분의 50 이하의 금액을 납부기한이 지난 후 2개월 이내에 분할납부할 수 있다.

④ 당해 연도에 누진세율의 적용대상 자산에 대한 예정신고를 2회 이상 한 자가 법령에 따라 이미 신고한 양도소득금액과 합산하여 신고하지 아니한 경우에는 양도소득 과세표준의 확정신고를 하여야 한다.

⑤ 양도차익이 없거나 양도차손이 발생한 경우에도 양도소득 과세표준의 예정신고를 하여야 한다.

> **해설**　예정신고납부를 하는 경우 예정신고 산출세액에서 감면세액을 빼고 수시부과세액이 있는 경우에는 이를 공제한 금액을 납부하여야 한다.

1. 양도소득금액 및 과세표준 계산

양도소득세 규정을 준용한다.

2. 지방소득세 표준세율

지방자치단체의 장은 조례로 정하는 바에 따라 양도소득에 대한 개인지방소득세 표준세율의 100분의 50의 범위에서 가감할 수 있다.

㉠ 부동산과 부동산 권리에 대한 자산별 세율(둘 이상의 세율에 해당한 경우 그중 큰 세액으로 함)

구 분			부동산과 부동산 권리	주택과 입주권, 분양권
원칙	기본세율		초과누진세율 (1천분의 6 ~ 1천분의 45)	초과누진세율 (1천분의 6 ~ 1천분의 45) 분양권은 1천분의 60
	비사업용 토지	일반지역	가산 초과누진세율 (1천분의 16 ~ 1천분의 55)	–
		투기지정 지역	가산 초과누진세율 (1천분의 26 ~ 1천분의 65)	
	1세대 2주택(입주권, 분양권을 포함)인 자 조정대상지역 안 주택		–	가산 초과누진세율 (1천분의 26 ~ 1천분의 65) ※ 한시적 적용 유예 예정
	1세대 3주택(입주권, 분양권을 포함) 이상인 자 조정대상지역 안 주택		–	가산 초과누진세율 (1천분의 36 ~ 1천분의 75) ※ 한시적 적용 유예 예정
	미등기자산		1천분의 70	1천분의 70
	등기하고 1년 미만 보유한 자산		1천분의 50	1천분의 70
	등기하고 1년 이상 2년 미만 보유한 자산		1천분의 40	1천분의 60

㉡ 기타자산에 대한 자산별 세율

ⓐ 기타자산

특정주식, 특수업종 주식, 특정영업권, 특정이축권, 특정시설물이용·회원권	보유기간에 관계없이 초과누진세율 (1천분의 6 ~ 1천분의 45)

ⓑ 비사업용 토지 관련 특정주식과 특수업종 주식

비사업용 토지 과다소유 법인 주식	보유기간에 관계없이 가산 초과누진세율 (1천분의 16 ~ 1천분의 55)

3. 예정신고, 확정신고와 납부 등

거주자가 「소득세법」 제105조에 따라 양도소득 과세표준 예정신고, 확정신고를 하는 경우 해당 신고기한에 2개월을 더한 날까지 납세지 관할 지방자치단체의 장에게 신고하여야 한다.

4. 납세지

거주자의 주소지 관할 지방자치단체

➕ 이 경우 거주자가 양도소득에 대한 개인지방소득세 과세표준과 세액을 납세지 관할 지방자치단체의 장 외의 지방자치단체의 장에게 신고한 경우에도 그 신고의 효력에는 영향이 없다.

5. 소액징수 면제

지방소득세(특별징수하는 지방소득세는 제외)의 세액이 2천원 미만일 때에는 이를 징수하지 아니한다.

6. 세액공제 및 세액감면

양도소득에 대한 개인지방소득세의 세액공제 및 세액감면에 관한 사항은 「지방세특례제한법」에서 정한다. 다만, 양도소득에 대한 개인지방소득세의 공제세액 또는 감면세액이 산출세액을 초과하는 경우 그 초과금액은 없는 것으로 한다.

89 **소득세법상 국내자산 양도소득에 대한 개인지방소득세 자산별 세율과 납부 등에 관한 설명으로 틀린 것은?** (단, 해당 주택은 2022년 10월에 양도한 것임)

① 미등기 부동산에 대한 세율은 1천분의 70으로 한다.

② 2년 이상 보유한 등기된 주택의 누진세율은 1천분의 6 ∼ 1천분의 45로 한다.

③ 지방자치단체의 장은 조례로 정하는 바에 따라 양도소득에 대한 개인지방소득세 표준세율의 100분의 50의 범위에서 가감할 수 있다.

④ 거주자가 양도소득 과세표준 예정신고를 하는 경우 양도소득세와 동일한 신고기 한까지 양도소득에 대한 개인지방소득세 과세표준과 세액을 부동산 소재지 관할 지방자치단체의 장에게 신고하여야 한다.

⑤ 거주자가 양도소득에 대한 개인지방소득세 과세표준과 세액을 납세지 관할 지방 자치단체의 장 외의 지방자치단체의 장에게 신고한 경우에도 그 신고의 효력에는 영향이 없다.

> **해설** 거주자가 양도소득 과세표준 예정신고를 하는 경우 그 양도소득세 신고기한에 2개월 을 더한 날까지 양도소득에 대한 개인지방소득세 과세표준과 세액을 주소지 관할 지 방자치단체의 장에게 신고하여야 한다.

90

上

지방세법상 거주자의 국내자산 양도소득에 대한 지방소득세에 관한 설명으로 틀린 것은? (단, 주어진 자산이나 조건 또는 보유기간 등 이외에는 고려하지 않음) •27회 수정

① 양도소득에 대한 개인지방소득세 과세표준은 종합소득 및 퇴직소득에 대한 개인지방소득세 과세표준과 구분하여 계산한다.

② 양도소득에 대한 개인지방소득세의 세액이 2천원인 경우에는 이를 징수하지 아니한다.

③ 양도소득에 대한 개인지방소득세의 공제세액이 산출세액을 초과하는 경우 그 초과금액은 없는 것으로 한다.

④ 양도소득에 대한 개인지방소득세 과세표준은 「소득세법」상 양도소득 과세표준으로 하는 것이 원칙이다.

⑤ 보유기간이 8개월인 조합원입주권을 소유한 자가 조합원입주권을 양도한 경우 자산별 세율은 양도소득세에 대한 개인지방소득세 과세표준의 1천분의 70으로 한다.

> **해설** 양도소득에 대한 개인지방소득세의 세액이 2천원 미만인 경우에 이를 징수하지 아니한다. 따라서 개인지방소득세의 세액이 2천원인 경우에는 이를 징수하여야 한다.

이것만은 꼭! 국외자산 양도소득세

이것만은 꼭! 국외자산 양도소득세

이것만은 꼭! 국외자산 양도소득세 ▼ 문제 91~96

1. 과세대상 자산(부동산 관련 자산)

   ㉠ 토지, 건물의 양도소득(미등기를 포함)

   ㉡ 부동산에 관한 권리의 양도소득

      ⓐ 부동산을 사용할 수 있는 권리의 양도소득

- 지상권(미등기를 포함)
- 전세권(미등기를 포함)
- 부동산임차권(미등기를 포함)

      ⓑ 부동산을 취득할 수 있는 권리의 양도소득 : 건물이 완성되는 때에 그 건물과 이에 부수되는 토지를 취득할 수 있는 권리

   ㉢ 기타 부동산 관련 자산의 양도소득

2. 납세의무자

해당 자산의 양도일까지 계속하여 5년 이상 국내에 주소 또는 거소를 둔 자

3. 양도소득금액, 과세표준 계산

양 도 가 액 - 필 요 경 비	➕ 실지양도가액 및 취득가액 ⇨ 시가 ⇨ 시가가 없는 경우에는 「상속세 및 증여세법」에 따라 평가한 가액 순서 ➕ **자본적 지출액, 양도비용** : 국내자산 규정 준용
= 양 도 차 익 (양 도 소 득 금 액)	➕ 장기보유특별공제 없음
- 양 도 소 득 기 본 공 제	부동산 관련 자산 250만원 한도, 미등기자산도 공제 가능
= 과 세 표 준	

➕ **시가의 범위** : 외국정부 평가가액, 양도일·취득일 전후 6개월 이내에 형성된 해당 자산 정상 시세가격(실지거래가액, 감정가액, 수용보상가액)

➕ **양도차익 외화 환산** : 양도차익의 외화 환산은 양도가액 및 필요경비를 수령하거나 지출한 날(장기할부조건의 경우에는 양도가액 또는 취득가액을 수령하거나 지출한 날 기준) 현재 기준환율 또는 재정환율에 의한다.

➕ **환차익** : 양도소득의 범위에서 제외한다.

4. 세 율

부동산 및 부동산 권리, 기타자산 ⇨ 과세표준의 100분의 6 ~ 45(초과누진세율)

5. 이중과세 조정

외국납부세액 공제방식과 필요경비 산입방식 중 선택 가능

6. 준용규정 등

준용규정	ㄱ 양도시기 및 취득시기 ㄴ 양도소득의 부당행위 계산 ㄷ 양도소득금액의 계산 ㄹ 양도소득 과세표준과 세액의 예정신고 ㅁ 결정 · 징수 · 환급 ㅂ 가산세 등 ㅅ 비과세 양도소득 등
준용하지 않는 규정	ㄱ 양도자산 중과세율 ㄴ 미등기양도자산에 대한 불이익 ㄷ 비사업용 토지 규정 ㄹ 직계존비속, 배우자 간 증여재산에 대한 이월과세 ㅁ 장기보유특별공제 ㅂ 결손금 통산 ㅅ 기준시가 적용 등

91 소득세법상 국외자산의 양도 시 양도소득세에 관한 설명으로 <u>틀린</u> 것은?
中
① 국외 소재 자산의 양도에 대하여 납세의무를 지는 자는 양도일 현재 국내에 5년 이상 계속하여 주소나 거소를 둔 자에 한한다.

② 국외 소재 부동산 양도에 따른 장기보유자에 대한 장기보유특별공제를 할 수 없다.

③ 국외자산 양도와 관련된 양도차익을 원화로 환산할 경우에는 양도 당시 환율에 의한다.

④ 국외부동산의 양도에 따른 양도소득기본공제는 해당 부동산을 미등기한 경우에도 적용할 수 있다.

⑤ 국외자산 양도소득에 대한 세액을 납부하였거나 납부할 것이 있을 때에는 세액공제방법과 필요경비 산입방법 중 하나를 선택할 수 있다.

> **해설** 국외자산 양도와 관련된 양도차익을 원화로 환산할 경우에는 양도가액 및 필요경비를 수령하거나 지출한 날 현재 「외국환거래법」에 따른 기준환율 또는 재정환율에 의한다. 다만, 장기할부조건의 경우에는 양도가액 또는 취득가액을 수령하거나 지출한 날로 한다.

정답 **91** ③

92 소득세법상 거주자 국외부동산 양도에 관한 설명으로 옳은 것은?

① 국외자산 양도소득에 대한 예정신고·납부 및 확정신고·납부와 분할납부 등은 국내자산 양도에 따른 규정을 준용한다.

② 국외에서 외화를 차입하여 취득한 자산을 양도하여 발생하는 소득으로서 환차익을 포함하고 있는 경우에는 해당 환차익을 양도소득의 범위에 포함한다.

③ 국외 소재 자산 양도 및 취득가액은 시가에 의하고, 시가가 없는 경우에는 「상속세 및 증여세법」 규정에 따른 평가가액에 의한다.

④ 자본적 지출과 양도비용은 필요경비개산공제액으로 한다.

⑤ 국외자산에 대한 시가를 적용함에 있어서 양도일 또는 취득일 전후 3개월 이내에 이루어진 수용보상가액이나 감정평가가액 등은 시가로 인정한다.

해설 ② 국외에서 외화를 차입하여 취득한 자산을 양도하여 발생하는 소득으로서 환차익을 포함하고 있는 경우에는 해당 환차익을 양도소득의 범위에 제외한다.

③ 국외 소재 자산 양도 시 실지거래가액으로 하되, 실지거래가액을 알 수 없는 경우에는 시가에 의하고, 시가가 없는 경우에는 「상속세 및 증여세법」 규정에 따른 평가가액에 의한다.

④ 자본적 지출과 양도비용은 국내자산 규정을 준용하고, 개산공제금액은 국내자산에 한하여 적용한다.

⑤ 국외자산에 대한 시가를 적용함에 있어서 양도일 또는 취득일 전후 6개월 이내에 이루어진 수용보상가액이나 감정평가가액 등은 시가로 인정한다.

93 거주자 甲은 2015년에 국외에 1채의 주택을 미화 1십만 달러(취득자금 중 일부 외화차입)에 취득하였고, 2022년에 동 주택을 미화 2십만 달러에 양도하였다. 이 경우 소득세법상 설명으로 틀린 것은? (단, 甲은 해당 자산의 양도일까지 계속 5년 이상 국내에 주소를 둠)
• 32회 수정

① 甲의 국외주택에 대한 양도차익은 양도가액에서 취득가액과 필요경비개산공제를 차감하여 계산한다.

② 甲의 국외주택 양도로 발생하는 소득이 환율변동으로 인하여 외화차입금으로부터 발생하는 환차익을 포함하고 있는 경우에는 해당 환차익을 양도소득의 범위에서 제외한다.

③ 甲의 국외주택 양도에 대해서는 해당 과세기간의 양도소득금액에서 연 250만원을 공제한다.

④ 甲은 국외주택을 3년 이상 보유하였음에도 불구하고 장기보유특별공제액은 공제하지 아니한다.

⑤ 甲은 국외주택의 양도에 대하여 양도소득세의 납세의무가 있다.

> **해 설** 甲의 국외주택에 대한 양도차익은 양도가액에서 취득가액과 기타 필요경비는 자본적 지출과 양도비용으로 하고, 개산공제제도는 국내자산에 한하여 적용된다.

94

소득세법상 거주자의 국외자산 양도소득세율에 관한 내용으로 옳은 것은?

① 1년 미만 보유하고 양도한 주택 : 70%

② 1년 미만 보유한 골프회원권 : 50%

③ 2년 이상 보유한 비사업용 토지 : 초과누진세율(16 ~ 55%)

④ 미등기 부동산 양도 : 초과누진세율(6 ~ 45%)

⑤ 6개월 보유한 국외 조합원입주권 : 70%

> **해 설** 국외자산 중 부동산과 부동산에 관한 권리, 기타자산에 대한 세율은 등기 여부, 보유기간 여부에 관계없이 초과누진세율(6 ~ 45%)로만 구성되어 있다.

95

소득세법상 양도소득세 과세대상인 국내 소재 자산과 국외 소재 자산을 비교한 것으로 틀린 것은?

	국내 소재 자산	국외 소재 자산
① 비사업용 토지 중과세	있음	제도가 없음
② 기준시가	있음	없음
③ 기본공제 적용	가능	가능
④ 미등기 부동산임차권	과세 제외	과세 제외
⑤ 장기보유특별공제	가능	불가능

> **해 설** 미등기 부동산임차권은 국내 과세대상 자산에 포함하지 않으나, 국외자산에는 미등기 임차권도 포함된다.

96 소득세법상 국외자산의 양도에 대한 양도소득세 과세에 있어서 국내자산의 양도에 대한 양도소득세 규정 중 준용하지 **않는** 것은?

中

① 양도소득금액의 계산
② 양도소득 과세표준과 세액의 예정신고
③ 양도 또는 취득의 시기
④ 양도소득의 부당행위 계산
⑤ 직계존비속, 배우자 간 증여재산에 대한 이월과세

■■ 해 설 ■■ 직계존비속, 배우자 간 증여재산에 대한 이월과세는 국내자산에 한한다.

이것만은 꼭! **양도소득세 비과세 및 감면 제한 등** ▼ 문제 97~117

1. 양도소득세 비과세
　㉠ 파산선고로 인한 처분 시 비과세
　㉡ 농지의 교환 또는 분합 시 비과세
　㉢ 경계변경에 의한 조정금 비과세 : 「지적재조사에 관한 특별법」 제18조에 따른 경계의 확정으로 지적공부상의 면적이 감소되어 법령에 따라 지급받는 조정금은 비과세
　㉣ 1세대 1주택과 딸린 토지 또는 비과세요건을 갖춘 1입주권 양도 시 비과세

2. 양도소득세 비과세 및 감면 제한
　토지나 건물, 부동산에 관한 권리를 매매하는 거래당사자가 매매계약서의 거래가액을 실지거래가액과 다르게 적은 경우에는 해당 자산에 대하여 법률 규정에 의한 양도소득세의 비과세 또는 감면에 관한 규정을 적용할 때 비과세 또는 감면받았거나 감면받을 세액에서 다음의 구분에 따른 금액을 뺀다.
　㉠ 법률 규정에 따라 양도소득세의 비과세에 관한 규정을 적용받을 경우 : 비과세에 관한 규정을 적용하지 아니하였을 경우의 양도소득 산출세액과 매매계약서의 거래가액과 실지거래가액의 차액 중 적은 금액
　㉡ 법률 규정에 따라 양도소득세의 감면에 관한 규정을 적용받았거나 적용받을 경우 : 감면에 관한 규정을 적용받았거나 적용받을 경우의 해당 감면세액과 매매계약서의 거래가액과 실지거래가액의 차액 중 적은 금액

97

소득세법상 양도소득세 비과세대상인 1세대 1주택을 거주자 甲이 특수관계가 없는 乙에게 다음과 같이 양도한 경우, 양도소득세 비과세에 관한 규정을 적용할 때 비과세받을 세액에서 빼는 금액은 얼마인가? (단, 제시된 사항만 고려함)

- 매매(양도)계약 체결일 : 2022년 10월 10일
- 매매(양도)계약서상의 거래가액 : 10억원
- 양도 시 시가 및 실지거래가액 : 9억원
- 甲의 주택에 양도소득세 비과세에 관한 규정을 적용하지 않을 경우 양도소득 산출세액 : 8천만원

---

① 0원
② 2천만원
③ 8천만원
④ 9억원
⑤ 1억원

해설　매매(양도)계약서상의 거래가액인 (10억원 − 양도 시 시가 및 실지거래가액 9억원) = 1억원과 비과세에 관한 규정을 적용하지 않을 경우의 양도소득 산출세액 8천만원 중 적은 금액인 8천만원을 뺀다.

98 소득세법상 양도소득세의 비과세에 관한 설명으로 틀린 것은?

① 법원의 파산선고에 의한 처분으로 인하여 발생하는 소득에 대해서는 양도소득세를 비과세한다.

② 「지적재조사에 관한 특별법」 제18조에 따른 경계의 확정으로 지적공부상의 면적이 감소되어 법령에 따라 지급받는 조정금은 양도소득세를 비과세한다.

③ 법정요건을 갖춘 1세대 1주택 또는 비과세요건을 갖춘 국내 소재 1세대 1주택이 입주권으로 전환된 경우 1세대 1입주권은 양도소득세가 비과세된다.

④ 법정요건을 갖춘 농지를 대토한 경우 농지 소득은 양도소득세를 비과세한다.

⑤ 법정요건을 갖춘 농지의 교환 또는 분합으로 인하여 발생하는 소득에 대해서는 양도소득세를 비과세한다.

해설 농지를 대토 목적으로 양도하여 발생한 소득에 대해서는 양도소득세가 감면된다.

이론플러스 「조세특례제한법」상 농지에 대한 양도소득세 감면 규정

1. 8년 이상 자경농지 : 농지 소재지에 거주하는 거주자가 8년 이상 직접 경작한 토지는 양도소득세의 100분의 100에 상당하는 세액을 감면한다. 경작기간은 피상속인이 경작한 기간과 상속인이 경작한 기간의 합산이며, 상속인이 상속받은 농지를 경작하지 아니한 경우에는 상속받은 날부터 3년이 되는 날까지 양도하는 경우에 한한다.
2. 농지의 대토
   ㉠ 농지의 대토의 요건 : 4년 이상 거주하면서 경작한 자가 종전의 농지의 양도일부터 1년(수용되는 경우에는 2년) 이내에 또는 새로운 농지의 취득일부터 1년 이내에 종전의 농지를 양도하고 새로이 취득한 농지를 4년 이상 거주하여 경작한 경우로서 다음의 어느 하나에 해당하는 경우
      • 새로 취득하는 농지의 면적이 양도하는 농지의 면적의 3분의 2 이상
      • 새로 취득하는 농지의 가액이 양도하는 농지의 가액의 2분의 1 이상
   ㉡ 경작기간의 계산 : 위 1.의 자경농지에 대한 규정을 준용
3. 자경농지 및 농지의 대토의 경우 조세감면 한도 : 5개 과세기간의 자경농지 감면세액 합계액 1억원(자경농지 및 농지의 대토 감면 합계액 2억원)까지

99 소득세법상 양도소득세에서 농지를 교환하거나 분합한 경우 양도소득세 비과세에 관한 설명으로 **틀린** 것은?

① '농지'라 함은 전, 답, 과수원으로서 지적공부상의 지목이어야 하며, 농지경영에 직접 필요한 농막·퇴비사·양수장·지소·농로·수로 등을 포함한다.

② 농지의 교환 또는 분합 기준은 교환하거나 분합하는 쌍방 토지가액의 차이가 큰 편의 4분의 1 이하인 경우를 말한다.

③ 국가 또는 지방자치단체가 시행하는 사업으로 인하여 교환하거나 분합하는 농지는 농지 소재지에 거주하여 경작하지 않아도 비과세할 수 있다.

④ 경작상 필요에 의하여 교환하는 농지는 교환에 의하여 새로이 취득하는 농지를 3년 이상(법령에 따른 수용은 제외) 농지 소재지에 거주하여 경작하는 경우에 한한다.

⑤ 해당 농지에 대하여 법령에 의한 환지처분 이전에 농지 외의 토지로 환지예정지의 지정이 있는 경우 그 환지예정지 지정일부터 3년이 지난 농지는 비과세대상 농지에서 제외된다.

> **해설** '농지'라 함은 전, 답, 과수원으로서 지적공부상의 지목에 관계없이 실제로 경작에 사용되는 토지를 말하며, 농지경영에 직접 필요한 농막·퇴비사·양수장·지소·농로·수로 등을 포함한다.

100 소득세법상 농지에 관한 설명으로 틀린 것은?

• 30회

① 농지란 논밭이나 과수원으로서 지적공부의 지목과 관계없이 실제로 경작에 사용되는 토지를 말하며, 농지의 경영에 직접 필요한 농막, 퇴비사, 양수장, 지소(池沼), 농도(農道) 및 수로(水路) 등에 사용되는 토지를 포함한다.

② 「국토의 계획 및 이용에 관한 법률」에 따른 주거지역·상업지역·공업지역 외에 있는 농지(환지예정지 아님)를 경작상 필요에 의하여 교환함으로써 발생한 소득은 쌍방 토지가액의 차액이 가액이 큰 편의 4분의 1 이하이고 새로이 취득한 농지를 3년 이상 농지소재지에 거주하면서 경작하는 경우 비과세한다.

③ 농지로부터 직선거리 30km 이내에 있는 지역에 사실상 거주하는 자가 그 소유 농지에서 농작업의 2분의 1 이상을 자기의 노동력에 의하여 경작하는 경우 비사업용 토지에서 제외한다(단, 농지는 도시지역 외에 있으며, 소유기간 중 재촌과 자경에 변동이 없고 농업에서 발생한 소득 이외에 다른 소득은 없음).

④ 「국토의 계획 및 이용에 관한 법률」에 따른 개발제한구역에 있는 농지는 비사업용 토지에 해당한다(단, 소유기간 중 개발제한구역 지정·변경은 없음).

⑤ 비사업용 토지에 해당하는지 여부를 판단함에 있어 농지의 판정은 소득세법령상 규정이 있는 경우를 제외하고 사실상의 현황에 의하며 사실상의 현황이 분명하지 아니한 경우에는 공부상의 등재현황에 의한다.

> **해설** 「국토의 계획 및 이용에 관한 법률」에 따른 개발제한구역에 있는 농지는 비사업용 농지에 해당하지 아니한다.

101 소득세법상 양도소득세가 비과세되는 1세대 1주택 규정 중 1세대의 범위 등에 관한 설명으로 옳지 않은 것은?

① 거주자 및 그 배우자가 그들과 동일한 주소 또는 거소에서 생계를 같이 하는 가족과 함께 구성하는 그 구성원을 1세대로 본다.

② '가족'이라 함은 거주자와 그 배우자의 직계존비속과 그 배우자를 포함하며, 형제자매와 취학, 질병의 요양, 근무상 또는 사업상의 형편으로 본래의 주소 또는 거소를 일시퇴거한 자를 포함한다.

③ 거주자의 배우자에는 법률상 이혼을 하였으나 생계를 같이 하는 등 사실상 이혼한 것으로 보기 어려운 관계에 있는 자를 포함한다.

④ 30세 이상 미혼인 자가 단독세대를 구성한 경우 「소득세법」상 소득이 「국민기초생활 보장법」 규정에 따른 기준 중위 소득 100분의 40 수준 이상인 경우에만 1세대로 본다.

⑤ 거주자로서 배우자가 사망하거나 배우자와 이혼한 경우 배우자가 없어도 1세대로 본다.

해설 30세 이상 미혼인 자가 단독세대를 구성한 경우 법정소득에 관계없이 1세대로 본다.

102 소득세법상 양도소득세가 비과세될 수 있는 1세대 1주택에 관한 설명으로 **틀린** 것은?
（단, 주어진 조건 이외의 다른 사항은 고려하지 않음）

① 취득의 방법에 관계없이 1세대가 양도일 현재 국내에 1주택 또는 비과세요건을 갖춘 1입주권이어야 한다.

② 취득 당시 조정대상지역에 있는 주택을 조정대상지역지정일 이후에 계약을 하고 취득한 경우 해당 주택의 보유기간이 2년 이상이고 그 보유기간 중 거주기간이 2년 이상인 것을 말한다. 이 경우 거주기간은 주민등록표 등본에 따른 전입일부터 전출일까지의 기간으로 한다.

③ 1주택의 판정은 양도일을 기준으로 하되, 같은 날 2개 이상의 주택을 양도한 경우에는 먼저 취득한 주택을 먼저 양도한 것으로 한다.

④ 법령이 정한 주택분양권을 보유한 자가 다른 주택을 양도한 경우 특별한 경우가 아니라면 양도한 주택은 1세대 1주택으로 보지 아니한다.

⑤ 비거주자가 해당 1주택을 3년 이상 계속 보유하고 그 주택에서 거주한 상태로 거주자로 전환된 경우에는 해당 주택을 양도한 경우 비과세될 수 있다.

> **해설** 1주택의 판정은 양도일을 기준으로 하되, 같은 날 2개 이상의 주택을 양도한 경우에는 해당 거주자가 선택하는 순서에 따라 양도한 것으로 한다.

103 다음 자료를 기준으로 소득세법상 1세대 1주택 비과세요건을 갖춘 자가 해당 주택과 부속토지를 양도한 경우 과세되는 토지 면적으로 옳은 것은?

> • 해당 주택은 수도권 내 도시지역 안 주거지역에 소재한 주택이다.
> • 부속토지 면적 : $1,000m^2$
> • 주거용 건물 연면적 : $400m^2$
> • 주거용 건물 1층 바닥면적 : $200m^2$

① 없다.   ② $100m^2$
③ $200m^2$ ④ $400m^2$
⑤ $600m^2$

> **해설** 1. 토지 비과세 면적 : 주거용 건물 바닥면적이 $200m^2$이고 수도권 내 주거지역의 적용 배율은 3배이므로, $200m^2 \times 3 = 600m^2$이다.
> 2. 토지 과세 면적 : $1,000m^2 - 600m^2 = 400m^2$

이론플러스 **주택에 딸린 토지의 지역별 배율 범위**

대통령령이 정한 주택에 딸린 토지는 주택의 정착면적에 다음의 배율로 한다.
1. 「국토의 계획 및 이용에 관한 법률」 제6조 제1호에 따른 도시지역 내의 토지 : 다음에 따른 배율
    ㉠ 「수도권정비계획법」 제2조 제1호에 따른 수도권 내의 토지 중 주거지역·상업지역 및 공업지역 내의 토지 : 3배
    ㉡ 수도권 내의 토지 중 녹지지역 내의 토지 : 5배
    ㉢ 수도권 밖의 토지 : 5배
2. 그 밖의 토지 : 10배

104 소득세법상 양도소득세에서 1세대 1주택 등에 대한 양도소득세의 비과세 등에 관한 설명으로 **틀린** 것은?
⊕

① 양도 당시 실지거래가액이 9억원을 초과한 고가주택(고가입주권)은 1세대 1주택 요건을 갖춘 경우에도 9억원 초과 부분에 속한 양도차익은 양도소득세가 비과세되지 아니한다.

② 지적공부상 지번이 상이한 2필지의 토지 위에 주택이 있는 경우에도 한 울타리 안에 있고 1세대가 주거용으로 사용하는 때에는 주택에 딸린 토지로 본다.

③ 동일한 대지 내의 2개 동의 건물을 1세대가 주거용으로 사용하는 단독주택은 1개의 주택으로 본다.

④ 하나의 건물이 주택과 주택 외의 부분으로 복합되어 있는 경우와 주택에 딸린 토지에 주택 외의 건물이 있는 경우에 주택의 면적이 주택 외의 면적보다 큰 때에는 전부 주택으로 본다. 단, 고가주택은 아니다.

⑤ 1주택을 여러 사람이 공동으로 소유한 경우 특별한 규정이 있는 것 외에는 주택 수를 계산할 때 공동소유자 각자가 그 주택을 소유한 것으로 본다.

해설 양도 당시 실지거래가액이 12억원을 초과한 고가주택(고가입주권)은 1세대 1주택 요건을 갖춘 경우에도 12억원 초과 부분에 속한 양도차익은 양도소득세가 비과세되지 아니한다.

정답 **102** ③ **103** ④ **104** ①

105 소득세법상 양도소득세가 비과세될 수 있는 1세대 1주택 등에 관한 내용으로 틀린 것은?

上

① 비과세 요건을 갖춘 주택이 입주권으로 전환된 조합원입주권만 1개 보유한 1세대가 양도일 현재 다른 주택 또는 분양권을 보유하지 아니한 경우 양도한 입주권은 1세대 1주택으로 본다.

② 법령에 의한 수용 등을 제외하고 1세대 1주택을 분할하여 양도하거나 이에 부수되는 토지로서 건물이 정착되지 아니한 부분만을 분할하여 양도하는 경우에는 이를 1세대 1주택과 이에 부수되는 토지로 보지 아니한다.

③ 다가구주택을 가구별로 양도하지 아니하고 하나의 단위로 양도하는 경우에는 이를 단독주택으로 본다.

④ 1세대 1주택의 요건을 갖춘 대지와 건물을 동일한 세대원이 공유하고 있는 경우에 이를 1세대 1주택으로 본다.

⑤ 1세대 1주택을 소유한 자가 다른 주택을 신축하고자 매입한 낡은 주택을 헐어 버리고 나대지 상태로 보유하고 있다가 종전주택을 양도한 경우에는 1세대 1주택으로 보지 아니한다.

> **해 설** 1세대 1주택을 소유한 자가 다른 주택을 신축하고자 매입한 낡은 주택을 헐어 버리고 나대지 상태로 보유하고 있다가 종전주택을 양도한 경우에는 비과세대상 1세대 1주택으로 본다.

106 소득세법상 비과세대상인 1세대 1주택에 관한 설명으로 틀린 것은? (단, 해당 주택 등은 고가주택이나 고가입주권은 아님)

中

① 1세대 1주택에 딸린 토지는 면적을 산정할 때에는 무허가 건축물 정착면적을 포함하여 계산한다.

② 양도일 현재 1조합원입주권 외에 1주택을 보유한 경우로서(분양권을 보유하지 아니하는 경우로 한정한다) 해당 1주택을 취득한 날부터 3년 이내에 해당 조합원입주권을 양도한 경우에 비과세대상 입주권으로 본다.

③ 소유하고 있던 공부상 주택인 1세대 1주택을 주거용이 아닌 영업용 건물로 사용하다 양도하는 때에는 주택으로 보지 아니한다.

④ 1세대 1주택을 양도하였으나, 동 주택을 매수한 자가 소유권 이전등기를 하지 아니하여 부득이하게 공부상에 2주택이 된 경우, 1세대 1주택임이 사실상 확인된 때에는 등기 지연된 주택은 해당 거주자의 주택으로 보지 아니한다.

⑤ 비과세요건을 갖춘 1세대 1주택의 건물을 자진 철거하고 나대지 상태로 양도한 경우에는 비과세대상 주택에 딸린 토지로 볼 수 있다.

해설 비과세요건을 갖춘 1세대 1주택의 건물을 철거하고 나대지 상태로 양도한 경우에는 비과세대상 주택에 딸린 토지로 볼 수 없다.

107 다음 자료를 기준으로 소득세법상 1세대 1주택(고가주택은 아님) 비과세요건을 갖춘 자가 복합주택을 양도한 경우 비과세면적과 과세면적으로 옳은 것은? (단, 해당 주택은 수도권 도시지역 안 녹지지역에 있고 1개 층으로 되어 있음)

• 부속토지 : 1,000m²
• 건물면적 : 상가 70m², 주거용 30m²

	비과세면적		과세면적	
	토 지	건 물	토 지	건 물
①	150m²	30m²	850m²	70m²
②	150m²	70m²	850m²	30m²
③	300m²	30m²	700m²	70m²
④	300m²	70m²	700m²	30m²
⑤	700m²	70m²	300m²	30m²

해설 1. 건물 : 70m² 과세, 30m² 비과세
2. 토 지
• 상가 부속토지 : $1,000m² × \dfrac{70m²}{100m²} = 700m²$(과세)

• 주택 부속토지 : $1,000m² × \dfrac{30m²}{100m²} = 300m²$

3. 주택의 기준초과면적 비과세 배제면적 : 150m²
• 수도권 도시지역 안 녹지지역 : 30m² × 5배 = 150m²(비과세)
• 300m² − 150m² = 150m²(기준초과 부분 과세)
4. 토지 과세면적 : 700m² + 150m² = 850m²

정답 105 ⑤ 106 ⑤ 107 ①

108 소득세법상 1세대 1주택에 대한 양도소득세의 비과세 적용요건 중 보유기간 및 거주기간에 관한 설명으로 **틀린** 것은?

① 2주택 이상을 보유한 1세대가 1주택 외의 주택을 모두 처분(양도, 증여, 용도변경을 포함)한 경우에는 양도 후 1주택을 보유하게 된 날부터 보유기간을 기산한다. 다만, 양도소득세가 비과세될 수 있는 일시적으로 2주택에 해당하는 경우 해당 2주택은 제외한다.

② 상속받은 주택으로서 상속인과 피상속인이 상속개시 당시 동일세대인 경우에는 상속개시 전에 상속인과 피상속인이 같은 세대원인 경우 거주 및 보유기간을 합산한다.

③ 거주기간 또는 보유기간을 계산함에 있어서 거주하거나 보유하는 중에 소실·무너짐·노후 등으로 인하여 멸실되어 재건축한 주택의 경우에는 재건축한 주택에 대한 거주기간 및 보유기간으로 한다.

④ 취득 당시 조정대상지역에 있는 주택을 지정일 이후에 취득한 경우 해당 주택의 보유기간이 2년 이상이고 그 보유기간 중 거주기간이 2년(상생임대주택은 제외) 이상인 것을 말한다.

⑤ 취득 당시에 조정대상지역에 있는 주택이 공동상속주택인 경우 거주기간은 공동상속주택을 소유한 것으로 보는 사람이 거주한 기간으로 판단한다.

> **해설** 거주기간 또는 보유기간을 계산함에 있어서 거주하거나 보유하는 중에 소실·무너짐·노후 등으로 인하여 멸실되어 재건축한 주택의 경우에는 그 멸실된 주택과 재건축한 주택에 대한 거주기간 및 보유기간을 합산한다.

109 소득세법상 양도소득세가 비과세되는 1세대 1주택의 경우 보유기간 2년 이상의 제한을 받지 아니하는 특례에 관한 설명으로 <u>틀린</u> 것은? (단, 주어진 조건 이외의 다른 사항은 고려하지 않음)

① 법령에 따른 건설임대주택 또는 공공매입임대주택을 취득하여 양도하는 경우로서 해당 임대주택의 임차일부터 양도일까지의 기간 중 세대 전원이 거주한 기간이 5년 이상인 경우

② 「해외이주법」에 따른 해외이주로 세대 전원이 출국하는 경우. 다만, 출국일 현재 1주택을 보유하고 있는 경우로서 출국한 날부터 2년 이내에 양도하는 경우

③ 사업인정고시일 이전에 취득한 주택 및 주택에 딸린 토지의 전부 또는 일부가 법률 규정에 따라 수용되는 경우

④ 법령이 정한 취학, 근무상의 형편, 질병의 요양, 학교폭력 등으로 1년 이상 거주한 주택을 양도하고 세대 전원이 다른 시·군으로 주거를 이전하는 경우

⑤ 무주택 세대가 조정대상지역의 공고가 있는 날 이전에 매매계약을 체결하고 계약금을 지급한 사실이 증빙된 해당 주택을 양도한 경우

> **해설** 무주택 세대가 조정대상지역의 공고가 있는 날 이전에 매매계약을 체결하고 계약금을 지급한 사실이 증빙된 해당 주택은 거주기간 2년 이상의 규정을 적용하지 아니하나 보유기간은 2년 이상이어야 한다.

110 소득세법상 국내에 1주택을 소유한 1세대가 그 주택을 양도하기 전에 다른 주택을 취득함으로써 일시적으로 2주택이 된 경우 1세대 1주택으로 보는 특례대상이 될 수 <u>없는</u> 것은? (단, 2022년 시행 법령을 기준으로 함)

① 신규주택을 취득한 날부터 3년 이내에 종전의 주택을 양도하는 경우

② 종전의 주택이 조정대상지역에 있는 상태에서 조정대상지역에 있는 신규주택을 취득하는 경우에는 신규주택의 취득일부터 1년 이내에 종전의 주택을 양도하는 경우

③ 상속받은 주택과 그 밖의 일반주택(상속개시 당시 보유한 주택)을 국내에 각각 1개씩 소유하고 있는 1세대가 상속주택을 양도하는 경우

④ 법령에 따른 장기임대주택을 보유하고 있는 자가 2년 이상 거주한 주택을 생애한 차례 양도하는 경우

⑤ 1주택을 보유하고 있는 60세 이상의 직계존속을 동거봉양하는 무주택자가 1주택을 보유하는 자와 혼인함으로써 1세대가 2주택을 보유하게 되는 경우 각각 혼인한 날부터 5년 이내에 먼저 양도하는 주택

해설 상속받은 주택과 그 밖의 일반주택(상속개시 당시 보유한 주택)을 국내에 각각 1개씩 소유하고 있는 1세대가 일반주택을 양도하는 경우에 1세대 1주택 특례대상이 될 수 있다.

111

소득세법상 상속받은 주택과 그 밖의 주택을 국내에 각각 1개씩 소유하고 있는 1세대가 일반주택을 양도하는 경우에는 국내에 1개의 주택을 소유하고 있는 것으로 보아 1세대 1주택의 특례대상이 된다. 이에 대한 설명으로 틀린 것은?

① 상속개시 시점에서 보유하고 있던 주택 1채에 대해서만 1세대 1주택 비과세를 적용한다.

② 조합원입주권 또는 분양권을 상속받아 사업시행 완료 후 취득한 주택으로 2주택이 되어도 상속에 의한 비과세 특례를 적용할 수 있다.

③ 공동상속주택은 지분이 가장 큰 상속인의 소유주택으로 본다.

④ 직계존속을 동거봉양할 목적으로 존속이 소유한 합가 전 소유주택을 합가 후 상속받아 2주택이 되어도 상속에 의한 비과세 특례를 적용할 수 있다.

⑤ 피상속인이 상속개시 당시 둘 이상의 주택을 상속하는 경우에는 상속주택에 대한 특례를 적용할 수 없다.

해설 피상속인이 상속개시 당시 둘 이상의 주택을 상속하는 경우에는 다음의 순서에 의하여 선택한 1개의 주택에 한하여 특례를 적용한다.

> 1. 피상속인이 소유한 기간이 가장 긴 1주택
> 2. 피상속인이 소유한 기간이 같은 주택이 둘 이상일 경우에는 피상속인이 거주한 기간이 가장 긴 1주택
> 3. 피상속인이 소유한 기간 및 거주한 기간이 모두 같은 주택이 둘 이상일 경우에는 피상속인이 상속개시 당시 거주한 1주택
> 4. 피상속인이 거주한 사실이 없는 주택으로서 소유한 기간이 같은 주택이 둘 이상일 경우에는 기준시가가 가장 높은 1주택(기준시가가 같은 경우에는 상속인이 선택하는 1주택)

112 소득세법상 1세대 1주택의 특례대상이 될 수 있는 것으로 틀린 것은?

① 1주택을 보유한 자가 1주택을 보유한 자와 혼인함으로써 1세대가 2주택을 보유하게 되는 경우 그 혼인한 날부터 5년 이내에 먼저 양도하는 주택

② 수도권에 소재한 법인 또는 공공기관이 수도권 밖의 지역으로 이전하는 경우로서 수도권에 1주택을 소유한 1세대가 이전지 주택을 취득한 날부터 5년 이내에 종전 주택을 양도한 경우

③ 장기저당 담보주택을 소유하고 있는 60세 이상의 직계존속과 세대를 합침으로써 2주택이 된 경우 합친 날부터 먼저 양도한 주택(합친 날부터 10년 이내에 양도한 경우에 한함)

④ 법령이 정한 문화재주택과 그 밖의 일반주택을 국내에 각각 1개씩 소유하고 있는 1세대가 일반주택을 양도하는 경우

⑤ 일반주택 소유자가 법령으로 정하는 취학 등 부득이한 사유로 수도권 밖에 소재하는 주택을 취득한 경우 그 사유가 해소된 날부터 3년 이내에 양도한 일반주택

> **해설** 장기저당 담보주택을 소유하고 있는 60세 이상의 직계존속과 세대를 합침으로써 2주택이 된 경우 합친 날부터 먼저 양도한 주택이면 되고, 10년 이내 양도기한 적용 대상이 아니다.

113 소득세법상 농어촌주택과 일반주택을 소유한 경우 일반주택 양도 시 비과세 주택 특례에 관한 설명으로 틀린 것은?

① 농어촌주택은 「수도권정비계획법」 제2조 제1호에 따른 수도권 밖의 지역 중 읍지역 또는 면지역(도시지역 안의 지역은 제외)에 소재한 주택이어야 한다.

② 상속받은 농어촌주택은 피상속인이, 이농주택은 이농인이 취득 후 5년 이상 거주한 사실이 있는 농어촌주택이어야 한다.

③ 귀농주택은 영농 또는 영어에 종사하고자 하는 자가 취득(귀농이전에 취득한 것을 포함한다)하여 거주하고 있는 주택을 말한다.

④ 귀농주택 소유자가 3년 이상 영농 또는 영어에 종사하지 아니하거나 그 기간 동안 해당 주택에 거주하지 아니하는 경우 그 사유가 발생한 날이 속하는 달의 말일부터 2개월 이내에 해당 세액을 양도소득세로 신고·납부하여야 한다.

⑤ 귀농주택을 취득한 날부터 3년 이내에 일반주택을 양도하는 경우에 한하여 1세대 1주택으로 본다.

해설 귀농주택을 취득한 날부터 3년이 아니라 5년 이내에 일반주택을 양도하는 경우에 한하여 1세대 1주택으로 본다.

114

소득세법 시행령 제155조의3에 따른 상생임대주택에 대한 1세대 1주택의 거주기간 특례 규정으로 틀린 것은?

① 국내에 1주택을 소유한 1세대가 법정 요건을 모두 갖춘 상생임대주택을 양도하는 경우에는 해당 임대기간에 그 주택에 1년간 실제 거주한 것으로 보아 거주기간을 계산한다.

② 국내에 1주택을 소유한 1세대에서 일시적 2주택 등 그 밖의 법령에 따라 1세대 1주택으로 보는 경우를 포함한다.

③ 주택의 소유자가 주택을 취득한 후 임차인과 체결한 해당 주택에 대한 직전 임대차계약 대비 임대보증금 또는 임대료의 증가율이 100분의 5를 초과하지 않는 임대차계약이어야 한다.

④ 상생임대차계약에 따른 임대개시일 당시 그 주택 및 이에 부수되는 토지의 기준시가의 합계액이 12억원을 초과하지 않아야 한다.

⑤ 2021년 12월 20일부터 2022년 12월 31일까지의 기간 중에 체결(계약금을 지급받은 사실이 확인되는 경우로 한정한다)하고 상생임대차계약에 따라 임대한 기간이 2년 이상이어야 한다.

해설 상생임대차계약에 따른 임대개시일 당시 그 주택 및 이에 부수되는 토지의 기준시가의 합계액이 12억원이 아니라 9억원을 초과하지 않아야 한다.

115
上

소득세법상 1주택을 소유한 1세대가 그 주택을 양도하기 전에 조합원입주권을 취득함으로써 1주택과 1조합원입주권을 소유하게 된 경우, 1세대 1주택 비과세대상이 될 수 있는 특례 규정에 관한 내용으로 **틀린** 것은?

① 입주권을 취득한 날부터 3년 이내에 종전주택을 양도한 경우 1세대 1주택으로 볼 수 있다.

② 건설임대주택을 분양 전환받은 경우나 종전주택이 수용된 경우 및 취학 등 부득이한 사유를 제외하고는 1년 이상이 지난 후에는 입주권을 취득하여야 한다.

③ 3년이 경과하여 주택을 양도할 경우라면 관리처분계획에 따라 취득한 주택에 이사하여 1년 이상 거주하여야 양도한 주택은 1세대 1주택의 양도로 본다.

④ 3년이 경과하여 주택을 양도할 경우라면 관리처분계획에 따라 취득한 주택이 완성된 후 2년 이내에 세대 전원이 이사하여야 한다.

⑤ 3년이 경과하여 주택을 양도하더라도 관리처분계획에 따라 취득한 주택이 완성된 후 3년 이내에 종전주택을 양도하여야만 1세대 1주택으로 본다.

> **해설** 3년이 경과하여 주택을 양도하는 경우에는 관리처분계획에 따라 취득한 주택의 완성 후 3년이 아니라 완성 전후 2년 이내에 종전주택을 양도하여야 1세대 1주택으로 본다.

116
中

1세대 1주택에 대한 양도소득세 비과세대상이 될 수 있는 경우가 <u>아닌</u> 것은?

① 동거봉양하기 위하여 세대를 합침으로써 1세대가 1주택과 1조합원입주권, 1주택과 2조합원입주권, 2주택과 1조합원입주권 또는 2주택과 2조합원입주권 등을 소유하게 되는 경우 합친 날부터 10년 이내에 먼저 양도하는 주택

② 상속받은 조합원입주권 또는 분양권과 그 밖의 일반주택을 국내에 각각 1개씩 소유하고 있는 1세대가 상속받은 조합원입주권을 양도하는 경우

③ 혼인함으로써 1세대가 2주택과 2조합원입주권 또는 분양권을 소유하게 되는 경우 최초 양도하는 주택

④ 농어촌주택 중 이농주택과 그 밖의 일반주택 및 조합원입주권을 국내에 각각 1개씩 소유하고 있는 1세대가 일반주택을 양도하는 경우

⑤ 문화재 등으로 지정된 주택과 그 밖의 일반주택 및 조합원입주권을 국내에 각각 1개씩 소유한 1세대가 일반주택을 양도한 경우

> **해설** 상속받은 조합원입주권 또는 분양권과 그 밖의 일반주택을 국내에 각각 1개씩 소유하고 있는 1세대가 일반주택을 양도하는 경우에 비과세될 수 있다.

117 소득세법상 주택이 입주권으로 전환되어 재개발, 재건축, 소규모재건축사업 등의 시행
기간에 주거용으로 대체 취득한 주택을 양도한 경우 1세대 1주택으로 보는 특례 규정에
관한 설명으로 틀린 것은?

① 국내에 1주택을 소유한 1세대가 그 주택에 대한 재개발사업, 재건축사업 또는 소
규모재건축사업 등의 시행기간 동안 거주하기 위하여 다른 주택을 취득한 경우

② 해당 대체주택은 1년 이상 거주할 것

③ 주택재개발사업, 재건축사업 또는 소규모재건축사업 등의 관리처분계획 등에 따
라 취득하는 주택이 완성된 후 2년 이내에 그 주택으로 세대 전원이 이사하여 2
년 이상 계속하여 거주할 것

④ 주택재개발사업 또는 재건축사업, 소규모재건축사업 등의 사업시행인가일 이후
대체주택을 취득할 것

⑤ 주택재개발사업, 재건축사업 또는 소규모재건축사업 등의 관리처분계획 등에 따
라 취득하는 주택이 완성되기 전 또는 완성된 후 2년 이내에 대체주택을 양도할 것

> **해설** 주택재개발사업, 재건축사업 또는 소규모재건축사업 등의 관리처분계획 등에 따라 취
> 득하는 주택이 완성된 후 2년 이내에 그 주택으로 세대 전원이 이사하여 2년이 아니라
> 1년 이상 계속하여 거주하여야 한다.

주택과 분양권을 소유한 경우 1세대 1주택의 특례

▼ 문제 118

		원 인	비과세 특례대상	양도기간 등
특례	1.	주택을 취득한 후 1년이 지난 후 분양권을 취득한 경우 ➕ 건설임대주택을 취득하거나 수용, 취학, 근무상의 형편, 질병의 요양 등은 1년이 지난 후 분양권 취득 규정을 적용하지 않는다.	3년 이내에 주택을 양도한 경우	그 분양권을 취득한 날부터 부득이한 경우를 제외하고 3년 이내에 종전의 주택을 양도하는 경우에는 1세대 1주택으로 본다.
			3년이 경과하여 그 주택을 양도한 경우	그 분양권을 취득한 날부터 3년이 지나 종전주택을 양도하는 경우로서 다음의 요건을 모두 갖춘 때에는 이를 1세대 1주택으로 본다. ㉠ 분양권에 따라 취득하는 주택이 완성된 후 2년 이내에 그 주택으로 세대 전원이 이사하여 1년 이상 계속하여 거주할 것 ㉡ 분양권에 따라 취득하는 주택이 완성되기 전 또는 완성된 후 2년 이내에 종전의 주택을 양도할 것
		1.에 해당한 자가 농어촌주택 중 이농주택이 있거나 문화재주택이 있는 경우에도 1.의 규정에 따른다.		
	2.	1주택 또는 1분양권 이상을 보유한 자가 1주택 또는 1분양권 이상을 보유한 자와 혼인한 경우	먼저 양도한 주택	5년 이내 양도
	3.	1주택 또는 1분양권 이상을 보유한 자가 1주택 또는 1분양권 이상을 보유한 자를 동거봉양하기 위하여 세대를 합친 경우	먼저 양도한 주택	10년 이내 양도
	4.	기타 : 상속받은 분양권 등 특례		

118 소득세법상 1주택과 분양권을 보유하다가 주택을 양도한 경우 1세대 1주택으로 보는 특례 규정에 관한 설명으로 <u>틀린</u> 것은?

① 국내에 1주택을 소유한 1세대가 그 주택을 양도하기 전에 분양권을 취득함으로써 일시적으로 1주택과 1분양권을 소유하게 된 경우를 말한다.

② 종전주택을 취득한 날부터 특별한 경우를 제외하고 1년 이상이 지난 후에 분양권을 취득하고, 그 분양권을 취득한 날부터 1년 이내에 종전주택을 양도하는 경우여야 한다.

③ 분양권을 취득한 날부터 3년이 지나 종전주택을 양도하는 경우 분양권에 따라 취득하는 주택이 완성되기 전 또는 완성된 후 2년 이내에 종전의 주택을 양도하여야 한다.

④ 분양권에 따라 취득하는 주택이 완성된 후 2년 이내에 그 주택으로 특별한 경우를 제외하고 세대 전원이 이사하여 1년 이상 계속하여 거주하여야 한다.

⑤ 농어촌주택 중 이농주택과 그 밖의 주택 및 분양권을 국내에 각각 1개씩 소유하고 있는 1세대가 일반주택을 양도하는 경우에는 국내에 일반주택과 분양권을 소유하고 있는 것으로 본다.

해설 종전주택을 취득한 날부터 특별한 경우를 제외하고 1년 이상이 지난 후에 분양권을 취득하고, 그 분양권을 취득한 날부터 3년 이내에 종전주택을 양도하는 경우여야 한다.

정답 118 ②

끝이 좋아야 시작이 빛난다.

– 마리아노 리베라(Mariano Rivera)

memo

memo

memo

memo

memo

2022 공인중개사 2차 출제예상문제집 + 필수기출 부동산세법

발 행 일	2022년 4월 29일 초판
편 저 자	신성룡
펴 낸 이	권대호
펴 낸 곳	(주)에듀윌
등록번호	제25100-2002-000052호
주 소	08378 서울특별시 구로구 디지털로34길 55
	코오롱싸이언스밸리 2차 3층

* 이 책의 무단 인용·전재·복제를 금합니다.　　ISBN 979-11-360-1738-3
　　　　　　　　　　　　　　　　　　　　979-11-360-1737-6 (2차 세트)

www.eduwill.net
대표전화 1600-6700

여러분의 작은 소리
에듀윌은 크게 듣겠습니다.

본 교재에 대한 여러분의 목소리를 들려주세요.
공부하시면서 어려웠던 점, 궁금한 점,
칭찬하고 싶은 점, 개선할 점, 어떤 것이라도 좋습니다.

에듀윌은 여러분께서 나누어 주신 의견을
통해 끊임없이 발전하고 있습니다.

에듀윌 도서몰 book.eduwill.net
• 부가학습자료 및 정오표: 에듀윌 도서몰 → 도서자료실
• 교재 문의: 에듀윌 도서몰 → 문의하기 → 교재(내용, 출간) / 주문 및 배송